物业管理·物业设施管理专业通用系列教材

WUYE SHESHI SHEBEI
GUANLI YU WEIXIU

第2版

物业设施设备管理与维修

刘 薇 张喜明 孙 萍 主编

清华大学出版社
北京

内 容 简 介

本书共分十二章，紧密结合物业设施设备的范围、物业电气设施设备管理与维护维修工作内容、给排水设施设备管理与维护维修工作内容、通风设施设备与维护维修工作内容、供暖设施设备与维护维修工作内容、空调设施设备与维护维修工作内容、消防设施设备管理的内容等进行讲述。第 2 版在内容上采用了最新的国家规范和标准，增加了低温地板辐射供暖系统和制冷系统等的管理与维修部分，更新了原来燃气供应系统的故障处理及方法，并随着智能大楼和智能小区的大规模建设，特别增加了安全防范系统的管理与维护内容，力求在保证科学系统性与完整性基础上，博采众长，达到符合培养新型物业设施设备管理人才的需要。

本书既可作为应用型本科和高职高专院校物业设施设备管理与维护专业学生的教材，也可作为房地产专业、工程管理专业、土木工程等专业学生的参考用书，还可作为物业管理公司人员日常工作用书及物业管理执业资格考试参考用书。

本书封面贴有清华大学出版社防伪标签，无标签者不得销售。
版权所有，侵权必究。举报：010-62782989，beiqinquan@tup.tsinghua.edu.cn。

图书在版编目（CIP）数据

物业设施设备管理与维修/刘薇，张喜明，孙萍主编. —2版. —北京：清华大学出版社，2010.6（2024.2重印）
（物业管理·物业设施管理专业通用系列教材）
ISBN 978-7-302-22257-6

Ⅰ. ①物… Ⅱ. ①刘… ②张… ③孙… Ⅲ. ①物业管理：设备管理-高等学校-教材 Ⅳ. ①F293.33

中国版本图书馆 CIP 数据核字（2010）第 046013 号

责任编辑：杜春杰　马　瑞
封面设计：张　岩
版式设计：王世月
责任校对：柴　燕
责任印制：丛怀宇

出版发行：清华大学出版社
网　　址：https://www.tup.com.cn, https://www.wqxuetang.com
地　　址：北京清华大学学研大厦A座　　邮　编：100084
社 总 机：010-83470000　　　　　　　　邮　购：010-62786544
投稿与读者服务：010-62776969, c-service@tup.tsinghua.edu.cn
质量反馈：010-62772015, zhiliang@tup.tsinghua.edu.cn

印 装 者：三河市君旺印务有限公司
经　　销：全国新华书店
开　　本：185mm×230mm　　印　张：24.25　　字　数：497 千字
版　　次：2010 年 6 月第 2 版　　　　　　印　次：2024 年 2 月第 11 次印刷
定　　价：69.80 元

产品编号：035546-04

编 委 会

（以汉语拼音为序）

顾　问　郝寿义　胡代光　胡健颖　胡乃武
　　　　　王健林　谢家瑾　郑超愚　朱中一
主　任　董　藩
副主任　郭淑芬　赵继新
编　委　纪晓东　李　英　刘　薇　刘　毅
　　　　　秦凤伟　王家庭　郑　鹭　周　宇

顾问简介

（以汉语拼音为序）

郝寿义 著名经济学家，房地产管理专家，美国芝加哥大学博士后，南开大学经济学院教授、博士生导师，原建设部（现为住房和城乡建设部）高等教育工程管理专业评估委员会委员，中国区域科学协会副会长，天津市滨海新区管委会副主任。

胡代光 著名经济学家，教育家，北京大学经济学院和西南财经大学经济学院教授、博士生导师，曾任北京市经济总会副会长和民革中央第六届、第七届常委，第七届全国人大常委，享受国务院特殊津贴。

胡健颖 著名经济学家，统计学家，营销管理专家，房地产管理专家，北京大学光华管理学院教授、博士生导师，北京大学房地产经营与管理研究所所长，原建设部（现为住房和城乡建设部）特聘专家，北京布雷德管理顾问有限公司首席顾问。

胡乃武 著名经济学家，教育家，中国人民大学经济学院教授、博士生导师，中国人民大学学术委员会副主任，北京市经济总会副会长，国家重点学科国民经济学学术带头人，享受国务院特殊津贴。

王健林 著名企业家，大连万达集团股份有限公司董事长兼总裁，全国工商联副主席，全国政协常委，中国房地产业协会副会长，入选"20 年 20 位影响中国的本土企业家"和"CCTV 中国 2005 经济年度人物"。

谢家瑾 著名物业管理专家、房地产专家，中国物业管理协会会长，原建设部房地产业司司长，中国物业管理制度建设的核心领导者。

郑超愚 著名经济学家，中国人民大学经济研究所所长、教授、博士生导师，霍英东青年教师研究基金奖和中经报联优秀教师奖获得者，美国富布赖特基金高级访问学者。

朱中一 著名房地产专家，中国房地产业协会副会长兼秘书长，原建设部办公厅主任，多项房地产法规、文件的起草人之一。

序

自 1981 年 3 月深圳市物业管理公司成立以来,物业管理行业在中国大陆已经走过了近 30 年的发展历程。现在物业管理已经成为一个新兴而飞速发展的行业,就业人口数量已近 500 万人,可以和钢铁、水泥行业相媲美。随着房地产业的发展,现在的住宅存量加上新建住宅,累计产生的服务需求将是长期而巨大的,物业管理还有巨大的发展空间,从业人员数量可能超过 1 000 万人。正如著名经济学家胡乃武所言:"加强对这一行业发展的规划、指导与管理,以及对服务人员的培养与培训,将是一项长期而重要的工作。"

2005 年,我们在万达集团、清华大学出版社和一些学术前辈的支持下,出版了"物业管理·物业设施管理专业通用系列教材"。在三四年的时间里,这套教材被上百家高校和培训机构采用,引起了普遍关注,业内给予了较高的评价。由于物业管理和物业设施管理是教育部批准新设立的专业,在课程设置、教学内容与方法上都处于探索阶段,从此角度来说,这套教材的意义还是很明显的。

但是,正如著名企业家、全国工商联副主席、大连万达集团董事长王健林在这套教材第 1 版序言中说的那样:"教育的发展要适应经济、社会发展的需要,否则人才缺乏的局面将继续成为房地产业的瓶颈而制约着这一行业的健康发展。"当初我们精心打造的这套教材,在快速发展的中国物业管理实践面前,也逐渐暴露出一些问题:一是物业管理行业出现了一些新观点、新内容、新知识,需要我们在教材中体现出来,以便及时传授给学生;二是这几年国家和地方政府或政府的主管部门分别出台了一些与物业管理相关的新法规,过去有些规定已经不适应管理实践了;三是我们使用的一些案例已显陈旧,需要更新,使这套教材显示出生命力。基于这三点想法,在清华大学出版社的支持下,我们决定对其中八本教材进行修订,以便更好地适应教学实践的需要。

在这次修订中,我们还试图和全国物业管理师考试科目——《物业管理基本制度与政策》、《物业经营管理》、《物业管理实务》和《物业管理综合能力》中的内容结合起来,以便学生能较早熟悉这种执业资格考试,在内容和难度上适应将来的考试需要。

随着中国对外开放工作的深化,物业管理领域也开始了面对境外同行的全面竞争,来自美国、英国的一些知名企业正在全力拓展中国市场业务。它们具有技术优势、价格优势、体制优势,尤其是在高档物业管理、环保高新技术、大型机械设备管理等方面优势明显。因此,中国的物业管理企业处于机遇与挑战并存的发展环境中,不论是从行业的健康发展来看,还是从服务质量的提高来看,也不论从企业竞争力的提升来看,还是从国际经济一体化的趋势来看，加强物业管理教育、培养高水平的物业管理人才，已经成为摆在我们财经和工程管理教育工作者面前的重要任务。我们希望这套新修订的教材，能够适应高职高专、成人院校甚至应用型本科院校开设的物业管理、物业设施管理专业教育，为物业管理、物业设施管理人才的培养作出贡献。

在这套丛书的修订过程中，我们参阅了很多教材、著作、论文和新闻稿件，在每本书的注释或参考文献中我们对此分别做了列示，在此对这些文献的作者表示感谢。但是，这些教材可能还存在一些错误或不足之处，欢迎大家批评指正，以便下次修订时加以完善。

董 藩

2010 年 1 月

第 2 版前言

在我国，物业管理是与房地产开发相配套的综合性管理活动，是与住房制度改革相衔接的一种管理模式，是与市场经济体制相适应的社会化、专业化、企业化、经营型的管理。随着人们生活水平的提高和房屋产权的多元化，人们对生活居住环境、物业管理与服务、物业的升值与保值都提出了更高的要求。物业管理涉及千家万户，和百姓的生活与工作息息相关。而物业设施设备是物业不可缺少的重要组成部分，物业设施设备管理已经成为物业管理中的一项核心工作。30 年来，随着我国物业管理行业的发展，物业设施设备管理工作取得了显著成绩，物业设施设备管理的不断进步，提高了物业服务的技术含量，提升了物业服务品质，得到了社会和广大业主的认同。

为了适应中国物业管理行业新形势的发展，满足市场对物业设施设备管理人才的需求，我们认真总结了第 1 版教材的教学实践经验，在此基础上努力提高教材的科学性、先进性、启发性、实用性和对我国教学的适用性，以便进一步提高教材质量和跟上知识更新步伐。第 2 版在内容上采用了最新的规范和标准，在原有内容的基础上增加了低温地板辐射供暖系统和制冷系统等的管理与维修部分，更新了原来燃气供应系统的故障处理及方法。随着智能大楼和智能小区的大规模建设，本书特别增加了安全防范系统的管理与维护内容，力求在保证科学系统性与完整性的基础上，博采众长，达到符合培养新型物业设施设备管理人才的需要。

本书以物业设施设备为讲述对象，依据国家最新颁布的规范、规程、标准，在第 1 版的基础上，增加了图示部分，目的是使学生能更清楚、直观地掌握本书内容，满足不同层次学生和教学的需要，也使本书的系统性和完整性更加突出。

本书可以作为物业管理专业、房地产专业的教材，也可作为工程管理、土木工程等专业的选修课教材和物业管理人员日常工作及职业资格考试的参考用书。本书力求突出实用性、综合性的特点，在介绍物业设施设备组成和性能的基础上，重点论述了物业设施设备的维修与管理，使其尽量与物业设施设备管理最新发展和实践操作状况相一致。

本书共分十二章。刘薇撰写第一、八、十一章，第二、三、四、五章由张喜明撰写，第六章由赵嵩颖撰写，第七章由刘薇、孙萍撰写，第九章由孙萍、刘薇、高宏艳撰写，第十章由孙萍、王立光撰写，刘薇、王晓晶编写了第十二章。全书由刘薇统一编撰。特别感谢王龙、孙达、王春阳三人为本书绘制了部分图片。

在本书的编写过程中，我们查阅了大量的相关书籍和期刊，参考了国内许多学者同仁的著作和国家发布的最新法律和相关行业规范,并列于书末,以便读者在使用本书的过程中进一步查阅,在此对各参考文献的作者表示衷心的感谢。

由于编写作者的认识和专业水平有限,书中必定存在不妥和错误之处,欢迎广大读者批评指正。

作 者

2010 年 4 月

第1版前言

在我国，物业管理行业是房地产业发展和住房制度改革的必然产物。随着人们生活水平的提高和房屋产权的多元化，人们对生活居住环境、物业管理与服务、物业的升值与保值都提出了更高的要求，房屋的日常维护和修缮等工作要求由专业的物业管理公司来完成。物业管理涉及千家万户，和百姓的生活与工作息息相关。而物业设施设备是物业不可缺少的重要组成部分，物业设施设备管理也就成为物业管理中的一项核心工作。

为了适应中国物业管理业的发展，满足对物业设施设备管理人才的需求，本书以物业设施设备为讲述对象，依据国家最新颁布的规范、规程、标准，结合作者多年的教学实践和物业管理经验，较为科学、系统地论述了物业设施设备维护与管理的技术及方法。

物业设施设备管理是物业管理、物业设施管理专业的主干课程，是这两个专业的学生必须掌握的知识。本书既可作为这两个专业学生的教材，也可作为房地产开发与经营、工程管理、土木工程等专业的选修课教材和物业管理人员日常工作及职业资格考试的参考用书。本书力求突出实用性、综合性的特点，在介绍物业设施设备组成和性能的基础上，重点论述了物业设施设备的维修与管理，使其尽量与物业设施设备管理最新发展和实践操作状况相一致。

本书共分十二章。第一、七、八、九章由刘薇、高云莉撰写，第二章由刘薇、陈湘芹、苗泽慧撰写，第三、四章由张喜明撰写，第五、六章由张喜明、刘文撰写，第十、十一、十二章由田淑芬撰写。本书由刘薇任主编，高云莉、张喜明、刘文任副主编。

在本书的编写过程中，我们查阅了大量的相关书籍和期刊，参考了国内许多学者同仁的著作和国家发布的最新规范，并列于书末，以便读者在使用本书的过程中进一步查阅。在此对各参考文献的作者表示衷心感谢。

由于时间、条件和作者水平限制，书中缺点和错误在所难免，欢迎广大读者批评指正。

作　者

2005年12月

CONTENTS

目录

第一章 物业设施设备管理与维修基础 1
    学习目标 1
    学习要求 1
    第一节 物业设施设备 1
    第二节 物业设施设备管理 5
    第三节 物业设施设备管理的组织与制度 14
    第四节 物业设施设备运行维修管理 19
    第五节 物业设施设备管理的发展 24
    本章小结 28
    课堂实训 28
    思考与讨论 28

第二章 给排水设施设备的管理与维修 29
    学习目标 29
    学习要求 29
    第一节 给排水工程概述 29
    第二节 给水设施的使用与维修 32
    第三节 排水设施的使用与维修 41
    第四节 卫生设备及其管理与维修 48
    本章小结 55
    课堂实训 55
    思考与讨论 55

第三章 通风与防排烟系统的管理与维修 56
    学习目标 56
    学习要求 56
    第一节 通风方式及其选择 56
    第二节 通风设备的管理 60
    第三节 防烟与排烟系统的管理与维修 68

CONTENTS

目录

　　本章小结 75
　　课堂实训 75
　　思考与讨论 75

第四章　供热系统的管理与维修 76
　　学习目标 76
　　学习要求 76
　　第一节　供热系统的概述 76
　　第二节　供暖系统的维护与维修 92
　　第三节　供暖系统的管理 98
　　本章小结 103
　　课堂实训 103
　　思考与讨论 103

第五章　空调设备的管理与维修 104
　　学习目标 104
　　学习要求 104
　　第一节　空调系统的基本内容 104
　　第二节　空调系统的运行管理 108
　　第三节　房间空调器的维修与养护 112
　　第四节　制冷机组的管理与维修 118
　　本章小结 130
　　课堂实训 130
　　思考与讨论 130

第六章　室内燃气设施的管理与维护 131
　　学习目标 131
　　学习要求 131
　　第一节　燃气的供应 131

CONTENTS

目录

　　第二节　建筑内部燃气管道……………………………………137
　　第三节　室内燃气供应系统的管理与维护…………………141
　　第四节　室内燃气系统的维护及故障处理…………………145
　　本章小结……………………………………………………148
　　课堂实训……………………………………………………149
　　思考与讨论…………………………………………………149

第七章　建筑电气设备的管理与维修……………………………150
　　学习目标……………………………………………………150
　　学习要求……………………………………………………150
　　第一节　电气工程设备概述…………………………………150
　　第二节　照明设备的管理与维修……………………………157
　　第三节　动力设备的维护与维修……………………………171
　　第四节　建筑防雷与接地管理………………………………177
　　第五节　安全用电管理………………………………………187
　　本章小结……………………………………………………195
　　课堂实训……………………………………………………195
　　思考与讨论…………………………………………………195

第八章　电梯的管理与维修………………………………………197
　　学习目标……………………………………………………197
　　学习要求……………………………………………………197
　　第一节　电梯…………………………………………………197
　　第二节　电梯管理……………………………………………202
　　第三节　电梯常见故障和维修………………………………208
　　第四节　自动扶梯的管理与维护……………………………211
　　本章小结……………………………………………………213
　　课堂实训……………………………………………………213
　　思考与讨论…………………………………………………213

CONTENTS

目录

第九章　消防设施设备系统的管理与维护 214
　学习目标.................214
　学习要求.................214
　第一节　火灾自动报警系统.................215
　第二节　建筑灭火应配备的设施.................244
　第三节　消防系统的管理与维护.................257
　本章小结.................270
　课堂实训.................270
　思考与讨论.................270

第十章　建筑安防系统的管理与维护..................271
　学习目标.................271
　学习要求.................271
　第一节　建筑安防系统概述.................271
　第二节　闭路电视监控系统.................279
　第三节　入侵报警系统.................301
　第四节　出入口控制系统.................307
　第五节　访客对讲系统.................323
　第六节　停车场管理系统.................328
　本章小结.................339
　课堂实训.................339
　思考与讨论.................339

第十一章　高层建筑设施设备的管理..................341
　学习目标.................341
　学习要求.................341
　第一节　高层建筑设施设备管理的意义和特点.................341
　第二节　高层建筑设施设备管理的内容.................343

CONTENTS

 第三节 高层建筑设施设备管理的发展 352
 本章小结 354
 课堂实训 355
 思考与讨论 355

第十二章 突发、意外事件的处理 356
 学习目标 356
 学习要求 356
 第一节 电梯突发事件与火灾火警的应急管理 356
 第二节 其他情况的应急处理 363
 本章小结 367
 课堂实训 367
 思考与讨论 367

参考文献 368

第一章　物业设施设备管理与维修基础

学习目标

本章重点介绍物业设施设备的构成、物业设施设备管理的内容、物业设施设备的运行管理、物业设施设备的维修管理。

学习要求

1. 掌握设施设备的构成，了解物业、物业管理、物业设施设备的含义。
2. 掌握物业设施设备管理的内容，熟悉物业设施设备管理的概念、物业设施设备管理的目标与核心、物业设施设备管理与维修的特点、物业设施设备管理的要求，了解物业设施设备管理的意义。
3. 掌握物业设备管理组织的设计原则，熟悉物业设施设备管理组织结构、物业设施设备管理制度，了解物业设备管理岗位职责。
4. 掌握物业设施设备的运行管理、物业设施设备的维修管理，熟悉物业设施设备的保养管理，了解物业设施设备管理的发展。

第一节　物业设施设备

物业设施设备是房屋建筑的有机组成部分。物业设施设备的好坏直接影响房屋的住用水平，房屋建筑如果没有各种设施设备就很难满足人们生产、生活的需求，就不能体现其真正的使用价值。因此在物业管理中，房屋的设施设备管理是极其重要的组成部分，占据核心地位。现代科学技术提供的最新楼宇设施设备，成为物业提供一流服务的物质基础。要做好物业设施设备的管理工作，物业管理人员必须了解物业设施设备基础知识。

一、物业的含义

"物业"一词来源于英语"Real Property"或"Real Estate"，译为"财产"、"资产"、"拥

有物"、"房地产"等，原是我国港、澳、粤地区对房地产的俗称，后逐步上升为规范化术语。"物业"的含义是指已经建成并具有各类价值（经济价值和使用价值）的土地、房屋及其附属市政、公用设施、毗邻场地等。在中国，物业特别指进入消费领域的房地产。

物业可大可小，可以是群体建筑物，如住宅小区，也可以是单体建筑物，如科技大厦、单体高层写字楼。物业还可根据区域空间作相对分割，如大物业可以划分为小物业，整个住宅小区中的某住宅单位可称为物业，办公楼宇、商业大厦、酒店、厂房仓库也可称为物业。

在中国，一个完整的物业至少应包括以下几部分：

1．房屋建筑

包括居住、商业、工业等各种用途的房屋建筑。

2．配套设备

指房屋建筑中配套的专用机械、电器等设备，如电梯、空调、备用电源等。

3．配套设施

指与房屋建筑相配套的共用管线和公建设施，如上下水管、消防栓、强电（供变电）线路、弱电（通信等）线路、路灯，以及室外公建设施（如幼儿园等）。

4．相关场地

指开发待建或露天堆放货物的地方，包括建筑地块、庭院、停车场等。

由上述物业的含义可以看出，单体的建筑物，即一座孤零零的不具备任何设施设备的楼宇，不能称之为完整意义上的物业，物业中的设施设备是物业的重要有机组成部分。

二、物业管理的概念

国务院 2007 年 8 月 26 日颁布《国务院关于修改〈物业管理条例〉的决定》，修订后的新《物业管理条例》第二条规定："本条例所称物业管理，是指业主通过选聘物业服务企业，由业主和物业服务企业按照物业服务合同约定，对房屋及配套的设施设备和相关场地进行维修、养护、管理，维护物业管理区域内的环境卫生和相关秩序的活动。"

物业管理的内容可分为四部分：

1．房屋的维修养护

指对楼盖、屋顶、梁、柱、内外墙体和基础设施等承重结构部位和外墙面、楼梯间、走廊通道、门厅、电梯厅、楼内车库等共用部位的维修、养护和管理工作。

2．房屋配套设施设备的维修养护

指对共用的上下水管道、落水管、垃圾箱、烟囱、供电干线、共用照明、天线、中央空调、暖气干线、供暖锅炉房、高压水泵房、楼内消防设施设备、电梯等公共配套设施设备的维护与维修工作。

3. 区域内环境卫生的维护

指对公共走廊、大厅、庭院等公共区域和相关场地的清洁、绿化工作。

4. 区域内公共秩序的维护

指对所辖区域内人员和车辆的管理工作。

物业管理的本质实际上是在物业寿命周期内，为保障物业的价值，而对物业实施的管理和维护活动。由物业管理的概念可以看出，房屋设施设备管理是物业管理的四大任务之一，而且随着城市现代化程度的提高，人们对房屋设施设备功能的要求越来越高，物业设施设备管理已成为物业管理的重中之重。只有保证房屋配套设施设备的正常运行，才能不断提高人们生产、生活的质量。根据我国《物权法》的描述，物业管理实际上是业主对建筑物内的专有部分以外的共有部分实施共同管理的行为。人们往往更关注维护公共秩序等综合性管理，而物业管理真正的内容，往往会被很多人忽略掉，那就是对设施设备的养护与维修，因为只有保证物业设施设备良好的养护与维修，才能有效地保证和延长物业的使用价值。

三、物业设施设备的含义

物业设施设备是指附属于房屋建筑，为物业的用户提供生活和工作服务的各类设施设备的总称，是构成房屋建筑实体有机的不可分割的重要组成部分，是发挥物业功能和实现物业价值的物质基础和必要条件。房屋建筑附属的基本设施设备，包括供水、排水、供暖、供冷、供电、燃气、电梯、消防、智能控制系统等。

随着城市现代化程度的提高，物业设施设备的种类日益增多，人们对物业设施设备功能的要求也越来越高，突飞猛进的信息产业不断应用于建筑设施设备中，物业建筑设施设备正向着先进、多样、复杂、综合性设施设备系统的方向发展。而且，在现代化城市中，物业设施设备已成为反映一个城市在经济、科技、文化、生活等方面发展水平的重要标志。

四、物业设施设备的构成

房屋设施设备是根据用户要求和不同的物业用途而设置的，因此，不同用途的房屋有不同用途的设施设备。例如，一般住宅中的房屋设施设备由水、电、气、卫、电梯、闭路电视等设施设备系统组成，而现代化综合写字楼、商厦等还要有空调、自动报警器、电信服务等设施设备系统。通常来说，我国城市房屋的常用设施设备主要是由房屋建筑卫生设施设备、房屋建筑电气设施设备和智能化技术设施设备系统组成。

（一）房屋建筑卫生设施设备

（1）建筑给水设施设备。室内给水设施设备通常分为生活给水设备、生产给水设备和消防给水设备三类。

（2）建筑排水设施设备。建筑排水设施设备是指用来排除生活污水和屋面雨、雪水的设备。通常，室内排水管道分为生活排水系统、生产排水系统、雨水排水系统三类。给排水设施设备主要种类有水泵、水箱水池、阀门和管网、沉沙井和化粪池。

（3）热水供应设施设备。热水供应设施设备是指房屋设施设备中热水供应部分，热水供应设备一般由加热设备、储存设备（主要指热水箱）和管道部分（热媒循环管道、配水循环管道、给水循环管道）组成。

（4）消防设施设备。消防设施设备是指房屋设施设备中的消防装置部分，如消火栓系统、喷淋系统，其他配套消防设备有烟感器、温感器、消防报警系统、防火卷帘、防火门、防火阀、消防电梯、消防走道及事故照明等设施设备。

（5）通风设施设备。通风设施设备通常指房屋内部的通风设备，包括通风机、排气口及一些净化除尘设施设备等。

（6）空调设施设备。空调工程是采用技术手段把某种特定空间内部的空气环境控制在一定状态下，使其满足人体舒适或生产工艺的要求。通常包括制冷机、空调机、冷却塔、循环泵等设施设备。

（7）卫生设施设备。卫生器具是用来满足日常生活中洗涤等卫生要求以及收集排除生活、生产中产生污水的一种设备，主要包括浴缸、水盆、面盆、灶台、小便池、抽水马桶、冲洗盆。

（8）供暖设施设备。供热工程是以热水或蒸汽作为热媒或用热系统（如供暖、通风、空调等）提供热能的供暖系统和集中供热系统。集中供热系统主要由热源、热网、热用户三部分组成。

（9）燃气设施设备。供应城市居民生活、公共建筑和工业生产使用的燃气，燃气由城市的输配管网输送到用户室内的燃气管道，再通过室内的燃气管道与燃气用具相连提供给用户使用。燃气设施设备包括煤气灶、煤气管、煤气表、供气管网。

（二）房屋建筑电气工程设施设备

房屋建筑电气设备主要由以下几个部分组成。

（1）供电及照明设备。它是指给房屋提供电源及照明的各种装置。供电设备主要是指变压器房内的设备和配电房内的设备。变压器房内一般有高压开关、变压器以及各种温控仪表和计量仪表等。配电房内的主要设备有低压配电柜、空气开关、计量指导仪表、保护装置、电力电容器、接触器等。此外，供电设备还包括配电干线、楼层配电箱、照明设备（包括开关、插座和各种照明灯具）。

（2）弱电设备。这是指给房屋提供某种特定功能的弱电设备及装置，主要有通信设备、广播设备、共用天线设备及闭路电视系统、网络设备等。随着现代化建筑水平的提高，房屋的弱电设备越来越多。

（3）运输设备。目前，建筑中主要的运输设备为电梯，电梯按用途可分为客梯、货梯、客货梯、消防梯及各种专用电梯。其设备组成部分主要有传动设备、升降设备、安全设备、控制设备。

（4）防雷装置。为了防止雷电对建筑物和建筑物内电气设备的破坏，必须对容易受到雷电袭击的建筑物提供防雷保护。防雷装置由接闪器、引下线和接地装置三部分组成。

（三）智能化技术设备系统

智能建筑是以建筑物为平台，兼备信息设施系统、信息化应用系统、建筑设备管理系统、公共安全系统等，集结构、系统、服务、管理及其优化组合为一体，向人们提供安全、高效、便捷、节能、环保、健康的建筑环境。智能化集成系统是将不同功能的建筑智能化系统，通过统一的信息平台实现集成，以形成具有信息汇集、资源共享及优化管理等综合功能的系统。物业智能化技术设备系统主要由楼宇自动化控制系统（BAS）、通信自动化系统（CAS）和办公自动化系统（OAS）三大系统集成。上述三大系统既各成一套独立的完善系统，又具备一定的开放性，便于实现数据的共享，相互间经授权可作中分功能的监视和控制。其中，楼宇自动化控制系统又分为基本楼宇自动化控制系统（BAS）、保安报警系统（SAS）和消防报警系统（FAS）三个部分。

第二节　物业设施设备管理

一、物业设施设备管理的概念

物业设施设备管理是物业服务企业根据物业管理总体目标，对物业中的设施设备通过保养、维修等手段，保障物业设施设备可靠、安全、经济地运行，延长设备的使用寿命，以保持创造出最大的经济效益、社会效益和环境效益的技术管理和经济管理活动。

二、物业设施设备管理的内容

物业设施设备管理工作一般由物业服务企业工程设备部门主管负责。

物业设施设备管理的内容可以按时间顺序划分为两个阶段的工作：第一阶段是从规划、选购到投产安装的前期管理工作；第二阶段是从设施设备运行到报废这一阶段的全部工作，这一阶段是物业服务企业管理工作的重点。

也可以按物业设施设备在其整个寿命周期中的运行状态划分为两个部分：一是物业设施设备的物质运行形态的技术管理，对于设施设备产生的磨损、疲劳、腐蚀和老化等进行修复、改造和更换等技术管理工作；二是将设备进行提取折旧，将设备成本逐步转移到服务成本中去的经济管理活动。

物业设施设备管理的具体内容如下：

(一) 早期介入和承接查验管理

物业服务企业在房地产开发项目的筹划、规划、施工阶段，站在业主未来使用和物业服务公司维修便利、节约的角度，对项目提出意见，避免日后物业使用过程中可能产生的不足或缺陷。在承接查验时，应明确物业设施设备质量状况，分清质量责任。

(二) 使用制度管理

使用管理制度主要有设备运行值班制度、交接班制度、设备操作使用人员的岗位责任制度。房屋设备根据使用时间的不同，可分为日常使用设备（如给排水、供电、电梯等）、季节性使用设备（如供暖供冷设备）、紧急情况下使用设备（如消防、自动报警设备）。各类设备都要制定相应的设备运行使用制度。

(三) 安全管理

安全管理在物业设施设备管理中占有重要位置。物业服务企业通过安全教育，使员工、业主、物业使用人树立安全意识，了解安全防护知识和安全管理规定。国家对安全性能要求高的设备实行合格证制度，要求维修人员参加学习培训并经考核合格后方可持证上岗，同时还要制定相应的管理制度，确保使用安全。

(四) 维修保养管理

维修保养内容主要包括设施设备的定期检查、日常保养和维修等。

1. 设施设备的定期检查

设施设备的定期检查是为了及时掌握设备的技术状态和完好程度而进行的检验和测量工作。常用的方法有日常检查、定期检查和点检。

（1）日常检查。日常检查是每天执行的例行维护作业，目的在于及时发现设施设备运行的不正常情况并予以排除。

（2）定期检查。定期检查是按规定的周期，对设备性能和精度进行全面检查和测量，目的在于发现和记录设备异常、损坏及磨损情况，以便确定修理的部位、更换的零件、修理的种类和时间，据此安排计划修理。

（3）点检。按照标准要求对设施设备的某些指定部位，通过人的感觉器官和检测仪器，进行有无异味的检查，使各部分的不正常现象能及早发现。其目的在于尽早发现设备的隐患，减少故障重复出现的次数。

2. 设施设备的保养

物业设施设备的保养是指物业服务企业主管部门和供电、供水、供气等单位对设施设备所进行的常规性检查、养护、维修等工作，通常采用三级保养制（即日常维护保养、一级保养和二级保养）。

3. 设施设备的维修

物业设施设备的维修是通过修复或更换零件、排除故障、恢复设备原有功能所进行的技术活动。

（五）技术档案资料管理

技术档案资料管理是设备的基础资料管理，这些基础资料包括设备的登记卡、技术档案、工作档案、维修档案等。

（六）备品配件管理

备品配件管理为设备维修工作按时、按质完成提供物质保障，其意义可用最低程度来表示，即把突发性的故障所造成的停机损失减少到最低程度；把设备计划修理的修理时间和修理费用降低到最低程度；在合理供应的基础上，把备品配件的库存量和储备资金压缩到最低限度。

（七）外包管理

外包分两方面：一是将某类设施设备的管理全部外包给专业的公司，包括运行操作、维护保养、修理等工作；二是将某类维修、改造、更新工程进行外包。

（八）技术支持

技术支持是对个别具体问题寻求外界技术专家的帮助，如故障诊断、维修方案等，技术支持是降低管理成本、提高管理效率和服务质量、培养专业技术人才的有效方法。

三、物业设施设备管理的意义

随着城市现代化程度的提高，人们逐步要求在房屋建筑内部装设日臻完善的物业设施设备。物业设施设备管理水平直接影响着房屋的居住水平，影响着人们的生产和生活质量，所以做好这项工作具有重要意义。

（一）保障日常生产、生活秩序

日常生产、生活要想顺利进行，就得有上水、下水、供热、供气、供电等物业设施设备管理作保障。其中任何一项出现问题，人们的基本生活就无法得到很好的保证，更谈不上达到舒适的程度。从某种意义上说，舒适的日常生产、生活环境，来源于物业服务企业对物业设施设备良好的维护和管理。没有良好的运行和维护管理，物业设施设备就不可能给人们创造安全、舒适、可靠的生活环境，更谈不上安居乐业。

（二）促进物业的保值增值

物业设施设备的日常维护及维修，能够使房屋减少功能上的折旧，使房屋的价值能够抵御通货膨胀的影响而保值。同时，物业设施设备性能的提高加上小区环境、公共秩序的维护及周边环境的良性发展，还能使物业增值。相反，如果小区物业设施设备管理滞后，出现上水水质差并且不及时、下水不畅、电梯老化、暖气不热甚至出现溢水、电梯下坠等现象，都会破坏物业的社会形象，影响人们的正常生产、生活，使物业迅速贬值。

（三）提高居民的生活质量

现代科技应用于建筑领域，使人们的生活有了很大的改观，人们已不再满足于基本的生理要求，还将向更高层次的安全需求、精神需求发展。房地产开发企业以满足消费者更高、更深层次的需求为目标不断探索，这既改善了人们的生活状况，又提高了人们的生活质量。但如果要维持这种高水平的生活质量，就必须依靠物业设施设备管理来实现。因而，物业设施设备不仅是人们生产、生活、学习正常进行所必需的物质基础，也是影响工商业发展和人们生活水平提高的重要因素。

（四）节约物业服务企业的经营费用

在经济效益方面，良好的物业设施设备管理，可以节约运行费用。计划性、预防性日常保养与维修，可使设施设备一直处于最佳运行状况之中，从而延长物业设施设备的寿命，提高使用效率。另外，在物业设施设备使用过程中，注意节约运行中的能耗费用、操作费用、维护保养费用以及检查修理费用，能直接降低成本，提高整体管理效益。

（五）强化物业服务企业的基础建设

由于物业设施设备管理是一种开放型的管理，直接面向广大业主，因此它的好坏直接显示出物业管理的好坏、管理服务质量的优劣以及技术水平的高低，从而反映出物业服务企业的形象。因此，搞好物业设施设备的管理，可以促使物业服务企业及时发现工作中的问题，不断提高服务质量和技术水平，从而强化物业管理行业的基础建设，促使物业管理向良性方向发展。

（六）延长设施设备的使用寿命

良好的管理，可以保证设施设备在运行中的安全和技术性能的正常发挥，并延长其使用寿命。物业设施设备会因长期使用、自然作用和使用不当等原因而发生磨损，但如果加强了设施设备的日常运行管理，可以避免因设备使用不当而引起的损坏，并保证其安全运行。加强设施设备的维护管理可以维持设施设备的性能，排除运行故障，避免事故的发生，从而延长设施设备的使用寿命，提高设施设备的使用效率。

（七）推动城市文明的建设和发展

现代化的城市要求物业达到经济、适用、卫生的要求，要避免环境污染，达到人与环境、生态的协调发展，而这一切都离不开物业设施设备管理。不同种类、不同功能的物业设施设备只有经过科学的运行管理，才能降低能耗，减少对环境的破坏，提高人们的生活质量，体现城市经济、文化和科学技术的发展水平和城市的文明程度。

四、物业设施设备管理的目标与核心

物业设施设备管理的总体目标是与物业服务企业的发展战略目标相一致的，即营造安居乐业的环境、促使物业保值增值。它的具体目标包括：确立"以人为本"的指导思想；建立先进的设施设备管理体制；提高设施设备的完好率、利用率；做好信息管理，提高设施设备运营的经济合理性；提升物业环境品质。

（一）确立"以人为本"的指导思想

物业设施设备管理应坚持"以人为本"的指导思想，保证设施设备的安全、经济运行，就是想业主之所想、急业主之所急，为业主提供方便、快捷的生产和生活服务，使业主的资产保值增值。

物业管理是一种以提供服务为主的业务，其宗旨是要在适当的成本以内，尽可能获取用户和业主最大程度的满意。现代科学技术提供的最新楼宇设施设备，已经为业主提供一流服务奠定了物质基础。物业设施设备管理部门应具有服务意识，通过设施设备为用户服务，提供空调、照明、冷热水、通信、卫星电视接收和消防设施等"服务产品"。物业设施设备管理的好坏直接影响物业服务企业的服务形象及整体的服务质量。

（二）建立先进的设施设备管理体制

物业设施设备管理体制是由物业服务企业对物业设施设备进行管理的过程中形成的相互作用、相互影响的各种关系的总称。只有形成一个逐渐完善的物业设施设备管理体制，才能保障物业设施设备的正常运行。

要建立先进的设施设备管理体制，首先必须明确物业管理目标并进行目标分解，同时利用系统工程的理论观点和方法，纵观总体和全局，实现物业服务企业、业主总体利益最大化；其次，要围绕目标建立管理机构，力求理顺关系、分工协作，提高工作效率；再次，要根据岗位订立职责；最后，要搞好设施设备运行的控制和信息反馈，及时发现问题、找出偏差，并通过对比、纠偏等活动，最终实现预定目标。总之，在物业设施设备管理的过程中，应不断地总结经验和教训，将好的经验形成制度传递下去，将存在的问题作为新的管理起点进行研究并最终加以解决，这样才能真正提高物业设施设备的管理水平。

（三）提高设施设备的完好率、利用率

物业设施设备管理的根本目标就是用好、修好、管好、改造好现有设施设备，提高设施设备的利用率与完好率。要想使设施设备使用功能正常发挥、寿命长久，日常维护和定期检修是设施设备管理的核心。设施设备技术性能的发挥、使用寿命的长短，在很大程度上取决于设施设备管理的质量。物业设施设备管理的质量一般用设施设备的有效利用率和完好率来表示。

良好的设施设备管理可以提高设施设备的有效利用率，但设施设备管理部门在追求较高的设施设备有效利用率的同时，不能任意削减必要的维护保养时间，也不能使设施设备长时间超负荷运行。

设施设备的完好与否是通过检查来评定的。一般地，其完好标准为：

（1）零部件完整齐全，符合质量要求及安全要求。

（2）设施设备运转正常，性能良好，功能达到规定要求。

（3）设施设备技术资料及运转记录齐全。

（4）设施设备整洁，无跑、冒、滴、漏现象。

（5）防冻、保温、防腐等措施完整有效。

对于评定为不完好的设施设备，应针对问题进行整改，通过维护、修理，消除不完好因素等手段，使其升级为完好设备。如果经过维修仍无法达到完好设备的要求，应该加以改造或者进行报废处理，不能任其长期处于不完好状态。

（四）做好信息管理，提高设施设备运营的经济合理性

由于计算机与网络的迅速发展，物业设施设备信息化、智能化发展迅猛，对信息的收集、存储、加工、整理、分析已成为物业设施设备管理的日常业务。因此，应做好物业设施设备的信息管理工作，及时了解掌握物业设施设备的运行和故障维修等状况。

物业设施设备的采购、安装、调试、使用是一个系统工程，应在保证安全、合理运行的前提下，降低系统运行成本，及时安排维护、预检修、定期强制维修等计划，使成本达到最低，这是物业设施设备管理应达到的目标之一。

（五）提升物业环境品质

各种物业设施设备运行的结果决定了物业的环境品质，目前所谈到的物业环境品质管理主要是指空气品质管理，包括对房间空气温度、湿度和空气流速，空间空气免受烟、灰尘和化学物质污染程度的管理。对它们进行管理的最终目的就是使用户得到满意的物业环境品质。物业设施设备管理应该充分促进空气流通，消除和控制室内污染源，强调对室内相对湿度的控制，防止尘埃和湿气的积累等。但是目前只有少数物业服务企业将物业环境品质列为管理目标。

五、物业设施设备管理与维修的特点

（一）与业主或非业主使用人关系紧密

要保证维修工作的顺利进行，除与外部有关单位和内部工种间的协调外，还须与业主或非业主使用人保持密切的联系。有时需停水、停电维修，有时需进入业主或非业主使用人房间内进行维修，给业主及非业主使用人带来不便，这就要求每一位管理者与维修人员

处处体现服务精神，进行文明修缮，不断提高服务质量。

（二）维修费用大

相对于房屋建筑本身而言，房屋设备使用年限较短，它随着使用年限的增加，必然要发生有形损耗，需要进行维修。此外，由于新技术、新设备的出现，使房屋设施设备的无形损耗增加。这种无形的和有形的损耗，都会引起房屋设备维修更新间隔期的缩短，从而使维修更新成本增加。另外，新型的、使用效能更高、更舒适方便、更能节能的设备一次性投资较大，维修更新这种设备的成本就更高。

（三）维修技术要求高

物业设施设备包含上水、下水、电气、运输设备、燃气、通信、供热、通风、计算机等多项内部功能，其对灵敏程度和精确程度的要求都较高。在物业管理范畴中，物业设施设备管理是管理难度较高、技术最为复杂的一项工作，它牵涉到十几个技术工种，其中工种与工种之间、班组与班组之间的分工与合作、交叉与配合等构成一个复杂的系统。若组织不当，往往会出现各种问题，因此管理这支队伍要付出比其他部门更大的努力。而不同的设施设备管理，必须配备各自的专业技术人员，这也是物业设施设备管理技术含金量高的主要原因。

（四）突发性与计划性相结合

房屋设备故障的发生往往具有很强的突发性，这就使房屋设备的维修具有很强的随机性，很难事先确定故障究竟何时以何种程度发生。但同时房屋设备又都有一定的使用寿命和大修更新周期，因此，设备的维修又具有很强的计划性，可以制定房屋设备维修更新计划，有计划地制定维修保养次序、期限和日期。此外，房屋设备日常的维护保养、零星维修和突发性抢修是分散进行的，而大修更新却往往是集中地按计划进行的，因此，房屋设备的维修又具有集中维修与分散维修相结合的特点。

六、物业设施设备管理与维修的要求

物业设施设备管理与维修的基本要求主要包括：良好的服务质量、经济的管理费用、及时的维修，以确保设备的完好率和使用安全。

（一）建立专业的管理与维修队伍

1. 配备设施设备管理部门及人员

要想实现物业设施设备管理的目标，首先应成立物业设施设备管理部门如工程部，然后根据不同的设施设备，分别配备各工种管理人员和技术人员，如供配电人员、给排水人员等。其基本要求如下：

（1）物业设施设备管理部门应及时制定维修计划、系统运行方案、抢修计划等，使各项工作有专人负责并保持相对稳定;对于不同工种的技术人员,应分别建立岗位职责制度。

(2)物业设施设备管理部门负责人应有物业设施设备管理实践经验,熟悉物业设施设备基本状况,并能及时了解最新物业设施设备科技动态,具有中级以上的技术、经济职称,有一定的业务水平和组织管理、决策能力,有岗位培训合格证书。

(3)物业设施设备管理部门的人员应精通本专业知识,以适应物业设施设备管理与维修工作的需要。

2. 明确分工与合作

设施设备管理部门与其他相关的部门应有明确的分工与合作。虽然设施设备管理部门相对比较重要,但与其他部门的合作也是必不可少的。一方面,各种设备的运行不仅是为用户服务的,同时也是为其他部门服务的;另一方面,有些部门,特别是销售、服务等"一线"部门,它们直接面向用户,用户的要求、意见常常通过它们传达到管理部门。因此,物业设施设备管理部门应处理好与其他部门的关系,通过建立各级设备管理网络来开展各项工作。

3. 有稳定可靠的对外协作渠道

应建立物业设施设备维修机构,并有稳定可靠的对外协作渠道,如与水厂、污水处理厂、热力电厂、市政、环卫、消防、公安机关等相关部门的联系与协作渠道。

(二)制定管理与维修的岗位职责

根据物业设施设备管理的目标来设置任务,为完成各项物业设施设备管理与维修任务而设置岗位,有了岗位就要授权,明确职责。

(1)明确在整个物业设施设备管理与维修组织机构中的各个岗位及其工作目标。

(2)明确岗位的基本任务,如管理与维修计划的制定、计划的实施监督、实施中的纠偏、问题的处理等。

(3)明确岗位的考核、奖励与惩罚等。

(三)建立各项规章制度

物业服务企业规章制度要全面,并且能够贯彻实施。总体分为责任制度、运行管理制度、维修制度、其他制度等。

具体规章制度包括以下几个方面:

(1)设施设备承接查验制度。

(2)设施设备运行管理制度。

(3)设施设备操作管理规程。

(4)设施设备维修与保养制度。

(5)设施设备检修制度。

(6)设施设备故障及事故管理制度。

(7)设施设备更新改造制度。

（8）设施设备经济管理制度。
（9）特种设备管理制度。
（10）设施设备考核制度等。

（四）明确设备技术管理的要求

设备技术管理的要求包括以下几个方面：

（1）主要设备技术档案齐全、完整。

（2）技术资料的保管符合有关技术档案的管理要求。

（3）加强各类设备在操作使用、维护保养、检查修理和更新改造中的安全技术管理，保证各类设备的有效利用率和完好率达到规定的要求。

（五）明确设备使用与维护管理的要求

设备使用与维护管理的要求包括以下几个方面：

（1）设备操作人员须经培训考核合格并领取操作资格证书后，才能凭证上岗操作，且应严格遵守设备安全操作规程。

（2）多班制连续运行的设备，操作人员要严格执行交接班手续。

（3）操作人员负责日常的维护保养工作，维护保养工作应达到清洁、整齐、润滑、安全的标准。

（4）设备润滑要做到"五定"（定人、定点、定时间、定任务、定质量），润滑记录及油库的收发记录应齐全、正确。

（六）明确设备检修管理的要求

设备检修管理的要求包括以下几个方面：

（1）保持设备的完好状态，对不完好的设备有分析、有对策、有处理结果。

（2）检修人员应定期巡检保养。计划检修和计划外修理（故障修理）的记录要准确、齐全。

（3）合理编制设备大修计划。大修计划应包括停机安排、技术准备、备件准备、材料费用及检修工时的预计等。

（4）大修工作由设备部门负责安排实施、按期完成，完成后按有关标准进行验收，并履行验收交接手续。

（七）明确各种技术经济指标

各种技术经济指标应达到行业或上级主管部门规定的要求，这些指标包括以下几个方面：

（1）主要设备完好率。

（2）主要设备利用率。

（3）主要设备故障停机率。

(4) 大修计划完成率。
(5) 设备重大事故率。
(6) 设备闲置率。

（八）明确设备经济管理的要求

设备经济管理的要求包括以下几个方面：
(1) 设备管理全过程中应重视经济效益。
(2) 按规定定额提取折旧费用，折旧费用应用于设备的更新改造。
(3) 规定编制设备大修费用预算计划。
(4) 设备部门应会同财务部门对维修费用进行考核、统计管理，并进行维修成本分析。
(5) 做好能源核算工作，降低能源耗用量。

第三节 物业设施设备管理的组织与制度

要做好物业设施设备管理工作，实现预期目标，首先就必须有一个组织保障。物业设施设备管理组织是根据物业服务企业的任务和目标，设定管理层次和管理跨度，确定它们之间的分工协作关系，明确各岗位职责和权限，并规定它们之间以及与企业其他部门之间的信息沟通方式，以最大的管理效率实现设施设备管理目标。

一、物业设施设备管理组织的设计

由于物业服务企业的规模不同、经营对象不同，因此，物业设施设备管理组织机构也不同，一般应遵循的原则包括以下几个方面：

1. 集权和分权的原则

物业服务企业的设施设备管理部门一方面要服从公司领导的统一管理，另一方面要建立部门内部的统一领导、分级管理体制，在部门内部形成一个指挥等级链，实行逐级授权。

针对现代物业设备管理工作任务、技术和经济情况越来越复杂的特点，设施设备管理部门在服从公司统一领导的同时，要加强咨询和参谋的作用，成为企业领导指导决策配合得力的助手。

2. 分工与协作的原则

为了提高设备管理工作的质量和效率，有利于创新，物业设备管理工作要进行专业分工。过细的分工，往往容易造成机构重叠、各自为政，不利于相互配合，不利于共同完成任务。因此，设备管理分工要根据物业的大小、设备的多少、任务量的繁简适当地进行，在分工基础上做好协调和配合工作。

3. 精干高效的原则

目前，在国内物业设施设备管理成本中，约有40%为各级工作人员的工薪支出，因此，制定一个最有效率的设施设备管理人员编制对降低设施设备管理的成本和提高效益至关重要。只有一专多能、机构精简、人员精干，设施设备管理工作的效率才会提高。

4. 管理层次和管理跨度相一致的原则

所谓管理层次，是纵向管理系统从最高管理层到最低管理层所划分的等级数量。对于大中型物业服务企业的设施设备管理组织有三个层次，即部门最高管理层、中间管理层和作业管理层。所谓管理跨度，是指一个领导者直接有效地指挥下属的人数。管理幅度应适当，如果过大，管理者由于时间、精力有限等原因可能管不过来；如果过小，又会造成人才浪费和管理层次增多。管理跨度和管理层次之间具有相互制约的关系。在总人员不变的情况下，管理跨度大，管理层次就少；管理跨度小，管理层次就多。管理组织系统是在划分管理层次的基础上建立起来的，而组织规模在相对稳定的情况下管理层次的划分，又是根据适当的管理跨度来确定的。

5. 工作丰富化原则

工作丰富化也是物业服务企业设施设备岗位设置不容忽视的一条原则。在岗位设置中，容易过分强调岗位和工作分工的专业化，造成每一个岗位的工作内容过于固定、呆板，这种设计不利于员工的成长，也不利于员工主观能动性的发挥。而工作丰富化是指工作内容的纵向扩展，使员工所做的工作具有完整性，增强员工的自由度和独立性，增强员工的责任感，及时提供工作反馈，以便员工了解自己的绩效状况，并加以改进。

6. 弹性和流动性原则

由于物业的不可移动性、差别性、投资性和受政策影响等特点，使物业设施设备管理活动有着特殊性，要求管理工作和组织机构随之进行调整，以使组织机构适应不同物业设施设备管理的变化。这就是说，要按照弹性和流动性的原则建立组织机构，不能一成不变。要准备调整人员及部门设置，以适应外部环境变动对管理机构流动性的要求。

二、物业设施设备管理组织结构

管理组织结构是指管理组织的具体形式，组织结构的设置，规定了分工、协作、层次、跨度、岗位和编制。物业设施设备管理组织是物业服务企业管理组织的一个组成部分，一般情况下，物业设施设备管理工作主要是由物业服务企业的工程部来承担的，物业设施设备管理组织结构类型根据物业服务企业的历史条件、企业规模、经营方式、专业化协作程度、物业设备拥有量、设备复杂程度、设备管理任务的多少和难易程度等可以是多种形式，目前比较成熟的类型有以下三种模式：

（一）直线制模式

"直线制"模式如图1-1所示，这种组织结构的特点是机构简单、人员少、决策迅速。整个设施设备管理工作只分运行及维修两大部分。运行组负责保证设备正常运行所必需的值班工作，可以划分为管理不同专业设备的若干个小组，如空调组、锅炉组、水泵水处理组等。而万能维修组则作为机动部队负责一切紧急及计划维修。为了最大限度地减少人员开支，万能维修组的成员一般为"多面手"，能应付各类设施设备日常维修工作。专业工程师一般由电气工程师和机械工程师组成，他们受部门经理的直接领导，负责解决各管理组遇到的所有技术问题。

图1-1 直线制组织结构示意图

这种结构的优点是能减少人员的重复次数，并减少不同班组间扯皮的现象。但其缺点是专业性不足，对于较复杂的设施设备管理问题可能不能应付。这种组织结构适用于以常规建筑设施设备为主、比较小型的或专业性要求不高的物业设施设备管理工作。

（二）职能制模式

"职能制"模式如图1-2所示，这种组织结构的特点是按照专业进行任务分工，管理与维修人员各司其职：强电组负责供电系统、低压电器的管理；暖通组负责空调、通风、供暖系统的管理；给排水组负责给排水系统的管理；弱电组负责弱电系统的管理；综合管理组负责设施设备的综合管理和资料整理工作。各组中配备必要的值班人员、维修人员和管理人员，由工程部经理统一负责。这种结构适用于设施设备管理相对复杂、"直线制"难以应付的设施设备管理工作，目前在大型的物业管理公司中被较多采用。

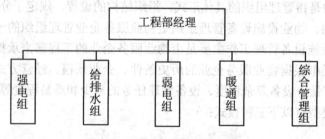

图1-2 职能制组织结构示意图

这种结构的优点是可以发挥专业特长，提高管理质量和管理水平。但是由于各组人员分别受不同的管理者指挥，当出现需要若干组人员配合解决的综合设备问题时，常常会出现时间上不同步、配合不当、问题解决不及时等问题。故它的最大弱点是班组众多，操作比较复杂，各班组间必须高度地合作才能发挥其真正的作用。

（三）矩阵制模式

"矩阵制"模式如图1-3所示，这种组织结构是在职能制模式的基础上发展而来的，它借鉴了项目管理的思想。维修人员平时仍编于各专业班组内，只是在执行紧急或计划综合设备维修任务时，才根据急修项目成立急修组，由"急修组"统一调配各班组中的人员，组成"急修组"，这类似于项目管理中的攻关小组。"急修组"的成员接受"急修组"管理者的统一领导，急修组在任务结束后暂时解散，其成员仍返回原工作班组。

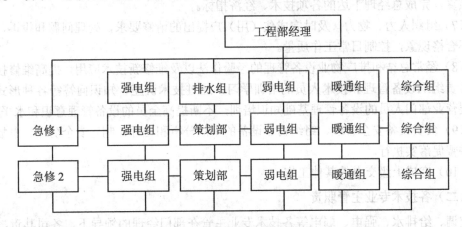

图1-3 矩阵制组织结构示意图

这种组织结构的优点是克服了职能制管理模式的缺点，能够采用灵活调配的办法充分利用各维修人员的时间，使不同班组的成员能够在同一时间受到统一领导，面向对象，解决问题，同时亦不会失去维修的专业性，适合一些较大型的物业使用。

三、物业设施设备管理的岗位职责

（一）工程部经理职责

工程部是为满足客人的舒适、安全和方便提供服务，直接给客人留下企业服务形象的部门。工程部本身的工作及工程部与物业部、销售部、保安部等的横向联系与配合，对提高物业的整体服务质量至关重要。工程部经理是进行管理、操作、保养、维修，保证设备设施正常运行的总负责人。其主要职责包括以下几个方面：

（1）直接对企业总经理负责，贯彻执行有关设备和能源管理方面的工作方针、政策、规章和制度,制定物业设施设备管理工作的具体目标和政策。

(2) 定期编写月、周报告,运行报表等,收集有关资料和数据,为管理决策提供依据。

(3) 负责物业设施设备从规划和实施、运行和使用、维护和修理、改造和更新直到报废全过程的技术和经济管理。

(4) 加强完善设备项目验收、运行、维修的原始记录资料;编制物业设备的保养、大修计划,预防性试验计划(月计划、年计划)并负责有组织有计划地完成各项工作;控制费用,提高修理的经济效果。

(5) 在安全、可靠、经济、合理的前提下,及时供给各设施设备所需的能源(水、电、油、气等),做好能源节约工作,降低各方面物资消耗。

(6) 制定物业设备管理维修的各项规章制度的技术规程和技术标准,实行定额管理和经济核算,完成总经理下达的各项技术、经济指标。

(7) 组织人力、物力,及时完成住(用)户提出的请修要求,处理问题和投诉,及时纠正不合格现象,控制日常工作质量。

(8) 经常总结和推广物业设备管理的经验作法以及维修新技术应用,提高维修技术水平;负责组织设备管理和技术人员的培训学习,通过技术讲座、知识问答等各种形式,积极开展营业部门人员的设备管理基础知识培训,不断提高全员的设备管理意识和水平。

(9) 负责设备安全管理,组织物业设备的事故分析和处理;制定安全防火、事故防范措施并督促落实执行。

(10) 完成上级交办的其他工作。

(二) 各技术专业主管职责

空调、给排水、强电、弱电等各技术专业主管在部门经理的领导下,各司其责,完成上级安排的工作。

(1) 负责编制所管设施设备的年、季、月检修计划及相应的材料、工具准备计划,经工程部经理审批后负责组织计划的实施,并检查计划的完成情况。

(2) 督导下属员工严格遵守岗位责任,严格执行操作规程,检查下属岗位职责以及操作规程、设备维修保养制度的执行情况,发现问题及时提出改进措施,并督促改进工作。

(3) 熟悉所管系统设施设备性能、运行状况、控制状态,制定合理运行方案,研究改进措施,减低能耗。

(4) 组织调查、分析设备事故,提出处理意见及措施,并组织实施,以防止事故的再次发生。

(5) 及时掌握本专业科技发展新动态,及时提出推广新技术、新工艺、新材料建议,报上级审批后组织贯彻实施。

(6) 完成上级交办的其他工作。

（三）各技术工种员工职责

（1）服从上级的调度和工作安排，及时、保质、保量地完成工作任务。
（2）自觉遵守公司的各项规章制度、操作规程，认真操作，保证安全生产。
（3）按规定填写各类记录表格，并定期交资料员存档。
（4）努力工作、学习，不断提高思想素质和技术水平，保证优质服务。
（5）完成上级交办的其他工作。

四、物业设施设备的管理制度

物业设施设备的管理制度包括以下四个方面：

（一）责任制度

责任制度包括各级岗位责任制度、记录和报表制度、报告制度、交接班制度、重要机房（如变配电房、锅炉房、电话机房、电梯机房、发电机房等）的出入登记制度等。

（二）运行管理制度

运行管理制度包括巡视抄表制度、安全运行制度、经济运行制度、安全文明运行制度等。此外，特殊设备需另行制定一些制度，如锅炉给水处理制度、电梯安全运行制度等。

（三）维修制度

维修制度包括日常巡视检查及保养制度、定期检查及保养制度、计划检修制度、备品配件管理制度、更新改造制度、维修费用管理制度、设备报废制度等。

（四）其他制度

其他制度包括承接查验制度、登记与建档制度、节能管理制度、培训教育制度、设备事故管理制度、员工奖惩制度、承租户和保管设备责任制度、设备清点和盘点制度等。

物业服务企业必须根据承接查验物业的状况，逐步完善各项管理制度，从而有效地实现专业化、制度化的物业设施设备管理。

第四节 物业设施设备运行维修管理

一、物业设施设备的运行管理

（一）制订合理的运行计划

根据设施设备和物业的实际情况所制订的合理使用计划，应包括开关机时间、维护保养时间、使用的条件和要求等方面的内容，这些内容应根据具体物业的实际情况和季节、环境等因素的变化进行调节,以满足安全、使用、维护和经济运行方面的需要。

(二)配备合格的运行管理人员

物业服务企业应根据设施设备的技术要求和复杂程度,配备相应工种的操作者,并根据设备性能、使用范围和工作条件安排相应的工作量,确保设施设备的正常运行和操作人员的安全。操作人员必须参加技术教育、安全教育和管理业务教育等培训,熟悉设施设备的构造和性能。操作人员经培训考核合格后,才能独立上岗操作相关工作专业的设备,供配电、电梯、锅炉运行等特殊工种还须经政府主管部门组织考核发证后凭证上岗。

(三)提供良好的工作环境

工作运行环境不但与设施设备的运转、故障发生的次数、使用寿命有关,而且对操作者的情绪也有重大影响。为此,应安装必要的防腐蚀、防潮、防尘、防震装置,配备必要的测量、保险、安全用仪器装置,还应有良好的照明和通风设备等。

(四)建立健全必要合理的使用制度

(1)实行定人、定机和凭证操作设备制度,不允许无证人员单独操作设备,对多人操作的设施设备,应指定专人负责。

(2)对于连续运行的设施设备,可在运行中实行交接班制度和值班巡视记录制度。

(3)操作人员必须遵守设施设备的操作和运行规程。

(五)设施设备的状态管理

1. 设备的检查

设备的检查就是对其运行情况、工作性能、磨损程度进行检查和校验,通过检查可以全面掌握设备技术状况的变化和劣化程度,针对检查发现的问题,改进设备维修工作,提高维修质量并缩短维修时间。

2. 设备的状态检测

设备的状态检测分为停机检测和不停机检测(又称在线检测),是在设备运行使用过程中通过相关的仪器仪表所指示的参数,直接或间接地了解掌握设备的运行情况和设备自身状态。设备的状态检测应根据不同的检测项目采用不同的方法和仪器,通常采用的方法有直接检测、绝缘性检测、温度检测、振动和噪声检测、泄漏检测、裂纹检测和腐蚀检测等。

3. 定期预防性试验

对动力设备、压力容器、电气设备、消防设备等安全性要求较高的设备,应由专业人员按规定期限和规定要求进行试验,如耐压、绝缘、电阻等性能试验,接地、安全装置、负荷限制器、制动器等部件试验,发电机启动、消防报警、水泵启动、管道试水等系统试验。通过试验可以及时发现问题,消除隐患,安排修理。

4. 设备故障诊断

在设备运行中或基本不拆卸的情况下,采用先进的信息采集、分析技术掌握设备运行状况,判定产生故障的原因、部位,预测、预报设备未来状态。设备诊断是预防维修的基础,目前应用中的技术手段主要是红外线温度检测、润滑油品化学分析、噪声与振动频谱分析、超声与次声波检测以及计算机专家分析与故障诊断系统等。

二、物业设施设备的保养管理

设施设备在使用过程中会产生松动、磨损、发热等各种故障,时间久了会影响设施设备的正常使用,严重时甚至会酿成事故。因此,物业服务企业要经常对使用的设施设备进行保养和调正,防患于未然。

(一)设施设备保养方式

设施设备保养方式主要是清洁、紧固、润滑、调正、防腐、防冻。对长时期运行的设备要巡视检查,定期切换,轮流使用,进行强制保养。

1. 清洁

大气中的灰尘进入设备内,会加快设备的磨损和局部的堵塞,还会造成润滑剂的恶化和设备的锈蚀,促使设备的技术性能下降,噪声增加,所以设施设备的清洁工作看似简单,实际上是保养工作中很重要的一个方面。

2. 紧固

设备运转相当长一段时间后,因多次启停和运行时的振动,地脚螺栓和其他连接部分的紧固件可能会发生松动,随之导致设备的更大振动直至螺帽脱落、连接尺寸错位和设备位移以及因密封面接触不严形成泄漏等故障,因此必须经常检查设备的紧固程度。在紧固件调正时,用力应该均匀恰当,紧固顺序按规定进行,以确保紧固的有效。

3. 润滑

润滑是正确使用和维护设备的重要环节。润滑油的型号、品种、质量、润滑方法、油压、油温及加油量等都有严格的规定。此外,对设备的清洗、换油也应有合理的计划,以确保润滑工作的正常开展。

4. 调正

设备零部件之间的相对位置及间隙是有其科学规定的。因设备的振动、松动等因素,零部件之间的相对尺寸会发生变化,容易产生不正常的错位和碰撞,造成设备的磨损、发热、噪声、振动甚至损坏,因此必须对有关的位置、间隙尺寸作定量的管理,定时测量、调正,并在调正以后再加以紧固。

(二)设施设备保养制度

设施设备保养实行三级保养制度,具体内容包括日常维护保养、一级保养和二级保养。

1. 日常维护保养

按照设施设备的维修保养规程来进行，重点是清洁、润滑、紧固易松动的螺丝，检查零件、部位的完整。日常维护保养是各类保养的基础，应保持经常性，并严格制度化。日常维护保养的内容包括操作人员的定机保养、周末维护、换季保养以及专业维修人员的巡回检查。

操作人员的定机保养，是每天的例行保养。操作中严格按设备操作规程使用设备，尤其要注意设备运转时发生的声音、振动、温升、异味和压力等指示信号，发现问题及时处理或报告，交接班前将设备状况记录在交接班簿上。

周末维护保养是日常维护保养的一种，它要求操作人员和维修人员在周末和节假日前对设备进行较彻底的清扫、调试和润滑。它的主要内容与定机保养相同，但所要求的范围及程度均高于定机保养。

换季保养是指与季节关系密切的空调设备的保养，其维护、保养工作一般利用春秋两季的空闲时间，更换易损件、加固螺丝、补充润滑油、灌新水等，保证空调系统制冷、制热功能的正常发挥。

专业维修人员的巡回检查是由专业维修人员检查操作人员对设备使用是否合理，机器运转情况是否正常，督促值班工人完成保养设备的任务，发现有违章操作的，应立即予以制止，遇有小故障时，应协同操作人员一起调整、处理，使设备经常保持正常的运转状态。

2. 一级保养

一级保养是根据设备的磨损规律，按预先编定的计划进行保养。一级保养比日保的范围更广，不仅由操作者对设备各部位普遍进行清洁、润滑和拧紧，还要部分地进行设备部件的调整。

3. 二级保养

二级保养是对设备进行内部清洁、润滑，局部解体进行检查、修理和调整。其工作内容有：更换或修复部分磨损件、局部刮研磨损部位和填补划痕、清洗润滑系统和换油、检查和修理电气系统等。

三、物业设施设备的维修管理

（一）编制物业设施设备维修计划

（1）明确目标，提高设施设备性能与完好率，延长设备寿命，节约资金投入，保障设备安全运行。

（2）收集各类图纸、图样、记录表格以及其他技术档案资料、以往运行资料、技术诊断资料等。

（3）根据技术的可行性分析、资源的可利用性分析、资金的安排、用户的需求，编制各类计划。

(4) 维修计划应包括维修养护的对象、维修养护的责任人、维修养护的标准、维修养护的方法以及维修的效果的验证。

(5) 确定计划，接受业主的问询。

(二) 做好维修前的准备工作

1. 修前预检

修前预检是对待修物业设施设备进行全面的检查，目的是掌握修理对象的技术状态。

2. 修前工艺准备

修前工艺准备是根据情况决定是否编制修理的工艺规程或设计必要的工艺装备等。

3. 其他准备

其他准备包括对材料及零备件，专用工、量具和设备的准备，以及具体落实停修日期和时间、向业主和有关部门发出通知、清理作业现场等设施设备维修前的准备工作。

(三) 分清维修的类型

物业设施设备维修根据设施设备的破损程度可分为以下几个方面：

1. 设施设备更新和技术改造

设施设备更新和技术改造是指设备使用一定年限后，因其技术性能落后、效率低、耗能大或污染日益严重，需要加以更新，以改善技术性能。

2. 大修工程

大修工程是指对物业设施设备定期进行全面检修，对设备全部进行解体，更换主要部件或修理不合格零部件，使设备基本恢复原有性能。大修时更换率一般超过30%。

3. 中修工程

中修工程是指对设施设备进行正常的和定期的全面检修，对部分设备进行解体修理和更换少量磨损零部件，以保证能恢复并达到应有的标准和技术要求，使设备正常运转，其更换率为10%～30%。

4. 零星维修工程

零星维修工程是指对设备进行日常的保养、检修以及为排除运行故障而进行的局部修理。

5. 故障维修

故障维修通常是房屋设备在使用过程中发生突发性故障，检修人员所采取的紧急修理措施，通过排除故障，使设备恢复功能。

6. 设备维修日常工作

设备维修日常工作，包括制定定期维修计划，接听、接待业主报修，准备经常性修缮材料等工作。

(四)组织维修的控制

要严格按照房屋及设施设备的维修计划实施,在确保安全的前提下,注意控制以下几个因素:

1. 质量的控制

对维修养护质量有影响的人工、材料、设备、资金、技术等要素进行有效控制,建立质量保障体系,并加强对工程质量的验收检查,确保维修养护工作能够达到计划的质量标准。

2. 进度的控制

物业的房屋和设施设备的使用率较高,停机维护一般都会给物业的使用造成不便。对维修养护工作进度进行有效控制,既可以减少维修养护工作对物业使用的影响,又有利于降低成本。

3. 成本的控制

通过对维修养护成本的构成要素进行有效控制,提高维修养护工作的经济性。

(五)验收和存档

物业服务企业应该根据设施设备维修养护项目的实际情况,采取适当的验收方式。同时考核维修养护工作计划的完成情况、维修养护达到的工作质量标准、维修养护工作的效率、成本控制的效果,并将维修养护的计划、预算和批准文件、维修养护工作记录、更换材料和零配件记录、竣工图和验收资料等存档。

第五节 物业设施设备管理的发展

物业设施设备管理是随着社会生产力的发展、科学技术的进步而逐步发展起来的。在中国,物业设施设备的发展历程和房地产业、建筑业的发展密切相关,尤其和房地产制度改革息息相关。

一、物业设施设备管理的发展历程

新中国成立—1978 年,由于实行计划经济,建筑业、房地产业发展缓慢。根据行政命令,由国家、单位投资建造房屋,房屋是福利品而不是商品,房屋的所有权归房管局或单位,个人只拥有使用权,房屋的维修也理所当然地由房管局和单位承担,物业设施设备很少,更谈不上专业的物业设施设备管理。

1978—1990 年,城镇住房制度改革处于探索、试点阶段,房屋实现了"三气",即电气、煤气和暖气,已具备了基本的物业设施设备。但由于房屋以公有房屋为主,单位负责房屋设施设备的维修，物业设施设备处于传统管理阶段。房屋设施设备坏了找单位修，管理主体虽然解决了，可维修资金难于落实，因而物业设施设备老化、故障多、问题多。

1991—1994年，我国全面推进住房制度改革，房屋逐渐商品化，房屋配置逐渐完善，物业达到"七通"，即上水通、下水通、电通、路通、煤气通、暖气通、通信通，最大限度地满足了消费者的需求，实现了从没有或者很少、很简陋到物业设施设备完善、很复杂，从手工操作、操作人员自己修复到需要专门的检修人员对设备进行专门管理的转变。

1994—至今，物业设施设备越来越先进，物业设施设备管理的要求也越来越高。随着社会的发展，物业设施设备正逐渐走向智能化、专业化、现代化的道路，并逐步与国际接轨。

二、现代设施设备管理

从我国的物业设施设备的发展历程可以看出，物业设施设备管理经历了传统设施设备管理阶段和现代物业设施设备管理两个阶段。

传统设施设备管理主要着眼于设施设备的故障维修，即保证物业设施设备能够正常运行，设施设备管理的各个环节相互脱离。在设备采购中因受计划经济的限制，设备及备件的采购比较困难，供求不平衡往往导致采购的设备本身不符合要求。在设施设备的使用过程中，传统的设施设备管理不重视预检修和定期维修的工作，等到设施设备出了故障时只能停机进行修理。另外，设施设备的检修时间长、效率低、质量差。

现代设施设备管理就是以科学管理为基础，按现代科学技术的理论、方法和手段来研究和处理设施设备管理工作的规律性问题，使设施设备管理工作更趋完善的管理方法。现代设施设备管理是强调全员、全方位、全过程的综合管理。

（一）全员管理

全员管理指凡是涉及设备的规划、设计、制造、采购、安装、调试、使用、维修、更新改造等工作的所有部门和有关人员均应参加设施设备管理活动。管理所需的知识与技术从单纯的建筑物本身的水暖电设备延展到与建筑、设备、不动产、经营、财务、心理、环境、信息等相关人员，承担物业设施设备管理工作的部门也从单一的设施设备运行维护部门发展到需由多部门交叉、协调，进行复合管理的部门。全员管理能以最少的资金、人力、设备、材料获得最满意的物业设施设备管理水平。

（二）全方位综合管理

全方位综合管理包括技术上要求设备始终处于最佳的运行状态，提高设备系统在整个寿命周期内的综合效率，经济上力求使设备在一次投资、运行、能源、维修及管理上耗用的费用最低。全方位管理就是设备的技术管理与经济管理有效结合，保证设备在整个寿命周期内的最佳效用能得到充分发挥。

（三）全过程综合管理

全过程综合管理指对设备的设计、制造、采购、安装、调试、使用、维护保养、检修、更新改造和报废的整个过程进行技术方面和经济方面的管理，并把其中的各个环节有机衔接起来，使之成为贯穿该设备整个使用寿命周期的全过程系统管理。

国外在20世纪80年代末90年代初将物业设施设备管理从传统的物业管理范围内脱离出来，将其视为新兴行业，称之为物业设施管理（Facility Management，FM）。其内涵为从建筑物业主、管理者和使用者的利益出发，对所有的设施与环境进行规划、管理的经营活动。这一经营管理活动的基础是为使用者提供服务，为管理人员提供创造性的工作条件以使其得以尊重和满足，为建筑物业主保证其投资的有效回报并不断地得到资产升值，为社会提供一个安全舒适的工作生活场所并为环境保护作出贡献。

同时，现代物业管理强调从物业业主、管理者、使用者的利益出发，对所有的设施设备与环境进行规划、管理，以保持业主高品质的生活和提高投资效益为目的，以最新的技术对人类的生活环境进行规划、改造和维护管理为中心工作。

三、物业设施设备管理的发展趋势

随着社会的进步，物业设施设备的维修和管理总体向专业化、社会化、集中化、规范化的方向发展，具体体现在以下几个方面：

（一）早期介入

导致国内物业设施设备管理工作滞后的原因，首先是建设方、设计方、施工方和物业管理方在工作上的脱节。建设方在建设阶段较少考虑今后运营时的节约和便利，而过多地考虑了如何节省一次性投资，如何节省自己的时间和精力。施工方在安装设备的过程中，较少考虑各项设备集成后的协调和匹配。在建筑物设备的施工、调试与验收过程中，设计人员又很少参与具体工作。物业服务企业通常在建设后期或建成后才接手，工程前期介入的工作几乎不做或做得很少。设备工程师的招聘还常常处于行政、清洁、保安人员之后，很少有一个系统的工程跟进和熟悉过程。

物业设施设备早期介入，指物业设施设备在设计、规划、施工过程中，物业管理人员从业主使用角度、物业管理维修角度，提出合理的意见，及时变更设计、更换材料、预留检修口等。同时，设施设备管理者的早期介入，可以使之更好地了解物业设施设备的安装、施工状况，为日后的设施设备管理打下基础。

（二）注重节能管理

在设计阶段，各项设施及设备的选型应选择能效比较高的设备。采取节能措施和新技术通常引起一次性投资的提高。但若通过比较,增加的投资在寿命周期内能收回,且在寿命周期剩余的时间内所节省的运行费用大于所增加的投资,则值得采用。节能主要是靠提高能源的利用效率,而不是以降低对用户的服务品质来实现。随着社会整体经济水平的提高,用户对舒适度的要求逐渐提高,提供优良的水、暖、电、通信等建筑设施设备的使用环境已成为提高第三产业生产效率的重要手段,这就必须在节能和优良的工作和生活环境之间寻求平衡。因此,在保证物业环境品质的前提下,提高能源的利用效率,就意味着可以节省大量能源和减少资源开发所付出的环境代价。

(三) 物业设施设备管理成本增加

物业设施设备营运过程中的成本花费占物业管理成本的比重越来越大。但至今仍有相当一部分物业管理人员认为,大楼或小区建成后,招聘一些人力成本较低的空调工、水电工、冷冻工让设备运转起来就行了。随着现代科学技术的应用和建筑智能化建设的推进,信息化、高科技含量的现代建筑设备正快速进入各种物业,自控、网络、通信及视频设备管理已成为物业设施设备管理的重要内容,这势必将加大物业设施设备的管理成本。

(四) 管理专业化、社会化

物业管理是涉及面非常广、专业化程度比较高的工作。物业服务企业进行统一管理,并不等于所有的工作都必须要由物业服务企业自己来承担。为了提供高效优质服务,减少开支,创造良好的社会效益和环境效益,物业服务企业可以将物业管理区域内的一些关键设备、安全性设备及技术难度高的设备的专项服务委托给专业性服务企业,如将锅炉、电梯等特种设备委托给锅炉专业制造厂、专业电梯维修公司管理,既提高了设备的安全性又解决了技术难度高、技术人员缺乏、自己维修成本高等问题。

(五) 管理信息化、智能化、自动化

在现代物业管理工作中,对设备的运行管理已经可以完全摆脱单凭经验和手工操作的传统模式,计算机辅助运行管理系统(Computer Maintenance Management System,CMMS)成为建筑自动化系统(Building Automation,BA)的重要组成部分。目前已出现了专门的物业设施管理信息系统(Property Facilities Maintenance Management Information System,PFMMIS)。这个管理信息系统的目标是建立高质量、现代化和数字化的设施设备管理信息系统,为网络社区提供各种物业支撑,并为网上物业服务提供必要的物业设施设备信息和维护解决方案。

(六) 集中化与规范化

随着物业设施设备管理的专业性、复杂性的逐步提高,社会上逐步形成各种形式的物业设备技术中心、保养中心、维修中心、备件中心、管理中心等服务性行业。这些服务中心有良好的专业技术和服务规范并逐渐形成服务网络。这种发展方向会使物业服务企业成

为高效精干的智能密集型企业,如果发生较大的故障,只需一个电话,服务中心就能解决。

总的来讲,物业设施设备管理产业化和市场化是发展的必然趋势,高起点、高技术的物业设施设备管理在中国还是空白,在国外也是起步不久。中国作为世界上最大的建筑市场和设备市场,在设施设备管理领域实现科学化、规范化,发展物业设施设备管理产业是大势所趋。

本 章 小 结

要想做好物业设施设备管理与维修,首先必须了解物业、物业管理、物业设施设备、物业设施设备管理与维修的相关知识,懂得物业设施设备的构成、物业设施设备管理的内容、物业设施设备的运行管理、物业设施设备的维修管理等相关内容。

课 堂 实 训

通过本章的学习,同学们熟悉了物业设施设备管理与维修的基本知识,通过查阅网上相关资料,走访物业服务企业,最后讨论:物业设施设备管理与维修的重要性,现阶段存在的主要问题以及解决这些问题的对策有哪些?

思 考 与 讨 论

1. 物业设施设备有哪些分类?
2. 物业设施设备管理包括哪些内容?
3. 物业设施设备管理的意义是什么?
4. 物业设施设备管理的基本要求有哪些?
5. 物业设施设备管理的目标是什么?核心是什么?
6. 物业设施设备管理与维修有什么特点?
7. 物业设施设备管理的要求是什么?
8. 物业设施设备管理组织的设计原则是什么?
9. 物业设施设备管理组织的结构形式有哪三种?
10. 物业设施设备的运行管理包括哪些内容?
11. 物业设施设备的保养管理包括哪些内容?
12. 如何进行物业设施设备的维修管理?

第二章 给排水设施设备的管理与维修

学习目标

本章重点介绍给水系统和排水系统的组成与分类、给排水设施设备的日常管理和维修、常见给排水设施设备故障的处理方法。

学习要求

1. 掌握给水系统和排水系统的组成与分类。
2. 熟悉给水系统的日常管理及常见故障处理方法。
3. 熟悉排水系统的日常管理及常见故障处理方法。
4. 掌握卫生器具的构造、安装及故障处理方法。

第一节 给排水工程概述

建筑给水系统是为保证建筑内生活、生产、消防所需水量而修建的一系列工程设施，它的任务主要是将城镇（或小区）给水管网或自备水源的水引入室内，经室内配水管网送至生活、生产和消防用水设备处，满足各用水点对水量、水压和水质的要求。建筑排水系统的任务是接纳、汇集建筑内各种卫生器具和用水设备排放的污（废）水以及屋面的雨、雪水，并在满足（或经处理后满足）排放要求的条件下，将其排入室外排水管网。

一、建筑给水系统的分类和组成

（一）建筑给水系统的分类

建筑给水系统按供水用途可分为三类：

1. 生活给水系统

生活给水系统主要为民用建筑和工业建筑内部饮用、烹调、洗浴、洗涤、冲洗等的日常生活用水所设的给水系统。除了水量、水压应满足要求外，生活给水的水质也必须满足国家规定的生活饮用水水质标准。

2. 生产给水系统

生产给水系统主要是提供各类产品制造过程中所需用水及生产设备的冷却、产品和原料洗涤、锅炉用水和某些工业的原料用水。生产给水系统的水质、水压、水量及安全方面的要求因为工艺不同，差异较大。

3. 消防给水系统

消防给水系统主要为扑救火灾而设置的给水系统。消防用水对水质要求不高，但必须满足建筑设计和防火规范对水量和水压的要求。

以上三种给水系统在一幢建筑物内并不一定单独设置，可根据生产、生活、消防用水对水质、水压和水量的要求，结合给水系统的具体情况，经技术经济比较后，采用两种或三种合并的系统。

（二）建筑给水系统的组成

建筑给水系统主要由引入管、水表节点、管道系统、给水附件、配水装置和用水设备、升压和储水设备等组成。

1. 引入管

引入管又称进户管，是将室外给水管的水引入到室内的管段。引入管根据建筑物的性质、用水要求可有几条，但至少应有一条。

2. 水表节点

水表节点是引入管上的水表及其前后设置的阀门和泄水装置等的总称。总水表一般设置在水表井中。计量用水量的仪表，在引入管和每户支管上均应设置。此外，为节约用水，及时发现用水异常情况和漏水现象，在有些高层建筑的给水立管上也要安装水表。水表前后设置的阀门主要用于水表检修、更换时关闭管路。

3. 管道系统

管道系统是为向建筑物各用水点供水而敷设，包括给水干管、立管和支管的系统。干管是将引入管送来的水输送到各立管中去的水平管道，立管是将干管送来的水送到各楼层的垂直管道，支管是由立管分出，供每一楼层配水装置用水的水平管道。

4. 给水附件

给水附件是指为保证建筑内用水而装设在给水管道上的闸阀、截止阀和止回阀等设备。

5. 配水装置和用水设备

配水装置和用水设备指各类卫生器具的配水龙头和生产、消防等用水设备。

6. 升压和储水设备

当室外给水管网的水量、水压不能满足建筑给水要求或要求供水压力稳定、确保供水安全可靠时，需要设置水泵、水池、水箱和气压给水设备等升压和储水设备。

二、建筑排水系统的分类和组成

（一）建筑排水系统的分类

按系统接纳的污（废）水性质不同，建筑排水系统可分为三类：

1. 生活排水系统

生活排水系统排除住宅、公共建筑及工厂生活间的污（废）水。按照排水污染程度不同又可分为两类。

（1）生活污水排水系统：如粪便污水，此类污水多含有有机物及细菌，污染较重。

（2）生活废水排水系统：如洗涤污水，污染较轻，可回收利用。

2. 生产排水系统

生产排水系统排除生产过程中产生的生产污水和生产废水。因工业生产的工艺不同、性质不同，其所产生的废水所含杂质、污染物的性质也不同。考虑工业废水的处理和利用情况，可以将生产排水系统分为以下两类。

（1）生产污水排水系统：因生产工艺种类繁多，所以生产污水成分很复杂，污染较重。

（2）生产废水排水系统：生产废水中一般含少量无机杂质而不含有毒物质，或仅升高了水温，污染较轻，经处理后，一般可以再利用。

3. 雨水排水系统

雨水排水系统主要收集、排除屋面的雨水和冰雪融化水。此类排水一般污染较轻，可以直接排入室外管道。

以上系统可单独设置，即采用分流制；也可将性质相近的污（废）水合流排出，即采用合流制。一般情况下，屋面雨水系统应单独设置。当建筑或建筑小区设有中水系统时，生活污水与生活废水宜分流排放，其中生活废水可作为中水系统的水源。

（二）建筑排水系统的组成

生活排水和生产排水系统由以下基本部分组成：

1. 卫生器具或生产设备的受水器

卫生器具或生产设备的受水器是用来承受水或收集污（废）水的容器。它们是建筑排水系统的起点，污水、废水经器具内的存水弯或与器具排水管连接的存水弯排入横支管。存水弯内经常保持一定高度的水封。常用的卫生器具有洗脸盆、洗涤盆、浴盆等。

2. 排水管道系统

排水管道系统包括器具排水管（含存水弯）、横支管、立管、埋地横干管和排出管等。

（1）横支管：其作用是接纳各卫生器具的排水，并将污水排至立管。

（2）立管：其作用是接纳各横支管排出的污水，然后排至排出管。

（3）排出管：它是室内排水立管和室外排水检查井之间的连接管段。

3. 水封装置

水封装置是卫生器具和污水收集器与排水管道之间相连的一种存水装置，一般与器具排水管相通，俗称存水弯。通常有 P 型和 S 型两种。

4. 通气管系统

设置通气管系统的目的是使建筑排水管道与大气相通，尽可能使管内压力接近于大气压力，防止管道内压力波动过大，以保护水封不受破坏。同时，也可使管道中废水散发出的有害气体不会滞留在管道内，使管道内常有新空气流通，减缓管道腐蚀，延长管道使用寿命。

5. 抽升设备

在地下室、人防工程、地下铁道等处，污水无法自流到室外，必须设置集水池，通过水泵把污水抽送到室外排出去，以保证室内良好的卫生环境。建筑物内部污水提升需要设置污水集水池和污水泵房。

6. 清通设备

为疏通建筑内部排水管道，需设清通设备，主要包括检查口、清扫口和检查井。立管上应设检查口，其间距不宜大于 10m，在建筑物的最高层和底层均必须设置。当采用乙字弯接上下层位置错开的排水立管时，应在乙字弯的上部设置检查口。

7. 污水局部处理构筑物

当建筑物排出的污水不允许直接排到排水管道时（如呈强酸性、强碱性、含多量汽油、油脂或大量杂质的污水），则要设置污水局部处理设备，使污水水质得到初步改善后，再排入室外排水管道。这类设备一般有隔油池、降温池、化粪池。

第二节　给水设施的使用与维修

物业服务企业要对辖区内给水设施进行维护、维修和运行管理。管理人员应全面掌握辖区内给水系统的运行情况，熟悉管路走向和具体位置，保障其正常运行和使用，保证给水管道无滴、漏水现象。建立正常供水的管理制度，严格执行操作规程。

一、给水系统的维护项目和管理内容

室内给水系统使用是否合理，管理是否得当，是直接关系能否节约用水的大问题，因此应采取合理用水措施和加强给水系统的管理。

（一）物业服务企业检查和维护项目

物业服务企业必须从接管时就执行国家的有关规定，仔细验收，严格检查给水系统是

否满足要求。检查、维护项目一般包括以下几个方面：

（1）楼板、墙壁、地面等处有无积水、滴水等异常情况。

（2）给水管道、阀门是否严密，有无漏水情况等。

（3）对给水管道、水泵、水表、水箱、水池等进行经常性维护和定期检查。

（4）露于空间的管道及设备必须定期检查，防腐材料脱落的应补刷防腐材料。

（5）每年对使用设备进行一次使用试验。

（6）冬季对管道和设备进行保温工作，防止管道等被冻坏。

（7）对用户普及使用常识，正常使用给水设备。

（二）给水系统的管理

（1）建立正常的供水、用水制度。

（2）要建立检查维修卡，防止跑、冒、滴、漏；杜绝日常生活中常流水现象，发现阀门滴水、水龙头关不住的情况应及时修理。

（3）对给水管道、水泵等做好日常维护和定期检修工作。

（4）保持水箱、水池的清洁卫生，防止二次污染，定期清洗和消毒。

（5）提倡使用节水设备和采用节水措施。

（6）制定日常管理制度，保证有章可循、有法可依。

（7）厂矿机关制定节水管理制度，并设定专人负责监督管理；要落实维修检查制度，查出问题及时解决，不能停留在书面上。

二、给水系统的养护与维修

（一）管道的养护与维修

室内给水管道的敷设，根据建筑对卫生、美观方面的要求不同，可分为明装和暗装两类。

明装敷设一般用于民用住宅、普通办公楼、工厂车间或公共建筑、高层建筑的设备层内。施工明装管道时要求管道排列整齐、支吊架牢固平直、接口美观，管道水平及垂直度应符合施工验收规范要求。明装管道可从外观查看表面有无锈蚀现象，还可以用小锤敲打管道，辨别声音是否正常。如检查发现管道有锈蚀脱皮现象，应及时维修。对轻度的脱皮锈蚀情况，可将脱皮清理干净。在管道外表面干燥的情况下，涂防锈漆两遍，然后再刷两遍面漆。如果管道锈蚀得很厉害，可考虑更换新管道。对重大的检修，应做检修记录并存档。明装管道造价低，施工安装、维护管理均较方便。

暗装管道多用于大型公共建筑、高层建筑内，其优点是室内装修布置整洁，房间干净美观。但暗装管道在维修管理上较为困难，出现严重漏水时需拆除吊顶或墙体而造成装饰层的破坏。在管井内的立管阀门，为了检修和操作方便，应尽量置于检修门附近。暗装在墙体内的给水管，应配合土建墙体，施工时预先埋好。对于暗装管道，应经常检查是否有渗漏情况，及时对管道进行维护和管理。

（二）阀门的安装和故障处理

在给水系统的引入管、水表的前后管、住宅建筑的给水立管、接有3个及3个以上配水点的给水支管和工艺要求的生产设备支管等相应位置应设置阀门。

阀门的种类很多，安装技术要求也不尽相同，主要应注意以下几个方面：

（1）阀门的安装位置在不妨碍设备、管道及阀体本身的操作、拆修的同时，还要考虑外形组装的美观。

（2）水平管道上的阀门、阀杆宜朝上或倾斜一定角度安装，但不能向下安装。高空管道上的阀门、阀杆和手轮可水平安装。

（3）安装旋塞、闸阀和隔膜式截止阀时，允许介质从任意一端流入或流出。

（4）安装截止阀时必须注意流体流向，应使介质从阀盘下面流向上面，使介质从下向上流出。

（5）安装止回阀时，应特别注意介质的正确流向，以保证阀盘能自动开启。对于升降式止回阀，应保证阀盘中心线与水平面相互垂直；对于旋启式止回阀，应保证摇板的旋转枢轴水平。

（6）安装杠杆式安全阀时，必须保证阀盘中心线与水平面相互垂直，并检查阀杆的垂直度。

（7）安装法兰式阀门时，应注意沿对角线方向拧紧螺栓，拧动时用力要均匀，以防止垫片跑偏或引起阀体变形与损坏。高温阀门上的连接螺栓和螺母，应在螺纹上涂黑铅粉，以便检修时容易拆开。

（8）安装螺纹式阀门时，应在被连接的螺纹上缠上填料。拧紧时，要用扳手把住要拧入管子一端的六角体，以防止阀体被拧坏。

（9）较大的阀门在吊装时，绳索应绑在阀体上，而不应绑在阀门手轮上。

（10）阀门在安装时应保持关闭状态。

室内给水系统的阀件要定期检查维修。各类阀门应定期启闭，以检查阀杆是否灵活，压兰盘根是否正常，如压兰母漏水应及时加填或更换填料。对出现故障的阀门应及时修复，以免故障进一步扩大。表2-1所示为一般阀门的常见故障及处理方法。

（三）常用阀门检修

阀门在安装和使用过程中，由于制造质量和磨损等原因，容易使阀门产生泄漏和关闭不严等现象，为此，需要对阀门进行检查和修理。

表 2-1　一般阀门的常见故障及处理方法

故障	产生原因	处理方法
填料涵泄漏	（1）填料装填方法不正确； （2）阀杆变形或腐蚀生锈； （3）填料老化； （4）操作过猛，用力不当	（1）正确装填填料； （2）修理或更换阀杆； （3）更换填料； （4）操作平稳，缓开缓闭
密封面泄漏	（1）密封面磨损，轻度腐蚀； （2）关闭不当，密封面接触不好； （3）阀杆弯曲，上下密封面不对中心线； （4）杂质堵塞阀芯； （5）密封圈与阀座、阀瓣配合不严； （6）阀瓣与阀杆连接不牢	（1）定期研磨密封面； （2）缓慢反复地启闭几次； （3）修理或更换阀杆； （4）清除阀体内的杂物； （5）修理； （6）修理或更换
阀杆失灵	（1）阀杆损伤、腐蚀、脱扣； （2）阀杆弯曲； （3）阀杆螺母倾斜； （4）露天阀门锈死	（1）更换阀件； （2）更换阀杆； （3）更换阀件或阀门； （4）露天阀门应加罩，定期转动手轮
垫圈泄漏	垫圈质量不好或使用日久失效	更换垫圈
阀门开裂	（1）冻裂； （2）丝扣阀门安装时用力过大	（1）阀门保温； （2）更换，安装时用力适当
闸板失灵	（1）楔形闸板因腐蚀而关不严； （2）双闸板的顶楔损坏	（1）定期研磨； （2）更换为碳钢的顶楔
压盖断裂	紧压盖时用力不均匀	对称紧螺帽
手轮损坏	重物撞击，长杆撬别开启，内方孔磨损倒棱	避免撞击，开启时用力均匀，方向正确，锉方孔或更换手轮
介质倒流	（1）阀芯和阀座间密封面损伤； （2）阀芯、阀座间有污物	（1）研磨密封面； （2）清除污物
阀芯不开启	（1）密封面被水垢粘住； （2）转轴锈死	（1）清除密封面上的水垢； （2）打磨转轴铁锈，使之灵活
阀瓣打碎	阀前阀后的介质压力接近平衡的"拉锯"状态，使用脆性材料制作的阀瓣受到频繁拍打	采用韧性材料阀瓣

1. 阀门不能开启

阀门长期关闭，由于锈蚀而不能开启，开启这类阀门时可以用振打方法，使阀杆与盖母之间产生微量的间隙。如仍不能开启时，可用扳手或管钳转动手轮，转动时应缓慢地加力，不得用力过猛，以免将阀杆扳弯或扭断。

2. 阀门开启后不通水、不通气

（1）闸阀

当阀门开启不能到头，关闭时也不能到底时，一般表明阀杆已经滑扣。由于阀杆不能将闸板提上来，导致阀门不通。遇到这种情况时，需拆卸阀门，更换阀杆或更换整个阀门。

(2) 截止阀

如果有开启不到头或关闭不到底现象，属于阀杆滑扣，需要更换阀杆或阀门。如果能开到头和关到底，是阀芯与阀杆相脱节。

(3) 阀门或管道堵塞

经检查所见阀门既能开启到头，又能关闭到底，且拆开阀门见阀杆与阀芯间连接正常，此时需要检查是否有阀门或管道堵塞现象。

3. 阀门关不住

所谓关不住，是指明杆闸阀在关闭时，虽转动手轮，阀杆却不再向下移动，且部分阀杆仍留在手轮上。遇到这种现象时，需要检查手轮与带有阴螺纹的铜套之间的连接情况，若两者为键连接，一般是因为键失去了作用，键与键槽咬合得松，或是键质量不符合要求。因此需要修理键槽或重新配键。

4. 阀门关不严

阀门关不严，可能是由于阀座与阀芯之间卡有脏物，或是阀座、阀芯有被划伤之处。修理时，需要将阀盖拆下检查。如有脏物，应及时清理干净；若阀座、阀芯有被划伤处，则需要用研磨方法进行修理。

(四) 管道的防腐、防冻与防结露

1. 防腐

管道工程中的金属管材与附件，因受大气、地下水及输送介质的作用，会发生金属腐蚀。金属管道的防腐施工一般为表面清理、涂漆、着色三道工序，后两道工序常常可以合并进行。最简单的防腐方法是刷油法，即先将管道及设备表面除锈，明装管道刷防锈漆两道（红丹漆等），再刷面漆（如银粉）两道，如管道需要装饰或标志时，可再刷调和漆或铅油；暗装管道除锈后，刷防锈漆两道即可。质量较高的防腐方法是做管道防腐层，层数为3~9层不等，材料为底漆（冷底子油）、沥青玛蹄脂、防水卷材、牛皮纸等。

埋地钢管除锈后刷冷底子油两道，再刷热沥青两道；埋于地下的铸铁管，外表一律要刷沥青防腐，明露部分可刷红丹漆及银粉（各两道）。

2. 防冻、防结露

安装在温度低于0℃地方的设备和管道，应当进行保温防冻，如寒冷地区的屋顶水箱、冬季不采暖的室内和阁楼中的管道以及敷设在受室外冷空气影响的门厅、过道等处的管道，在涂刷底漆后，应采取保温措施。

在某些温度、湿度条件下，管道及设备的外壁可能产生凝结水，从而引起管道和设备的腐蚀，影响正常使用和破坏环境卫生。为此，必须采取防结露措施，即做防潮绝热层。

在平时使用中应注意检查和维护给水管道的保温隔气层。如有碰坏或自然脱落，应当及时修补。对敷设在吊顶中的管道的保温和隔气层，应定期进行检查维修。

(五) 给水系统常见问题、故障分析与解决方法

给水系统常见故障及处理方法如表 2-2 所示。

表 2-2　给水系统常见故障及处理方法

故　障	产 生 原 因	处 理 方 法
管道与管件、阀件等的连接处丝扣漏水	(1) 套的丝扣过硬或过软； (2) 丝扣年久锈蚀有孔洞； (3) 填料缠绕不当； (4) 由任处误放垫片； (5) 管道或管件冻裂	(1) 拆卸管道重新套丝组装； (2) 更换新管道； (3) 更换新填料，正确缠绕； (4) 拆卸由任，放好垫片； (5) 更换管道或管件
给水用量剧增	(1) 管道系统漏水； (2) 阀门或水龙头失灵	(1) 检漏并修理； (2) 更换阀门或水龙头
用水量增加	(1) 高水箱塞密封不严，漏水； (2) 低水箱出水塞封件不严或进水控制阀件失灵、损坏漏水	(1) 更换高水箱塞封； (2) 更换低水箱配件
阀门杆升降不灵	阀件螺纹不合要求或螺纹磨损	更换阀门损坏部分
阀门滴水 阀门关不严	(1) 压盖填料失效，皮钱儿磨损； (2) 密封圈不严密； (3) 阀门内有杂物； (4) 阀杆失灵	(1) 更换填料或皮钱儿； (2) 研磨密封圈； (3) 清除阀体内杂物； (4) 更换阀杆
水龙头关不严，漏水	皮钱儿老化或磨损	更换皮钱儿
水龙头拧不住	脱扣	更换水龙头

三、水泵、水箱的维护和管理

(一) 水箱的维护和管理

水箱的维护、管理有两个目的：一是保持水箱储水、加压功能完好；二是保持水箱外表本身完好，水质不受污染等。

1. 箱体内表面的维护与管理

维护与管理给水水箱第一重要的任务是保持箱体内表面光洁，保证没有对水质构成污染的因素，使水质符合国家饮用水水质标准。

(1) 钢板箱体内壁必须刷符合卫生标准的防腐涂料，还要定期检查其内壁漆膜的完好程度，箱内有无杂物和沉淀物，发现问题及时维修和清理。水箱入孔必须加锁并由专人管理，以防止意外事故的发生。

(2) 玻璃钢水箱要检查其内壁表面树脂层的完好程度，开始使用时要化验水质是否符

合饮用水卫生标准，如发现有害成分超标则必须停用。玻璃钢水箱内有型钢框架、内框架和铁爬梯，其防锈漆必须符合卫生标准，不可刷樟丹防锈漆。

（3）搪瓷钢板水箱安装后必须保持搪瓷的 100%完好率，不得使钢板外露，其框架漆面要求同上。

（4）混凝土水箱要保持内表面清洁度，而一般混凝土面或抹灰面比较粗糙，易在表面沉积污物，因此必须定期清洗。如能在箱内壁再刷符合饮用水要求的瓷釉涂料，则更加实用，对水质的提高和防渗漏都有益。

无论是什么材质的水箱，其内壁必须定期清洗，且清洗用水必须符合饮用水标准。

（1）清洗前准备阶段

① 操作人员必须有卫生防疫部门核发的体检合格证。

② 通知小区居民做相应的准备。

③ 清洗人员准备必要的设施、设备。

（2）清洗工作阶段

① 清洗人员从进口沿梯子下至水箱底部，用清洁的布将水箱四壁和底部洗擦干净，再用清水反复清洗。

② 水箱顶部要有一名监护人员，负责向水箱内输送空气。

2．箱体外侧的维护与管理

箱体外侧的维护与管理，主要任务是保持箱体的整洁完好。

箱体表面和支架锈蚀、漆膜脱落处都要及时修补。外保温层保持完好，才能起到保温作用。

箱体保温常用的材料有水泥珍珠岩、憎水珍珠岩，前者遇水后易脱落变形，后者则较好。玻璃棉板和岩棉保温性能相近，但岩棉遇水会变形，并影响保温效果。用珍珠岩粉作为夹层充填保温层，其质轻且保温效果好，但时间久易下沉，导致保温夹层上空下实，因此在使用几年后要定期检查，发现下沉应及时添加保温材料。

保护壳是保温层的围护结构，具有一定的强度，耐碰撞，也有一定的防水性，通水后不会变形脱落。保持其完整是维护保护层的重要一环，如保护壳破损应及时修补。

（二）水泵的维护和管理

应将水泵的维修记录和运行记录一起作为设备档案长期保存备查。如有计算机管理设备，可把维修及运行工作情况存入计算机内备查。当水泵长期停止使用时，应将泵拆出机房，把泵件泵体全部清理干净，上油并包装保管。

水泵运行时，值班人员应定时巡视或由微机管理系统定时巡检，并进行事故报警。巡检内容包括以下几个方面：

（1）水泵轴承温度不得高出环境温度 35℃，其轴承最高温度不得超过 75℃，并定期加油。

（2）经常检查电机轴承温升，发现异常应及时处置。

（3）轴封填料在运行时允许滴漏，但以每分钟 10~20 滴为限，滴漏严重则随时调整填料压盖的压紧程度。如果密封环与叶轮配合部位的间隙磨损过大，应及时更新密封环。

（4）运行中如发生异常声音应立即停车检查原因。

水泵的养护管理分为一级保养、二级保养和大修理三种。一级保养以日常的维护管理为主，主要内容有设备清洗、擦扫、检查轴承温度、检查设备振动情况等。二级养护以拆修为主，包括清洗泵体、清洗叶轮、更换轴套、修理更换泵轴等。具体养护操作制度总结如下：

（1）采用值班制度，每个班次认真做好值班记录。

（2）值班人员必须认真履行职责，定时检查水泵工作情况。

（3）水泵开启的操作规程必须以书面形式落实。

（4）要制订出保养计划，对水泵定期保养。

（5）及时发现隐患并排除。

（6）落实岗位责任制，出现问题追究责任。

水泵进出口阀门开关要灵活，发现有滴漏应及时维修。为防震和隔声，水泵进出水管常安装金属软接头或避震喉管。避震喉管为不锈钢波纹管或橡胶制品，其接口处有螺纹和法兰接口。禁止用橡胶软管与金属光管插接。外用卡箍压紧的简易做法，可防止跑水和出现安全问题。选用专用避震喉管时一定要符合工作压力的要求。橡胶制品容易出现老化问题，应经常检查其完好程度。材质为非耐油橡胶（丁氰）制品时，则要防止机油、润滑油对橡胶的侵蚀作用。避震喉管或金属软管都不可承受管道及阀门重量，避震喉管两侧接口要同心，以防止轴向偏心受力。水泵周围环境应有良好的通风、照明和采暖条件，地面要有通畅的排水设施，在泵前做排水沟或地漏。泵附近不应存放对金属或电机有腐蚀性的物质。如水泵露天安装运行，则电机要加防护罩，防止雨水或尘土。当环境温度低于 2℃时，停泵期间要把水泄净。为降低噪声而在泵体上加吸音罩时，罩体设计必须保证电机有效散热，使温度保持在允许范围内。为便于检测，电机电源开关要能就地操作。

（三）水泵常见故障的原因和处理方法

水泵产生故障通常是由于水泵长时间运行、机件维修管理不当、产品质量有问题或者由于操作不正确等原因造成泵体或电机故障所引起的。表 2-3 所示为一般水泵的常见故障及处理方法。

表 2-3　水泵常见故障及处理方法

故　　障	产 生 原 因	处 理 方 法
水泵不吸水，压力表、真空表的指针剧烈摆动	(1) 灌水不足，泵体内有空气； (2) 吸水管及附件漏气； (3) 吸水口没有完全浸没水中； (4) 底阀关闭不严	(1) 停车、继续灌水或抽气； (2) 检查吸水管及附件，修补漏气部位； (3) 降低吸水管，使吸水口浸没在水中； (4) 检查修理底阀，使底阀严密
水泵灌不进水或抽不成真空	(1) 吸水管漏水； (2) 底部放空螺丝未旋紧； (3) 底阀漏水或被杂物卡住没关上； (4) 泵顶部排气阀门未打开； (5) 填料压盖太松渗入空气	(1) 检修吸水管，修补吸水管； (2) 旋紧放空螺丝； (3) 检修底阀； (4) 灌水时打开泵顶部的排气阀； (5) 适当上紧压盖
水泵轴功率过大	(1) 叶轮与泵壳的间隙太小，转动时发生摩擦； (2) 泵内吸入泥沙等杂质； (3) 轴承部分磨损； (4) 填料压得太紧，或填料涵中不进水； (5) 流量过大，扬程低； (6) 转速高于额定值； (7) 轴弯曲或轴线偏扭； (8) 联轴器间的间隙太小，运转中两轴相顶； (9) 电压太低	(1) 检查各零件配合尺寸，加以修理； (2) 拆卸并清除泵内杂质； (3) 更换损坏的轴承； (4) 放松填料压盖，检查、清洗水封管； (5) 适当关小出水管闸阀； (6) 检查电路及电动机； (7) 拆下轴校正和修理； (8) 调整联轴器间的间隙； (9) 检查电路，查找原因
水泵不吸水，真空表指示高度真空	(1) 底阀没打开或滤网淤塞； (2) 吸水管阻力太大； (3) 吸水液面下降，水泵安装高度太大； (4) 吸水部分淹没深度不够，水面产生旋涡，空气被带入泵内	(1) 检修底阀，清扫滤水头； (2) 清洗或改装吸水管； (3) 核算吸水高度，必要时降低水泵安装高度； (4) 加大吸水口淹没深度
压力表有压力，但出水管不出水	(1) 出水管阻力太大； (2) 水泵转动方向不正确； (3) 叶轮进水口及流道堵塞	(1) 检修或改装出水管； (2) 改换电机转向； (3) 打开泵盖，清除杂物
流量不足	(1) 滤水网及底阀堵塞； (2) 口环磨损严重，与叶轮之间的间隙过大； (3) 出水管闸阀未全打开； (4) 输水管路漏水； (5) 叶轮流道被堵塞； (6) 吸水口端部淹没深度不够	(1) 清除杂物； (2) 更换口环； (3) 开大闸阀； (4) 检漏并修理输水管； (5) 清洗叶轮； (6) 适当降低吸水部分

续表

故 障	产 生 原 因	处 理 方 法
填料涵渗漏严重	（1）填料压盖过松； （2）填料磨损或使用时间过长失去弹性； （3）填料缠绕方法不正确； （4）轴有弯曲或摆动； （5）通过填料涵内的液体中含有杂质，使轴磨损	（1）适当旋紧压盖或加填一层填料； （2）更换填料； （3）重新缠装填料； （4）矫直或更换新轴； （5）清除液体内的杂质，修理轴的磨损
轴承过热	（1）轴承损坏或松动； （2）轴承安装不正确，间隙不当； （3）轴承润滑不良（缺油或油量过多），油质不符合要求； （4）轴变曲或联轴器没找正； （5）滑动轴承的甩油环不起作用； （6）叶轮平衡孔堵塞，使泵的轴向力不能得到平衡； （7）压力润滑油循环不良	（1）更换或调整轴承； （2）检修，重新安装轴承； （3）清洗轴承，更换质量合格的新油； （4）校正联轴器，校直或更换新轴； （5）放正油环位置或更换油环； （6）清除平衡孔中的杂物； （7）检查油循环系统是否严密，油压是否正常
水泵机组有噪声	（1）吸入管阻力太大； （2）吸水高度太大； （3）吸水管有空气渗入，水泵气蚀	（1）检修吸水管、底阀和滤网； （2）设法降低吸水高度； （3）检查吸水管及附件，堵住漏气
填料处过热，渗漏水过少或没有	（1）填料压得太紧； （2）填料环方位不正； （3）水封管堵塞； （4）填料盒与轴不同心； （5）轴表面有损伤	（1）放松压盖至有滴状液体渗出； （2）重新安装填料环，使之对准水封管口； （3）疏通水封管； （4）检修，使填料盒与轴同心； （5）检修或更换轴的损伤部位
水泵机组振动	（1）地脚螺栓未填实或未紧固； （2）机组安装不良，水泵转子或电动机转子不平衡； （3）联轴器不同心； （4）轴承磨损或损坏； （5）泵轴弯曲； （6）基础不牢固； （7）转动部分有摩擦； （8）转动部分零件松弛或破裂	（1）填实或拧紧地脚螺栓； （2）检查水泵与电动机中心是否一致，并找平衡； （3）找正联轴器同心度； （4）更换轴承； （5）矫直或更换泵轴； （6）加固基础； （7）消除摩擦原因； （8）上紧松动部分的零件，更换损坏零件

第三节 排水设施的使用与维修

物业服务企业应熟悉管路走向和具体位置，掌握所辖区内排水系统的运行情况，了解室内排水设备组成。对排水、下水管道要及时疏通；对一些重要部位，如屋面雨水口、雨水管等在雨季前应进行清淘疏通，保证排水系统的正常运行。同时应加强对排水系统的管理，及时记录排水设施存在的问题，做好排水设施的日常维护和保养工作。

一、排水管材

按照污水性质和成分、管道的设置地点和条件，建筑内部的排水管材主要分为塑料管、铸铁管、钢管和带釉陶土管。

（一）塑料管

为了节约能源、保护环境、提高建筑物的使用功能、扩大化学建材的使用领域，目前在建筑内使用的排水管大多是塑料管。塑料管以合成树脂为主要成分，加入填充剂、稳定剂、增塑剂等填料制成。常用塑料管有聚氯乙烯（UPVC）管、聚丙烯（PP-R）管、聚乙烯（PE）管等。目前在建筑内使用的排水塑料管主要是硬聚氯乙烯（UPVC）管，它具有质量轻、不结垢、不腐蚀、外表光滑、容易切割、便于安装等优点。但塑料管也具有强度低、耐温性差、立管产生噪音、易老化、防火性能差等缺点。适用于建筑物内连续排放温度不大于 40℃、瞬时排放温度不大于 80℃ 的排水管道。

（二）排水铸铁管

排水铸铁管按铸铁管所用材质不同分为灰铸铁管、球墨铸铁管、高硅铸铁管；按其工作压力不同可分为低压管、中压管、高压管。铸铁管具有较强的耐腐蚀性、使用寿命长、价格低等优点，其缺点是性脆、质量大、长度小。排水铸铁直管包括排水铸铁承插直管和排水铸铁双承插口直管。对于建筑排水系统，铸铁管正逐渐被硬聚氯乙烯塑料管所取代，但在高层建筑中，柔性抗震铸铁管逐步得到应用。

在高层建筑和建筑高度超过 100m 的超高层建筑内，排水立管应采用柔性接口。近年来，国内生产的 GP-1 型柔性抗震排水铸铁管是当前较为广泛采用的一种，它采用橡胶圈密封，螺栓紧固，在内水压下具有曲挠性、伸缩性、密封性、抗震性等特点，施工方便。

（三）钢管

钢管主要用作洗脸盆、小便器、浴盆等卫生器具与横支管间的连接短管，管径一般为 32mm、40mm、50mm。钢管可用于微酸性排水和高度大于 30m 的生活污水立管，也可用在机器振动比较大的地方。

钢管的连接方法有螺纹连接、法兰连接和焊接。

（四）陶土管

陶土管是由塑性粘土按照一定比例加入耐火粘土和石英砂等焙烧而成，可根据需要制成无釉或单面釉陶土。带釉陶土管耐酸碱性、耐腐蚀，主要用于腐蚀性工业废水排放。

二、排水系统管道的防腐保温

排水铸铁管在埋地或暗装时，应对管道的外壁进行除锈和防腐处理。无特殊要求时管道外壁刷沥青漆两遍。明装时，排水铸铁管的外壁刷防锈漆两遍，再刷银粉或调和漆两遍。为了防止环境温度较低时排水管道被冻坏，或夏季在排水管道表面产生凝结水，需要对排水管道进行保温或采取适当措施防止产生凝结水。保温材料应当具有不吸水、不燃或难燃、易安装、易保养等特点。

三、排水系统管道的安装和敷设

（一）排水管道安装规定

（1）室内排水铸铁管在安装前应对管材及配件进行检查：管材及配件是否有生产厂厂名、商标、产品出厂日期和产品合格证；管道及配件规格是否符合设计要求，内外表面是否光滑、厚度均匀，有无浮砂及裂纹砂眼、飞刺和缺陷；管道内外表面所刷防腐涂料是否完整、均匀、光洁、附着牢固。

（2）室内排水管道的安装应遵循先地下后地上的原则。管道安装应先安装排出管，然后再安装立管和横支管。承插排水管道的接口，应以油麻丝填充，用水泥或石棉水泥打口。

（3）为了保障排水畅通，排水管道的横管与横管、横管与立管的连接应采用45°三通和四通或90°斜三通（顺水三通）和四通。立管与排出管端连接宜采用两个45°弯头。

（4）排水管道的吊钩或卡箍应固定在承重砖墙或其他可靠的支架上。横管的吊卡间距不得超过2m，立管固定支架间距不得大于3m。层高小于或等于4m的立管可安装一个固定件，立管底部的弯管处应设支墩。

（5）排出管穿过承重墙、基础或楼板时，应配合土建预留孔洞。如排出管穿过防水墙体或有防水要求的地下室墙时，须做防水套管。

（6）暗装或埋地的排水管道，在隐蔽前必须做灌水试验，其灌水高度不应低于地层地面高度。

（7）排水管道不得穿过烟道、风道、沉降缝和居室。

（8）为了保证排水管道内不产生或少产生沉积物，应使管道保持一定坡度，表2-4列出了排水管道的最小坡度和标准坡度。

表2-4 排水管道的坡度

废水类型	生活污水		生产废水	生产污水
管径（mm）	标准坡度	最小坡度	最小坡度	最小坡度
50	0.035	0.025	0.020	0.030
75	0.025	0.015	0.015	0.020

续表

废水类型 管径（mm）	生活污水		生产废水	生产污水
	标准坡度	最小坡度	最小坡度	最小坡度
100	0.020	0.012	0.008	0.012
125	0.015	0.010	0.006	0.010
150	0.010	0.007	0.005	0.006
200	0.008	0.005	0.004	0.004
250			0.003	0.003 5

（9）塑料排水管道在施工安装程序、操作方法和质量检验方面与铸铁管道基本相同，具体安装方法如下：

① 硬聚氯乙烯埋地管道安装时，应在管沟底部用 100～150mm 的砂垫层，安放管道后要用细砂填至管顶上至少 200mm。

② 立管安装时，当层高小于或等于 4m 时，应每层设置一个伸缩节；当层高大于 4m 时，应按伸缩量来计算伸缩节数量。安装时先将管子扶正，把管子插入伸缩节承口底部，并按要求预留出间隙，在管端划出标记，再将管端插口平直插入伸缩节承口橡胶圈内，用力均匀，找直、固定立管，完毕后即可堵洞。

③ 支管安装时，将支管水平吊起，涂抹胶粘剂，用力推入预留管口，调整坡度后固定卡架，封闭各预留管口和填洞。

另外，在施工中还应注意以下几点：

① 实际所采用的管材及管件连同粘接剂应是同一厂家配套产品，应有产品合格证及说明书。

② 塑料排水横管固定件的间距应符合表 2-5，塑料排水管道安装的允许偏差和检验方法如表 2-6 所示。

表 2-5 塑料排水横管固定件的间距

管径（mm）	50	75	100
间距（m）	0.6	0.8	1.0

表 2-6 塑料排水管道安装的允许偏差和检验方法

项 目		允许偏差（mm）	检验方法
水平管道纵、横方向弯曲	每米长	1.5	用水准仪（水平尺）、直尺、拉线和尺量检查
	全长（25m）以上	≤38	
立管垂直度	每米长	3	吊线和尺量检查
	全长（5m）以上	≤15	

（二）排水管道的敷设

1．排水管道的敷设方式

排水管道根据建筑物性质与要求可采用明装与暗装。

（1）明装

车间厂房、民用建筑等多以明装为主。明装方式施工维护检修方便、造价低，但存在不美观、不卫生、易集尘和结露等缺点。

（2）暗装

宾馆、饭店、博物馆、展览馆等建筑对室内卫生要求高，并且从美观的角度考虑，一般采用暗装方式。立管设于管槽、管井内，或用装饰材料包装。横支管嵌设在管槽、楼板中，或吊装在吊顶内。干管敷设于天花板内。暗装可增加建筑内美观，但也提高了建筑物造价，维护检修也不方便。

2．排水管道的敷设要求

（1）埋深

为防止排水管受机械损坏，在一般厂房内，排水管的最小埋深应按表 2-7 执行。

表 2-7 排水管道的最小埋设深度

管　材	地面至管顶的距离（m）	
	素土夯实、缸砖、木转地面	水泥、混凝土、沥青混凝土、菱苦地面
排水铸铁管	0.70	0.40
混凝土管	0.70	0.50
带釉陶土管	1.00	0.60
硬聚氯乙烯管	1.00	0.60

（2）管道固定

排水管道的固定措施比较简单，排水立管用管卡固定，其间距不得超过 3m；在承接管接头处必须设管卡。横管一般用箍吊在楼板下，间距视具体情况而定，但不得大于 1.0m。

（3）管道敷设间距

从安装、维修、卫生考虑，排水立管管壁与墙面净距应为 25~35mm 之间，以保证管道的安装与维修。

（4）穿楼板及基础

排水立管穿越楼层时，需预留孔洞，其尺寸一般比通过的管径大 50~100mm，然后再通过楼板的立管外的一段套管，现浇楼板可预先埋入套管。室内排水管道穿过承重墙或基础时，应预留孔洞，而且管道顶部与孔洞间的缝隙尺寸不得小于建筑物的沉降量，一般不宜小于 0.15m。

（三）排水管道的清洗与灌水、通球试验

排水管道在施工完成后应进行清洗和灌水、通球试验。

1. 清洗

排水管道清洗的目的是将施工中残留在管道内的污物冲洗干净。如有灰浆等物堵塞，须用清通机清理后再行冲洗。排水管道的冲洗可利用给水系统的压力冲洗。如果施工现场无给水系统或给水压力不能满足清洗要求时，可用水泵加压冲洗。管道无污物、冲洗干净且畅通为合格。

2. 灌水试验和通球试验

排水管道灌水试验的目的是检查排水管道接口的严密性，以确保管道工程质量。对于暗设、埋设和有隔热层的排水管道，在隐蔽前必须做灌水试验。具体要求如下：

（1）灌水试验应分楼层进行。对生活和生产排水管道，管内灌水高度一般以一层楼的高度为准，且最高不得超过 8m。雨水管的灌水高度必须达到每根立管最上部的雨水斗的高度。

（2）管道在灌满水 15 分钟后，再延续灌水 5 分钟，以液面不下降、无渗漏为合格。

通球试验，可向透气管投入相当于管径 70%的皮球，用水冲，能顺利从管道最远处，通过排水管道冲到室外第一检查井，接到球为合格。

四、排水系统的管理与维修

加强对排水系统的管理是十分重要的，为此应制定行之有效的管理制度，管理人员应按管理制度的要求来维护和保养排水管道系统。可以用图表形式记录维护、保养、检修的情况。例如，设立记录卡，对每次检查维修的项目登记在册，包括检查期间出现的问题、负责人、维修人、维修时间等。这样不但能对设备的完好率做到心中有数，还可以将其作为每年管道设备普查的重要依据。这种方法对建筑排水设备的维护、保养、管理是一个非常有效的措施。

（一）排水设备的管理

排水系统中的排水设备是指卫生器具（卫生器具将在本章第四节介绍）和室内排水系统中的其他设备，如地漏、检查口、清扫口等。对于这些设备的养护主要从外观上进行检查，发现问题及时解决。如发现地漏在使用过程中的扣碗或箅子被拿掉，就应复原以防污物进入排水系统，造成管道堵塞，破坏水封。对于检查口和清扫口要经常养护，发现有口盖污损、螺栓、螺帽锈蚀应及时更换或修理。

（二）排水管道的管理

排水管道的管理包括定期对管道系统进行检查和清扫。

1. 排水管道的检查

对排水管道进行经常性维护检查是保证排水通畅的重要措施。维护管理人员应经常检

查排水井口的封闭是否严密，防止物品落入井内，影响排水畅通，给修理带来麻烦；室外雨水口附近不应堆放沙子、碎石、垃圾等，以免下雨时随雨水进入管道，造成管道堵塞。

2．排水管道的清扫

室外排水管道和排水井应定期清扫、疏通，确保水流通畅。常用的方法有人工清扫和机械清扫等。较小管径的排水管一般由人工用竹劈进行清扫；较大管径的排水管可用机械方法清扫。

（三）排水管道检修及常见故障的处理

1．排水管道检修

（1）铸铁管损坏严重时，需要更换新管或把损坏管段截去调换新管。如果只是发现裂缝，可在纵向裂缝两端钻一个6～13mm 的小洞，防止裂缝继续扩大，然后在管外用叠合套管箍住，再用螺栓固定。较小的横向裂缝可直接在管外用叠合套管箍牢夹紧。如孔洞很大，需另加铁板，再用叠合套管箍牢。

（2）钢管上的裂缝可用电焊焊补。当管网的压力不高、管壁较薄时，也可采用气焊。如管壁已穿洞，须在洞内打入木塞，再用铁箍箍牢。

（3）石棉水泥管破裂或折断时，需要更换新管。

（4）水管接头松动。铸铁管如用铅接头，可重行敲紧接头，或补冷铅后再敲紧。如用石棉水泥接头，则需拆除旧填料，重新接头，或改为自应力水泥砂浆接头、石膏水泥接头等。检修时，先将胶圈、油麻瓣等填入接头。

对于排水管路中的地漏、检查口、清扫口等设备，也要定期检查。如发现有污损、锈蚀等问题，应及时更换或修理。

2．排水系统常见故障的处理

排水系统的故障主要是排水管道故障和排水设备故障。排水管道的常见故障和处理方法如表2-8 所示，卫生排水设备故障与维修将在本章第四节叙述。

表2-8　排水系统常见故障及处理方法

故　　障	产　生　原　因	处　理　方　法
排水管道堵塞	污物、织物、硬纸或儿童玩具等杂物、尿垢等堵塞排水管	污物堵塞用清通工具从邻近的清扫口清通，尿垢堵塞用污垢清除剂、盐酸等清除，严重时更换部分管道
	管道坡度太小或达不到自清流速，使污水中的杂物沉积而导致堵塞	调整排水管道的坡度或管径
	排水管道的管径偏小	加大管径，更换管道
排水管道下沉	铺设管道时未将管底土壤夯实或回填土不密实	拆除管道，将基土夯实后重新安装
	上部压力过重，使排水管道局部下沉	修复管道时，上部防止重车、重物过载

第四节　卫生设备及其管理与维修

卫生洁具的养护管理关系到器具本身的使用完好程度和使用年限，关系到节水和节能，也关系到卫生条件和人身的健康。因此，物业管理公司应配备专业的卫生洁具维修管理人员，对卫生洁具及其给、排水配件进行定期检查、维修和更换，以保持其完好率，做到检修制度化和管理科学化。

一、卫生器具

卫生器具是用来满足日常生活中洗涤等卫生要求以及收集排除生活、生产中产生污水的一种设备。对卫生器具的基本要求如下：

（1）卫生器具的材质应耐腐蚀、耐摩擦、耐老化，具有一定的机械强度。
（2）卫生器具表面应光滑，不易积污垢。
（3）要便于安装与维修。
（4）卫生器具的材质、色调等要与周围环境协调一致、完美统一。

卫生器具按使用功能可分为便溺器具、盥洗与洗浴器具、洗涤器具及其他专用卫生器具。

（一）便溺器具

便溺器具包括大便器和冲洗设备。

1. 大便器

常用的大便器有坐式大便器、蹲式大便器和大便槽三种。坐式大便器常用于住宅、宾馆类建筑。蹲式大便器多设于集体宿舍、医院、公共建筑卫生间、公共厕所内。大便槽则多用于学校、公园、火车站等卫生标准不高且人员较多的场所。

坐式大便器按冲洗的水力原理分为冲洗式和虹吸式两种。冲洗式是靠冲洗设备中的水龙头直接放水冲洗，污物不易被冲洗干净，现已逐渐被淘汰。虹吸式是靠虹吸作用，把污物全部吸出，冲洗效果好。虹吸式又分为普通虹吸式、喷射虹吸式和旋涡虹吸式等多种形式。坐式大便器本身自带水封装置，所以可不设存水弯，安装时直接坐落在卫生间地面上，不必设台阶。在地面的垫层里，按坐便器底盘尺寸预先埋好用沥青油浸过的梯形木砖，地面抹好后，用木螺丝将大便器固定在木砖上，各种大便器安装时均应参照国家制定的标准图集。

蹲式大便器利用水压直接冲洗，其本身不带存水弯，需另外装设，故一般都安装在地面以上的平台中。存水弯有陶瓷和铸铁两种。陶瓷存水弯仅限于底层使用。铸铁存水弯有P型和S型两种，可用于普通楼层和底层。

大便槽是个狭长开口的槽，卫生条件相对较差，但其设备简单，造价低廉。

2．冲洗设备

冲洗设备是便溺器具的重要配套设备，一般有冲洗水箱和冲洗阀两种。

冲洗水箱的种类较多，按冲洗的水力原理分为冲洗式和虹吸式，目前多采用虹吸式；按起动方式分为手动式和自动式；按安装位置分为高水箱和低水箱。高水箱用于蹲式大便器、大小便槽，也可用于小便器的冲洗。用于大便器时，一般采用手动式水箱；用于大小便槽和小便器时，一般采用定时自动冲洗水箱。低水箱用于坐式大便器，一般为手动式。

冲洗阀采用延时自闭式冲洗阀，直接安装在大小便器冲洗管上，可用于住宅、公共建筑、工厂及火车的厕所内。其优点是体积小、占用空间少、外表整洁美观，但所要求的水压较大，构造复杂，容易阻塞损坏。

（二）盥洗、洗浴器具

1．洗脸盆

洗脸盆设置在盥洗室、浴室、卫生间及理发室内，多为陶瓷制品，其形状有长方形、三角形、椭圆形等多种，安装方式有墙架式、柱脚式和台式三种。

2．盥洗槽

盥洗槽是由瓷砖、水磨石等材料现场建造的盥洗设备，有靠墙长条形盥洗槽和置于建筑物中间的环形盥洗槽，多用于卫生标准不高的集体宿舍、教学楼、火车站等处。安装图可参看国家标准图。

3．浴盆

浴盆设在住宅、宾馆等建筑的卫生间和公共浴室内，多为长方形，有陶瓷、搪瓷、玻璃钢等不同材料制品。浴盆配有冷、热水龙头或混合龙头，有的还配有淋浴设备。

4．淋浴器

淋浴器广泛用于公共浴室中，住宅中也多有采用。与浴盆相比，淋浴器具有占地面积小、投资少、卫生条件好等优点。淋浴器可购买成品，也可现场安装。

5．净身盆

净身盆与大便器配套安装，供便溺后洗下身用，适合妇女和痔疮患者使用。一般设在医院、工厂的妇女卫生室及高级宾馆、住宅的卫生间内。

（三）洗涤器具

1．洗涤盆

洗涤盆安装在住宅厨房和公共食堂内，有家用和公共食堂用之分。按安装方式有墙架式、柱脚式和台式三种；按构造则有单格和双格之分。

2．污水盆

污水盆一般安装在公共建筑的厕所和盥洗室内，供洗涤墩布、倾倒污水用。

3. 化验盆

化验盆设置在科研机构、学校和工厂的实验室或化验室内，盆内已带水封。根据需要，可装设单联、双联、三联鹅式龙头。

二、卫生洁具的检验标准和安装质量

（一）卫生洁具的检验标准

国家对卫生洁具（指陶瓷洁具）制定了一系列标准，为保证卫生陶瓷的质量和标准统一打下了良好的基础。基本的质量要求包括以下几个方面：

1. 尺寸允许偏差

主要指外形尺寸、孔眼尺寸允许偏差。

2. 外观质量

指可见面的外观缺陷，如裂纹、棕眼、斑点、缺釉、磕碰或坑包等。

3. 变形

指允许的最大变形（包括安装面、表面、整体和边缘值）。

4. 冲洗功能

5. 物理性能

每件产品的吸水率，采用平均煮沸法不大于 3%，采用真空法不大于 3.5%，经抗裂试验应无纹。

质量检验的方法有以下几种。

（1）外观检查：表面是否有缺陷。

（2）敲击检查：轻轻敲打，声音实而清脆是未损伤的，声音杀裂是损伤破裂的。

（3）尺寸检查：用尺实测主要尺寸。

（4）通球检查：对圆形孔洞可做通球试验。

（二）卫生洁具的安装

卫生洁具的安装一般采用预埋螺栓或膨胀螺栓固定。采用木螺丝固定时，预埋木砖须作防腐处理。卫生洁具及给水配件的安装位置、高度、连接卫生洁具的排水管径和最小坡度等应满足设计要求。如设计没有指明，则各项指标应符合 GB J242-82《采暖与卫生工程施工及验收规范》的规定。卫生洁具安装质量要求如下：

（1）卫生洁具的安装，一般采用预埋螺栓或膨胀螺栓两种方式固定。如用木螺丝固定，预埋木砖须作防腐处理，木砖外表面应与毛砖面相平。洁具的支托架必须安装平整牢固并与卫生洁具靠紧。

（2）安装位置应按设计图给定的尺寸设置，一般允许偏差为：单独洁具为 10mm；成排洁具为 5mm。安装应平直，垂直度允许偏差不得大于 3mm。

（3）安装高度如设计无特殊要求，应符合具体的规定，如表 2-9 所示。

表 2-9　卫生器具安装高度

编号	卫生器具名称		卫生器具边缘离地高度（mm）		备　注
			居住建筑和公共建筑	幼儿园	
1	污水盆（池）	架空式	800	800	自地面至上边缘
		落地式	500	500	
2	洗涤盆		800	800	
3	洗脸盆和洗手盆（有塞、无塞）		800	500	
4	盥洗槽		800	500	
5	浴盆		480	—	
6	蹲式大便器	高水箱	1 800	1 800	自台阶面至水箱底
		低水箱	900	900	自台阶面至水箱底
7	坐式大便器	低水箱 外露排出管式	510	—	自地面至水箱底
		虹吸喷射式	470	370	
		冲落式	510	—	
		旋涡连体式	360	—	
8	小便器	立式	100	—	自地面至受水部分上边缘
		挂式	600	450	
9	小便槽		200	150	自地面至台阶面
10	妇女卫生盆		360	—	自地面至上边缘
11	饮水器		900	—	
12	化验盆		800	—	

三、卫生洁具的养护与维修

（一）使用要求

卫生器具的使用，主要注意以下两个方面的问题：

1. 不能造成排水管堵塞

对于不造成排水管堵塞，主要是使用过程中不让在短时间内浸泡不烂的物质进入卫生器具，如棉、麻纤维、塑料薄膜等，也不能让较粗的硬质物，如肥皂盒、配件、橡胶垫等异物落入卫生器具。

2. 不要损害卫生器具

对于家庭来说，不要用硬物撞击卫生器具，如在大便器中洗拖布等。这样很可能打坏大便器，不但增加维修量，而且造成经济损失。

同时，卫生洁具必须随时清洗。清洗时必须用专用的洁具清洗剂，以保持表面的清洁度。卫生洁具,特别是玻璃钢制品不宜用去污粉进行擦洗,否则不但会损伤表面,而且其沉淀物会堵塞排水管道;更不宜用强酸液去清洗结垢的大便器和小便器,它会严重腐蚀排水件及其管道。

(二)卫生洁具及配件的养护

正确使用和管理卫生器具,不仅可以减少设备故障和维修量,同时也能延长系统的使用寿命,减少卫生器具换新率。卫生洁具时常出现水箱漏水、淋浴器阀门关不严等问题,这不仅浪费水资源,而且会给用户造成不便。因此,要对卫生洁具给、排水配件定期检查、维修和更换,以保持其完好率。

维修管理必须配备专业人员,通过上岗考核和有效可行的规章制度的管理,来保证养护管理的实施。卫生洁具养护的重点,是对卫生洁具给排水配件的养护。目前,国内卫生洁具配件尚无国家标准,各生产厂的产品质量和用材材质千差万别,因此在维修中要首先了解各种卫生洁具配件的性能、连接及固定方法。对于易损坏的配件,还要从产品和材质上选用节水和耐用的产品。和卫生洁具相配套使用的设施也有很多,如烘干器、烘手器、电加热器、煤气加热器及各类电插座、地漏等。电气设施的维修,除保证正常使用外,还必须保证绝缘的标准不能降低,功能不得失效,以保证人身安全。

地漏是每个卫生间必备的地面排水设施,除其产品的水封高度不小于 50mm,还要经常清理存水槽内的污物,以保持水流畅通,同时也要检查水封内是否有水,以防止排水管道内臭气外溢。

(三)维修管理

在维修管理上,卫生间内的布局和管道间检修门的设置是搞好维修养护的另一个重要条件。例如,卫生间的吊顶内必须设置人孔,以便于检修。有护砌裙边的浴盆,在其有下水口的顶端侧面应制作检修门。带固定式金属护壁的浴盆,在下水口的顶端楼板上要留 400mm×600mm 的检修洞。管道井检修门要每层设置,而且门不能小于 500mm×1 200mm。如果井内的管道多于一排,则井内须留有可供维修管道、阀门操作的空间。

搪瓷和玻璃钢卫生洁具如果使用时间较长,其内表面会变得粗糙、掉瓷或有划痕等。用瓷釉涂料喷涂,就可使卫生洁具焕然一新。瓷釉涂料具有优良的耐沸水性和耐冲洗性,而且耐化学侵蚀,硬度高,附着力强,涂层丰满细腻光亮,是一种无毒涂料,很多宾馆和饭店都用它修复浴盆,并取得了良好效果。它还可刷在墙面、板面上以代替瓷砖。

1. 水箱常见故障的处理

水箱不稳或水箱损坏的原因和防治措施与漂子门常见故障及维护措施分别如表 2-10 和表 2-11 所示。

表 2-10　水箱的故障及维护措施

故障	产生原因	维护措施
水箱不稳	（1）木砖未作防腐处理，埋设不牢、松动； （2）安装卫生器具时，螺栓规格不合适或栽设不牢固； （3）木螺钉松动； （4）木砖、木塞被拔出； （5）水箱与墙面接触不够严实； （6）轻质隔墙上固定水箱措施不当	（1）木砖应刷好防腐油，并预埋好，严禁后装； （2）螺栓应符合国家标准的规定，并扩栽牢固； （3）更换木螺钉，并错开原螺纹孔拧紧； （4）用水泥砂浆重新栽好木砖或打入木楔固定好，上好螺钉； （5）用白水泥砂浆填补饱满； （6）尽量采用落地式支架或采用悬挂式支架
水箱损坏	（1）水箱安装时不小心碰有裂纹； （2）箱体严重损坏	（1）放掉水箱存水，用胶布贴住，外涂环氧树脂； （2）更换水箱

表 2-11　漂子门常见故障及维护措施

故障	产生原因	维护措施
漂子门始终向水箱流水	（1）弯脖与漂子门脱节，销子折断或窜出； （2）漂子杆因腐蚀严重而断开； （3）漂子球与漂子杆连接部位折断； （4）漂子球、漂子杆和弯脖间连接丝扣滑扣	（1）调整销子； （2）更换漂子杆； （3）调整漂子杆弯曲度，更换漂子球； （4）拧紧螺纹，可更换相应零件
水箱水量不足或不下水	漂子杆位置过低	适当提高漂子杆高度
水箱溢水或自泄	漂子杆位置过高	适当调低漂子杆
漂子门不严	（1）门芯胶皮损坏； （2）门芯上嵌胶皮凹槽损坏	（1）更换胶皮； （2）更换门芯
漂子门不出水	（1）弯脖与漂子门之间抗劲； （2）漂子门进水眼堵塞； （3）门芯锈蚀	（1）调整漂子杆弯曲度或弯脖厚度； （2）疏通进水眼； （3）用砂布擦拭门芯
漂子门锁紧螺母漏水	（1）水箱不稳，撞击漂子门； （2）锁紧螺母填料失效	（1）固定水箱； （2）更换填料

2. 便器常见故障及处理

便器常见故障及处理如表 2-12 所示。

表 2-12 便器常见故障及维护措施

器具名称	故 障	产 生 原 因	维 护 措 施
大便器	水箱不泄水（水箱无毛病）	大便器进水眼、冲洗管堵塞	疏通
大便器	蹲式大便器进、排水口漏水	（1）胶皮垫破裂或松动； （2）排水管甩口高度不够； （3）大便器出口插入排水管深度不够	（1）更换胶皮垫或用 14 号铜丝重新绑扎； （2）甩口高度应高出地面 10mm； （3）选择内径较大，内口平整的承口或套袖作甩口，以保证大便器出口有足够的插入深度
大便器	蹲式大便器进、排水口漏水	大便器出口与排水管连接没有认真填抹严实	将连接处用油灰或 1:5 白灰水泥混合膏填实抹平
大便器	蹲式大便器进、排水口漏水	卫生间防水未做好或遭破坏	做好地面防水，保证油毡完好无损
大便器	粪便及污水流不走或流得慢	大便器堵塞	用铁丝之类工具掏出异物，用搋子抽搋大便器的下水口或使用管道清理机
小便器	阀门不严或滑扣	阀门磨损或损坏	更换阀盖或阀门
小便器	小便器泄水不畅或不下水	挂式便器存水弯堵塞	（1）用搋子抽搋； （2）拆卸后清理
小便器	挂式小便器存水弯漏水	（1）存水弯"喇叭口"处接头； （2）活接头漏水	（1）加填填料； （2）将活接头拧紧
洗脸盆	盆池漏水	（1）裂缝； （2）洗脸盆严重损坏	（1）用水泥砂浆或环氧树脂粘糊； （2）更换
洗脸盆	下水口漏水	（1）托架不稳，使用时晃动； （2）根母松动	（1）重新固定； （2）拆下重新安装
洗脸盆	洗脸盆不下水	异物落入下水口	（1）用搋子抽搋； （2）拆存水弯丝堵、活接头进行修理
洗脸盆	洗脸盆底部冒水	存水弯以下管道堵塞	（1）搋子抽搋下水口； （2）取下脸盆、存水弯，抽搋下水管或用强力水冲
浴盆	下水口堵塞	异物（长发团、肥皂头等）堵塞	（1）搋子抽搋下水口； （2）用细钢丝疏通存水箱进、排水口
淋浴器	阀门不严	阀门磨损或滑扣	更换阀盖、阀杆或阀门
淋浴器	喷头不下水	水垢堵塞淋浴器	（1）卸下丝堵用压力水冲； （2）拆卸活接头、喷头，并进行清理

3．水龙头常见故障及处理

水龙头常见故障及处理如表 2-13 所示。

表 2-13 水龙头常见故障及维护措施

故　障	产 生 原 因	维 护 措 施
螺盖漏水	阀杆与填料间隙过大	松开螺盖，更换填料
关不严	（1）皮钱儿损坏； （2）芯子折断； （3）阀座被划伤	（1）更换皮钱儿； （2）更换芯子； （3）更换阀座
关不住	阀杆螺纹滑扣	更换阀杆

本 章 小 结

在日常生活、生产过程中，人们的用水是由给水系统提供的，所产生的污水和雨雪水的排放是由排水系统完成的。建筑给排水系统主要由给水系统和排水系统组成，主要包括管道、水泵、水箱、水表等设施设备。这些设施设备一旦出现故障，就会给人们的生活、生产带来不便，有时甚至可能会造成严重的经济损失。因此，必须对给排水设施设备进行日常管理和维修，保证其功能使用正常。本章重点要求掌握给排水设施设备的维修及常见故障处理方法。

课 堂 实 训

通过本章的学习，分析常见卫生器具的故障原因，并讨论采取哪些措施进行故障处理。

思考与讨论

1. 室内给水系统主要由哪几部分组成？各部分有何作用？
2. 给水系统常用的阀门有哪几种？各自有什么特点？
3. 水泵在安装时要注意哪些问题？
4. 室内排水系统的种类和任务是什么？
5. 卫生器具及部件应如何进行养护和管理？
6. 给水管道的日常维护管理有哪些要求？
7. 排水管道敷设有哪些要求？
8. 给水管道的保温、防腐有哪些要求？

第三章 通风与防排烟系统的管理与维修

学习目标

本章重点介绍自然通风、机械通风的工作原理，防排烟系统的组成和分类，通风与防排烟系统的管理与维修。

学习要求

1. 掌握通风系统的原理、组成和分类。
2. 理解自然通风与机械通风的主要区别。
3. 掌握通风设备的日常管理与维修。
4. 了解防排烟系统的组成和分类。
5. 掌握防排烟系统的主要部件及维修。

第一节 通风方式及其选择

通风，就是把室内被污染的空气直接或经净化后排到室外，使新鲜空气补充进来，保持室内的空气环境符合卫生标准和满足生产的需要。通风一方面可以改善人们居住和生产的空气条件，保护人体健康，提高劳动生产率；另一方面又是工业生产正常进行、产品质量提高的重要保证。

一、建筑通风的任务和意义

不同类型的建筑对室内空气环境的要求不尽相同，因而通风装置在不同场合的具体任务及形式也不完全一样。有的民用建筑和一些发热量小且污染轻微的小型工业厂房，通常只要求保持室内空气的新鲜，并在一定程度上改善室内的空气参数——空气的温度、相对湿度和流动速度。对此，我们一般只需采取一些简单的措施，如通过门窗等孔口换气，利用"穿堂风"降温，借助空气的流动等。在这些情况下，无论对进风还是排风，都不进行处理。在工业生产中，伴随着工艺过程，许多车间散放出大量的热量和湿量、各种工业粉尘以及有害物。如果对这些有害物不采取防护措施，将会污染和恶化车间的空气，阻碍生产的正常进行，损坏机器设备及建筑结构，甚至危及周围动、植物的正常生长；而且，有许多工业粉尘和气体还是值得回收的。因此，就要对工业有害物采取有效的防护措施，消除其对工人健康和生产的危害，创造良好的劳动条件。同时尽可能对它们回收利用，并切实做到防止大气污染。在大多数情况下，仅靠通风方法防治工业有害物，既不经济也达不到预期的效果。

实践证明，从工艺、总图布局、建筑和通风几个方面采取综合防治措施，对于防止大量的热、湿或有害物质向作业地带放散，防止有害物质对环境的污染是非常有效的。首先，应改革工艺设备和工艺操作方法，在生产工艺上力求减少有害物的产生，尽可能控制其扩散范围，尤其要防止它对作业地带的污染。其次，通风措施应与其他技术措施互相配合，控制有害物的污染。最后，要建立起符合卫生标准和满足生产要求的检查和管理制度。

二、通风系统的分类

采用通风方式改善室内环境，简单地说，就是在局部地点、整个房间内或车间内把不符合卫生标准的污浊空气排至室外，把新鲜空气或经过处理（净化）的空气送入室内。因此，建筑通风包括把室内被污染的空气排出室外和把室外的新鲜空气送入室内两个过程，这两个过程分别称为排风和送风。为实现排风和送风这一过程所采用的一系列设备、装置的总体称为通风系统。

按作用范围不同，通风系统分为局部通风和全面通风两种方式。局部通风仅限于车间或房间的个别地点或局部区域。局部排风的作用是将有害物在产生的地点就地排除，以防止其扩散；局部送风的作用是将新鲜空气或已经过处理的空气送到车间的局部地区，以改善该局部区域的空气。而全面通风则是对整个车间或房间进行换气，以改变其温度、湿度和稀释有害物质的浓度，使作业地带的空气环境符合卫生标准的要求。

按通风系统的工作动力不同，建筑通风可分为自然通风和机械通风两种。

（一）自然通风

自然通风是借自然力在迎风面形成正压区（大于室内压力），从而使风可以从门窗、风帽吹入，同时在背风面形成负压区（小于室内压力），室内空气又可以从背风面的门窗压出。屋顶上的风帽、带挡板的天窗就是利用风从它们的上部开口吹过造成的负压来使室内空气排出。显然，利用风压自然通风的效果取决于风速的大小及房屋的结构和形状。

在热压的作用下，室内热空气上升并从建筑的上部开口流出，而室外的冷空气则从下部的门窗补充进来。房屋高度越大，室内外温度差越大，抽力就越大，其自然通风效果就越好。为了加强自然通风的效果，对于利用风压通风的建筑，以"穿堂风"样式最好。为了实现"穿堂风",必须具备三个条件:一是有较为直通的进风口和出风口;二是气流路线应通过人们的活动范围;三是有一定的速度(一般为 0.3~0.5m/s)的气流。我国人民在长期的建筑实践中,对利用"穿堂风"积累了丰富的经验。尤其是在南方炎热地区,人们将它作为通风降温的一种主要措施广泛地应用于民用建筑中。近年来,中国南方各地建造了不少应用"穿堂风"的开敞式厂房(主要是散发大量粉尘及有害气体的厂房),有效地加强了厂房的通风降温效果。

利用热压进行自然通风,其效果的好坏与天窗排风性能的优劣有密切关系。为了保证气流的稳定性,最重要的是使天窗在任何气象条件下都能顺利地排风,不会发生"倒灌"现象。一般而言,普通天窗(不加挡风板)的迎风面往往存在"倒灌风"的现象,但在天窗外装上适当的挡风板后,挡风板与天窗之间的空间不论风向如何都处于负压区,这样就可以有效地避免"倒灌风"现象的产生。挡风板材料通常用钢板、木板、石棉板等。加设挡风板时,必须考虑车间原有屋盖结构的荷重问题。为了使挡风板与屋盖天窗结构结合起来,在新建厂房时最好采用避风天窗。

值得注意的是天井式(或称下沉式)天窗,这种天窗是将部分屋面板铺在屋架下弦,从而降低了厂房高度,也相应减少了屋盖、柱子、基础的费用,而且空气动力性能好,阻力小,通风效果也较好。

厂房一般采用天窗排风,但由于风向是经常改变的,普通天窗往往在迎风面上发生"倒灌"现象。因此,为了防止"倒灌",保证天窗能够稳定排风,需要采用有特殊构造形式的避风天窗,或在天窗附近加设挡风板,使天窗的出口在任何风向时都处于负压区。利用"穿堂风"和避风天窗都可使房屋全面自然通风,利用风管和风帽可以进行局部自然通风。风帽和与它相连接的风管、炉上排气罩组成利用热压进行局部自然排风的排风系统。锻造用的烘炉上和厨房炉灶上经常使用此种通风方式。在没有风时,风帽和天窗一样利用热压排风。而在有风时,当风绕着圆形的外壳流动,在背风面产生负压时,这个负压就把室内的空气从排气管吸出来,不断地排出室外。但是,如果室外风从上侧倾斜地吹向风帽,倾斜角度过大,则可能产生室外风倒灌的现象。一般来说,采用伞形的风帽顶可以有效地防止这种情况发生。

挡风板除应沿厂房纵轴方向布满外,还应在端部加以封闭。如果天窗较长,还应每隔一段距离就用横向隔板隔开,防止沿厂房轴向吹来的风影响天窗的排风效果。管道式自然排风系统通过屋顶向室外排风,排风口应高出屋面 0.5m 以上。

(二) 机械通风

依靠通风机所产生的压力迫使空气流动,进行室内外空气交换的方式称为机械通风。与自然通风相比,由于有通风机的保证,机械通风能克服较大的阻力,因此可以和一些阻力较大,能对空气进行加热、冷却、加湿、干燥和净化处理过程的设备用风管连接起来,组成一个机械通风系统,把经过处理达到一定质量和数量的空气送到一定地点。

1. 机械通风的特点

(1) 送入车间或工作房间内的空气可以首先加热或冷却、加湿或减湿。

(2) 从车间排出的空气可以实行净化和除尘,保证工厂附近的空气不被污染。

(3) 能够满足卫生和生产上所要求的房间内特定空气条件的需要。

(4) 可以将吸入的新鲜空气按照需要送到车间或工作房间内的任何地点,同时也可以将室内污浊的空气和有害气体从产生地点直接排到室外。

(5) 通风量在一年四季都可以得到保证,不受外界气候的影响,必要时根据车间或工作房间内的需要,还可以任意调节换气量。

2. 机械通风的分类及选用

按作用范围不同,机械通风系统可分为局部排风系统、局部送风系统、全面排风系统和全面送风系统,以及由这四种基本系统任意组合而形成的混合通风系统。选用的依据是室内有害物产生及扩散的情况和各种系统的功能特点。

(1) 局部排风系统适用于有害物仅在几个固定地点产生的情况。系统的各种局部排气罩可以在有害物产生时就立即将其随空气一起吸入罩内,最后经风帽排至室外。这一系统可以尽量减少有害物的扩散以免影响室内空气环境,是比较积极和有效的通风方式。

(2) 局部送风系统适用于人的操作地点固定,室内有害物大面积产生、扩散且不易控制的情况。局部送风可使所在的局部空间的有害空气稀释并最终符合卫生要求。

(3) 局部送、排风系统适用于局部产生有害物的固定地点,作用与局部排风系统相同,但防止有害物向室内扩散比单纯局部排风更彻底。

(4) 全面排风系统能使室内处于负压状态,保证有害物不向邻室扩散,同时通过门窗向室内自由补充新鲜空气。全面排风系统适用于门窗密闭、自行排风或进风有困难的情况。

(5) 全面送风系统要求对室内送风作过滤、加热等处理,不让室外空气自由进入室内。全面送风系统能保持室内处于正压状态,空气由门窗等自由排出。全面送风系统适用于门窗密闭、自行排风或进风有困难的情况。

(6) 混合通风系统一般是由全面送风和局部排风系统组成,适用于门窗需要密闭,局部排风量又要求很大的场合。此时,为了避免含尘气体自由逸出室外并污染周围环境,门窗应当密闭。

另外,值得一提的是,在工厂生产过程中,当生产设备发生偶然事故或故障时,会突然散发大量的有害气体或产生有爆炸危险的气体。为了防止事故的进一步扩大,必须设置事故排风,以备急需时使用。

第二节　通风设备的管理

通风系统正式投入运转后，必须要有专人进行维护管理，同时还要制定合理的操作管理制度，这样才能充分发挥通风系统的作用。如果无人管理，通风系统不能正常使用，就会给人们的身体健康和周围环境带来严重的危害。

一、通风系统的主要设备及配件

（一）通风管道

通风管道是通风系统的重要组成部分，其作用是输送气体。根据制作所用材料的不同可分为风管和风道两种。

1. 通风管道的材料

在工程中采用较多的是风管，风管是用板材制作的，风管的材料应根据输送气体的性质（如一般空气或腐蚀性气体等）来确定。常用的风管材料包括金属材料和非金属材料两种。

（1）金属材料：主要包括普通薄钢板（黑铁皮）、镀锌铁皮（白铁皮）和不锈钢板。

普通钢板结构强度较高，具有良好的加工性能，价格便宜，但表面易生锈，使用时应先作防腐处理。

镀锌铁皮是在普通薄钢板表面镀锌而成，既具有耐腐蚀性能，又具有普通薄钢板的优点，应用广泛。

不锈钢板一般多含镍铬钢，具有较强的耐腐蚀性，强度高、韧性大、硬度高。不锈钢板光滑平整，多用于化工食品、医药等行业的通风空调。

但钢板风道保温性能差，在输送高温空气时需要做保温处理。运行中噪声较大，抗静电性能差，耐腐蚀性、耐潮性差。

（2）非金属材料：主要包括聚氯乙烯板（塑料板）、石棉水泥板和玻璃钢板等。

聚氯乙烯板具有较强的耐酸碱性质，内壁光滑，易于加工，导热性能较差，用于输送含有腐蚀性的气体。但聚氯乙烯板热稳定性较差，会随着温度的升高而强度下降，在过低温度下又会变脆断裂，不利于运输和堆放，保管不当易变形。

玻璃钢是由玻璃纤维和合成树脂组成的一种新型材料，具有质轻、强度高、耐腐蚀、耐火等特点，广泛用在纺织、印染等含有腐蚀性气体以及含有大量水蒸气的排风系统上。

在工程中有时还可以用砖、混凝土、矿渣石膏板等建筑材料制作成风道。该类型风道有良好的耐火性能，在施工中要求砖砌风、烟道的内壁应光滑，砖缝砂浆饱满，抹灰应光滑密实；混凝土风道在浇注时应保证风道几何尺寸准确，内模光滑；矿渣石膏板接缝严密，严禁漏风或水渗入风道内。

2．通风管道的形状

通风管道截面的形状有圆形和矩形两种。

圆形截面风管，其特点是节省材料、强度较高，而且流动阻力小，但制作较困难。当风管中流速高、直径较小时采用圆风管。

矩形截面风管或风道，其特点是美观、管路易与建筑结构相配合。当截面尺寸大时，为充分利用建筑空间，常采用矩形截面风管或风道。

3．通风管道的布置与敷设

（1）风道布置

风道的布置与通风系统的总体布局有直接关系，并且要求与工艺、土建、电气、给排水等专业配合。风道的布置一般应遵循如下原则：

① 应力求少占用空间，管道短直，减少弯头、三通等局部构件。
② 风管连接合理，以减少阻力和噪声。
③ 应避免穿越沉降缝、伸缩缝和防火墙等。
④ 埋地管道应避免与建筑基础或生产底座交叉。
⑤ 符合防火设计规范的规定。
⑥ 力求整齐美观、与建筑装饰等协调一致。

（2）风道敷设

地面以下的通风管道采用暗装，地面以上的通风管道采用明装。工业厂房内风管沿墙、柱敷设在支架上。若管道离墙、柱太远，也可以用吊架吊在楼板或桁架下面。管道力求顺直，以减少局部阻力，且应力求简短，以减少摩擦阻力，并降低造价。

管道根据介质的湿度情况不同，可水平布置，也可按一定坡度布置。除尘管道应尽量避免水平敷设，一般与水平面夹角应大于45°，以防粉尘在风管内沉积，造成管路堵塞。

（3）风道的保温

当风管在输送空气过程中冷、热损失较大时，又要求空气温度保持恒定，或者要防止风管穿越房间对室内空气参数产生影响及低温风管表面结露，都需要对风管进行保温。常用的保温材料有聚苯乙烯泡沫塑料、超细玻璃棉、玻璃纤维保温板、聚氨酯泡沫塑料、蛭石和软木等。保温层厚度应根据保温目的计算经济厚度，再按其他要求来校核。

通常保温结构有四层：① 防腐层；② 保温层；③ 防潮层；④ 保护层。

具体保温层结构可参阅有关国家标准图集。

（二）通风系统的主要部件

1．室内送、排风口

室内送风口是在送风系统中将管道输送来的空气以适当的速度、数量和角度送到工作地区的风道末端装置。室内排风口是全面排风系统的一个组成部分,其作用是将一定数量的污染空气,以一定的速度排出。两种最简单的送风口如图3-1所示,它们的孔口直接开在风管上,用于侧向或下向送风。其中图3-1（a）为风口无调节装置,图3-1（b）为风口有调节装置,可以调节风量。

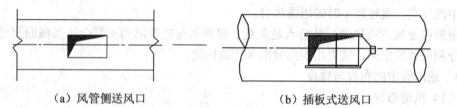

（a）风管侧送风口　　　　　　（b）插板式送风口

图3-1　两种最简单的送风口

2. 室外进、排风装置

（1）室外进风装置

室外进风装置是送风系统的始端装置,它的作用是采集室外的新鲜空气,以便空气经管道送入室内。它包括设于外围护结构墙上的采气口和独立设置的进风塔两种。保温阀用于调节进风量和冬季关闭进气口。进风塔进风的结构同墙上采气口相同,布置在空气比较新鲜、灰尘较少、远离室外排风口的地方。其底部应高出地面2m以上,以保证采集到干净的空气。

（2）室外排风装置

室外排风装置是排风系统的末端装置,它的作用是将室内污浊空气排到大气中去。为防止雨雪倒灌,设有百叶格;为保证排风系统的排气效果,可设置风帽。为防止排出的污浊空气污染房屋周围空气环境,排风装置应高出屋面1m以上。

（三）风机

在通风工程中风机可以通过满足输送空气流量和这一过程中所产生的风压来克服介质在风道内的阻力损失及各种空气处理设备的阻力损失。通风工程中常用的风机主要有轴流式通风机、离心式通风机和斜流风机三种。

1. 轴流式通风机

（1）轴流式通风机的构造和工作原理

轴流式通风机主要由叶轮、机壳、进风口和电动机组成。轴流式通风机通常将叶片通过轮毂与电动机直联装在机壳内。电动机带动叶轮旋转后,空气一方面随叶轮作旋转运动,另一方面又因为叶片具有斜面形状,使空气沿着机轴方向向前推进,并以一定的速度被送出,其原理与家用电扇相类似。叶轮由轮毂和铆在其上的与其平面成一定角度的叶片组成,改变叶片的安装角度可以改变风量和全压。这种风机结构简单、噪声小、风量大,主要用于厂房、公共建筑和民用建筑的通风换气。

（2）轴流式通风机的安装

轴流式通风机可安装在建筑物的墙洞内、窗口上，亦可设在单独的支架上。

墙洞内安装：在墙洞内设置轴流式通风机，土建施工时应预留孔洞，预埋风机框架和支座，并应考虑做好遮阳、防雨措施，同时通常加设一个斜向下方 45°的弯管。多用于局部排风，可以直接将室内空气排至室外。

墙体或柱体上安装：在墙体或柱体上安装多为有风道连接时的送排风系统。

支架上安装：要求支架采用型钢制作，支架牢固、平直，地脚螺栓孔应钻制。

2．离心式通风机

（1）离心式通风机的构造及工作原理

离心式通风机主要由叶轮、蜗壳、进风口和电动机组成。当电动机工作时，风机叶轮开始旋转。高速旋转的叶轮，会使其间的空气在离心力的作用下被高速甩出，汇集到蜗壳中。在截面逐渐变大的蜗壳通道中，空气的流速逐渐降低，其动压逐渐转化为静压，并以一定的压力从出口压出。当叶轮中的空气被甩出后，叶轮中心便形成真空，将吸气口外面的空气吸入，这样便使空气连续不断地自吸入口进入，从出口被压出。

（2）离心式通风机的安装

离心式通风机的位置，应根据通风系统工作的需要而定，可设在车间内地面上，或在风机平台上，亦可设在室外地面上。如设在室外，要考虑增加防雨雪措施。

为了保证安全和维修工作的需要，风机距其他设备和建筑结构间的距离应满足相关要求。

离心通风机安装可根据传动方式分为墙上安装、混凝土基础上安装、设减震装置安装等形式。

墙上安装：适用于小型离心式风机，传动方式为直联传动。安装在墙上时，多采用先安装在型钢支架，型钢支架再固定在墙体上。安装支架时，应保持平直、牢固，埋入墙体部分应不小于墙体厚度的 2/3。

混凝土基础上安装：风机可为直联方式和皮带轮传动方式。安装时注意以下几方面：

① 风机安装前应在混凝土基础上弹出风机主轴中心线，如采用皮带轮传动方式时还应弹出皮带轮轴的中线和电机轴中心线。

② 将风机和电机按弹出的中心线或主轴线的位置就位。

③ 风机固定后，应进行二次灌浆地脚螺栓孔。

④ 风机进、出风管处应安装支架。

⑤ 离心风机的出风口处，需要做变径管或弯管时，应顺气流方向进行变径，以减小气流阻力。

3. 斜流风机

（1）斜流式通风机的构造及工作原理

斜流风机是一种介于离心风机和轴流风机之间的一种混流型风机，主要由机壳、电机和斜流叶片、导向叶片组成。斜流风机的叶轮是多叶前向型的，其两端面是封闭的。因此，它不像离心式通风机那样在机壳侧板开口使气流轴向进入，而是把机壳部分敞开使气流直接径向进入，从而横穿叶片两次。

（2）斜流式通风机的安装

斜流式风机可根据用途不同，分为排风式安装、送风式安装和加压送风式安装等形式。安装时需将风机固定好，检查叶片是否变形或碰撞，转动叶片检查有无刮壳现象，接通电机电源检查叶轮旋转方向是否与标注方向一致。

（四）除尘器

除尘器是除尘系统的重要设备，通过除尘器可将排风中的粉尘捕集，使排风中粉尘的浓度降低到排放标准允许值以下，以保护大气环境。除尘器的种类很多，下面介绍几种常用的除尘设备。

1. 重力沉降室

重力沉降室是一种粗净化的除尘设备。当含尘气流从管道中以一定的速度进入重力沉降室时，由于流通断面突然扩大，使气流速度降低，重物下沉，所以粉尘边前进边下落，最后落到沉降室底部被捕集。此种除尘器主要是靠重力除尘的，因此，只适合捕集粒径大的粉尘，而且为有较好的除尘效果，要求重力沉降室具有较大的尺寸。因其结构简单、制作方便、流动阻力小等优点，目前多用于双级除尘的第一级除尘。

2. 旋风除尘器

当含尘气流以一定速度沿切线方向进入旋风除尘器后，在内外筒之间的环形通道内做由上向下的旋转运动（形成外涡旋），最后经内筒（排出管）排出。含尘气流在除尘器内运动时，尘粒受离心力的作用被甩到外筒壁，受重力的作用和向下运动的气流带动而落入除尘器底部灰斗，从而被捕集。旋风除尘器可设置在墙体的支架上，也可设置在独立的支座上，可单独使用，亦可多台并联使用。

旋风除尘器结构简单、体积小、维修方便，在通风除尘工程中应用广泛。

3. 过滤式除尘器

过滤除尘器又称空气过滤器，是一种对空气进行除尘及净化的设备。它的工作原理是使带有粉尘的气流通过滤料使粉尘与空气分离。滤料多采用纤维物、织物、滤纸、碎石、焦炭等材料。因尘粒在滤料内被吸收和黏附，使滤料内部很难清除，所以当捕集到一定尘量后需更换滤料。

4. 湿式除尘器

湿式除尘器是利用尘粒的可湿性，使尘粒与液滴或液膜接触而分离出来。湿式除尘器的种类很多，常用的有水膜除尘器、水浴除尘器。

5. 电除尘器

电除尘器是利用制造出的电场的静电力使尘粒从气流中分离出来。因静电除尘器设备较大、结构复杂，一般适用于一些特殊场合。

二、通风系统的维护管理

通风系统能否发挥作用，直接影响周围环境和人们的身体健康。例如，除尘器失效时，大量粉尘会直接排入厂区上空，会影响其他车间和厂外居民区的空气环境。湿式除尘器的泥浆如不及时清理，会四处泛滥，影响厂区卫生。通风系统是一个复杂的、自动化程度高的系统，其正常运转除了要求配备高技术素质及高度责任心的操作运行人员外，还依赖于科学的管理制度。通风系统维护管理的内容很多，下面进行简要介绍。

（1）掌握通风设备的技术操作规程和方法，做好开机前的准备和检查工作。根据当天的室内外气象条件确定当天的运行方案。

（2）设有排除有害气体的全面通风系统时，为防止工人上班后，因非生产时间产生的有害物而中毒，全面排风系统应在工人上班前开动，使室内有害物浓度降到允许浓度以下。局部排风系统应在工艺设备开动前启动，应在工艺设备停止后几分钟，再停止运转。

（3）应定期检查风机皮带有无松动现象，轴承是否保持良好的润滑，启动安全设备是否完善。严禁在运转时进行调整、注油和清扫。

（4）局部排风系统各支管的风量调整后，必须将调节装置固定好，做出标志，不要轻易变动，并做好记录。

（5）要定期检查检查口、集尘箱、密闭门、法兰连接处、测量孔、风管、除尘器等是否严密，防止漏风。

（6）经常检查和更换空气过滤器。更换安装过滤器时，不能污染滤料，过滤器要严密不漏风。

（7）及时清扫除尘风管和清除除尘器除下的粉尘。

三、风机常见故障原因与处理方法

风机常见故障和处理方法如表 3-1 所示。

表 3-1　风机常见故障和处理方法

故　障	产　生　原　因	处　理　方　法
轴承箱振动剧烈	（1）机壳或进风口与叶轮摩擦； （2）基础的刚度不够或不牢固； （3）叶轮铆钉松动或皮带轮变形； （4）叶轮轴盘与轴松动； （5）机壳与支架、轴承箱与支架、轴承箱盖与座连接螺栓松动； （6）风机进出气管道安装不良； （7）转子不平衡	（1）进行整修，消除摩擦部位； （2）基础加固或用型钢加固支架； （3）将松动铆钉铆紧或调换铆钉重铆，更换变形皮带轮； （4）拆下松动的轴盘，用电焊加工修复或调换新轴； （5）将松动的螺栓旋紧，在容易发生松动的螺栓中添加弹簧垫圈，防止松动； （6）在风机出口与风道连接处加装帆布或橡胶布软接管； （7）校正转子至平衡
轴承温升过高	（1）轴承箱振动剧烈； （2）润滑脂质量不良、变质、填充过多或含有灰尘、砂垢等杂质； （3）轴承箱盖座的连接螺栓过紧或过松； （4）轴与滚动轴承安装歪斜，前后两轴承不同心； （5）滚动轴承损坏	（1）检查振动原因，并加以消除； （2）挖掉旧的润滑脂，用煤油将轴承洗净后调换新油； （3）适当调整轴承盖螺栓紧固程度； （4）调整前后轴承座安装位置，使之平直同心； （5）更换新轴承
电动机电流过大或温升高	（1）开车时进气管道内闸门或节流阀未关闭； （2）风量超过规定值； （3）输送气体密度过大，使压力增高； （4）电动机输入电压过低或电源单相断电； （5）联轴器连接不正，橡皮圈过紧或间隙不匀； （6）受轴承箱振动剧烈的影响； （7）受并联风机发生故障的影响	（1）关闭风道内闸门或节流阀（离心式）； （2）调整节流装置或修补损坏的风管； （3）调节节流装置，减少风量，降低负载功率，若经常有类似现象，需调换较大功率的电动机； （4）电压过低应通知电气部门处理，电源单相断电应立即停机修复； （5）调整联轴器或更换橡皮圈； （6）停机排除轴承座振动故障； （7）停机检查和处理风机故障
皮带滑下	两皮带轮中心位置不平行	调整两皮带轮的位置
皮带跳动	两皮带轮距离较近或皮带过长	调整电动机的安装位置
风量或风压不足或过大	（1）转速不合适，或系统阻力不合适； （2）风机旋转方向不对； （3）管道局部阻塞； （4）调节阀门的开启度不合适； （5）风机规格不合适	（1）调整转速或改变系统阻力； （2）改变转向，如改变三相交流电动机的接线程序； （3）清除杂物； （4）检查和调节阀门的开启度； （5）选用合适的风机

四、除尘装置的维护管理

除尘装置由除尘器本体、出灰机构、烟尘输送装置、洗涤水供给及废水处理装置（与洗涤式除尘器配套）、气体冷却装置（与过滤式除尘器配套）、气体调湿或调质装置（与电除尘器配套）、一氧化碳分析装置、各种量测仪表及控制装置等构成。除尘装置的性能不仅受除尘对象中烟气性状的影响，而且还受运转时维护管理的优劣的影响。因此，必须十分重视除尘装置的维护管理。

（一）启动前的检查

（1）除尘器本体及烟道连接的引风机、调节阀门或挡板、排灰装置及入孔、手孔等的气密性是否良好。

（2）引风机、输灰系统的压缩机、电动机和其他所有转动部分的润滑冷却情况。

（3）冷却装置和温度计，压力表量测仪表的动作是否灵活可靠，性能是否良好。

（4）引风机等设备的电源是否正确连接。

（5）是否遵循操作规程。

（二）停止与检修

（1）由于烟气中往往含有腐蚀性气体和其他有害气体，所以在锅炉机组停炉后至少在10~15分钟内，应使除尘装置继续运转，直至除尘装置内的烟尘或废水全部排出、烟气被热空气充分置换为止。

（2）确认所有电源均已切断并安全接地后，检查除尘装置本体、烟道、引风机、出灰装置等里面的烟尘粘附和堵塞情况以及它们的磨损及腐蚀情况。若长期停止运转，应尽可能把积灰清扫干净，及时更换或修理损坏的部件。

（3）检查冷却装置、电动机、旋转机械和各种电气设备的工作状况，如有异状，必须及时修理。

（4）检查系统的气密情况，对于长期使用后的手孔、入孔应更换新的填料。

（5）应检查和校正压力计、温度计和其他自动量测仪表的精确度。

（三）维护管理

除尘装置在运行过程中，常常会由于多种因素而影响，甚至破坏其原有的除尘性能。例如，磨损、腐蚀会引起设备穿孔漏气；排灰系统因管理不善会发生堵塞或漏气；湿式除尘器的水位下降或喷水嘴堵塞会恶化喷淋效果；滤袋式除尘器会因滤材破损而发生烟气短路；电除尘器会因粉尘比电阻的变化而改变荷电性能等。因此，在运行过程中，必须定期检查。若有异状，应及时分析和排除故障。不能错认为，只要安装了除尘装置就可以万事大吉。

除尘装置在运行中应注意观察以下几点：

(1) 锅炉机组的出力。
(2) 烟色。
(3) 烟气的压力损失。
(4) 收尘量。
(5) 烟气温度和酸露点温度。
(6) 电除尘器的一次电压、电流和二次电压、电流等荷电特性。
(7) 一切用水设备的水耗量、水压、水温和废水的 pH 值。

（四）除尘器管理注意事项

(1) 除尘器的清灰装置要定期检查。灰斗内的粉尘要及时处理，不允许在厂区内任意堆放。

(2) 使用旋风除尘器时，要特别注意除尘器下部是否严密，防止漏风。

(3) 使用湿式除尘器时，要保证水位稳定、定期或连续供水。

系统开启时，要先开供水阀，后开风机。系统关闭时，先关风机后再关供水阀。要定期检查喷嘴、自动放水阀的功能。湿式除尘器的泥浆要及时清理。

(4) 使用袋式除尘器时，要定期检查滤袋，发现损坏要及时更换。

清灰机构要定期检修，保证其正常运行。脉冲袋式除尘器的压缩空气气包内所积留的油泥污垢，要定期清除，以防燃烧爆炸。

(5) 使用电除尘器时要注意清灰。

电除尘器虽设有振打装置，但在分布板、电晕线、集尘极上仍可能积灰。对于粘度大、易吸水硬化的尘粒，这种现象尤为严重。当积灰厚度超过 5～10mm 时，电除尘器应停止运行，进行清理。

第三节　防烟与排烟系统的管理与维修

物业管理人员必须掌握不同的建筑物对防烟、排烟的要求，认真进行防烟、排烟系统的管理和维修工作，以保证在火灾发生时人员疏散和灭火工作的顺利进行。

一、防烟与排烟方式

在火灾事故的死伤者中，大多数是由于烟气而窒息或中毒所造成的。火灾过程中，建筑构件、装修材料及室内物品等热解和燃烧产生的烟气，主要成分有二氧化碳、一氧化碳、水蒸气、二氧化硫、烟灰、烟渣及剩余空气，其中的有害成分会造成人的缺氧、中毒甚至窒息。烟气的存在还会使建筑物内的能见度降低，延长人员的疏散时间，使他们不得不在高温和含有有毒物质的烟气中停留。因此，在建筑设计中，必须根据建筑设计防火规范的规定，按照对不同建筑物通风和防烟、排烟的不同要求，认真慎重地进行防烟、排烟的设计，以便及时排除有毒、有害的气体，在火灾发生时顺利地进行人员的疏散和消防工作。

目前常用的防排烟系统主要有以下三种方式。

（一）自然排烟

自然排烟是利用热压或风压的作用进行排烟。自然排烟方式由于具有结构简单、不需要电源和复杂的装置、运行可靠性高、平常还可用于通风换气等优点，在我国目前的经济、技术条件和管理水平下，是具有邻近室外的防烟楼梯间及前室、消防电梯间前室和用前室的建筑首选的排烟方式。但是，自然排烟方式的排烟效果受风压、热压等因素的影响较大，排烟效果不稳定，设计不当时甚至会适得其反。根据高层民用建筑设计防火规范规定，除建筑高度超过 50m 的一类公共建筑和建筑高度超过 100m 的居住建筑外，靠外墙的防烟楼梯间及其前室、消防电梯间前室和合用前室，宜采用自然排烟方式。

可以采用自然排烟的部位主要有以下几种：

（1）防烟楼梯间前室和消防电梯间前室，如有可开启外窗，面积不小于 $2m^2$，合用前室面积不小于 $3m^2$，可以利用可开启的外窗排烟。

（2）防烟楼梯间前室和合用前室，如阳台或凹廊，可以利用室外阳台和凹廊排烟。

（3）靠外墙的防烟楼梯间每 5 层内有可开启面积不小于 $2m^2$ 的外窗，可以利用可开启的外窗排烟。

由于自然排烟不依赖排烟设备，应当根据所设计建筑物上的风压、热压分布情况，作好防火防烟的划分，确保疏散通道的安全。当依靠前室的可开启外窗进行自然排烟时，为了防止烟气在热压作用下进入作为安全疏散通道的楼梯间，楼梯间也要设置可开启的外窗进行排烟。由于烟气密度比空气密度小，为了便于将烟气排出，排烟窗应当设置在各楼层的上方，并设有在下部开启排烟窗的装置。

为了保证自然排烟的效果，在采用自然排烟的高层建筑中，除了专门设计的防烟、排烟系统外，所有的通风空调系统都应设有防火、防烟措施，以便在火灾发生时能及时停止风机运行以减小竖向风道所造成的热压对烟气的扩散作用。

（二）机械排烟

当发生火灾时，利用风机做动力向室外排烟的方法称为机械排烟。机械排烟系统实质上就是一个排风系统。根据《高层民用建筑设计防火规范》规定，一类高层建筑和建筑高度超过 32m 的二类高层建筑以下的部位，应设置机械排烟设施：长度超过 60m 内走廊或无直接自然采光，且长度超过 20m 的内走廊；面积超过 $100m^2$，且经常有人停留或可燃物较多的地上无窗房间或设固定窗的房间；不具备自然排烟条件或净空高度超过 12m 的中庭；除利用窗井等开窗进行自然排烟的房间外，各房间总面积超过 $200m^2$ 或一个房间面积超过 $50m^2$ 且经常有人停留或可燃物比较多的地下室等部位。

与自然排烟相比，机械排烟具有如下特点：

（1）不受排烟外界条件（如温度、风力、风向、建筑特点等）的影响，性能稳定。

（2）排烟风道的断面小，节省建筑空间。

（3）机械排烟的设施费用高，设备要耐高温，管理维修复杂。

（4）需要备用电源，以防止火灾发生时排烟系统因停电不能正常运行。

（三）机械加压送风防烟

机械加压送风的防烟方式是应用最为广泛的防烟、排烟方法。这种方式是采用机械送风系统向需要保护的地点输送大量的新鲜空气，如果有烟气和回风时系统则应关闭，以形成正压区域，使烟气不能侵入其间，并在非正压区将烟气排出。采用这种方式操作方便、可靠性高。由于防烟楼梯间、消防电梯间前室或合用前室处于正压状态，可避免烟气的侵入，为人员疏散和消防人员扑救提供了安全区。如果该处设置机械排烟口，可产生有利的气流流动形式，阻止火势和烟气向四周蔓延和扩散。机械加压送风防烟的设置部位为：

（1）不具备自然排烟条件的防烟楼梯间、消防电梯间前室或合用前室。

（2）采用自然排烟措施的防烟楼梯间但不具备自然排烟条件的前室。

（3）封闭避难层。

进行机械加压送风系统设计时，需要注意以下问题：

① 防烟楼梯间的加压送风口宜每隔 2～3 层设一个，以便使楼梯井内压力分布均匀。

② 前室的送风口应每层设一个，当风口设计为常闭型时，火灾发生时只开启失火层风口，风口应设置手动和自动开启装置，并与加压送风机的启动装置连锁。

③ 加压空气的排出，可通过走廊或房间的外窗、竖井等自然排出，也可以利用走廊的机械排烟装置排出。

④ 楼梯间的加压送风最好与其他的加压方式并用。

⑤ 为了防止楼梯间内因加压不均匀或加压压力过大时，造成门打不开的情况，楼梯间每隔几层宜设置余压阀减压。

⑥ 采用机械加压送风的防烟楼梯间和合用前室，由于机械加压送风期间，防烟楼梯间和合用前室所维持的正压不同，宜分别设置独立的加压送风系统。

二、防烟、排烟系统的主要部件

（一）风机

防烟、排烟工程上所采用的送风机或排烟风机，均可以采用钢板制作。

送风机即为普通的离心式风机。与其他类型的风机相比，离心式风机的压头较高，可用于阻力较大的系统。

排烟风机应选用离心式风机或排烟专用轴流风机。选用的排烟专用轴流风机必须是经当地消防主管部门检验批准使用的产品。排烟风机宜采用能保证在 280℃时连续工作 30 分钟的离心风机。排烟风机与排烟口应设有连锁装置,当任何一个排烟口开启时,排烟风机即能自动启动。同时能立即关闭着火区的通风、空调系统,并将非着火区的通风系统、空调系统和排风与回风系统关闭,使其保持正压,起到减缓烟火蔓延的作用。排烟风机的入口处必须设有当烟气温度超过280℃时能自动关闭的装置。如果一个排烟机负担多个排烟分区,那么只有当所有分区的排烟阀都关闭时,才能停止风机的运行。

选择风机时,应考虑风道和设备的漏风量,并且应该尽量使其设计工作效率不低于最高效率的90%。排烟风机应设置在排烟系统最高排烟口的上部,并应设在耐火极限不小于3小时的用隔墙隔开的机房内,机房的门应采用耐火极限不低于0.6小时的防火门。当设在机房有困难时,也应使排烟风机与其负担的房间或走道之间由墙体、楼板等隔开,否则发生火灾时排烟风机自身安全不保,也就很难保证排烟的效果。为了维修方便,排烟风机外壳至墙或其他设备的距离不小于60cm。排烟风机与排烟道的连接方式应合理,风机的风量应有一定的余量。

(二)防火、防排烟阀(口)

防火阀的工作原理是依靠易熔合金的温度控制,利用重力作用和弹簧机构的作用关闭阀门。当发生火灾时,火灾侵入风道,高温使阀门上的易熔合金熔解,或使记忆合金产生形变使阀门自动关闭。通常用于风道与防火分区贯通的场合。

防火、防排烟阀按其功能可分为排烟阀、排烟防火阀、防火阀、防烟防火阀等多种类型。其性能及用途如表3-2所示。

表3-2 防火、防排烟阀基本分类表

类别	名称	性能及用途
防火类	防火阀	70℃温度熔断器自动关闭(防火),可输出联动信号,用于通风空调系统风管内,防止火势沿风管蔓延
	防烟防火阀	靠烟感控制器控制动作,用电信号通过电磁铁关闭(防烟),还可用70℃温度熔断器自动关闭(防火),用于通风空调系统风管内,防止火势沿风管蔓延
防烟类	加压送风口	靠烟感器控制,电信号开启,也可以手动(或远距离缆绳)开启,可设280℃温度熔断器重新关闭装置,输出动作电信号,联动送风机开启。用于加压送风系统的风口,起感烟、防烟作用
排烟类	排烟阀	电信号开启或手动开启,输出开启电信号或联动排烟机开启,用于排烟系统风管上
	排烟防火阀	电信号开启,手动开启,280℃靠温度熔断器重新关闭,输出动作电信号,用于排烟风机吸入口管道上
	排烟口	电信号开启,也可以手动(或远距离缆绳)开启,输出电信号联动排烟机,用于排烟房间的顶棚或墙壁上。可设280℃时重新关闭装置
	排烟窗	靠烟感控制器控制动作,电信号开启,还可用缆绳手动开启,用于自然排烟处的外墙上

（三）排烟风口

排烟风口装在烟气吸入口处，平时处于关闭状态，只有在发生火灾时才根据火灾烟气扩散蔓延情况而开启。开启方式包括手动和自动两种方式，手动开启又分为就地操作和远距离操作两种。自动操作也有烟（温）感电信号联动和温度熔断器动作两种。排烟风口开启后，可以通过手动复位装置或更换温度熔断器予以复位，以便能重复使用。

排烟风口有板式和多叶式两种。板式排烟风口的开关形式为单横轴旋转式，其手动方式为远距离操作装置。多叶式排烟风口的开关形式为多横轴旋转式，其手动方式有就地操作和远距离操作两种。设在前室内的排烟风口应设在前室的顶棚上或靠近顶棚的墙面上，进风口应设在前室靠近地面的墙面上。设在防烟分区内其他部位的排烟风口，应设在防烟分区顶棚上或靠近顶棚的墙面上，并且距该防烟分区最远点的水平距离不应超过30m。当同一个防火分区设有多个排烟风口时，要求做到一个排烟风口开启时，其他排烟风口也能连锁开启。

（四）排烟管道

排烟口、排烟阀门、排烟管道等与烟气接触的部分，必须采用非燃烧材料制成，并应与可燃物保持不小于150mm的距离。

三、机械排烟设备的检查和管理

要保证排烟设备在任何情况下都能可靠运行，就必须在竣工时严格检验并在日常使用中经常维护、管理。机械排烟主要设备的维护、管理要点如下：

（一）排烟风机

(1) 能牢固地固定在维护和检修方便的地方。
(2) 周围没有容易燃烧的物品。
(3) 与排烟风道的连接部分没有异常现象。
(4) 能按照起动指令可靠地运行。
(5) 排烟风机的功能正常。

（二）排烟风道

(1) 安装牢固，保温材料没有破损。
(2) 风道不能与可燃物品接触。
(3) 防火分区穿墙部分用砂浆封严。
(4) 没有空气漏入。

（三）防火阀

（1）可靠地固定在规定位置上，其构造必须保证不因火灾时风道的下落而脱落。

（2）在阀门附近设置检查口，位置要设在易于检查的部位。

（3）不生锈，回转轴旋转正常，运行良好。

（4）阀门叶片不变形，能够完全闭锁。

（5）传动装置根据保险丝的熔融或烟感器等的信号，能够可靠地启动。

（四）排烟口

（1）能可靠地固定在规定位置。

（2）在排烟口周围没有妨碍供启动的物品。

（3）不变形，没有破损和脱落。

（4）传动部件不脱落，不松弛，运行稳妥。

（5）手动操作箱安装在规定的位置上，并在醒目处标明使用方法。

（6）启动控制杆动作灵敏。

（7）脱扣钢丝的连接不松弛，不会因折断、破损、打滑而脱落。

（8）排烟风量在基准值以上。

（9）通过控制盘或联动器给出的信号，以及手动操作箱的操作，排烟口须能可靠地启动。

（五）可动式防烟幕墙

（1）能可靠地固定在规定位置。

（2）不变形，没有破损和脱落。

（3）障碍物不得影响防烟幕墙的动作。

（4）传动装置根据控制盘或联动器的信号能够可靠启动。另外，即使手动操作，也必须可靠。

四、机械防烟、排烟的控制程序

发生火灾时，应及时正确地控制和监视防烟、排烟设备的动作顺序，使建筑物内防烟、排烟达到理想效果，以保证人员的疏散和火灾的补救工作顺利进行。

不设消防控制室的机械防烟、排烟控制程序如图3-2所示。当火灾报警器动作后，活动式挡烟垂壁动作，联动排烟口和排烟风机启动，并有信号到值班室，遥控空调设备，使通风机停止工作。一旦发生火灾，被操作人员发现，手动开启操作按钮，排烟风机运行，同时联动挡烟垂壁动作。

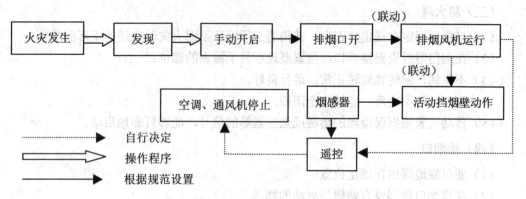

图 3-2 具有烟感器和联动方法的排烟程序

对于采用烟感器且风管内设有易熔片防火阀的防烟、排烟系统，其控制程序如图 3-3 所示。火灾发生时，火灾报警器动作，同时风管内带易熔片的防火阀关闭，切断火源，通风机停止运行。

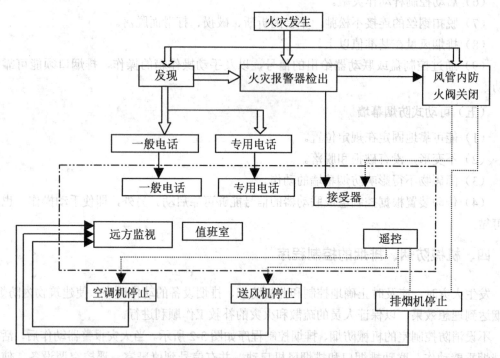

图 3-3 采用烟感器且风管内设有易熔片防火阀控制程序

本 章 小 结

为了保证身体健康,人们的生活和工作需要良好的空气环境。由于各种建筑物的用途不同,人们在建筑物中所从事的活动不同,以及生产工艺过程的不同,室内会产生各种对人体有害的气体,因此,建筑物内必须设置通风系统。另外,建筑物一旦起火,要立即使用各种消防设施,隔断新鲜空气的供给,同时隔绝燃烧部位等。由于消防灭火需要一定的时间,当采取了以上措施后仍不能灭火时,为了确保有效地疏散通路,必须要有防烟、排烟设施。通风及防烟与排烟系统的管理对保证人体的健康和生命财产的安全有着重要意义。本章重点掌握通风与防排烟系统的日常管理与维修。

课 堂 实 训

通过本章的学习,分析机械排烟系统的原理,讨论:一旦发生火灾,具体的排烟控制程序是什么?

思考与讨论

1. 常用的通风方式有哪些?
2. 自然通风和机械通风的特点是什么?有何区别?各适用于何种场合?
3. 通风系统运行管理需要注意哪些问题?
4. 通风机风量不足应如何进行管理和维修?
5. 使用除尘器时应注意哪些问题?
6. 排烟口的日常维护和管理有哪些要求?

第四章 供热系统的管理与维修

学习目标

本章重点介绍供热系统的组成和分类，各种采暖系统的形式，供热系统的日常维护与维修，供热系统常见故障及处理方法以及供热系统的管理内容。

学习要求

1. 掌握供热系统的组成和分类，各种采暖系统的形式。
2. 了解蒸汽供暖系统。
3. 掌握供热系统的日常维护与维修及故障处理方法。
4. 理解供热管理内容及实质。

第一节 供热系统的概述

供热工程是以热水或蒸汽作为热媒为用热系统（如供暖、通风、空调等）提供热能的供暖系统和集中供热系统。供暖系统是以人工技术把热源的热量通过热媒输送到热用户的散热设备，为建筑物供给所要求的热量，以保持一定的室内温度。集中供热系统主要由热源、热网和热用户三部分组成。

一、供热系统的组成

（一）供热系统的主要设备

供热系统的作用是满足人在冬季室内取暖的需要及机器、设备在冬季车间内工作的需要。供热系统（如图4-1所示）由以下三大部分组成：

1. 热源

热源是供暖热媒（传递热能的媒介物）的来源，通常指锅炉房、电或热电厂等。作为热能的发生器，在热能发生器中燃料燃烧经载热体热能转化，形成热水或蒸汽。也可以利用工业余热、太阳能、地热，核能等作为供暖系统的热源。

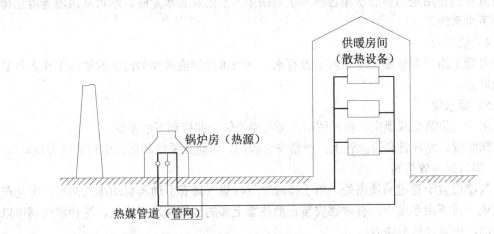

图 4-1　供热系统示意图

2. 管网

管网是指由热源输送热媒至用户，散热冷却后返回热源的循环管道系统。

3. 散热设备

将热量传至所需空间的设备，如散热器等。

供暖系统常用的热媒是热水和蒸汽，民用建筑应供用热水作热媒。工业建筑、当厂区只有供暖用热或以供暖用热为主时，易供用高温水作热媒；当厂区供热以工艺用蒸汽为主时，可供用蒸汽作热媒。

（二）供热系统的附属设备

供热系统还需要一些附属器具，主要有如下几种：

1. 膨胀水箱

膨胀水箱是热水供暖系统中重要的组成部分，其作用是储存供暖系统中被加热后的膨胀水量、定压、排除系统中空气。膨胀水箱上接有五根管子，分别是膨胀管、循环管、溢流管、信号管及泄水管。

（1）膨胀管

在自然循环系统中应接在供水总立管的顶端；在机械循环系统中，一般接至循环水泵吸入口前。连接点处的压力无论系统工作与否，都是恒定的。

（2）循环管

循环管的作用是保证有一部分膨胀水在水箱与膨胀管之间循环流动，以防水箱结冻；在机械循环系统中，循环管应接到系统定压点前的水平回水干管上。

(3) 溢流管

溢流管的作用是当膨胀水箱容纳不下系统中多余的膨胀水量时，水可从溢流管溢出排至附近下水系统。

(4) 信号管

信号管是用于观察膨胀水箱内是否有水，一般可接到值班间的污水盆中或工作人员易观察的地方。

(5) 泄水管

泄水管是供清洗或泄空水箱时使用，可与溢流管一并接到下水系统。

在膨胀管、循环管和溢流管上，严禁安装阀门，以防止系统超压、水箱冻结等危险。

2. 集气罐与放气阀

集气罐设置于管道的最高处，用于排除空气。集气罐有手动和自动排气两种。但是在水平式或下供下回系统中，有时靠安装在散热器上部的放气阀进行排气。这种放气阀可以是自动的，也可以是手动的。

集气罐一般是用直径为 100~250mm 的钢管焊制而成的，分为立式和卧式两种，每种又有 I、II 两种形式，如图 4-2 所示。集气罐顶部连接直径为 15mm 的排气管，排气管应引至附近的排水设施处，排气管另一端装有阀门，排气阀应设在便于操作的地方。

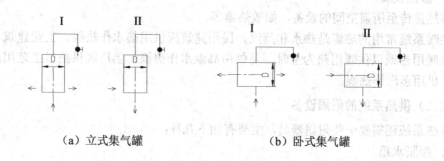

(a) 立式集气罐　　　　　　(b) 卧式集气罐

图 4-2　集气罐

集气罐应设于系统供水干管末端的最高点处。当系统充水时，应打开排气阀，直至有水从管中流出，方可关闭排气阀；系统运行期间，应定期打开排气阀排除空气。

3. 除污器

为了排除供暖锅炉在安装和运行过程中的污物，防止管道和设备堵塞，常在用户引入口或循环泵进口处设除污器，以阻止和清除系统中的污物。安装时注意方向，上部设排气阀，下部设排污丝堵。使用时要定期清理内部污物。

4. 补偿器

因管道在热媒输送中产生热伸长，为了消除因热伸长给管道产生热应力的影响，设置一种能抵消热应力的设备，这种设备称为补偿器。补偿器的作用即在管段适当长度的两端设置固定支架将管道固定不动，在固定支架之间管道会产生热伸长，在管道中间设置补偿器，既可补偿热伸长量，又可减弱对固定支架的水平推动和对管道本身的热应力。

补偿器的种类很多，其中最常用的有方形补偿器、套管补偿器、自然补偿器、波形补偿器和球形补偿器等。

5. 换热器

换热器是用来完成各种不同传热过程的设备。在供暖系统中，在锅炉房、热力站、高层建筑的设备层等场合需要使用换热器。常用的换热器是板式换热器，它具有传热效率高、占地面积小、热损失小、结构简单、易于搬运安装、用热量调整灵活等优点。

6. 疏水器

在蒸汽供暖系统中，当蒸汽沿管道输送时，温度会逐渐降低，少量蒸汽会变成凝结水，并随蒸汽一起流动。疏水器的作用就是能阻隔蒸汽通过，同时将凝结水顺利排出。疏水器的种类较多，根据其动作原理不同主要有液体膨胀式、热动力式、浮筒式、脉冲式、浮子式等。疏水器一般设置在以下部位：

（1）低压蒸汽采暖中散热器出口处。

（2）蒸汽水平干管沿途适当部位设中途疏水器组，在蒸汽水平干管末端设置末端疏水器。

（3）凝结水干管的适当部位。

（4）大型散热设备出口处。

二、供热系统的分类

供热系统通常采用以下分类方式。

（一）按供热热媒的种类分类

按系统中所用的热媒不同，供热系统可分为三类：热水供热系统、蒸汽供热系统和热风供热系统。

1. 热水供热系统

在热水供热系统中，热媒是水，散热设备通常为散热器。管道中的水在热源设备中被加热，经管道流到房间的散热器中放热，然后再流回热源进入下一次循环。在一般热水供热系统中，供水温度为95℃，回水温度为70℃，散热器内热媒的平均温度为82.5℃。在热水供热系统中，散热器表面温度较低。从健康的角度看，采用热水供热系统为佳。

热水供热系统的主要特点如下：

（1）热媒温度较低，室内卫生条件较好。

（2）系统水容量大，热惰性大。

(3) 系统不易泄漏，无效热损失少，因而燃料消耗量较低。
(4) 管内充满水，空气氧化腐蚀小，管道使用寿命长。
(5) 调节方便。
(6) 系统静压力较大，底层散热器易发生超压现象。
(7) 循环水泵功率大、耗电多，增加了运行费用。

2. 蒸汽供热系统

在蒸汽供热系统中，热媒是蒸汽，散热设备通常为散热器。蒸汽的热量由两部分组成：一部分是水在沸腾时产生的热量；另一部分是从沸腾的水变为饱和蒸汽的汽化潜热。在这两部分热量中，后者远高于前者。在蒸汽供热系统中所利用的主要是蒸汽的汽化潜热。蒸汽进入散热器后，充满散热器，通过散热器将热量散发到房间内，与此同时蒸汽冷凝成同温度的凝结水。

蒸汽供热系统的主要特点如下：
(1) 热媒温度高，热效率高。
(2) 比热水供热系统需要管材和散热器数量少。
(3) 系统充满蒸汽，底层散热器不会出现超压现象。
(4) 系统运行费用低。
(5) 散热器表面温度高，易烫伤人，室内空气质量不好。
(6) 系统热惰性小，室温波动大。
(7) 系统无效热损失大。

3. 热风供热系统

热风供热系统以空气作为热媒。在热风供热系统中，首先将空气加热，然后将高于室温的空气送入室内，热空气在室内降低温度，放出热量，从而达到供热的目的。热风供热系统一般适用于允许空气再循环的工业厂房、车间、仓库等处，但含有大量灰尘或空气中含有易燃、易爆的气体时，不适于热风供热。

热风供热系统的主要特点如下：
(1) 热惰性小，能迅速提高室温。
(2) 可同时兼有通风换气的作用。
(3) 噪声比较大。

（二）按供热的作用范围分类

按供热范围的不同，分为局部供热、集中供热和区域供热。

1. 局部供热

局部供暖是指供暖系统的三个主要组成部分，即热源、管网和散热设备，在构造上连成一个整体，供暖分散在各个房间中的供暖方式，如火炉供暖、电热供暖等。

2. 集中供热

集中供暖是指由一个锅炉产生蒸汽或热水，通过管路供给一栋或几栋建筑物内的各个房间所需热能。

3. 区域供热

区域供热是由一个大型热源产生蒸汽或热水，通过区域性的供热管网，供给整个区域甚至整个城市的许多建筑物生活和生产等用热。

（三）按供热系统循环动力分类

按照系统循环动力分为自然循环供热系统和机械循环供热系统。

1. 自然循环供热系统

依靠热媒自身的温差产生的密度差进行循环的供暖系统称为自然循环供热系统。

2. 机械循环供热系统

依靠机械（循环水泵）所产生的压力作用进行循环的供热系统称为机械循环供热系统。

三、供热系统的热负荷

（一）热负荷

供热系统的任务是按照用户的需要和要求，把热能从热源，经过供热管道输送给各个用户。为此，首先需要了解热用户对热能的需求，确定热用户的设计热负荷、掌握热用户用热的情况。集中供热系统的热负荷一般包括供暖、通风、空气调节、生活用热水供应和生产工艺等热负荷。本节主要针对供暖热负荷作以阐述，关于其他几种热负荷可参见《供热工程》教材。

人们为了生产和生活，要求室内保持一定的温度。一个建筑物或房间可能有许多种获得热量和散失热量的途径。当建筑物或房间的失热量大于得热量时，为了保持室内在要求温度下的热平衡，需要由供暖系统补充热量，以保证室内要求的温度。供暖系统的热负荷是指在某一室外温度 t_w 下，为了达到要求的室内温度 t_n，供暖系统在单位时间内向建筑物供暖的热量。它随着建筑物得失热量的变化而变化。

供暖系统的设计热负荷，是指在设计室外温度 t_w 下，为达到要求的室内温度 t_n，供暖系统在单位时间内向建筑物供暖的热量 Q。它是供暖系统设计的最基本依据，它的确定直接影响供暖系统方案的选择、供暖管道管径和设备的确定，关系到供暖系统的使用效果。

在工程设计中，供暖系统的设计热负荷，一般由下式进行计算。

$$Q' = Q'_{1,j} + Q'_{1,x} + Q'_2 + Q'_3 \tag{4-1}$$

式中：$Q'_{1,j}$ 表示围护结构的基本耗热量（W）；$Q'_{1,x}$ 表示围护结构的附加（修正）耗热量（W）；Q'_2 表示冷风渗透耗热量，是指加热由门、窗缝隙渗入室内的冷空气的耗热量（W）；Q'_3 表示冷风侵入耗热量，是指加热由门、孔洞及相邻房间侵入的冷空气的耗热量（W）。

（二）热负荷的估算

在采暖工程的规划或初步设计阶段，往往还没有建筑物的设计图纸，无法详细计算采暖热负荷。一般采用以下两种民用建筑采暖热负荷估算法。

1. 单位面积热指标法

单位面积热指标是指每小时每平方米建筑面积的平均耗热量，也就是采暖系统每小时应供给每平方米建筑面积的热量。可按式（4-2）计算。

$$Q = q_f \cdot A \tag{4-2}$$

式中：Q 表示建筑物采暖热负荷（W）；q_f 表示单位面积耗热量指标（W/m²）；A 表示总建筑面积（m²）。

建筑物供暖面积热指标 q_f 的大小，主要取决于通过垂直围护结构向外传递的热量，它与建筑物平面尺寸和层高有关，因而不是直接取决于建筑物平面面积。但此种方法简单易行，所以国内外在城市集中供热系统规划时，多采用面积热指标法。单位面积耗热量指标可按表 4-1 选用。

表 4-1 民用建筑供暖单位面积耗热量指标

建 筑 性 质	热指标 q_f（W/m²）	建 筑 性 质	热指标 q_f（W/m²）
住宅	47～70	商店	64～87
办公楼、学校	58～80	单层住宅	80～105
医院	64～80	食堂、餐厅	116～140
幼儿园	58～70	影剧院	93～116
图书馆	47～76	大礼堂	116～163

注：（1）总建筑面积大，围护结构热工性能好，窗户面积较小时，采用较小指标，反之采用较大指标。
（2）此表适用于气温接近北京的地区。

2. 体积热指标法

建筑物的供暖设计热负荷，也可用下式概算：

$$Q'_n = q_v V_W (t_n - t'_w) \tag{4-3}$$

式中：Q'_n 表示建筑物供暖设计热负荷（W）；q_v 表示建筑物供暖体积热指标（W/(m³·℃)）；V_W 表示建筑物外围体积（m³）；t_n 表示供暖室内计算温度（℃）；t'_w 表示当地冬季室外采暖计算温度（℃）。

建筑物供暖体积热指标 q_v 表示各类建筑在室内外温差为 1℃时，每一平方米建筑物外围体积的供暖设计热负荷。它主要与建筑物的外围护结构的构造和外形有关。建筑物围护结构的传热系数越大,采光率越大,外部建筑体积越小,q_V越大。各类建筑物的供暖体积热指标q_V,可通过对许多建筑物进行理论计算或实测数据归纳整理得出。

四、供暖系统主要形式

供暖系统主要包括热水供暖系统和低压蒸汽采暖系统两种形式。

(一)热水供暖系统

1. 自然循环双管上分式

在自然循环双管上分式热水采暖系统中,连接散热器的立管有两根,而所谓上分是指供水干管敷设在整个系统所有散热器的上方,如图4-3所示。

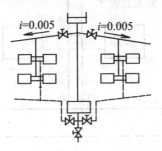

图4-3 自然循环双管热水供暖系统

这种系统的工作流程是,工作前先打开给水管的阀门向系统内充水,系统中的空气从膨胀水箱排出。工作时水在锅炉中被加热,在冷热水自然产生的压力作用下,沿供水管总立管、供水干管、供水立管、供水支管进入散热器,通过散热器将沿着回水支管、回水立管、回水干管流回锅炉,再行加热。立管上的阀门既可以调节热水流量,也可以在必要时关断,以便检修散热器。根据需要,系统中的水可通过下面的放水管放掉。为保证系统的正常运行,要求散热器的中心必须比锅炉中心高出一定的高度,管道具有一定的坡度,以保证整个系统中的空气都能由膨胀水箱排出。该系统适用范围为小型建筑和一家一户的采暖形式。

2. 机械循环双管下分式

机械循环双管下分式热水采暖系统的供水干管与回水干管,均铺设在系统所有散热器的下方,如图4-4所示。系统中的空气靠上层散热器的手动跑风门排出。系统的工作靠水泵产生的压力进行,工作过程与自然循环相同。适用于三层及三层以下、顶层天棚难以布置管路或有地下室的建筑物。

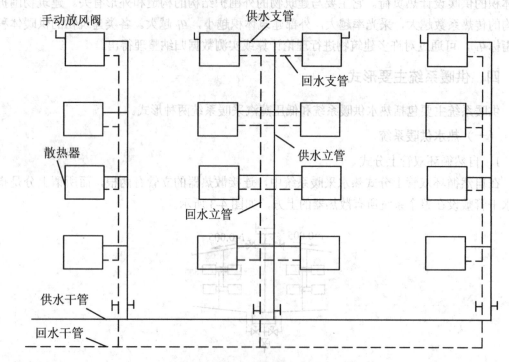

图 4-4 双管下分式热水采暖系统

3. 机械循环单管上分式

机械循环单管上分式热水采暖系统的工作流程是从供水干管流出的热水进入立管后顺序地流过各层散热器,然后汇集于回水干管中,通过采暖外线流回锅炉再进行加热,如图 4-5 所示。单管上分式可分为单侧连接和双侧连接两种,每一种又可分为有跨越管和无跨越管。每根立管上、下各设一个阀门,用来调节水量,并在检修时使用。供水干管上装有集气罐,用来排除各立管中的空气,每组散热器中的空气也经立管由集气罐统一排除,因此,散热器上不装跑风门。单管系统构造简单、接头零件少、简便、节约管材、造价低、比较美观,而且不容易产生上热下冷现象,因此适用范围较广泛。

4. 机械循环水平串联式

图 4-6 和图 4-7 所示为机械循环水平串联热水采暖系统。这种系统构造简单,尽量避免穿越楼板,便于施工和检修。缺点是当串联的散热器组数过多时,后面的散热器内水温过低,需要的散热器片数增多,且易出现漏水和失水现象。因此每根串联管宜串联 8~12 组散热器,串联管管径一般为 20~25mm,每组散热器都设一个跑风门,以排除系统中的空气。这种系统适用于工厂车间等建筑物。

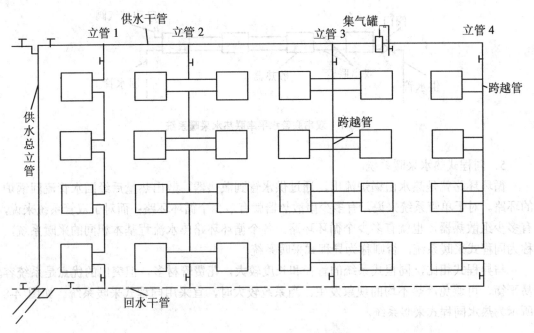

图 4-5 单管垂直式热水采暖系统

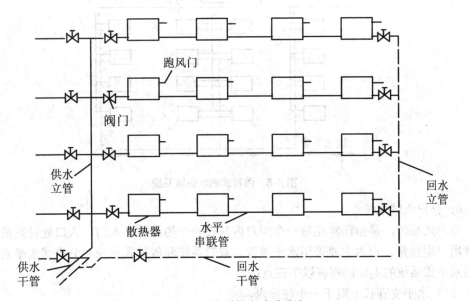

图 4-6 水平串联热水采暖系统

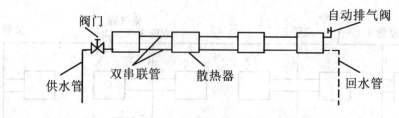

图 4-7　双串联管水平串联热水采暖系统

5．同程式热水采暖系统

循环环路就是热水由锅炉流出，通过供水管到散热器，散出热量后经回水管流回锅炉的环路。对于单管系统来说，有多少串散热器就有多少个循环环路；而对于双管系统来说，有多少组散热器，也就有多少个循环环路。各个循环环路热水流程基本相同的采暖系统，称为同程式采暖系统，否则称为异程式采暖系统。

与异程式相比，同程式系统的管径和长度较大，花费管材多，但突出的优点是系统容易平衡，可避免冷热不均的现象发生。当系统较大时，宜采用同程式采暖系统。如图 4-8 所示为热水同程式采暖系统。

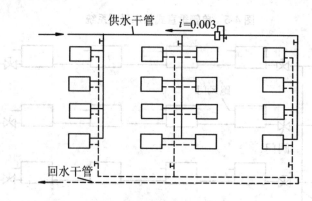

图 4-8　同程式热水采暖系统

6．分户供暖系统

分户式系统，是指通常在每一个用户内只设一个热力出、入口，入口处设热量表，可计量用户用热量。户内主要采用水平单管、双管系统和放射式系统。分户式水平系统与传统的水平式系统的主要区别有以下三点：

（1）水平支管长度限于一个住户内。

（2）能够分户计量和调节流量。

（3）可分室改变供热量，满足不同室温的要求。

① 分户水平单管系统

分户水平单管系统如图 4-9 所示。

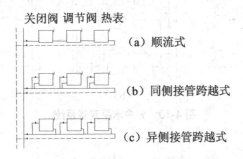

图 4-9　分户水平单管系统

分户水平单管系统可采用水平顺流式（如图 4-9（a）所示）、散热器同侧接管的跨越式（如图 4-9（b）所示）和异侧接管的跨越式（如图 4-9（c）所示）。其中，图 4-9（a）在水平支路上设关闭阀、调节阀和热表，可实现分户调节和分户计量，但不能分室改变供热量，因此只能在对分户水平式系统的供热性能和质量要求不高的情况下应用。图 4-9（b）和图 4-9（c）除了可在水平支路上安装关闭阀、调节阀和热表之外，还可在各散热器支管上装调节阀或温控阀，以实现分房间控制和调节室内空气温度。

水平单管系统比水平双管系统布置管道方便、节省管材、水力稳定性好。但应解决好排气问题，如果户型较小，又不宜采用 DN15 的管子时，水平管中的流速有可能小于气泡的浮升速度，可调整管道坡度，采用气水逆向流动，利用散热器聚气、排气，防止形成气塞。并在散热器上安装放气阀或利用串联空气管排气。

② 分户水平双管系统

分户水平双管系统如图 4-10 所示。该系统将一个住户内的各散热器并联，在每组散热器上装调节阀或恒温阀，以便分室控制和调节室内空气温度。

水平供水管和回水管可采用图 4-10 所示的多种方案布置。两管分别位于每层散热器的上、下方（如图 4-10（a）所示）；两管全部位于每层散热器的上方（如图 4-10（b）所示）；两管全部位于每层散热器的下方（如图 4-10（c）所示）。该系统的水力稳定性不如单管系统，且更耗费管材。

如图 4-11 所示的分户水平单、双管系统兼有上述分户水平单管和双管系统的优缺点，可用于面积较大的户型以及跃层式建筑。

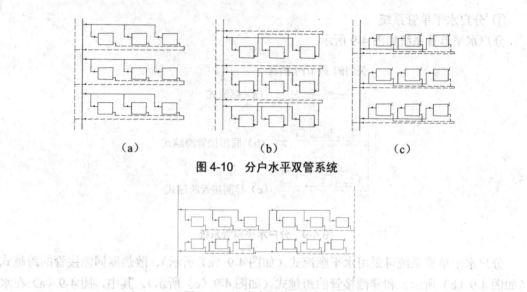

图 4-10 分户水平双管系统

图 4-11 分户水平单、双管系统

③ 分户水平放射式（章鱼式）系统

水平放射式（章鱼式）系统在每户的供热管道入口设小型分水器和集水器，各散热器并联（如图 4-12 所示）。从分水器 4 引出的散热器支管呈辐射状埋地敷设（因此又称为"章鱼式"）至各个散热器。散热器可单体调节。为了计量各用户供热量，入户管有热表 1。为了调节各室用热量，通往各散热器 2 的支管上应有调节阀 5，每组散热器入口处也可装温控阀。为了排气，散热器上方安装排气阀 3。

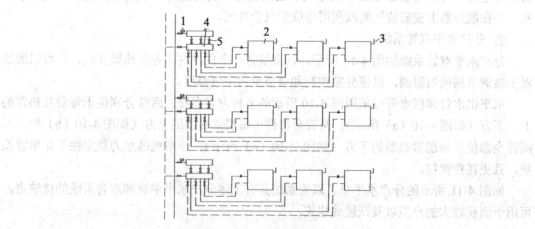

图 4-12 分户水平放射式采暖系统示意图

1—热表 2—散热器 3—放气阀 4—分、集水器 5—调节阀

7. 地板辐射供暖系统

地板辐射供暖系统是指利用建筑物内部地面作为辐射面进行供暖的系统。

（1）地板辐射供暖的主要特点

地板辐射供暖系统主要具有如下优点：

① 地板辐射供暖与其他供暖方式相比有较高的舒适度。

② 地板辐射供暖的辐射热方式比散热器的对流热方式、空调的暖风热方式更有利于保障室内空气的洁净度。

③ 地板辐射供暖的复合结构可有效地降低噪声强度。

④ 节省建筑面积。

⑤ 高效节能。

⑥ 运行费用低。

⑦ 地板辐射供暖属隐蔽工程，对管道的材质要求十分严格，有利于扩大应用塑料类管材。

（2）低温地板辐射供暖系统

① 低温地板辐射供暖地面构造

如图 4-13 所示为低温地板辐射供暖系统地面做法示意图。地面结构一般由结构层（楼板或土壤）、绝热层（上部敷设按一定管间距固定的加热管）、填充层、防水层、防潮层和地面层（如大理石、瓷砖、木地板等）组成。绝热层主要用来控制热量传递方向，填充层用来埋置保护加热管并使地面温度均匀，地面层指完成的建筑地面。当楼板基面比较平整时，可省略找平层，在结构层上直接铺设绝热层。当工程允许地面按双向散热进行设计时，可不设绝热层。但对住宅建筑而言，由于涉及分户热量计量，不应取消绝热层，并且户内每个房间均应设分支管，视房间面积大小单独布置成一个或多个环路。直接与室外空气或不采暖房间接触的楼板、外墙内侧周边，也必须设绝热层。与土壤相邻的地面必须设绝热层，并且绝热层下部应设防潮层。对于潮湿房间如卫生间、厨房和游泳池等，在填充层上宜设置防水层。为增强绝热板材的整体强度，并便于安装和固定加热管，有时在绝热层上还敷设玻璃布基铝箔保护层和固定加热管的低碳钢丝网。

② 低温地板辐射供暖地面盘管

低温地板辐射供暖地面盘管的布置方式有 S 型、回字型等，如图 4-14 所示。

S 型盘管的每根循环回路长度一般不超过 60m，回字型盘管的每根循环管长度一般不超过 120m。盘管间距为 150～300mm，盘管间距与供水温度及发热量之间的关系如表 4-2 所示。从表中可以看出，盘管间距越小，供水温度越高，则地面温度越高，发热量越大。

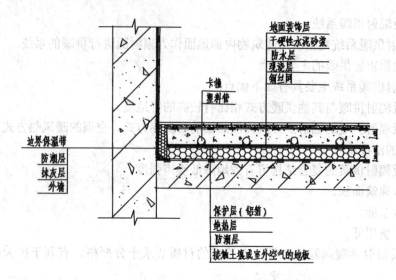

图 4-13 低温地板辐射供暖系统地面做法示意图

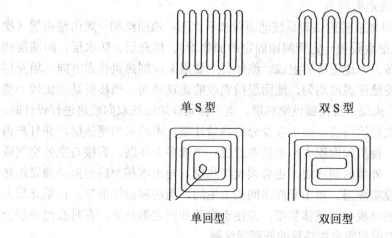

图 4-14 盘管布置方式

表 4-2 盘管间距、供水温度与发热量关系

盘管间距（mm）	供水温度（℃）	地面温度（℃）	发热量（W/m²）
150	50	31.0	127.8
	60	37.0	203.4
	70	39.5	232.5
200	50	28.5	98.8
	60	33.5	156.9
	70	36.5	197.6

续表

盘管间距（mm）	供水温度（℃）	地面温度（℃）	发热量（W/m²）
250	50	27.5	90.7
	60	32.0	139.5
	70	35.3	180.1
300	60	31.0	127.8
	70	34.0	162.7

（二）低压蒸汽采暖系统

低压蒸汽采暖系统是指相对压力（表压）为 70kPa（0.7 表压）以下的蒸汽采暖系统，由蒸汽锅炉、蒸汽管道、散热器、凝结水管道、疏水器、凝结水箱和凝结水泵等组成。

1．低压蒸汽双管上分式

如图 4-15 所示，该系统蒸汽干管与凝结水管完全分开，干管敷设在顶层房间天棚下，凝结水管敷设在地面上或地沟内。一般每根凝结水立管下装一个疏水器，代替每组散热器支管上的疏水器，以减少疏水器的数量，节省投资。

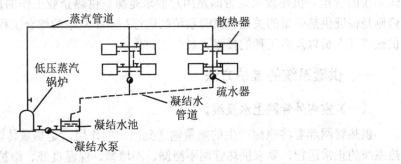

图 4-15　低压蒸汽供暖系统

2．低压蒸汽双管下分式

如图 4-16 所示，该系统蒸汽干管与凝结水干管敷设在底层地面下的暖气沟中，蒸汽通过立管向上供汽。由于立管中蒸汽与凝结水逆向流动，易产生水击现象，因而噪声较大，但这种系统的优点是上下层散热器受热较均匀。

3．低压蒸汽单管上分式

如图 4-17 所示，该系统蒸汽干管与凝结水干管中热媒流动情况与双管系统相同。只是立管既输送蒸汽又收集凝结水，蒸汽与凝结水流动方向一致，因而需要的管径较大，一般仅在小型建筑中采用。单管系统的每组散热器上必须安装自动跑风门，因立管中充满具有一定压力的蒸汽，散热器中的空气不能进入立管，只能经散热器跑风门放出。跑风门的安装位置在散热器高度的 1/3 处。此外，停止供汽时，散热器内蒸汽凝结出现真空，空气可以从跑风门中自动补入，使凝结水顺利流出。

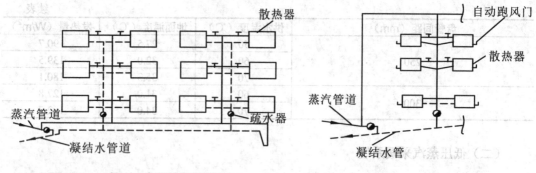

图 4-16 双管下分式蒸汽供暖系统　　　图 4-17 单管上分式蒸汽供暖系统

第二节　供暖系统的维护与维修

由于供暖关系到千家万户的切身利益，又涉及环境保护和能源节约，因此必须重视供暖系统的管理。供热效果是否满足用户要求是衡量供热企业工作的标准，日常的维护与维修则是保证供热效果的关键。供暖系统的运行是一个复杂的综合工程，需要专业技术人员、供热管理人员以及多工种的技术人员分工协作。

一、供暖系统的维护方法

（一）室内外管网上水及维护

供热管网起着将热源产生的热量输送到用户的作用，是热量传输的动脉。为了保证供热系统的正常运行，要求供热管网不泄漏、不堵塞、保温良好、维护良好。

1．室内外管网上水时的检查

（1）上水前的准备

系统上水的水质应是符合要求的软化水。系统上水顺序是锅炉—管网—热用户。

上水前要做好如下工作：

① 准备好维修用的各种水暖管件。

② 组织好维修、维护人员。

③ 公布上水日期、时间及维修值班电话。

（2）上水检查

① 认真检查系统所有管道、阀门有无渗漏，压力是否稳定。

② 派人查看室外管网有无泄漏点，并做记录。

③ 泄水维修。将系统水全部泄空，按记录逐一维修，更换损坏的管件。

④ 上水检查。上水检查、泄水一般反复两次即可检修完毕，系统正式上水后，准备供热运行。

2. 室内外管网非供热期的维护保养

（1）管道维修

① 安装不顺，阻力大的要改装。

② 更换糟朽管道。

③ 末端管道内有污垢的必须清除。

④ 立管下边管堵要打开，将污垢清除、冲洗干净后堵牢。

⑤ 地沟内的托吊卡要保持牢固，糟朽的一定要更换。

（2）管道除锈、刷油、保温

① 除锈：拆换改装的管道，要认真除锈，露出管道本色。

② 刷油：刷油除锈后的管道（包括托吊卡）刷防锈漆两道。

③ 保温：保温要按规范要求进行。

3. 室内局部不热的处理

局部不热、室温达不到标准是住户非常关心的问题。

局部不热的原因有施工方面的，也有运行管理方面的。供热管理部门要根据实际情况，查出原因，解决问题。

（1）对个别房间的室温达不到要求，如确认属于散热器片少的问题，要给予适当的增加调整。

（2）对末端因管道过细影响供热的，要进行更换管道（扩大管道直径）。

（3）对系统排气不当造成不热的，要更换为排气阀。

（4）对因末端管道污垢堵塞造成不热的，必须拆开管道清除污垢。

（5）对私接暖气片、更改系统现象要加大惩处力度。

（二）热水供暖系统通暖程序和调试

1. 外部检查

采暖系统安装竣工后，整个系统应进行一次全面仔细的外部检查，主要检查采暖入口、设备、管道及附件等安装是否正确。如有不符合要求的地方，应立即进行改正，以免运行后难以调整。

2. 管道的冲洗

如果在管道组装时对管道、散热器内部的杂质已清除，系统冲洗工作即可与水压试验结合进行。

正常情况下，供暖系统宜在管道强度试验前进行冲洗，在施工中往往因残存在管内的泥沙或杂物未被清理干净而堵塞在系统末端或冲洗阀门的密封面，而造成阀门关闭不严或局部不热现象。因此，除了在安装时应清除管内灌进的异物和砂石土块外，还需在施工完毕后进行管道冲洗。冲洗原则是由上至下，冲洗水压不宜低于 0.25MPa，直至流出的水清澈无泥沙即可。

3．水压试验

外部检查合格后，即可进行水压试验。室内供暖系统水压试验的程序如下：

（1）在试压充水时，应先把系统中所有阀门及排气阀打开，并将连接膨胀水箱的管道拆开，装上临时的连接管和排气装置。

（2）暂不与外网管道连接，在回水干管上安装试压泵和临时给水管道。

（3）充水速度应当缓慢，使整个系统内水位上升在同一水平面上，以便将空气顺利排出。系统充满水时应将所有排气阀关闭，然后方可进行水压试验。

（4）启动试压泵开始升压。试验压力要符合相关规定。试压过程中应对系统做全面的检查，如有漏水现象须修理直至试压合格。

（5）排放系统内的水。冬季试压时，应注意管道防冻。室温在 0℃以上时（人工采暖）可用冷水进行系统试压。室温在 0℃以下时，在有热水供应的条件下，可通过加压泵加压送到系统中。如果发现问题应立即停止供水，并将水尽快从系统最低点排出，以防止冻结。

4．室内热水供暖系统通暖程序

室内热水供暖系统经冲洗、水压试验合格后即可进行正式通暖。

（1）确认供热外网运行正常后，打开系统回水总阀门注水。当系统的集气设备排气完毕并排水后，说明系统已经满水。此时打开供水总阀门，使室内系统参与外网循环。

（2）按系统与楼层检查散热器冷热程度，及时做好记录。若存在过热或不热现象，可查找原因并及时调整。

（3）对连续运行的系统，发现异常情况应及时处理。

5．系统调节

所有散热器或暖风机的热量分配应基本达到设计要求，根据加热温度的均匀程度调节。

（1）调节时应从温度较高的散热设备或环路开始，当每一根立管上散热器的流量分配调节好后，再进行各立管间的调节。

（2）调节流量通过开大或关小阀门来进行，尽量满足各房间温度差异不大的要求。

（3）在车间内的工艺散热设备系统正常运行的条件下，应该根据室外温度的变化调节供水温度，使室内温度达到设计要求。室内温度与设计温度的允许温差为±2℃。达不到要求时，要查清原因，采取措施重新调节。

6．水温控制

机械循环热水采暖系统多采用集中调节，即根据室外温度的变化，随时改变热水温度，或按采暖期的室外温度变化情况改变供水的温度。也可使水泵间歇运转，同时掌握好水温，保证供暖的要求。

（三）散热器的安装

散热器的类型很多，常用的散热器有铸铁、钢制两大类。按其形状不同，又分为翼型散热器、柱型散热器、钢串片散热器、板式散热器和扁管式散热器等。

不同的散热器安装方法也不同，如铸铁长翼型、柱型散热器为单片供应产品，需按设计要求的片数组对成散热器组，经过单组水压试验工序后，进行现场挂装；而圆翼型散热器是将数根散热器直接连接成散热器组，不经过试压和挂装，即可在托架上一次连接完成；再如钢串片型、板式散热器等，均为标准设计产品，只需要按图纸要求的型号、规格订货，现场直接安装。常用的散热器安装要求如表4-3所示。

表4-3 常用的散热器安装要求

散热器型号	支托架数量			散热器中心与抹灰墙面距离	散热器正面全长内弯曲		安装允许偏差（mm）		
	每组片数	上部托钩数	下部托钩数		片数	允许偏差（mm）	内表面与墙	与窗口中心线	垂直度
大小60	1	2	1	115	2～4	4	6	20	3
	2～4	1	2						
	5	2	2		5～7	6			
	6	2	3						
	7	2	4						
圆翼	1	—	—	115	2m	3	6	20	3
	2	—	—		3～4m	4			
	3～4	—	—						
柱型	3～8	1	2	130	15～24	6	6	20	3
	9～12	1	3						
	13～16	2	4						
	17～20	2	5						
	21～24	2	6						
串片式	平放	每根长度小于1.4m 长度在1.6～2.4m托钩间距小于1m		95			6	20	3
	竖放			60					

二、热水采暖系统各种不热的原因及处理

（一）采暖系统局部不热的原因及处理

1. 采暖系统局部不热现象及故障处理

采暖系统局部不热现象及故障处理方法如表4-4所示。

表4-4 采暖系统局部不热现象及故障处理方法

故障	产生原因	处理方法
总回水温度过低	(1) 送水温度过低； (2) 循环水量太少； (3) 外线大量漏水； (4) 管道热量损失过大	(1) 提高送水温度； (2) 检查水泵是否反转，管线、孔板、阀门等是否堵塞，或阀门未完全打开，清除系统内的污物及沉渣； (3) 检查补给水箱，确定是否漏水，然后查修外线漏水部分； (4) 应检查附件接口及地沟的状况，然后修理或采取措施，修复保温层
采用双管采暖系统时，多层建筑上层的散热器过热，下层散热器过冷	上层流量过大	关小上层散热器阀门
异程系统末端不热	(1) 前面阀门开得过大，流量过多； (2) 干管末端空气阻塞	(1) 关小前面立管的阀门； (2) 排除集气罐内的空气
下供上回式上层散热器不热	空气未排除	检查散热器上的放气阀或管路上的放气阀，并排除空气
局部散热器不热	(1) 管内被污物堵塞； (2) 进水管坡向错误造成积气； (3) 阀门开关失灵； (4) 集气罐存气太多，阻塞管路	(1) 在管线上转弯处与阀门前摸其温度，敲打听声，必要时拆开修理； (2) 改正坡向； (3) 拆开阀门修理； (4) 检查集气罐后边的管线及设备，如果全是冷的，可能是气阻，应排除空气
暖风机不热	(1) 进水管坡向错误造成积气； (2) 管内、阀门或孔板堵塞； (3) 加热器内堵塞； (4) 供水温度不符合要求	(1) 校正坡向； (2) 清除污物或检修阀门； (3) 清洗加热器； (4) 调节水温
暖风机散热不符合产品性能要求	(1) 风量太小； (2) 循环水量太小； (3) 加热器不符合要求或局部堵塞	(1) 校正叶轮转向，检查转速是否符合要求，皮带有无滑动； (2) 调整水量； (3) 更换或检修
空气加热器回水温度过高或过低	(1) 循环水量过大或过小； (2) 风量太大或太小； (3) 加热器面积太大或太小	(1) 减小或增大水量，检查管线与阀门孔板有无堵塞，检修或更换孔板，调整阀门； (2) 调整风机转速； (3) 改变水量或更换设备
回水温度过高	(1) 循环水量太大； (2) 外线循环管阀门未关； (3) 送水温度过高	(1) 调整总进、回水阀门，增加阻力，减少水量； (2) 关闭循环管阀门； (3) 降低送水温度

2. 蒸汽供暖系统常见故障及处理

蒸汽供暖系统常见故障及处理方法如表 4-5 所示。

表 4-5 蒸汽供暖系统常见故障及处理方法

故障	产生原因	处理方法
散热器不热	散热器上部不热、下半部不热或整个不热	先对散热器及系统排气，若无效果，即检查送气及凝水管温度。如凝水不热，可能是疏水器堵塞，找出堵塞处，清除异物
	凝结水管热而送气立、支管不热	检查立、支管阀门是否打开；若已打开，则可能是异物堵塞，清除疏通
	末端散热器不热时，一般是系统内存有空气，也可能是送气压力达不到要求	(1) 排除空气； (2) 提高送气能力
系统泄漏	(1) 安装质量或配件质量不合格； (2) 送气方法不对、阀门开启太快； (3) 管道热应力没能消除	(1) 选择合格产品、按规定施工； (2) 送气阀门要缓慢开启； (3) 选用合适的补偿器并正确安装

（二）大面积散热器不热的原因及处理

这里所指散热器大面积不热，是指整个小区所有楼或大多数楼的散热器都不热或温度不够，室温达不到要求。造成散热器不热的主要原因及处理方法如表 4-6 所示。

表 4-6 大面积散热器不热常见故障及处理方法

故障	产生原因	处理方法
锅炉出力不够	煤的质量过差，数量不足	使用优质煤
	锅炉司炉人员操作水平低，责任心差	提高锅炉司炉人员的操作水平及责任心
	锅炉运行不正常，如鼓风量不足、风室间串风严重；引风机工作不正常；鼓、引风机不匹配	检修调整锅炉运行状态
	锅炉吨位不够	设计单位重新核算供热热负荷，增加锅炉台数
循环水泵容量不足	水泵流量、扬程偏小	根据供暖现状，重新核算流量及扬程，调整水泵
系统严重泄漏、压力不稳	存在漏点	组织全面检查，找出漏点，进行补漏，使压力恢复正常
换热站的供热范围内所有散热器不够热，水温很低	(1) 换热器换热面积小于换热器，超负荷运行； (2) 换热器低负荷运行	(1) 适当增加换热器的运行台数或片数，以提高供热温度； (2) 适当减少换热器的运行台数

（三）导致部分暖气不热的室外管网原因及处理

1. 室外管网流量分配失衡

室外管网在设计时，流量分配是理论化的计算值，实际运行时还要靠阀门来调节平衡。

设计、调节得不好,都会使流量失衡(即水平失调),造成部分楼不热,而部分楼过热现象。处理办法包括以下三点:

(1)检查供、回水阀门是否打开,有无损坏。

(2)与设计单位一起核算管道的合理性。如果管道直径过细,则要加大。

(3)与设计单位、施工单位一起对热网进行再次调节,如果没有热网平衡阀,则要加装。

2. 管沟积水、管道保温层脱落

管沟积水、管道保温层脱落会造成热媒输送过程中热量损失增大,不能使足够的热量输送到用户,从而造成暖气不热。遇到此种情况,要排除积水,修复管道保温层。

(四)锅炉常见故障及处理

锅炉是供暖系统中的热源,其正常运行是保证供暖系统工作的必备条件。供热企业应在日常的管理与维护中及时处理锅炉出现的故障,保障其正常运行。

锅炉常见故障及处理方法如表 4-7 所示。

表 4-7　锅炉常见故障及处理方法

故　障	产 生 原 因	处 理 方 法
锅炉压力下降	失水比较严重,存在较大漏点	应及时组织人力进行查找,保持系统压力稳定
锅炉温度急剧上升	(1)循环水泵没有启动; (2)锅炉出口阀门没有打开,致使锅炉烧死水	(1)启动水泵; (2)采取措施,保证正常水循环
循环水泵吸入口压力低于正常值	(1)阀门未开; (2)除污器堵塞	(1)打开阀门; (2)疏通除污器

第三节　供暖系统的管理

做好采暖管理工作,不仅可以保证千家万户的供暖,还可以保护环境、节约能源。供热系统运行管理部门的基本任务是安全、经济地向热用户提供符合要求的热量。其基本的工作内容实质就是通过技术管理,使供热系统符合有关规程规定的运行标准。同时物业管理公司通过对采暖设施设备的日常维护和维修,可以在保障安全运行、延长采暖系统的寿命的同时,降低管理成本。

一、锅炉的管理

（一）经济运行管理

锅炉经济运行管理就是以锅炉良好的运行状态和安全可靠性为前提，应用先进的专业技术知识和科学的管理方法，提高锅炉运行效率，节约能源，减少浪费。一般包括燃料管理、燃烧管理和节能管理三个方面。具体强化科学管理的措施包括以下几点。

（1）完善各种规章制度和岗位责任制。制定主司炉、司炉和水处理工岗位责任制，编写严格的锅炉运行规程，编制锅炉工作时间一览表等。

（2）建立气、水压力和流量，风机电流，排烟温度，燃料消耗量和水质等参数的日常监测记录制度。

（3）合理调整锅炉负荷及运行参数，做到科学调度、精心操作，尽可能维持机组连续运行，减少启停次数。

（4）加强对系统设备的维护，保证修理质量，做好保温、防漏工作，聘用汽水管阀监督员。

（5）保证送、引风量。将风门开度调节到最佳位置，实现最佳风煤配比。

（6）提高炉墙、烟道、渣斗水密封性能，努力做到无空气漏入和烟气漏出。

（二）锅炉的技术管理

（1）组织技术人员对供热管系进行完善化改造设计。

选用优质管道柱塞阀，对用气设备实行支母管分别集中在室外控制，有利于保持维修及生产车间的环境卫生。

（2）将管系和用气设备的疏水集中到热水箱回收，不能回收的通过串联安装的截止阀、疏水阀排放，以使疏水排放量尽可能地减少，而热量更多地被利用。

（3）加强对水、汽系统和设备的维护和检修。

发现泄漏，能及时修的马上修好；当时修不好的，待周日修或停炉修。力争小毛病不过天，气水泄漏不过周，严格执行设备巡回检查制度。

（4）严格控制锅炉蒸汽压力。

气压越高，燃料及系统热损失必然越大。现阶段我们用气所需最大气压为 0.25MPa，加上管道阀门损失，锅炉气压维持在 0.5~0.75MPa 即可满足要求。

（5）减少设备散热损失。

散热损失的大小主要取决于设备表面温度，而表面温度则取决于保温效果。锅炉、分汽缸、管阀保温层脱落现象十分普遍，甚至局部炉墙烧红，这些都应该引起足够重视。除可以请专业锅炉队伍筑炉保温外，还可自购矿渣棉等保温材料，对烧红的炉墙或温度高于 50℃的表面进行珍珠岩填充式或捆扎式保温。

(三)集中调节

在热水供暖系统中,为了保证室内温度恒定及系统经济合理运行,可对热源进行集中调节,以最经济的供暖方式达到较为理想的供暖效果。集中调节主要有以下几种方式:

1. 质调节

质调节就是根据室外温度的变化,调节供水温度。如初冬季节室外气温高于当地室外供暖设计温度,可以降低供水温度来满足室内设计温度要求。

2. 量调节

量调节即在供水温度不变的情况下,改变调整系统管网循环流量。在实行量调节时,可把供暖期分为几个阶段。当室外温度接近室外设计温度时,应开启全部水泵;当室外温度偏高时,可适当减少开启循环水泵的数量。

3. 间歇供暖

间歇供暖是指当室外温度较高时,不去改变循环水量和供水温度,而减少每日供暖时间,一般适用于室外温度高于设计温度的供暖初期和末期。

二、供热的阶段管理

(一)供热期的工作重点

1. 准备阶段的工作重点

(1) 配备和培训司炉供热人员。

(2) 检查供热设备"三修"(翻修、大修、维修)的竣工情况。

(3) 新接管工程验收。

(4) 系统上水。

(5) 冬煤储备。

(6) 做好供热经济承包的准备工作。

2. 初寒期的工作重点

(1) 按时点火。

(2) 稳定的供热秩序。

(3) 贯彻各项规章制度和操作规程。

(4) 降低炉灰含碳量。

(5) 确保安全运行。

(6) 完成进入严寒期前的设备检修。

3. 严寒期的工作重点

(1) 加强设备维修、保养,稳步进入严寒。

(2) 提高运行技术和交流管理经验。

(3) 保证元旦、春节期间的供热质量。
(4) 搞好下一年度的供热设备普查和"三修"计划。

4. 末寒期的工作重点
(1) 善始善终做好末寒期的保暖节能工作。
(2) 防止松懈情绪，搞好安全运行。
(3) 认真完成停炉后的现场清扫和整理等收尾工作。

5. 总结阶段的工作重点
(1) 做好供热运行成本分析和能耗分析工作。
(2) 总结全冬工作，表彰先进。
(3) 安排下一年度工作。

(二) 非供热期工作重点

非供热期工作重点包括以下几个方面：
(1) 落实年度供热设备"三修"工程计划的资金、材料和人力的安排。
(2) 实施年度计划。
(3) 做好供热收费工作。
(4) 安排对外代修工程，努力创收。
(5) 办理新接管工程和并网等事宜。

三、供暖系统的组织与制度管理

(一) 组织建设

1. 设置专职或兼职管理人员

负责采暖系统的安全技术工作的管理。管理人员要有一定的管理水平，具备锅炉采暖安全技术知识，熟悉国家安全法规中的有关规定，并且要经过培训，考核合格。

2. 选拔好班组长

班组长是供暖第一线的直接指挥者、组织者和执行者，要有一定的组织能力，要具备良好的政治素质、文化技术素质和组织能力，能起到表率作用。

3. 健全机构

锅炉房根据工作需要，选出不脱产的安全员、统计员、记工员、质量检验员、材料保管员、宣传员等分段管理。在这些管理员、工会和党团小组的配合下，搞好思想、管理、生产、生活等各项工作。

4. 配齐锅炉房各类操作人员

司炉工要持证上岗。必须严格按照《司炉工人安全技术考核管理办法》的规定，选调培训司炉工人，并取得劳动部门颁发的操作证。上岗前要经过考核，考核合格后才能上岗。

水化验员是具有特殊操作技能及化学知识的工种，也必须经过培训和考核方能上岗。另外，必须配备有一定技术水平的维修工，专门负责系统的维修保养。

（二）制度建设

要建立健全以岗位责任制为中心的一系列管理制度，而且要有保证这些制度贯彻执行的切实可行的措施和制度。

1．人员的管理制度

人员管理制度的内容包括：

（1）对管理人员、检验人员、各类操作人员、焊接人员的技术培训及考核制度。

（2）奖惩制度。

（3）各类人员的岗位责任制。

2．设备的管理制度

设备管理制度的内容包括：

（1）定期检验和检修制度。

（2）设备的维护保养（包括停炉保养）制度。

（3）巡回检查制度。

（4）设备安装、改装、移装的竣工验收制度。

（5）事故报告制度。

（6）建立设备技术档案制度。

（7）安全装置和仪表的校验、修理制度。

3．运行操作管理制度

（1）锅炉的安全操作规程。

（2）水质化验工艺的操作规程。

（3）交接班制度。

（4）运行记录制度。

（5）运行中的维护保养制度。

（6）水质检测制度。

（7）安全检查制度。

4．经济方面的管理制度

（1）成本核算制度。

（2）用煤管理制度。

（3）供暖定额管理制度。

（4）煤场管理制度。

（5）用水管理制度。

本 章 小 结

供热是保障我国城市、农村居民正常生活的基本条件。供热系统直接为用户服务，关系到千家万户的切身利益。它的运行是一个复杂的综合工程，包括热力、水力、机械等几个同时变化的过程。因此，为了保证供热、保护环境、节约能源和安全运行，必须做好各有关人员的协调、组织和管理工作，这样才有可能使复杂的系统工程做到井然有序，并逐步实现向科学化管理要效益和降低成本的目标，实现满足人们生活需求、改善大气环境、构建和谐社会的目的。本章重点掌握供热系统的日常管理与维修。

课 堂 实 训

通过本章的学习，分析供热系统散热器不热的原因，并考虑采取哪些具体措施防止散热器不热。

思 考 与 讨 论

1. 供热系统主要由哪几部分组成？
2. 什么是单位面积热指标和体积热指标？
3. 散热器在安装时应注意哪些问题？
4. 暖气大面积不热的原因是什么？应如何进行处理？
5. 供热系统的日常维护管理有哪些要求？
6. 供暖系统的集气罐安装在什么地方？
7. 供暖系统的管材与附件有哪些？

第五章 空调设备的管理与维修

学习目标

本章重点介绍空调系统的原理、组成及分类,空调系统的运行管理及常见故障处理方法,房间空调器的维修、养护,冷水机组的运行管理。

学习要求

1. 掌握空调系统的原理、组成及分类。
2. 了解空调系统的运行管理,掌握空调系统常见故障及处理方法。
3. 掌握冷水机组的组成、工作原理及运行管理。
4. 能够对各种空调器进行养护和维修。

第一节 空调系统的基本内容

空调工程是采用技术手段把某种特定空间内部的空气环境控制在一定状态下,使其满足人体舒适或生产工艺的要求。所控制的内容包括空气的温度、湿度、流速、压力、清洁度、成分、噪声等。对这些参数产生干扰的来源主要有两个:一是室外气温变化、太阳辐射通过建筑围护结构对室温的影响与外部空气带入室内的有害物;二是内部空间的人员、设备与工业过程产生的热、湿与有害物。因此,需要采用人工的方法消除室内的余热、余湿,或补充不足的热量与湿量,清除空气中的有害物,并保证内部空间有足够的新鲜空气。

空调的基本手段是将室内空气送到空气处理设备中进行冷却、加热、除湿、加湿、净化等处理,然后送入室内,以达到消除室内余热、余湿、有害物或为室内加热、加湿的目的;通过向室内送入一定量处理过的室外空气的办法来保证室内空气的新鲜度。

一、空调系统的组成

如图 5-1 所示为一个常用的以空气为介质的集中式空调系统的示意图。它是由处理空气、输送空气、在室内分配空气以及运行调节四个基本部分组成的。图中 12、11、10 和 9

四个设备组成空气处理室。12 为百叶窗,此处为室外新风入口。为了调节新风量,在新风入口处设有可调节百叶窗。有时在入口处还要设置保温门,以备冬季系统不用时阻止冷风的侵入,防止冻坏设备。图中 11 为空气过滤器,可以过滤掉空气中的灰尘。10 为喷水室,它的作用是对空气进行加湿等各种处理,在喷水室前后设挡水板,以防止水滴被空气带入空调系统。图中 9 为空气加热器,它可以把空气加热到所需要的温度。由以上可知,空气经过空气处理室的过滤以及冷却、减湿(夏季)或加热、加湿(冬季)等各种处理,就可以变成具有一定洁净度和温、湿度的空气,并通过风机、风管及送风口分别送入各个空调房,以满足房间对空调的要求。为了满足空调房间对噪声的要求,在送风管及回风管上安装有消声器 7 和 3。有时为了节约能量,提高空调系统的经济性,通常把一部分排风再送回空气处理室,与新风混合使用。

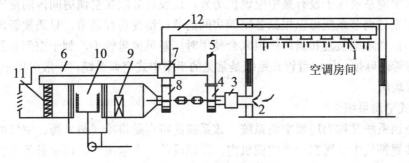

图 5-1　空调系统示意图

1—送风口　2—回风口　3、7—消声器　4—回风机　5—排风口　6—送风管道
8—送风机　9—空气加热器　10—喷水室　11—空气过滤器　12—百叶窗

在室内、外各种干扰因素(室外气象参数和室内的散热量、散湿量等)发生变化时,为保证室内空气参数不超出允许的波动范围,必须相应地调节送风的处理过程或送入室内的空气量。这种运行调节工作根据允许波动范围以及室内热、湿扰量的大小,通过手动或自动方式来实现。由图 5-1 可见,空调系统是由空气处理设备、风道、送风口、回风口以及运行调节等基本部分组成的。它的任务是对空气进行加热、冷却、加湿、干燥和过滤等处理,然后将其送到某个房间,满足生产与生活的需要。由于各类房间对空气环境的要求不同,空调系统的类型也不同。

二、空调系统的分类

在实际工程中,应根据建筑物的用途和性质、热湿负荷特点、温湿度调节与控制的要求、空调机房的面积和位置、初投资和运行费用等许多方面的因素选定适合的空调系统。空调系统可以按照不同方法进行分类。

(一)按空气处理设备的设置情况分类

1. 集中式空调系统

集中式空调系统是将所有空气处理设备（包括冷却器、加热器、过滤器、加湿器和风机等）均设置在一个集中的空调机房内，处理后的空气经风道输送分配到各空调房间。集中式空调系统可以严格地控制室内温湿度、可以进行理想的气流分布，并能对室外空气进行过滤处理，一般应用于大空间的公共建筑。

集中式空调系统处理空气量大，有集中的冷源和热源，运行可靠，便于管理和维修，但机房占地面积较大、空调风道系统复杂、布置困难。

2. 半集中式空调系统

半集中式空调系统除了设有集中空调机房外，还设有分散在空调房间内的空气处理装置。半集中式空气调节系统可以根据各空调房间的负荷情况自行调节，只需要新风机房，机房面积较小；当末端装置和新风机组联合使用时，新风风量较小，利于空间布置，但水系统复杂维修管理麻烦。风机盘管式系统是常见的半集中式空调系统，一般应用于办公楼、旅馆、饭店等场所。

3. 分散式空调系统

分散式空调系统又称为局部空调系统。该系统的特点是将冷（热）源、空气处理设备和空气输送装置都集中设置在一个空调机内，所组成的一个紧凑的、可单独使用的空调系统。可以按照需要，灵活、方便地布置在各个不同的空调房间或邻室内。常用的有单元式空调器系统、窗式空调器系统和分体式空调器系统。

(二)按负担室内负荷所用的介质来分类

全空气系统是指空调房间的室内负荷全部由经过处理的空气来负担的空气调节系统。如图 5-2（a）所示，在室内热负荷为正值的场合，用低于室内空气焓值的空气送入房间，吸收余热余湿后排出房间。由于空气的比热小，用于吸收室内余热的空气量很大，因而这种系统的风管截面大，占用建筑空间较多。

1. 全水系统

全水系统是指空调房间的热湿负荷全由水作为冷热介质来负担的空气调节系统，如图 5-2（b）所示。由于水的比热比空气大得多，在相同条件下只需较少的水量，从而使输送管道占用的建筑空间较小。但这种系统不能解决空调房间的通风换气问题，室内空气质量较差，一般较少采用。

2. 空气-水系统

由空气和水共同负担空调房间的热湿负荷的空调系统称为空气-水系统。如图 5-2（c）所示，这种系统的优点是既有效地解决了全空气系统占用建筑空间大的矛盾，又向空调房间提供通风换气，改善空调房间的卫生条件。

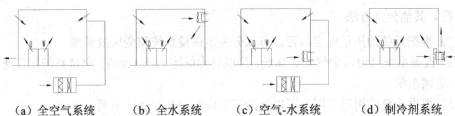

（a）全空气系统　　（b）全水系统　　（c）空气-水系统　　（d）制冷剂系统

图 5-2　按负担室内负荷所用介质的种类对空调系统分类

3．制冷剂系统

这种系统是将制冷系统的蒸发器直接置于空调房间以吸收余热和余湿的空调系统，如图 5-2（d）所示。其优点在于冷热源利用率高，占用建筑空间少，布置灵活，可根据不同的空调要求自由选择制冷和供热。

（三）根据集中式空调系统处理的空气来源分类

1．封闭式系统

它所处理的空气全部来自空调房间，没有室外新风补充，因此房间和空气处理设备之间的这种系统冷、热量消耗最少，但卫生效果差，形成了一个封闭环路（如图 5-3（a）所示）。当室内有人长期停留时，必须考虑换气。封闭式系统用于封闭空间且无法（或不需要）采用室外空气的场合，还可应用于战时的地下庇护所等战备工程以及很少有人进入的仓库。

2．直流式系统

它所处理的空气全部来自室外，室外空气经处理后送入室内，然后全部排至室外（如图 5-3（b）所示）。这种系统适用于不允许采用回风的场合，如放射性实验室以及散发大量有害物的车间等。为了回收排出空气的热量和冷量对室外新风进行预处理，可在系统中设置热回收装置。

3．混合式系统

封闭式系统不能满足卫生要求，直流式系统在经济上不合理，因而两者在使用时均有很大的局限性。对于大多数场合，往往需要综合这两者的利弊，采用混合一部分回风的系统（如图 5-3（c）所示）。这种系统既能满足卫生要求，又经济合理，故应用最广。

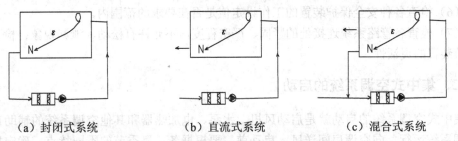

（a）封闭式系统　　（b）直流式系统　　（c）混合式系统

图 5-3　按处理空气来源不同对空调系统分类

（四）其他分类方法

（1）根据系统的风量固定与否，可以分为定风量系统和变风量系统。

（2）根据系统风道内空气流速高低，可以分为低速（8~12m/s）空调系统和高速（20~30m/s）空调系统。

（3）根据系统的用途不同，可以分为工艺性空调和舒适性空调。

（4）根据系统控制精度，可以分为一般空调系统和高精度空调系统。

（5）根据系统的运行时间不同，可以分为全年性空调系统和季节性空调系统。

第二节　空调系统的运行管理

集中式空调系统主要由冷热源、空气处理装置、管道系统、末端装置和控制系统组成，一般用于大面积空调要求的场所，其主要目的是为了满足人对环境的舒适要求。空调系统同时消耗大量的电能，物业服务企业必须在满足要求的条件下，使空调能耗降到最低。因此，运行管理和维修人员必须具备一定的专业知识和专业技能，保证空调系统的合理运行。

一、集中式空调系统启动前的准备工作

集中式空调系统启动前的准备工作主要有以下几点：

（1）检查电机、风机、电加热器、水泵、表冷器或喷水室、供热设备及自动控制系统等，确认其技术状态良好。

（2）检查过滤段安装滤料时是否有破损处，机壳是否干净。

（3）对空调系统中有关运转设备（如风机、喷水泵、回水泵等），应检查其各轴承的供油情况，若发现亏油现象应及时加油。

（4）根据室外空气状态参数和室内空气状态参数的要求，调整好温度、湿度等自动控制空气参数装置的设定值与幅差值。

（5）检查供配电系统，保证其按设备要求正常供电。

（6）检查各种安全保护装置的工作设定值是否在要求的范围内。

（7）检查各管路系统连接处的紧固、严密程度，不允许有松动、泄漏现象；检查各阀门调节装置的灵活性。

二、集中式空调系统的启动

集中式空调系统的启动就是启动风机、水泵、电加热器和其他空调系统的辅助设备，使空调系统运行，向空调房间送风。启动前，要根据冬、夏季节的不同特点，确定相应的

启动方法。具体启动步骤如下:

(1) 打开各调节风阀,水路控制阀门。

(2) 启动风机,直到风机转速达到额定转速。

(3) 启动水泵及喷水系统的其他设备。

(4) 电加热器通电。

(5) 表冷器内通冷冻水,加热器内通热源。

三、集中式空调系统的运行管理

空调系统启动完毕后便可投入运行,在这个过程中,值班人员应忠于职守,认真负责,勤巡视、勤检查、勤调节,并根据外界条件的变化随时调整运行方案。

(一) 空调系统的运行检查

空调系统进入正常运行状态后,值班人员应按时对下列内容进行巡视:

(1) 动力设备的运行情况,包括风机、水泵、电动机的振动、润滑、传动、负荷电流、转速、声响等情况。

(2) 空调系统冷冻水和热源的供应情况是否正常。

(3) 喷水室、加热器、表面冷却器、蒸汽加湿器等运行情况,包括喷嘴是否堵塞、加热器等表面是否清洁、加湿器工作是否正常等。

(4) 空气过滤装置的工作状态。

(5) 制冷系统运行情况,包括制冷机、冷媒水泵、冷却水泵、冷却塔及油泵等运行情况和冷却水温度、冷凝水温度等。

(6) 控制系统中各有关调节器、执行调节机构是否有异常现象。

(7) 空调处理装置内部积水、排水情况,喷水室系统中是否有泄漏、不畅等现象。

(8) 使用电加热器的空调系统,应注意电气保护装置是否安全可靠,动作是否灵活。

(9) 空调处理装置及风路系统是否有泄漏现象,对于吸入式空调系统,尤其应注意处于负压区的空气处理装置是否有漏风现象。

(10) 空调运行中采用的运行调节方案是否合理,系统中各有关调节执行机构是否正常。

(二) 空调系统的运行调节

空调系统运行管理中很重要的一环是运行调节,调节的主要内容包括以下几个方面:

(1) 对于变风量空调系统,在夏、冬季运行方案变换时,应及时对末端装置和控制系统中的夏、冬季转换开关进行运行方式的转换。

(2) 对于采用手动控制的加热器,应根据被加热后空气温度与要求的偏差进行手动调节，使其达到设计参数要求。

（3）合理地设定空调房间内参数。

（4）根据运行工况，结合空调房间室内外空气参数情况应适当地进行运行工况的转换，同时确定出运行中供热、供冷的时间。

（5）对于既采用蒸汽、热水加热又采用电加热器作为补充热源的空调系统，应尽量减少电加热器的使用时间，多使用蒸汽和热水加热装置进行调节。

（6）空调系统在运行中应尽可能地利用天然冷源，降低系统的运行成本。

（7）在允许的情况下，应尽量降低室内的正压值，以减少漏风量，达到降低空调系统能量损失的目的。

四、集中式空调系统的运行和故障处理

空调系统在调试和运行过程中，可能会出现各种问题和故障，应及时分析其产生的原因，提出解决问题的办法。表 5-1 所示为集中式空调系统的常见问题和处理方法，表 5-2 所示为风道系统的常见问题和处理方法。

表 5-1 集中式空调系统的常见问题和处理方法

故　障	产　生　原　因	处　理　方　法
系统实测风量大于设计风量	（1）系统的实际阻力小于设计阻力； （2）设计选用的风机容量偏大	（1）关小风量调节阀； （2）有条件时可改变风机转速
系统实测风量小于设计风量	（1）系统的实际阻力大于设计阻力； （2）系统中有堵塞现象； （3）系统漏风； （4）风机出力不足，达不到设计要求； （5）设计选用的风机容量偏小	（1）修改风管构件，减小系统阻力； （2）检查清理系统中可能存在的堵塞物； （3）堵漏； （4）检查、排除影响风机出力不足的因素； （5）更换风机
系统总送风量与总进风量差值较大	（1）风量测量方法与计算不正确； （2）系统漏风或气流短路	（1）复查测量和计算数据； （2）检查堵漏，消除短路
送风参数与设计值不符	（1）空气处理设备的容量偏大或偏小； （2）空气处理设备的性能达不到额定值； （3）空气处理设备安装不当造成部分空气短路； （4）空调箱或风管的负压段漏风，使未经处理的空气渗入； （5）冷热媒参数和流量与设计值不符	（1）调节冷热媒参数和流量，使空气处理设备达到额定能力； （2）更换或增加设备； （3）检查和消除空气的短路和漏风； （4）改善风管和水管的保温； （5）改善挡水板的挡水效果，减少过水量

续表

故障	产生原因	处理方法
室内温度和相对湿度偏高	(1) 制冷系统产冷量不足； (2) 喷水室喷嘴堵塞； (3) 空气处理设备热湿交换效果不好； (4) 送风量不足（过滤器可能堵塞）； (5) 表冷器结霜，造成堵塞	(1) 检修制冷系统； (2) 清洗喷嘴和喷水系统； (3) 清除热湿处理设备表面的污垢，改善换热效果； (4) 清洗过滤器，使送风量正常； (5) 调节蒸发温度，防止结霜
室内温度合适或偏低，相对湿度偏高	(1) 送风温度偏低（可能是二次加热器未开或加热量不足）； (2) 挡水板过水量大，送风含湿量大； (3) 机器露点温度偏高； (4) 室内产湿量大	(1) 正确使用二次加热； (2) 检修或更换挡水板； (3) 调节三通阀，降低混合水温度； (4) 减少室内湿源
冬季室内温度正常，相对湿度偏低	室外空气含湿量小，未经加湿就送入室内	(1) 检查喷水室系统，应喷循环水加湿空气； (2) 制冷器系统应开启加湿器
机器露点温度正常或偏低,室温下降慢	(1) 送风量小于设计值，换气次数小； (2) 二次回风系统的二次回风量偏大； (3) 系统中的房间多，风量分配与设计值不符	(1) 检查和消除影响风量不足的因素； (2) 调节减小二次回风量； (3) 调整系统的风量分配使各房间送风量符合设计值
室内气流速度超过允许流速	(1) 送风口风速过大； (2) 总送风量过大； (3) 送风口的型式不合适	(1) 增大风口面积或增加风口个数； (2) 减小总送风量； (3) 改变送风口型式，增大紊流系数
室内气流速度分布不均匀,有死角区	(1) 气流组织设计考虑不周； (2) 送风口风量调节不均匀,不符合设计值	(1) 根据实测气流分布，调整送风口位置，或增加送风数量； (2) 调节送风口风量,使其符合设计要求
室内空气清洁度差，空气不新鲜	(1) 新风量不足； (2) 室内人员超过设计人数； (3) 室内有吸烟或燃烧等耗氧因素	(1) 检查新风量不足的原因，采取措施增加新风量； (2) 减少不必要的人员； (3) 禁止在空调房间内吸烟和进行无益的耗氧活动
室内空气洁净度达不到设计要求	(1) 过滤器效率达不到要求； (2) 施工安装未按要求清洁设备和风道中的灰尘； (3) 运行管理未按规定进行清洁卫生； (4) 生产工艺流程与设计不相符； (5) 室内正压不符合要求，有灰尘渗入	(1) 更换不合格的过滤器； (2) 清洁设备和风道中的灰尘； (3) 加强运行管理； (4) 改进工艺流程； (5) 增加换气次数和室内正压值

续表

故 障	产 生 原 因	处 理 方 法
室内噪声大于设计值	(1) 风机噪声高于额定值； (2) 风管、阀门、风口的风速偏大，产生气流噪声； (3) 风管系统的消声装置不完善	(1) 测定风机噪声，检查噪声过高的原因并对症处理； (2) 调节阀门、风口等处的开度，减小风速； (3) 增加消声弯头等消声设置

表 5-2 集中式空调风道系统的常见问题和处理方法

故 障	产 生 原 因	处 理 方 法
漏风	(1) 法兰连接处不严密； (2) 其他连接处不严密	(1) 拧紧螺栓或更换橡胶垫； (2) 用玻璃胶或万能胶封堵
保温层受潮	(1) 被保温风管漏风； (2) 保温层或防潮层破损	(1) 堵严风道漏风处； (2) 更换保湿层或防潮层
风阀转不动或不够灵活	(1) 异物卡住； (2) 传动连杆接头生锈	(1) 除去异物； (2) 用煤油浸泡、松动，再加润滑油
风阀关闭不严	(1) 安装或使用后变形； (2) 制造质量太差	(1) 校正风阀安装角度； (2) 修理或更换风阀
送风口结露甚至滴水	送风温度低于室内空气露点温度	提高送风温度
送风口吹风感太强	(1) 送风速度过大； (2) 送风口活动导叶位置不合适； (3) 送风口型式不合适	(1) 开大风口调节阀或增大风口面积； (2) 将活动导叶调整到合适位置； (3) 选择合适送风口型式
有些风口出风量过小	(1) 去风口的阀门开度不够； (2) 管道阻力过大	(1) 去风口的阀门开大到合适的开度； (2) 加大管道截面或提高风机全压

第三节 房间空调器的维修与养护

在空调系统中，通过使用各种设备及相应的技术手段使空气的温度、湿度等参数发生变化，最终可达到要求的状态。在实际过程中，一般并不是将空气从初始状态直接处理到送风状态，某一特定的空气状态变化过程要靠空调器来实现。

一、房间空调器分类

房间空调器有窗式空调器和分体式空调器两大类。

1. 窗式空调器

窗式空调器的外形如图 5-4 所示。

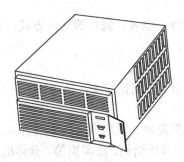

图 5-4　窗式空调器

窗式空调器主要由制冷（热）部件、通风部件和电气部件组成。窗式容量与外形尺寸较小，制冷量一般为 7kW 以下，风量在 1 200m³/h（0.33m³/s）以下，安装在外墙或外窗上。

制冷系统包括全封闭式压缩机、风冷式冷凝器、毛细管、蒸发器等。

制冷压缩机在运转时将制冷剂进行压缩，使之成为高温高压的过热蒸汽，然后排入冷凝器中。由于强制通风散热，制冷剂蒸汽在冷凝器中逐渐冷凝为高压中温的液体。高压液体经过过滤器过滤以后在毛细管中由于受到阻力而降压、节流，低压的制冷剂液体在蒸发器中汽化，因向外界吸热而制冷，从而使蒸发器变为冷却器。蒸发后的制冷剂经低压管返回压缩机中。为避免液击，有的系统带有气液分离器（储液器）。

在制冷循环中，蒸发器不断向外界吸热而使空气温度降低（或同时去湿），冷空气经送风风扇送入室内，同时室内的循环风可从回风格栅处吸回。

在冷热两用的窗式空调器中，有的是热泵型，有的是电热型。热泵型是用一个电磁器通阀进行冷热的切换，使制冷剂的流动方向在夏季制冷循环和冬季制热循环时有所不同。夏季室内的盘管是蒸发器，室外部分是冷凝器。而在冬季，由于四通阀的换向，高温的制冷剂蒸汽进入室内盘管，使蒸发器变为冷凝器，而室外盘管变为蒸发器。由于热泵式空调器冬季是利用室外空气的热量（室外盘管在室外吸热，室内盘管在室内散热）来使室内升温的，所以它的运转有一定的局限性，在室外温度低于 5℃ 时就不能正常启动运转。即使有辅助电加热，也只可以在室外温度 -5℃ 左右的条件下使用，室外温度过低的寒冷地区不宜使用。

2．分体式空调器

分体式空调器又称分离式空调器，它由室内机组和室外机组组成，中间用制冷管道和导线相连接，具有运转噪声小、外形美观等特点。分体式空调器有壁挂式、落地式、柜式、吸顶式、吊顶式等几种不同形式的室内机组，适用于各种不同的场合。

（1）壁挂式空调器

壁挂式空调器可挂在墙上，具有较强的装饰性。室内机组主要由热交换器和送风风扇组成。开关控制盒可以遥控，也可以手动接线控制。壁挂式空调器的风速、风向均可根据需要进行调节,可有强冷、弱冷、强风、弱风等送风方式。水平百叶风口和垂直百叶风口可以有效地将风吹向任何方向。

(2) 落地式空调器

落地式空调器可放置在地面上,根据需要,风向控制可垂直向上,也可水平。

(3) 柜式空调器

柜式空调器的主要部件有蒸发器、送风风扇和电气开关等,具有占地面积小、外形美观等特点。这类机组的室外部分有压缩机、冷凝器等。分体柜式空调器因其制冷量较大(在9 000W 以上)而广泛使用在面积较大的房间。柜式空调器的送风风速、风向均可调节,其送风覆盖面比壁挂式空调器及卧式落地空调器大,其气流射程也比壁挂式空调及卧式落地空调器远。

(4) 吸顶式空调器

吸顶式空调器的外形像一只方盒子,可用钢杆吊在天花板内。其送风方式有二向、三向、四向等多种。风自侧面沿楼板水平吹送,均匀分布,回风由空调器正下方的回风格栅吸回。有的吸顶式空调器可以接上风管,通过支风管给各个房间送风,也可以由室外引入新风(附加新风管设在吊顶内)。

(5) 吊顶式空调器

吊顶式空调器也称天花板形空调器。这种室内机组具有外形美观、运转噪声小且不占用地面空间的特点,在建筑面积比较狭窄的房间很适用。此类空调器因采用小型部件而使其厚度大为减少,属于超薄型产品。送风口在前面,能向前下方送风,效率高且风均匀分布,可把冷风吹至每一角落,使空气的循环良好。循环风可在机组的下部回至回风格栅内。

二、房间空调器的故障与处理方法

(一) 窗式空调器故障分析

窗式空调器的常见故障及处理方法如表 5-3 所示。

表 5-3　窗式空调器的常见故障及处理方法

故　　障	产生原因	处理方法
空调器不运转	(1) 停电或保险丝熔断; (2) 电源电压过低; (3) 开关失灵; (4) 温控器失灵; (5) 启动继电器失灵; (6) 压缩机电动机烧毁; (7) 压缩机卡缸、抱轴	(1) 检查电源是否有电; (2) 应查明原因; (3) 更换同一型号、规格的开关; (4) 更换新的温控器; (5) 更换电压式启动继电器; (6) 更换同一型号、规格的压缩机; (7) 应剖机检查,严重卡缸、抱轴而不能修复时,应更换压缩机

续表

故　障	产　生　原　因	处　理　方　法
空调器频繁开停	（1）电源电压不正常； （2）冷凝器散热不好，通风不良； （3）制冷剂充注过量； （4）制冷系统压力不正常； （5）压缩机没有得到有效冷却	（1）检查原因，改善供电条件； （2）清除冷凝器的积灰，去除排风口前的障碍物，避免气流短路； （3）放出多余的制冷剂； （4）检查制冷系统压力； （5）加设预冷器，冷却压缩机
空调器运转但不制冷（或不制热）	（1）制冷剂不足或有泄漏； （2）制冷系统堵塞； （3）风扇不运转或风量不足； （4）空气过滤器严重堵塞； （5）室外侧盘管通风不良或气流受阻； （6）电磁四通阀故障，动作失灵； （7）电加热丝故障，短路或断路； （8）压缩机本身效率低； （9）制冷剂过量； （10）温控器调整不当	（1）补足制冷剂； （2）清洗； （3）检查风扇电机是否烧毁，更换； （4）清洗空气过滤器； （5）去除室外盘管的障碍物； （6）确认损坏后应更换； （7）更换新的电加热器； （8）更换新的压缩机； （9）放出系统中多余的制冷剂； （10）将温控器温度调低
空调器漏水	（1）冷凝水盘积灰太多，排水孔堵塞； （2）冷凝水管折弯或压扁	（1）清除接水盘，使排水孔通畅； （2）检查排水管，损坏时应更换新的
振动及噪声过大	（1）压缩机安装不良，地脚不稳； （2）压缩机湿冲程，液击； （3）压缩机内部磨损； （4）电磁继电器有杂音； （5）机组放置不平； （6）风机外壳与叶轮相碰撞； （7）空调器制冷管相碰撞； （8）机组支架不稳； （9）机组上放有异物； （10）螺丝松动	（1）检查地脚是否牢固； （2）调整吸气压力，确保过热度； （3）检查压缩机（剖壳），修复或更换； （4）可用细砂纸打磨，或予以更换； （5）加设减震橡胶垫或减震弹簧； （6）调整风扇叶轮或更换风机； （7）用橡胶连接或泡沫塑料垫隔开； （8）加固支架或改装； （9）去除异物； （10）紧固螺钉
压缩机过热，造成保护器动作	（1）制冷剂不足或泄漏，造成吸气温度过高； （2）制冷剂过多，超载； （3）制冷剂配管过长，吸入蒸汽的过热度太大； （4）电磁四通阀内部漏气，构成误动作； （5）毛细管堵塞，吸气温度升高； （6）过滤器堵塞，吸气温度升高； （7）运转电流偏大； （8）压缩机运转不利，抱轴或卡住； （9）压缩机排气阀破损； （10）保护继电器本身故障	（1）检漏、补漏后抽真空并补足制冷剂； （2）放出多余的制冷剂； （3）正确配管； （4）检查四通阀，确认损坏后，进行更换； （5）更换毛细管； （6）更换过滤器； （7）查明电源不正常的原因； （8）检查或更换压缩机； （9）更换排气阀片或压缩机； （10）更换新的保护继电器

(二) 分体式空调器故障分析

分体式空调器是一种新颖的空调器，它具有运转噪声小、外形美观、功能齐全和自动化控制的优点。由于分体式空调器的种类繁多，可适应不同建筑物和生活条件的不同需要，因而又具有灵活、安装方便、占用空间小的优点，所以得到广泛应用。但分体式空调器在使用过程中也会出现一些故障和问题，表5-4所示为分体式空调器的常见故障和处理方法。

表 5-4 分体式空调器的常见故障及处理方法

故 障	产 生 原 因	处 理 方 法
压缩机、风扇不运转	(1) 停电； (2) 熔丝熔断； (3) 压缩机故障； (4) 风扇电动机烧毁； (5) 控制线路故障； (6) 启动电容器故障； (7) 开关损坏； (8) 温控器损坏； (9) 启动继电器故障； (10) 线路绝缘损坏	(1) 查明原因，复电； (2) 查明原因，更换熔丝； (3) 查明原因，更换压缩机； (4) 查明原因，更换风扇电动机； (5) 检查并修复线路； (6) 更换电容器； (7) 查明原因，更换开关； (8) 更换温控器； (9) 检查修复或更换； (10) 更换新线
压缩机运转，但室外机风扇不转	(1) 室外风扇电动机故障； (2) 线路间短路； (3) 室外风扇接触器接触不良； (4) 卡住； (5) 熔丝熔断	(1) 检查绕组后更换电动机； (2) 检查并修复线路； (3) 更换接触器； (4) 修复； (5) 查明原因，更换熔丝
室内风扇不转	(1) 控制线路短路或断开； (2) 风扇电动机烧毁； (3) 风扇卡住	(1) 检查修复电路； (2) 更换风扇电动机； (3) 更换
压缩机刚启动不久就停止运行	(1) 制冷剂充入过多； (2) 压缩机过热，保护器动作； (3) 高压压力过高，压力继电器动作； (4) 低压压力过低，压力继电器动作； (5) 冷凝器通风不良或气流短路； (6) 制冷系统有堵塞； (7) 室外机组环境温度过高； (8) 系统混有不凝缩气体； (9) 压缩机运转电流过大； (10) 电磁四通阀误动作	(1) 放出多余的制冷剂； (2) 须修复或更换压缩机； (3) 分析造成高压的原因，予以排除； (4) 检查是否制冷剂充入过少或有泄漏，或有半堵塞现象； (5) 检查冷凝器出口是否有障碍物堵塞，去除堵塞物； (6) 清洗制冷系统，更换冷冻油； (7) 将室外机组远离热源并避免日晒； (8) 排气； (9) 针对具体情况，应予以排除； (10) 更换电磁四通阀
压缩机不能停机	(1) 室内热负荷过大； (2) 温控器故障	(1) 除去多于热量； (2) 检修或更换温控器

续表

故障	产生原因	处理方法
空调器虽运转但不制冷（或不制热）	(1) 制冷剂不足或泄漏； (2) 制冷系统有堵塞； (3) 室内机空气过滤器堵塞； (4) 室内机风扇不转或转数不够； (5) 室外机冷凝器通风不良； (6) 室外风扇保险丝熔断； (7) 热泵式空调器除霜控制器故障； (8) 电磁四通阀故障； (9) 辅助电加热器故障； (10) 室外风扇叶轮卡住； (11) 开关失效； (12) 制冷剂充入过多； (13) 系统中混有不凝缩气体； (14) 室外冷凝器积灰太厚； (15) 室外冷凝器气流短路； (16) 温度调整不当或温控器损坏	(1) 补足制冷剂； (2) 清洗制冷系统； (3) 检查并清洗空气过滤器； (4) 修复或更换保险丝； (5) 改变出风条件； (6) 检查并更换保险丝； (7) 检查并更换除霜控制器； (8) 检查并更换电磁四通阀； (9) 检查并更换辅助电加热器； (10) 修复； (11) 更换； (12) 放出多余制冷剂； (13) 排气； (14) 清扫室外机组冷凝器； (15) 去除冷凝器前面的障碍物； (16) 重新调整温控器或更换
空调器冷量不足	(1) 制冷剂泄漏； (2) 制冷剂不足； (3) 制冷剂过量； (4) 制冷系统堵塞； (5) 室外机组通风不良； (6) 室内机组风量不足； (7) 压缩机效率降低	(1) 检漏，补充制冷剂； (2) 按规定补充制冷剂； (3) 排除多余制冷剂； (4) 清洗； (5) 清洗翅片或清除障碍物； (6) 清洗空气过滤器； (7) 检查后更换压缩机
室内机漏水	(1) 室内机接水盘排水孔堵塞； (2) 排水管未安装好； (3) 排水管路走向不对； (4) 排水管接头部分不严	(1) 清洗接水盘，使排水孔通畅； (2) 正确安装排水管； (3) 重新设计排水方案； (4) 将接头处紧固，并用胶带绑扎
冷热切换失灵	(1) 电磁四通阀故障； (2) 冷热切换开关损坏； (3) 逆止阀故障	(1) 更换电磁四通阀； (2) 更换开关； (3) 更换逆止阀
机组有异常声音	(1) 安装不稳； (2) 风扇叶轮碰壳； (3) 压缩机内部受损； (4) 风扇内进入异物； (5) 电磁接触器有响声	(1) 重新安装，保证水平； (2) 修复或更换风扇叶轮； (3) 更换压缩机； (4) 取出异物； (5) 修复或更换接触器
空调器漏电	(1) 电源插座、插头接线有误； (2) 导线绝缘破损	(1) 修复； (2) 更换导线

第四节　制冷机组的管理与维修

空调用制冷系统中，制冷机组的目的是提供冷热源，以满足空调系统对空气的处理要求。若没有制冷机组的正常工作，空调系统就不可能正常运行。因此，物业管理部门应在建立健全空调制冷设备管理机制和管理体系之后，根据设备的规模定员定岗，将一般操作人员、技师和工程师作出比例合适的搭配，以保证设备的安全和正常运行。

一、制冷机组的管理

（一）管理的内容和要求

1. 制冷设备管理的内容
 (1) 设备的选型、购置。
 (2) 设备的使用和维护保养。
 (3) 设备的检修。
 (4) 设备的事故处理预案。
 (5) 设备的技术改造、更新和报废处理。
 (6) 设备技术资料的管理。

2. 制冷设备管理的要求
 (1) 编制各类计划和规划。
 (2) 制定科学、系统的管理制度。
 (3) 建立设备卡片和技术档案。
 (4) 制定合理的水、电、油、气等消耗定额。

（二）制冷设备的操作规程

1. 启动前的准备
 (1) 设备场地周围的环境清扫，以及设备本体和有关附属设备的清洁处理。
 (2) 电源电压的检查。
 (3) 制冷设备中各种阀门通、断情况及阀位的检查。
 (4) 能量调节装置应置于最小档位或空位，以便于制冷设备空载启动。
 (5) 制冷设备的"排空"处理。
 (6) 润滑油的补充。
 (7) 设备中制冷剂的补充。
 (8) 向油冷却器等附属设备中提供冷却水。

2. 制冷设备的启动运行

（1）启动冷却水泵、冷却塔风机，使冷凝器的冷却系统投入运行。

（2）启动冷媒水泵，使蒸发器中的冷媒水系统投入运行。

（3）启动制冷压缩机的电动机，待压缩机运行稳定后，进行油压调节。

（4）根据冷负荷的变化情况进行压缩的能量调节。

3. 停机程序和注意事项

制冷设备的操作运行规程中应详细说明停机操作程序。

其程序的基本内容是：先停制冷压缩机电动机。再停蒸发器的冷媒水系统。最后停冷凝器的冷却水系统。

在制冷设备停机过程中应注意以下问题：

（1）停机前应降低压缩机的负荷，使其在低负荷下运行一段时间，以免使低压系统在停机后压力过高，但也不能太低（不能低于大气压），以免空气渗入制冷系统。

（2）在空调系统制冷运行阶段结束，制冷设备停机后，应将冷凝器中的冷却水、蒸发器中的冷媒水、压缩机油冷却器中的冷却水等容器中的积水排干净，以免冬季时冻坏设备。

（3）在停机过程中，为保证设备的安全，应在压缩机停机以后使冷媒水泵和冷却水泵工作一段时间，以使蒸发器中存留的制冷剂全部汽化，冷凝器中的制冷剂全部液化。

4. 故障停机和紧急停机

在制冷设备运行中，遇到因制冷系统发生故障而停机称为故障停机；遇到系统中突然发生冷却水中断或冷媒水中断，突然停电及发生火警而导致停机称为紧急停机。在设备操作运行规程中，应明确规定发生故障停机、紧急停机的程序及停机后的善后工作程序。

（三）运行记录和交接班制度

运行记录的主要内容包括以下三点：

（1）开机时间、停机时间及工作参数。

（2）每班组的水、电、气和制冷剂的消耗情况。

（3）各班组对运行情况的说明和建议以及交接班记录。

交接班工作的主要内容包括以下几个方面：

（1）明确当班生产任务、设备运行情况和用冷部门的要求。

（2）检查有关工具、用品等是否齐全。

（3）检查工作环境和设备是否清洁，周围有无杂物。

（4）检查运行操作记录是否完整，记录是否清楚。

二、蒸汽压缩式制冷设备

1. 压缩机

制冷压缩机的主要作用是从蒸发器中抽吸气态制冷剂，以保证蒸发器中具有一定的蒸发压力和提高气态制冷剂的压力，从而使气态制冷剂在较高的冷凝温度下被冷却剂冷凝液化。

制冷压缩机的类型多样，根据工作原理的不同，可分为容积式制冷压缩机和离心式制冷压缩机两类。

（1）容积式制冷压缩机是靠改变工作腔的容积，周期性地把吸入的气态制冷剂压缩。活塞式压缩机、回转式压缩机、螺杆式压缩机等都属于容积式制冷压缩机。

（2）离心式制冷压缩机是靠离心力的作用，连续地把吸入的气态制冷剂压缩。

2. 节流装置

节流装置的作用有以下两点：

（1）对高温高压液态制冷剂进行节流降温降压，保证冷凝器和蒸发器之间的压力差，以便使蒸发器中的液态制冷剂在所要求的低温低压下吸热汽化，达到制冷的目的。

（2）调整进入蒸发器的液态制冷剂的流量，以适应蒸发器热负荷的变化，使制冷装置更加有效地运行。

常用的节流装置有手动膨胀阀、浮球式膨胀阀、热力式膨胀阀和毛细管等。

3. 冷凝器

冷凝器的作用是把压缩机排出的高温高压气态制冷剂冷却并液化。根据所使用冷却介质的不同，冷凝器可分为水冷冷凝器、风冷冷凝器、蒸发式和淋激式冷凝器等类型。

4. 蒸发器

蒸发器的作用是使其中的液态制冷剂吸收周围介质（水、空气等）的热量并汽化，同时，蒸发器周围的介质因失去热量，温度降低而达到制冷的目的。

5. 机械通风冷却塔

为了节约水资源，重复利用冷却水，通常采用冷却塔把在冷凝器中升温后的冷却水重新冷却，再送入冷凝器中重复使用，这样，只需补充少量的新鲜水即可保证制冷工作的顺利进行。

机械通风冷却塔的工作原理是使水和空气上下对流，让温度较高的冷却水通过与空气的温差传热或蒸发吸热，把冷却水的温度降低。

三、冷水机组的运行管理

冷水机组是把整个制冷系统中的制冷压缩机、冷凝器、蒸发器、节流阀等设备和电气控制设备组装在一起，提供冷冻水的设备。冷水机组作为空调系统的冷源得到了广泛的应用。

（一）冷水机组的安装

1．冷冻机房

冷冻机房通常设在地下室或建筑物的底层。为了便于操作和检修，冷水机组的四周应留有足够大的空间。蒸发器和冷凝器的一端或两端应根据机组的设计要求留出足够拔管长度的空间。主要通道和操作走道的宽度要大于 1.5m，机组的突出部位与配电盘之间的距离应大于 1.5m，机组侧面突出部分之间的距离大于 0.8m。机房的净高为能保证机组和连接管道的安装和吊运，一般应大于或等于 3.2m。冷冻机房内应设送、排风设备，以便及时排除余热，补充新鲜空气。机房内的温度应小于等于 35℃。机房应采取消声措施，以防止机组的运行噪声传到空调房间或室外而影响周围环境。机房内应设人工照明，在控制开关和操作仪表周围要有足够的照明度。

2．冷水机组的基础

冷水机组的运行一般比较平稳，振动较轻。是否需要采用减震基础，应根据产品样本的安装要求和机房周围的环境确定。

基础通常应高出机房地面 150～200mm，以便冷水机组的运行操作。基础周围和基础之上应设排水沟并与机房的积水坑或地漏相通，以便能及时排除可能泄露的水或油。

3．冷水机组的验收

冷水机组到货后，应开箱检查机组的外观是否完好、部件和技术文件是否齐全、机组的性能参数是否与设计和订货合同的要求一致。如发现有问题，应停止验收，及时与厂家联系处理。

4．冷水机组安装的注意事项

（1）严禁以机架作为电焊用接地线或使电焊接地线与机架接触，否则会烧坏机组控制线路的仪表，造成严重的后果。

（2）在潮湿的环境中安装冷水机组时，必须经常检查施工用的照明、动力电缆线，以防止漏电和电缆线与机组接通。

（3）冷冻水管、冷却水管的布置应不妨碍冷水机组的操作和维修。冷冻水管不宜敷设在地面上，以免被人员践踏，损坏保温层。

（4）冷水机组的安装必须在土建工程和基础完工并达到设计强度后进行，严禁在土建工程和其他工程的交叉施工中安装冷水机组。

5．冷却塔的安装

冷却塔的安装应做到平稳牢固。冷却塔出水口以及喷嘴的方向、位置应正确，布水均匀。有转动布水器的冷却塔，转动部分要灵活，喷水出口不能垂直向下，而应和水平方向保持一致。

采用两台以上冷却塔并联安装的冷却水系统,并联冷却塔的水面高度应相同,以免发生水面高的冷却塔要补水,而水面低的冷却塔溢流的现象。在无法将并联的冷却塔安装在同一水面高度时,应将其分为两个系统。

安装封闭式冷却塔时,为了防止进、出风短路,应采取措施把进、出风口分隔开。

(二)冷水机组的运行操作

冷水机组的类型较多,运行操作的程序和方法也各不相同。特别是一些采用微电脑控制的冷水机组,其运行操作的程序和方法与采用常规控制的冷水机组差别较大。因此,管理人员在冷水机组启动运行之前,应当仔细认真地阅读所选用冷水机组的使用说明书,严格按照使用说明书的要求进行运行操作。这里仅就采用常规控制系统的 30HK、HR 系列冷水机组的运行操作作一简要介绍。

1. 冷水机组试车前的准备工作

冷水机组试车前的准备工作包括以下几个方面:

(1)准备好必要的技术资料、测量仪表和工具。

(2)检查所有辅机设备,如冷冻水泵、冷却水泵、空气处理设备等。冷冻水泵启动器的辅助接点必须联到控制电路中。

(3)打开压缩机的吸气和排气阀,使压力达到测试表的数值。

(4)打开液体截止阀(靠近干燥过滤器处)。

(5)整定温度控制器或主温度调节继电器。

(6)检查压缩机的油位是否正常。

(7)检查各电气接头是否已紧固,电源是否与机组铭牌额定值相符。

(8)检查曲轴箱电加热器是否与压缩机曲轴箱锁紧。

(9)曲轴箱电加热器是否已通电 24 小时以上,压缩机曲轴箱是否已升温。

(10)开启冷却水泵、冷冻水泵和冷却塔风机,检查冷却水系统和冷冻水系统的流量、压力是否符合要求,冷却塔布水是否均匀。

2. 冷水机组的正式试车工作

冷水机组的正式试车工作包括以下几个方面:

(1)把机组总开关放在"开启"位置。

(2)使各安全装置的工作状态良好。

(3)整定好空间温度继电器,使之远远低于环境温度,以便观察机组是否循环。

(4)检查各部件功能是否正常。

(5)如冷水机组试车运行正常可以开机,则把空间温度继电器调整到正常的整定值。

(三)冷水机组的常见故障与排除

对冷水机组故障的处理必须严格遵循科学程序办事,切忌在情况不清、故障不明、心中无数时就盲目行动,随意拆卸。故障处理的基本程序如图 5-5 所示。

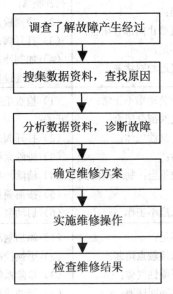

图 5-5 冷水机组常见故障处理的基本程序

1. 活塞式冷水机组

活塞式冷水机组的常见故障和处理方法如表 5-5 所示。

表 5-5 30HK、HR 系列冷水机组的常见故障和处理方法

故　障	产 生 原 因	处 理 方 法
压缩机不运转	(1) 电源开路; (2) 控制电路断流器开路; (3) 电源断路器跳闸; (4) 冷凝器循环水泵不运转; (5) 终端连接松开; (6) 控制器接线不当; (7) 线电压低; (8) 压缩机热敏开关开路; (9) 压缩机电机故障; (10) 压缩机卡住	(1) 断流器复位; (2) 检查控制电路的接地是否短路; (3) 检查控制器,找出跳闸原因,使断流器复位; (4) 若电源断开则重新启动;若泵咬紧则松开泵;若接线错误则重新接线;若泵电机烧坏则予以更换; (5) 检查接头; (6) 检查接线并重新接线; (7) 检查电压,确定压降位置并作纠正; (8) 找出原因,使其复位; (9) 检查电机绕组是否开路或短路,必要时更换压缩机; (10) 更换压缩机

续表

故障	产生原因	处理方法
低压控制开关接通，压缩机关机	(1) 低压控制器动作不正常； (2) 阀位置不当； (3) 压缩机吸气截止阀部分闭合； (4) 制冷剂量不足； (5) 压缩机吸气过滤网堵塞	(1) 升高压差整定值；检查毛细管是否折皱；更换控制器； (2) 换阀板； (3) 打开阀； (4) 加制冷剂； (5) 清洗过滤网
高压控制开关接通，压缩机关机	(1) 高压控制开关动作不正常； (2) 压缩机排气阀部分闭合； (3) 系统中有不凝性气体； (4) 冷凝器结垢； (5) 接收器排放不当；制冷剂回到蒸发冷凝器； (6) 冷凝泵或风扇不工作	(1) 检查毛细管是否折皱，根据需要整定控制开关； (2) 打开阀或更换坏阀； (3) 排除系统中的空气； (4) 清除污垢； (5) 按需要重新排管，提供适当排放措施； (6) 启动泵，修理或更换
机组长时间工作或连续工作	(1) 制冷剂量不足； (2) 控制器夹紧接触点熔断； (3) 系统中有不凝性气体； (4) 膨胀阀或过滤网堵塞； (5) 绝热层失效； (6) 冷却负荷过大； (7) 压缩机效率低	(1) 添加制冷剂； (2) 更换控制器； (3) 排除系统中的空气； (4) 清洗或更换； (5) 更换或修补； (6) 关闭好门窗； (7) 检查各阀，必要时更换
系统有噪声	(1) 膨胀阀有咝咝声； (2) 压缩机有噪声	(1) 加制冷剂，检查液体线路滤网是否堵塞； (2) 检查阀板是否有噪声；换压缩机（轴承已磨损时）；检查压缩机螺栓是否松开
压缩机耗油多	(1) 系统漏油； (2) 压缩机检漏阀堵塞或粘住； (3) 油淤积在管路里； (4) 关机时曲轴箱加热未通电	(1) 补漏； (2) 修补或更换； (3) 检查管路是否有油淤积； (4) 更换加热器，检查接线和辅助接触器
吸气管路结霜或出汗	膨胀阀校正不当	调节膨胀阀
液体管路发热	(1) 由于泄漏而缺少制冷剂； (2) 膨胀阀校正不当	(1) 补漏，添加制冷剂； (2) 调节膨胀阀
液体管路结霜	(1) 接收器截止阀部分闭合或堵塞； (2) 干燥过滤器堵塞	(1) 打开阀，清除堵塞物； (2) 清除堵塞或更换过滤器

续表

故　障	产　生　原　因	处　理　方　法
压缩机不卸载	（1）线圈烧坏； （2）针阀粘住； （3）旁通端（低压侧）堵塞； （4）旁通活塞弹簧疲软	（1）更换线圈； （2）清洗； （3）清洗； （4）更换

2. 螺杆式冷水机组

螺杆式冷水机组的常见故障和处理方法如表 5-6 所示。

表 5-6　螺杆式冷水机组的常见故障和处理方法

故　障	产　生　原　因	处　理　方　法
启动负荷大，不能启动或启动后立即停车	（1）能量调节未置零位； （2）压缩机与电机不同轴度过大； （3）压缩机内充满油或液态制冷剂； （4）电源断电或电压过低； （5）压力控制器或温度控制器调节不当，使触头常开； （6）压差控制器或热继电器断开后未复位； （7）电动机绕组烧毁或短路； （8）温控器调整不当或出故障不能打开电磁阀	（1）减载至零位； （2）重新校正同轴度； （3）盘动压缩机联轴节，将机腔内积液排除； （4）排除电路故障； （5）按要求调整触头； （6）按下复位键； （7）检修； （8）重新调整或更换温控器
压缩机在运转中突然停车	（1）吸气压力低于低压继电器整定值； （2）排气压力过高，使高压继电器动作； （3）温度控制器调得过小或失灵； （4）电动机超载使热继电器动作或保险丝烧毁； （5）油压过低使压差控制器动作； （6）油精滤器压差控制器动作或压差控制器失灵； （7）控制电路故障； （8）仪表箱接线端松动，接触不良； （9）油温过高，油温继电器动作	（1）调低低压继电器设定值； （2）调高高压继电器设定值； （3）调大控制范围，更换温控； （4）排除故障，更换保险丝； （5）补足油量； （6）拆洗精滤器，压差继电器调到规定值，更换压差控制器； （7）检查原因，排除故障； （8）查明后上紧； （9）增加油冷却器冷却水量
机组振动过大	（1）机组振动过大； （2）压缩机与电动机不同轴度过大； （3）机组与管道固有振动频率相近而共振； （4）吸入过量的润滑油或液体制冷剂	（1）塞紧调整垫铁，拧紧地脚螺栓； （2）重新校正同轴度； （3）改变管道支撑点位置； （4）停机，盘动联轴节将液体排出
运行中有异常声音	（1）压缩机内有异物； （2）止推轴承磨损破裂； （3）滑动轴承磨损，转子与机壳摩擦； （4）联轴节的键松动	（1）检修压缩机及吸气过滤器； （2）更换； （3）更换滑动轴承，检修； （4）紧固螺栓或更换键

续表

故　障	产　生　原　因	处　理　方　法
排气温度过高	（1）冷凝器冷却水量不足； （2）冷却水温过高； （3）制冷剂充灌量过多； （4）膨胀阀开启过小； （5）系统中存有空气； （6）冷凝器内传热管上有水垢； （7）冷凝器内传热管上有油膜； （8）机内喷油量不足； （9）蒸发器配用过小； （10）热负荷过大； （11）油温过高； （12）吸气过热度过大	（1）增加冷却水量； （2）开启冷却塔； （3）适量放出制冷剂； （4）适当调节； （5）排放空气； （6）清除水垢； （7）回收冷冻机油； （8）调整喷油量； （9）更换； （10）减小热负荷 （11）增加油冷却器冷却水量； （12）适当开大供液阀，增加供液量
压缩机本体温度过高	（1）温度过高， （2）部件磨损造成摩擦部位发热； （3）压力比过大； （4）油冷却器能力不足； （5）由于杂质等原因造成压缩机烧毁	（1）适当调大节流阀； （2）停车检查 （3）降低排气压力； （4）增加冷却水量，降低油温； （5）停车检查
蒸发温度过低	（1）压力调节阀开启过大； （2）油量不足（未达到规定油位）； （3）油路管道或油过滤器堵塞； （4）油泵故障； （5）油泵转子磨损； （6）油压表损坏，指示错误	（1）适当调节； （2）添加冷冻机油到规定值； （3）清洗； （4）检查、修理； （5）检修、更换； （6）检修、更换
油压过高	（1）油压调节阀开启度太小； （2）油压表损坏，指示错误； （3）油泵排出管堵塞	（1）适当增大开启度； （2）检修、更换； （3）检修
油温过高	油冷却器效果下降	清除油冷却器传热面上的污垢，降低冷却水温或增大水量
冷凝压力过高	（1）冷凝器冷却水量不足； （2）冷凝器传热面结垢； （3）系统中空气含量过多； （4）冷却水温过高	（1）加大冷却水量； （2）清洗； （3）排放空气； （4）开启冷却塔
润滑油消耗量过大	（1）加油过多； （2）喷油； （3）油分离器效果不佳	（1）放油到规定量； （2）查明原因，进行处理； （3）检修
油位上升	制冷剂溶于油内	关小节流阀，提高油温
吸气压力过高	（1）节流阀开启过大或感温包未扎紧； （2）制冷剂充灌过多； （3）系统中有空气	（1）关小节流阀，正确捆扎； （2）放出多余制冷剂； （3）排放空气

续表

故障	产生原因	处理方法
制冷量不足	(1) 吸气过滤器堵塞； (2) 压缩机磨损后间隙过大； (3) 冷却水量不足或水温过高； (4) 蒸发器配用过小； (5) 蒸发器结霜太厚； (6) 膨胀阀开得过大或过小； (7) 干燥过滤器堵塞； (8) 节流阀脏堵或冰堵； (9) 系统内有较多空气； (10) 制冷剂充灌量不足； (11) 蒸发器内有大量润滑油； (12) 电磁阀损坏； (13) 膨胀阀感温包内充灌剂泄漏； (14) 冷凝器或储液器出液阀未开启或开启过小； (15) 制冷剂泄漏过多； (16) 能量调节指示不正确； (17) 喷油量不足	(1) 清洗； (2) 检修、更换； (3) 调整水量，开启冷却塔； (4) 减小热负荷或更换蒸发器； (5) 定期融霜； (6) 按工况要求调整阀门开启度； (7) 清洗； (8) 清洗； (9) 排放空气； (10) 添加至规定值； (11) 放油检查； (12) 修复或更换； (13) 检查补漏； (14) 开启出液阀到适当； (15) 查出漏处，检修后添加制冷剂； (16) 检修； (17) 检修油路、油泵，提高喷油量
压缩机结霜严重或机体温度过低	(1) 热力膨胀阀开启过大； (2) 系统制冷剂充灌量过多； (3) 热负荷过小； (4) 热力膨胀阀感温包未扎紧或捆扎位置不正确； (5) 供油温度过低	(1) 适当关小阀门； (2) 排出多余的制冷剂； (3) 增加热负荷或减小冷量； (4) 按要求重新捆扎； (5) 减小油冷却器冷却水量
压缩机能量调节机构不动作	(1) 四通阀不通； (2) 油管路或接头处堵塞； (3) 油活塞间隙大； (4) 滑阀或油活塞卡住； (5) 指示器故障； (6) 油压过低	(1) 检修或更换； (2) 检修、清洗； (3) 检修或更换； (4) 拆卸检修； (5) 检修； (6) 调节油压调节阀
压缩机轴封漏油	(1) 轴封磨损过量； (2) 动环、静环平面度过大或擦伤； (3) 密封阀、O形环过松、过紧或变形； (4) 弹簧座、推环销钉装配不当； (5) 轴封弹簧弹力不足； (6) 轴封压盖处纸垫破损； (7) 压缩机与电动机不同轴度过大引起较大振动	(1) 更换； (2) 研磨，更换； (3) 更换； (4) 重新装配； (5) 更换； (6) 更换； (7) 重新校正同轴度
压缩机运行中油压表指针振动	(1) 油量不足； (2) 精过滤器堵塞； (3) 油泵故障； (4) 油温过低； (5) 油泵吸入气体； (6) 油压调节阀动作不良	(1) 补充油； (2) 清洗； (3) 检修或更换； (4) 提高油温； (5) 查明原因进行处理； (6) 调整或拆修

续表

故　　障	产 生 原 因	处 理 方 法
蒸发器压力或压缩机吸气压力不等	（1）吸气过滤器堵塞； （2）压力表故障； （3）压力传感元件故障； （4）阀的操作错误； （5）管道堵塞	（1）清洗过滤器； （2）检修； （3）更换； （4）按操作规程进行； （5）检查、清理
机组奔油	（1）在正常情况下发生奔油主要是操作不当引起的； （2）油温过低； （3）供液量过大； （4）增载过快； （5）加油过多； （6）热负荷减小	（1）注意操作； （2）提高油温； （3）关小节流阀； （4）分几次增载； （5）放油到适量； （6）增大热负荷或减小冷量
润滑油进入蒸发器和冷凝器	（1）吸气带液； （2）油温低于20℃； （3）停机时，吸气止回阀卡住	（1）关小冷凝器出液阀； （2）将油温升至30℃以上； （3）检修吸气止回阀
制冷剂大量泄漏	（1）蒸发器传热管冻裂； （2）传热管与管板胀管处未胀紧； （3）机体的铸件由于型砂质量较差或铸造工艺不合理而形成砂眼和裂纹； （4）密封件磨损或破裂，如吸、排气阀阀杆和阀体O形环老化、磨损导致泄漏	（1）更换冻裂的传热管； （2）将蒸发器、冷凝器端盖拆下检查胀管处，有泄漏重新胀紧； （3）修补； （4）更换密封件
石墨环炸裂	（1）由于冷却水系统中混入空气或循环不畅，冷凝器内制冷剂冷凝困难，压缩机排气压力上升，轴端动、静环密封油膜被冲破，出现半干或干摩擦，在摩擦热应力作用下石墨环产生炸裂； （2）压缩机启动时增载过快，高压突然增大使石墨环炸裂； （3）轴封的弹簧及压盖安装不当使石墨环受力不均造成破裂； （4）轴封润滑油的压力和粘度影响密封动压液膜的形成而造成石墨环炸裂	（1）停机更换，排除冷却水系统中的空气，降低排气压力； （2）更换，压缩机启动时应缓慢增载； （3）停机更换，注意更换时使其受力均匀； （4）停机更换，注意油压、粘度过低时应更换符合质量标准的润滑油

3．离心式制冷机组

离心式制冷机组的常见故障及处理方法如表5-7所示。

表 5-7 离心式制冷机组的常见故障及处理方法

故障		产生原因	处理方法
压缩机振动与噪声过大	压缩机振动值超差，甚至转子件破坏	（1）转子动平衡精度未达标或损坏； （2）推力块磨损，转子轴向窜动； （3）压缩机与电动机轴承口不同心； （4）齿轮联轴器齿面污垢、磨损； （5）滑动轴承间隙过大或轴承盖过盈小； （6）密封齿与转子件碰擦； （7）压缩机吸入大量制冷剂液； （8）进出气接管弯曲，造成轴心线歪斜； （9）机组防震措施失效	（1）复合转子动平衡或更换转子件； （2）停机，更换推力轴承； （3）停机，调整同轴度； （4）调整、清洗或更换； （5）更换滑动轴承轴瓦，调整轴承盖过盈； （6）调整或更换密封； （7）抽出制冷剂液，降低液位； （8）调整进出气接管； （9）调整弹簧减震
	喘振、有噪声	（1）冷凝压力过高； （2）蒸发压力过低； （3）导叶开度过小	（1）排出系统空气，清洗铜管污垢； （2）排除故障，调整蒸发压力； （3）增大导叶开度
轴承温度过高	轴承温度逐渐升高，无法稳定	轴承装配间隙或泄油孔过小	调整轴承间隙，加大泄油孔直径
		供油温度过高 （1）油冷却器水量或制冷剂流量少； （2）冷却水温或制冷剂温度过高； （3）油冷却器冷却水管结垢严	（1）增大冷却介质流量； （2）降低冷却介质温度； （3）清洗冷却水管
		供油压力不足，油量小 （1）油泵选型太小； （2）油泵内部堵塞； （3）油过滤器堵塞； （4）油系统油管或接头堵塞	（1）换大型号油泵； （2）清洗； （3）清洗或拆卸滤芯； （4）疏通管路
		油、气分离器中过滤网层数过多	减少过滤网层数
		开机前充灌制冷剂油量不足	不停机充灌油
		供油管路堵塞或突然断油	清洗油路、恢复供油
		油质严重不纯 （1）混入大量颗粒状杂物； （2）溶入大量制冷剂、水分、空气	更换清洁的制冷机油
		轴承巴氏合金磨损或烧熔	拆机更换轴承
压缩机不能启动		（1）主电动机电源故障； （2）进口导叶不能全关； （3）熔断器断线	（1）检查电源，排除故障； （2）检查导叶开闭是否与执行机构同步； （3）检查熔断器，更换断线

本 章 小 结

在工业和民用建筑中,空调的应用非常普遍,空调系统的运行和管理是现代物业设施设备管理的一个重要组成部分。如果运行管理工作做得不好,不仅会造成空调运行效果不理想,而且会出现能耗大、设备故障多等问题。物业企业应根据空调系统的运行管理经验和科学内涵,积极进行科学管理与维护,及时维修系统出现的故障,从而保证空调系统安全、可靠地运行。本章重点是集中式空调系统的运行管理与常见故障处理方法和房间空调器的养护与维修。

课 堂 实 训

通过本章的学习,分析集中式空调系统常见故障形成的原因,并考虑采取的措施。

思 考 与 讨 论

1. 什么是空气调节?
2. 集中式空调系统的特点是什么?主要适用于哪些场合?
3. 集中式空调系统的运行管理需要注意哪些问题?
4. 空调系统送风参数与设计值不符时应如何处理?
5. 冷水机组具有哪些特点?
6. 冷水机组如何运行和管理?
7. 压缩机启动负荷大,不能启动或启动后立即停车时如何处理?
8. 如何对冷水机组进行故障分析?

第六章　室内燃气设施的管理与维护

学习目标

本章重点介绍燃气的组成、分类，城镇燃气的质量要求，室内燃气供应系统及管道的敷设原则并阐述了室内燃气系统常见故障及处理方法。

学习要求

1. 掌握燃气的组成、分类，城镇燃气的质量要求。
2. 了解室内燃气供应系统。
3. 理解燃气供应管道的敷设原则及管材的选用标准。
4. 掌握室内燃气系统常见故障及处理方法。

第一节　燃气的供应

供应城市居民生活、公共建筑和工业生产使用的燃气，按照燃气来源和生产方法的不同，主要分为天然气、人工煤气、油制气、液化石油气等。燃气的用户可分为城市居民用户、公共建筑用户、工业用户等，不同的用户对燃气的质量要求各不相同。燃气由城市的输配管网输送到用户室内的燃气管道，再通过室内的燃气管道与燃气用具相连提供给用户使用。

一、燃气的种类

城镇燃气一般是几种气体组成的混合气体，主要包括天然气、人工煤气、油制气和液化石油气。

（一）天然气

天然气是指从自然界直接收集和开采而得到的，不需加工即可使用的气体燃料。天然气一般可分为气田气、油田伴生气、凝析气田气、煤层气、矿井气五种。

由气井开采的气田气,也称纯天然气,主要成分为甲烷,含量为 80%～90%;油田伴生气是指与石油共生的气体,特征是乙烷和乙烷以上的烃类含量较高;凝析气田气是一种深层的天然气,含有大量的甲烷、戊烷,并含有煤油和汽油成分;煤层气也称煤田气,是成煤过程中所产生并聚集在合适地质构造中的可燃气体,主要成分为甲烷;矿井气也称矿井瓦斯,主要成分为甲烷、氮气、氧气、二氧化碳。

天然气在油气田经集输、脱水、净化和升压后,送往城市门站(门站是天然气进入城市的总站口)。天然气热值高、杂质含量少、清洁卫生,被称为理想的城市优质气体燃料。随着天然气资源的开发和利用,越来越多的城市选择天然气作为城市气源。

(二) 人工煤气

人工煤气是指以煤为主要原料制取的可燃气体,按其生产方式不同可分为干馏煤气、高炉煤气、发生炉煤气、水煤气和高压气化气。

干馏煤气是利用焦炉、伍德炉、立箱炉对煤进行干馏所获得的煤气,主要成分为氢、甲烷、一氧化碳等。干馏煤气的产气率为 300～500m^3/t 煤,是我国城镇燃气的主要气源之一。

高炉煤气是炼铁炉生产过程中的副产品,主要成分是一氧化碳,此外,还含有大量的二氧化碳和氮气,毒性很强,可作城镇燃气。

发生炉煤气是以空气和水蒸气作为气化剂,煤与空气及水蒸气在高温作用下制得的混合煤气,约含氮量一半以上,毒性较大,发热量低,一般掺入高发热量煤气综合配制成城镇燃气。

水煤气是以水蒸气作为气化剂,在高温下与煤或焦炭作用制成的,主要成分是一氧化碳和氢气。在城市供气系统中,一般要采取水煤气增热措施,但成本较高,一般只作为高峰负荷时的补充气源。

高压气化气是以煤作原料,以氧和蒸汽为气化剂,高压下完全气化,主要成分为氢、一氧化碳和甲烷。

(三) 油制气

油制气是以石油为原料,通过加热裂解或部分氧化等制气工艺,在高温及催化剂作用下裂解制取而获得的燃气,主要成分为烷烃等碳氢化合物,以及少量的一氧化碳。油制气既可以作为城镇燃气的基本气源,也可以作为供应高峰的调节气源。

(四) 液化石油气

液化石油气是石油开采、加工过程中的副产品,通常来自炼油厂。液化石油气主要成分为丙烷、丁烷、丙烯、丁烯等。在常温常压下呈气态,它的临界压力为 3.53～4.45MPa,临界温度为 92℃～162℃,作为一种烃类混合物,因具有加压或降温即可变为液态以进行储存和运输、减压即可汽化使用的显著特性而成为一种单独的气源种类。

二、燃气互换性

具有多种气源的城市,当城市燃气供应规模的发展或制气原料改变时,某地区原来使用的燃气就要长期由性质不同的另一种燃气替代;或在高峰负荷时,由于基本气源不足,需要在供气系统中掺混性质与原燃气不同的其他燃气,都会对燃具工作产生影响。任何燃具都是按照一定的燃气成分设计的,当燃气成分发生变化,而导致热值、密度和燃烧特性发生变化时,燃具燃烧器的热负荷、一次空气系数、燃烧稳定性、火焰结构、烟气中的一氧化碳含量等燃烧工况就会随之改变。因此,用一种燃气代替另一种燃气时,必须考虑燃气互换性问题。

不同的燃气是不能在同一燃烧器上互换的。然而,按照适应不同燃气的要求而设计的燃烧器是可以经过调整而适合某一组分燃气的正常燃烧的。这种调整通常是更换燃气喷嘴和火孔盖,即改变燃气和燃气-空气混合物喷孔面积的大小,以达到规定的燃烧状况。民用燃烧器在燃气改变后的调整工作包括以下几个方面:维持额定热负荷、维持稳定燃烧、校核一次空气系数。

三、城镇燃气的质量要求

城镇燃气的质量应符合《城镇燃气设计规范》的要求。

(一)热值高

标准立方米燃气完全燃烧所放出的热量,称为该燃气的热值。燃气最低热值应大于 1.46×10^4 kJ/标 m^3。

(二)杂质少

燃气中有害杂质允许含焦油和灰尘量 ≤ 10 mg/m^3,冬季萘含量 ≤ 50 mg/m^3,夏季萘含量 ≤ 100 mg/m^3,硫化物 ≤ 20 mg/m^3,氨 ≤ 10 mg/m^3。

(三)含水低

含水低可减少人工燃气排除冷凝水工作量;天然气含水量如超过限度,在一定温度、压力条件下,其中的水蒸气与甲烷会形成水化物,造成管道堵塞。

(四)毒性小

燃气中的一氧化碳是无色、无味、有剧毒的气体,一般要求城市燃气中一氧化碳含量应控制在10%以下,以保证安全。

(五)燃气成分稳定

燃气成分稳定是指燃气燃烧性能指标稳定且与用气设备性能要求相适应。

（六）漏气易察觉

燃气应具有可察觉的臭味，无臭的应加臭。这样，有毒燃气在达到允许有害浓度前，应能察觉；无毒燃气在相当于爆炸下限20%的浓度时，也应能察觉。

四、燃气用户类型

城市燃气用户一般包括如下几类：

（一）城市居民用户

城市居民用气集中体现在住宅燃气用气上，主要用于炊事和生活热水。其特点是用气量大，随机性强。

（二）公共建筑用户

公共建筑用户主要是职工食堂、餐饮业、宾馆、旅店、学校、医院、机关等。其特点是经营状况、服务人数决定用气量。

（三）工业用户

有的工业用户将燃气用于生产工艺的热加工。一般用气量不是很大、使用燃气后产品的产量及质量都会有很大提高的工业企业，应考虑由城市管网供应燃气；但用气量很大的工业用户应考虑自行产气。

（四）其他用户

城市供热、燃气汽车及空调、冰箱等生产使用单位。

城市燃气供应以城市居民用户及公共建筑用户为基本用户。

五、城镇燃气输配系统

燃气输配系统是一个综合设施，主要由燃气输配管网、储配站、调压计量站、运行监控、数据采集系统等组成。

（一）燃气输配系统的构成

城市燃气输配系统是一套复杂的系统工程，主要构成如下：

（1）低压、中压、次高压、高压等不同压力等级的燃气管网。

（2）用户减压阀、中低压调压站、高中压调压站。

（3）燃气储备站，包括气柜、压缩机站、计量站、调压间等。

（4）自动化调度监控系统。

（二）管网系统

城市燃气管网是指自气源厂（或天然气门站）至用户引入管前的室外燃气管道系统。根据管网压力级制，分为单级（低压管道）、两级（高、低压或中、低压两级管道）、三级（高、中、低压管道）供气系统和多级供气系统。

1. 燃气管道压力分级

燃气管道的气密性与其他管道相比，有特别严格的要求，漏气可能导致火灾、爆炸、中毒或其他事故。燃气管道中的压力越高，管道接头脱开或管道本身出现裂痕的可能性和危险性也越大。管道内燃气的压力不同，对管道材质、安装质量、检验标准和运行管理要求也不同。

燃气管道按输送压力 P（MPa）一般分为：

（1）低压燃气管道 $P \leqslant 0.005$。

（2）中压 B 燃气管道 $0.005 < P \leqslant 0.2$。

（3）中压 A 燃气管道 $0.2 < P \leqslant 0.4$。

（4）高压 B 燃气管道 $0.4 < P \leqslant 0.8$。

（5）高压 A 燃气管道 $0.8 < P \leqslant 1.6$。

居民用户和小型公共建筑用户一般直接由低压管道供气；中压 B 和中压 A 燃气管道必须通过区域调压站或用户专用调压站才能给城市分配管网中的低压和中压管道供气；高压 B 燃气管道是城市供气的主动脉，构成大城市输配管网系统的外环网；高压 A 燃气管道是贯穿省、地区或连接城市的长输管线，有时也构成大型城市输配管网系统的外环网。

2. 管道与设备

输送燃气的管道要有较高的机械强度、耐腐蚀性、抗震和气密性。管材一般选用钢管、铸铁管、塑料管等。

聚乙烯燃气管（PE 管）具有耐腐蚀、不泄漏、高韧性、优良的挠性、良好的抵抗刮痕能力、良好的快速裂纹传递抵抗能力、寿命长、重量轻等一系列优点，在燃气输送中得到了广泛的应用。

管道附属设备包括以下几种：

（1）阀门。阀门是用于切断管网中气流的启闭件，阀门设置在管道闸井中。

（2）补偿器。补偿器常安装在燃气架空管道两端和阀门出口一侧，是一种钢制波纹状管段，用于调节燃气管道的伸缩量。

（3）凝水器。凝水器用以排除燃气管道内的冷凝水和天然气管道中的轻质油，它安装在管道坡度的最低点，一般每 500m 管道设一个。

（4）放散管。放散管用于排除管道中的空气或燃气。

(5) 排流保护装置。排流保护装置一般在天然气长输管线上使用；在城市燃气钢质管道中仅在与直流电气化铁路或有其他干扰源的地段少量设置，用于管道防腐。

3. 燃气管道的安全防护

地下燃气管道与建筑物、构筑物或相邻管道之间的最小水平和垂直净距应分别满足规范规定的要求。

4. 带气接线工程

新建的燃气管道与运行的燃气管道相连接，需进行带气接线。因为在充满燃气的管道上进行切割、焊接或钻孔，是一种危险行为，所以事先要制定严格的方案，并由专门的技术人员和懂得带气接线技术、熟练掌握操作方法的专业工人进行。带气接线往往要局部降低管网压力，若涉及面很大，需网管部门、调压站、用户三方密切配合，才能完成。目前，也有采用气钻不降压接线的方法，但由于设备比较笨重，仅适于在压力高、大口径管道上使用。

（三）调压站

调压站在城市燃气管网中起调节和稳定管网压力的作用。将次高压调到中压的调压站称次高中压调压站，将中压调到低压的调压站称中低压调压站。室内燃气是从中低压调压站出口经低压管道系统接入的燃气。

调压站内的主要设备有调压器、过滤器、阀门、安全装置、仪表。调压器的作用是将燃气压力降低并稳定在设定范围，保证供气安全可靠。过滤器是清除杂质的装置，防止燃气中含有杂质颗粒，堵塞管道设备，造成设备失灵。安全装置是为了预防系统或用气设备漏气，在用气设备的房间内设置煤气泄漏报警器及自动切断器等安全保护装置。仪表以计量设备——煤气表为主。煤气表由煤气公司负责按要求配置、安装、调试，在日常使用中也应由煤气公司负责管理。

燃气中低压调压站设置在居民区内，调压站额定出口压力。焦炉煤气为 981 ± 196Pa，天然气为<400Pa。

（四）储配站

城市燃气储配站的功能主要是保证各类用户有足够数量和正常压力的燃气，实现供应量和需求量之间的平衡。

（五）门站

天然气远程输送压力很高，进入门站后，先经过降压、稳压、计量，再进入城市燃气管网。有的门站还附设净化和加臭装置。

第二节 建筑内部燃气管道

在民用建筑和公共建筑物中，供应燃气的管道与城市分配管网相连接，可将燃气送到每一个燃气用具。室内燃气管道一般直接引入使用燃气的房间内，用户所使用的燃气用具要与所供应的燃气相适应。燃气管道的布置要求线路最短，压力损失小，节省材料，并且要便于维护管理。

一、建筑燃气供应系统的组成

建筑燃气供应系统的构成，随城市燃气系统的供气方式不同而有所变化，由用户引入管、立管、干管、用户支管、燃气计量表、用具连接管和燃气用具等部分组成。

（一）用户引入管

用户引入管与城市低压分配管道连接，在分支管处设阀门。燃气引入管的埋设深度，根据当地的气候条件而定，寒冷地区一般埋设在冰冻线下。输送湿燃气的引入管一般由地下引入室内，当采取防冻措施时也可由地上引入。在非采暖地区或采用管径不大于 75 mm 的管道输送干燃气时，则可由地上直接引入室内。输送湿燃气的引入管应有不小于 0.005 的坡度，坡向城市燃气分配管道。引入管穿过承重墙、基础或管沟时，均应设在套管内，并应考虑沉降的影响，必要时应采取补偿措施。

引入管上可连接一根燃气立管，也可连若干根立管，连若干根立管时应设置水平干管。水平干管可沿楼梯间或辅助房间敷设，坡向引入管，坡度应不小于 0.002。

（二）立管

燃气立管一般应敷设在厨房或走廊内。当由地下引入室内时，立管在第一层处应设置室内阀门。立管的上下端应装丝堵，以便于清扫。立管的直径一般不小于 25mm。立管通过各层楼板处应设套管。套管高出地面至少 50mm，套管与燃气管道之间的间隙应用沥青和麻油填塞。

（三）干管

当建筑物内需设置若干根立管时，应设置水平干管进行连接。水平干管可沿通风良好的楼梯间、走廊或辅助房间敷设，一般高度不低于 2m，距天花板的距离不得小于 150mm。

（四）用户支管

由立管引出的用户支管，其水平管段在居民住宅厨房内不应低于 1.7m，但从方便施工考虑，距天花板的距离不得小于 150mm。敷设坡度不小于 0.002，并有燃气计量表分别坡向立管和燃具。

（五）用具连接管

用具连接管（下垂管）是指支管连接燃气用具的管段。每个燃具前均应设置阀门，旋塞阀距地面 1.5m，管道与燃具之间可分为硬连接和软连接两种。采用硬连接时，使用钢管管件连接管道与燃具，燃具不能随意移动。采用软连接时，燃具可在一定范围内移动。

二、室内燃气管道敷设原则

建筑物内敷设燃气管道时，应遵循以下原则：

（1）建筑物内部的燃气管道应明设。当建筑和工艺有特殊要求时，可设于管道竖井和建筑物吊顶内，但要便于检修和拆卸，并采取通风、检漏措施。

（2）室内燃气管道严禁穿过卧室，并不得穿过易燃易爆品仓库、配变电室、通风和冷冻机房。室内燃气管道不得不穿过单元居室的过厅和厕所时，不准设置阀门，并且管道附件应采用无缝管。当穿过房间内的顶柜、阁楼（储物用）时，其管段应装设在套管内。

（3）由于燃气含有杂质和水分，冬季易发生冻堵，室内燃气管道不得不布置在楼梯间时，要采取保温防冻措施，如在燃气管道外加石棉灰水泥外壳或保温瓦。

（4）室内燃气管道的水平管段要坡向主立管，保持 0.003 的坡度，下垂管顶端加三通和丝堵，以备泄水和清除管内杂物。

（5）室内燃气管道安装，凡管径大于 50mm 的应采用焊接；小于或等于 50mm 的一律用丝扣连接，连接的密封材料人工燃气管道用铅油麻，天然气管道均用四氟乙烯胶带。燃气管道要用卡子、托勾等固定在墙壁上。

（6）燃气管道的安装位置，要选择在用气房间的通风和干燥处，切忌安装在靠近水池一侧的死角。室内燃气管道的立管与水池的净距不小于 20cm。燃气管道与室内自来水管并行时，要保持 15cm 的净距，以防止夏季自来水管"出汗"对燃气管道的影响。燃气管道与室内下水、暖气管道平行、交叉处均应保持正常检修所需距离。

（7）室内燃气管道应在下列位置设置阀门：燃气表前、用气设备和燃烧器前、点火器和测压点前、放散管前、燃气引入管上。

（8）燃气燃烧设备与燃气管道连接宜采用硬管连接，当燃气燃烧设备与燃气管道为软管连接时，应符合下列要求：家用燃气灶其连接软管的长度不应超过 2m，并不应有接口；工业生产用的需移动的燃气燃烧设备，其连接软管的长度不应超过 30m，接口不应超过两个；燃气用软管应采用耐油橡胶管；软管与燃气管道、接头管、燃烧设备的连接处，应采用压紧螺母或管卡固定；软管不得穿墙、窗和门。

三、民用燃气用具安装

城市燃气中的人工燃气、天然气、液化石油气三者之间燃烧特性差别很大，由第一节可知，不同类的燃气是不能在同一燃具上相互通用的。

（一）民用燃气用具的种类

选择燃气用具时应注意适用的气源种类，供应焦炉煤气的管道应选用焦炉煤气燃具，供应天然气的管道应安装天然气燃具。原建设部（现为住宅和城乡建设部）和轻工部颁布的《家用煤气灶》标准（GJ4-83）规定，"家用燃气灶用汉语拼音字母代号 JZ 表示，燃气种类用汉语拼音字母代号表示：R—人工燃气、T—天然气、Y—液化石油气。"

根据中国居民的生活习惯和生活水平，一般家庭燃具设置多为燃气灶具和快速热水器的组合形式；部分居民用户配有燃气热水炉。具体来说，一般应包括如下几种：

1. 燃气计量表

居民及公共燃气用户均须安装燃气计量表，以确认用户使用燃气量，作为缴费依据。目前，在原有燃气表上添加的一些安全切断装置及收费系统的智能卡式燃气表正在得到广泛应用。

2. 家用燃气灶具

家用燃气灶具包括单眼灶、双眼灶、嵌入式灶、燃气自动饭煲、便携式丁烷气灶等。

家用燃气灶种类多，结构各异，但基本结构大体相同。主要由供气系统（主要组成元件有燃气管道和阀体）、燃烧系统（主要元件是燃烧器）、点火系统（主要元件是自动点火器）、自动控制系统（主要组成元件有熄火保护装置、定时装置、温度检测装置等）和其他组成系统（包括外壳、承液盘、锅支架、灶脚等元件）组成。

3. 公用燃气灶具

公用燃气灶具主要有多眼中餐灶、大锅灶、蒸箱、烤箱、烤炉、西餐灶、炸锅等。

4. 燃气热水器

燃气热水器分为快速热水器和容积式热水器。快速热水器是冷水流过带有翅片的蛇形管热交换器被燃气加热，得到需要的出水温度，这种热水器体积小、热效率高、使用方便，可连续不断地供应温度稳定的热水。容积式热水器可以储存较多的水，间歇地将水加热到所需要的温度。

（二）民用燃具的布置

1. 家用灶具的布置

燃气灶应安装在专用厨房内，不应安装在卧室和封闭的地下室内，厨房应通风良好。安装家用燃气灶的房间高度不应低于2.2m；安装燃气快速热水器的房间高度不应低于2.6m。

放置燃气灶的台面板和相邻墙壁应由耐火材料构成，以满足防火要求。

燃具的灶面高度主要考虑操作方便。一般灶台面高度为 65～70cm。燃气用具设置位置不要靠近有穿堂风的地方，以免吹灭火焰，发生事故。燃具背面离墙净距不小于 10cm，与对面墙之间应有不小于 1m 的通道。侧面与墙净距不小于 25cm，周围不应有易燃、易爆物品。燃气灶与燃气热水器的水平净距应大于 0.3m。燃气热水器应安装在通风良好的厨房或单独的房间中，严禁安装在浴室、卫生间及门厅内。烟道排气式热水器应有专用烟道。

2. 热水器的安装布置

燃气热水器应安装布置在通风条件良好的厨房或单独房间，不宜安装在室外。安装热水器的房间门或墙的下部应预留有效面积不小于 $0.06 m^2$ 的百叶窗，或在门与地面之间留有不小于 30mm 的间隙。

快速热水器应安装在耐火墙壁上，房间墙壁为非耐火材料时，要加垫隔热板，隔热板每边应比热水器外部尺寸大 10cm。热水器应装在不宜被碰撞的地方，其前面的空间宽度应大于 0.8m。

中国目前已不再生产和销售直排式燃气热水器，而代之以烟道式燃气热水器，后者把燃气热水器在燃烧过程中产生的燃烧物通过烟道直接排向室外，大大增强了使用燃气热水器的安全性。

3. 公共建筑燃气用具的布置

公共建筑用气设备根据团体或营业用户要求进行安装，但不应安装在卧室、浴室和易燃易爆品仓库，应安装在通风良好的房间内。室内应装设排烟罩、排风扇或其他机械排风措施，以保证燃具燃烧正常和操作人员的安全。

公共建筑用气设备的排烟设施，应符合下列要求：

（1）不应与使用固体燃料的设备共用烟道。

（2）每台用气设备宜采用单独烟道；当多台设备合用一个总烟道时，应保证排烟时互不影响。

（3）在容易集聚燃气的地方，应设防爆装置。

（4）应有防止倒风的装置。

4. 燃气表的布置

燃气用户应单独设置计量表，其规格和数量要根据用气要求选择。燃气表宜设置在通风良好的非燃结构上，应便于安装、调试、维修、抄表，并满足安全使用的要求。燃气表装在燃气灶的上方，表与灶应错开布置，表与灶的水平净距不得小于 0.3m，表与烟道的水平净距应不小于 1.0m。

第三节 室内燃气供应系统的管理与维护

室内燃气设施安全管理与维护是维系建筑寿命的重要一环。因室内燃气设施漏气而引发的爆炸、着火事故会导致房屋受损，轻则降低房屋使用寿命，重则使建筑物毁损。

一、室内燃气供应系统安全管理的任务

在对室内燃气供应系统进行管理和维护的过程中，燃气供应公司负责的主要对象为燃气供应系统和燃气用户。对燃气供应系统的维护和管理来说，室内燃气设施维护的主要任务如下：

（一）不间断地正常供气

城市燃气正常供应是关系到国计民生的大事，物业管理部门的职责之一就是要使燃气管道畅通无阻，阀门开关灵活，燃气用具燃烧正常，燃气表计量准确等。

（二）保障燃气供应安全

由于燃气是易燃、易爆和有毒的危险气体，因而，保证燃气管道及设备严密、不漏气，对避免发生燃气中毒或爆炸事故是十分重要的。

（三）节约能源

燃气用户应合理用气，提高燃气使用效率，节约燃气。

（四）延长燃气设备的使用寿命

精心维护设备，延长燃气管道设备的使用时间，延缓中修、大修周期，节约费用开支，降低输气成本。

（五）要做好燃气用户的管理

要保证燃气用户能熟练掌握燃气用具的操作方法，熟悉安全操作规程，以避免发生操作事故。

二、室内燃气设施验收和交付使用

（一）验收内容

验收内容主要包括如下方面：

（1）审查施工单位移交的全部技术文件，包括管材、燃具、燃气表出厂合格证书；管道系统的竣工图纸；隐蔽工程验收记录；试压记录。

(2) 进行管道全系统的外观检查，检验施工质量是否符合设计要求。

(3) 室内管道系统的严密性试验。

(二) 充气

用燃气将管道内空气置换，即为管道充气。充气前要做好准备，编制充气作业方案，预备消防器材、防毒面具及其他专用工具，选择放气地点并安装放散管，作业周围禁绝一切火种。

充气步骤如下：

(1) 按照充气方案，首先检查各燃具阀门是否关闭，再将燃气表前阀门打开。

(2) 用 3kPa 压力的压缩空气，进行一次系统检查，无急骤压降。

(3) 将放散管接出室外。可在室内管道最高点或最远端卸下丝堵，装上燃气嘴，用胶管接出室外。

(4) 慢慢开启燃气引入管总进口阀门。打开放散管阀门，进行置换。

(5) 在放散地点听到燃气气流加大的声音和闻到燃气臭味，用球胆取气样，远离作业现场，至点火试验合格止。

(6) 关闭放散管阀门，拆下燃气嘴，上好丝堵。

(7) 逐一开启每个燃具阀门，排除燃具中的剩余空气，进行燃具点火，并调整火焰。

(8) 利用燃气压力，检查全系统有无漏气。

(9) 检查燃气表工作是否正常。

(三) 交付使用

室内燃气设施充气完毕，让用户按照燃具操作程序，点燃灶具，并进行火焰调整。向用户传授燃气用具使用、维护常识，发放宣传品，如燃气用户使用须知等。

三、燃气的安全管理

安全管理是室内燃气设施运行管理的重要环节，要使燃气用户不发生或少发生燃气事故，必须强化安全管理，做到依法管理。

国家原建设部（现为住房和城乡建设部）、劳动和社会保障部、公安部联合颁布的《城市燃气安全管理规定》总则中强调城市燃气的生产、储存、输配、经营和使用，必须贯彻"安全第一，预防为主"的方针，要高度重视燃气安全工作。

(一) 安全用气宣传

燃气的终端用户为千家万户，因此做好燃气安全管理工作，首先应做好安全用气宣传工作。用户宣传可以利用入户巡访、安全检查的时机进行，也可以利用发放宣传材料、召开用户座谈会、开展技术咨询服务等多种形式进行。特别注意利用报纸、广播、电视各种大众传播媒介，广泛宣传燃气管理法规、燃气安全使用知识，报道燃气用户事故和违章处理情况等。

（二）燃气使用的基本规定

关于燃气的使用，主要规定如下：

（1）单位和个人使用城市燃气时，必须向城市燃气经营单位提出申请，经许可后方可使用。

（2）使用燃气的单位和个人需要增加用气设备时，必须经燃气经营单位批准。

（3）城市燃气经营单位必须制定用户安全使用规定，对居民用户进行安全教育，定期对燃气设施进行检修，并提供咨询服务，居民用户应严格遵守安全使用规定。城市燃气的经营单位对单位用户要进行安全检查和监督，并负责其操作和维修人员的技术培训工作。

4. 使用燃气管道设施的单位和个人，不得擅自拆、改、迁装燃气设施和用具，严禁在卧室安装燃气管道设施和使用燃气，并不得擅自抽取或采用其他不正当手段使用燃气。

（三）燃具销售的安全管理

燃具的销售必须遵守如下规定：

（1）民用燃具的销售，必须经销售地城市人民政府城建行政主管部门指定的检测中心进行检测。经检测符合销售地燃气使用要求的，在销售地城市人民政府城建行政主管部门指定燃气经营单位的安全监督下方可销售。

（2）燃气用具产品必须有产品合格证和安全使用说明书，重点部位要有明显的警告标志。

《城市燃气管理规定》还包括若干违章处罚条款，包括责令拆除违章设施、赔偿经济损失、停气直至追究法律责任。

（四）燃气设施维护与维修的安全管理

室内燃气作业的注意事项和安全措施如下：

（1）作业人员应严格遵守各项燃气操作规程，熟悉所维护的燃气系统情况。

（2）室内燃气设施维修，通常不允许带气作业，要关闭引入管总阀门，并把管道中的剩余燃气排到室外。维修作业过程中要加强室内的通风换气。

（3）未经主管部门批准，已供气的室内燃气管道，一律不准采用气焊切割或者电、气焊作业。必须采用时，要事先编制作业方案。

（4）维修结束后，用燃气置换管道中的空气时，作业范围及周围严禁一切火种。置换时的混合气体不准在室内排放，要用胶管接出排到室外，并应注意周围的环境和风向，避免发生人员中毒和其他事故。

（5）室内管道重新供入的燃气在没有放散合格前，不准在燃气灶上点火试验，而应当从管道中取气样,在远离作业现场的地方点火试验。

(6)带有烟道和炉膛的燃气用具,不准在炉膛内排放所置换的混合气体。燃气用具如果一次点火不成功,应当关闭燃气阀门,停留几分钟后再进行第二次点火。

(7)引入管的清通和总入口阀门的检修,是危险的带气作业,要严格按操作规程进行。

(五)燃气使用的安全管理

使用燃气的注意事项如下:

(1)燃气同空气混合,在爆炸极限范围内遇明火即可爆炸。地下室发生燃气爆炸时,能使整幢楼房遭受严重破坏。用户要有具备使用燃气条件的厨房,禁止厨房和居室并用;燃气灶不能同取暖炉火并用;厨房必须通风,一旦燃气泄漏要能及时排出室外。

(2)设备周围不要堆放易燃物品,不要占压燃气引入管阀门的位置。在燃气设施上禁止拴绑绳索、吊挂物品,以免造成燃气的泄漏。

(3)使用时,人不要离开,以免沸汤溢出扑灭火焰或使用小火被风吹灭,造成跑气。做到人走火灭,关好燃气阀门。

(4)装有燃气设施的厨房切忌住人。因为燃气中的一氧化碳和氰化物有毒,一旦燃气发生泄漏,睡在厨房中的人不能及时发现,很容易中毒身亡。

(5)用完燃气后关闭燃气灶具开关。睡觉之前要检查灶具开关是否关好,并将接灶管末端喷嘴关闭,不得疏忽大意。

(6)在使用燃气时,一定要按程序操作。带有自动点火的灶具一次点不着时,应立即关闭灶具开关,不得将开关打开时间过长,以免燃气外漏。点燃灶火后要观察火焰燃烧是否稳定、正常。火焰燃烧不正常时要调节风门。

(7)要经常检查燃气胶管是否老化、破损。温度的影响、重物的挤压等原因,都会使胶管裂缝而使燃气泄漏。如遇到此种情况,应及时更换新管。

(8)燃气泄漏时,闻到燃气味道,应立即打开门窗,切忌点火。对发现的漏点及时处理,处理不了的应立即报告燃气公司或有关部门采取措施。

(9)安装燃气热水器时,要向当地燃气管理部门提出申请,由燃气主管部门根据气源情况,有计划地安排、组织施工。用户不得自行安装热水器。

(10)直排式燃气热水器不能安装在浴室内。若安装在厨房内,使用时也要加强通风。

(11)不要在使用燃气管道的房间内再使用煤炉、液化石油气或其他炉具。

(12)遵守《城市燃气管理规定》,履行保护燃气设施的义务。不得擅自拆、改、迁装燃气设施和用具。

第四节　室内燃气系统的维护及故障处理

燃气运行管理部门的工作人员应向用户宣传正确使用燃气的方法和安全知识，遇到燃气系统故障及突发事故，应能采取有效措施，并及时向有关部门报告。如发现燃气泄露或人员中毒事件，应迅速关断燃气阀门，切断气源；疏散现场人员，将中毒人员救离现场；打开门窗，通风换气；禁绝火种，严禁使用电气设备；能正常使用消防器材，扑灭初起火灾。

一、燃气设施的报修和定期检查

为保障用户安全和室内燃气系统始终处于良好的工作状态，燃气公司应随时了解燃具使用情况和用户意见，有针对性地介绍室内燃气设备养护知识，使用户自觉地保护好室内燃气设施，配合专业管理部门，做好室内燃气设施的维护与管理工作。

（一）用户报修

一般用户报修多为小修理范围，主要项目有以下几个方面：

（1）灶具零件损坏。如燃气双眼灶旋塞、开关旋钮、挡板、锅支架损坏，燃气表前转心门损坏。

（2）漏气。易发生漏气的接头部位，如灶具旋塞、灶前立管活接头、接灶弯头、燃气表接头和表前阀门等软管连接灶具时胶管老化开裂，造成燃气外漏。

（3）灶具燃烧不正常。如发生燃烧器回火、火小、黄焰、火焰跳动。

（4）燃气表故障。

（二）室内燃气设施的维护检查

室内燃气系统一般应每1~2年进行一次维护检查，维护检查的内容包括以下几个方面。

1．室内燃气管道的外观检查

室内燃气管道的外观检查包括以下几个方面：

（1）管道的固定是否牢固，管道有没有锈蚀或机械损伤，管卡、托钩有没有脱落。

（2）管道的坡度、坡向是否正确。

（3）管道锈蚀情况，特别注意靠近水池、接近地面的潮湿管段。

（4）管道上是否有悬挂的重物。

2．阀门维修

阀门维修的内容与要求如下：

（1）闸板阀更换压兰填料，检查法兰接口石棉橡胶垫，如有腐蚀则进行更换。

（2）切断气源，抽出转心门芯子擦洗，并均匀涂抹润滑油。注意涂上薄薄一层即可，否则会造成油堵。带压兰的转心门填料加油或更换密封填料。

（3）修理燃气引入管总阀门为带气作业，至少要两人操作。作业前打开窗户通风，操作房间及周围严禁烟火。抽出转心门芯子时，要迅速用棉丝抹布堵住出气口，防止大量跑气。操作人要戴好防毒面具。

3．燃气双眼灶维修

燃气双眼灶维修的内容与要求如下：

（1）拆下灶具旋塞清洗、加油，然后再装好。
（2）疏通燃烧器火孔、喷嘴。
（3）保持灶具平稳。
（4）检查漏气。
（5）更换磨损的灶具零件，更换老化的软管。
（6）点火并调整火焰。

4．燃气表的校验

燃气表的维修工作有地区校验和定期校验两类。按照计量部门的要求，燃气表的地区校验每年进行一次，使用误差不大于4%。当用户对燃气表的计量有疑问时也要采用地区校验，以检查计量是否有误差。燃气表的地区校验采用特制的标准喷嘴或标准表进行。

（1）标准喷嘴校验

标准喷嘴校验是把燃烧器的头部取下来，将标准喷嘴和燃烧器的喷嘴连接，然后点燃标准喷嘴，记录燃气通过的时间，计算出燃气流量后与燃气表的读数进行比较，两者相差在±4%范围内的为合格。

（2）标准表校验

标准表校验是把标准表接在要检查的燃气表后面，点燃灶具，观测、记录标准表和燃气表的读数，被校验的燃气表与标准表的误差不大于±4%时为合格。有故障的燃气表要及时更换。更换时先关闭燃气表前的阀门，再拆下旧表换上新表。在打开阀门检查燃气表无漏气后，点燃灶具工作一会儿，观测新表是否工作正常。

5．系统试压检查漏气

系统试压检查漏气的内容与要求如下：

（1）室内燃气设施维修工作结束后，此时燃气引入管阀门处于关闭状态，开启燃气表前阀门，关好灶具旋塞阀门。

（2）用压缩空气进行系统试压，人工燃气管道试验压力为2.9kPa，观测10分钟，压力降不大于0.2kPa为合格。天然气管道试验压力为4.9kPa，压力降不大于0.2kPa为合格。

（3）公共建筑燃气用户的试压，应包括每一台燃气设备的最后一道阀门。

（4）管道系统试压合格后，缓缓打开总入口阀门，用燃气置换管道内的空气，并在各灶具上点火检验是否合格。公共建筑团体和营业用户，使用有烟道装置的燃具，置换时，切不可将燃气与空气的混合气排入炉膛内。如一次点火未点燃灶具，再次点火需停数分钟后进行，否则易引发燃气爆炸事故。

（5）在燃气运行压力下，用肥皂水检查总入口管阀门、燃气表前阀门、燃气表接头和灶具旋塞，若未发现漏气，即可交用户使用。

（6）调整火焰。正常火焰应表现为内外焰清晰，燃烧稳定。

（三）冬季燃气管道的防冻保温

城市燃气中含有一定数量的水分，人工燃气中含有萘杂质，冬季容易造成室内燃气管道部分引入管、楼梯间和通道内敷设的燃气管冻堵。因此，入冬前要进行管道防冻检查。如发现引入管保温台倒坍、损坏，与建筑物外墙"离骨"的，要进行修理或重新砌筑。要检查保温台内的保温材料是否失效，受潮失效应进行更换。装设在楼梯间内的燃气管道，其保温层脱落的应进行修补。要做好楼道内的保温工作，单靠燃气管理部门远远不够，还需要房管部门和楼内住户配合，共同维持好楼内温度，如关好单元门和楼梯踏步上窗，有燃气管道的房间要求保持室温在5℃以上。

二、常见的故障及处理

燃气系统在运行管理过程中，可能会出现各种问题和故障，应及时分析其产生的原因，提出解决问题的办法。表6-1所示为燃气系统的常见故障和处理方法。

表6-1 燃气系统的常见故障和处理方法

故　　障	产 生 原 因	处 理 方 法
系统漏气	（1）施工或设备质量问题造成燃气设备连接不严密； （2）阀门及接口松动或老化； （3）胶管老化开裂及使用不当等	（1）打开门窗通风，严禁一切明火，迅速关闭阀门，组织力量及时抢修； （2）一般管道、管件及接口漏气，要拆掉重装或更新新管及管件； （3）胶管老化及开裂，应视其损坏程度切除漏气部分或更换新胶管
管道堵塞	（1）由于燃气中含有水、萘、焦油等杂质附着在管壁及阀门等处，形成堵塞； （2）寒冷地区也有水分凝结成霜或者冰，造成冰堵的现象	（1）阀门堵塞，可拆卸下来，清洗或更换新阀门； （2）立管堵塞，可用带真空装置的燃气管道疏通机或人工方法清堵； （3）引入管的萘或冰堵，可将上部三通丝堵打开，向管道内倒入热水，使萘或冰融化

续表

故　　障	产　生　原　因	处　理　方　法
燃气表不通气	（1）燃气管中的脏物堵塞表的入口； （2）内传动装置发生故障，如牵动臂与膜板开裂；装配不良或折断损坏；翼轴、摇杆、连杆、曲柄轴等处铰链焊口断裂；曲柄组装不良；气门盖上的焊锡开裂，气门盖生锈、冻结；气门杆折断、损坏等	报告燃气公司，不可擅自处理
燃气表走慢	（1）燃气表内部漏气，指针装置发生故障； （2）气门盖与气门座粘着，传动部分阻力增加； （3）牵动臂或活动连杆磨损，使皮膜的膜板冲程增大等	报告燃气公司，不可擅自处理
燃气表走快	（1）皮膜收缩或皮膜硬化，使计量体积减少； （2）燃气表内部传动装置的机械磨损、运动阻力减小	报告燃气公司，不可擅自处理
燃气表指针不动	（1）燃气表内部严重漏气； （2）指针装置发生故障； （3）供给的燃气流量过小等	报告燃气公司，不可擅自处理
燃气表运行有响声	表内机械系统传动发生故障	（1）有时会随着表内机械传动恢复正常而消失； （2）报告燃气公司，不可擅自处理
燃气表的爆表	燃气调压器失灵	报告燃气公司，不可擅自处理
燃气灶具不正常燃烧、点不着火	（1）喷嘴及旋塞阀处有污垢； （2）灶具有漏气点	（1）清除喷嘴及旋塞阀处的污垢； （2）将挡风板进行适当调整； （3）由专业人员进行修理
燃气热水器热水不出、供水不足、燃烧异常	（1）供气压力不稳定、水压不足； （2）点火装置或水控装置故障及燃烧器污垢等	（1）用户应经常检查热水器燃气进口阀和热水器内部有无燃气泄露，水管有无泄露； （2）热水器在使用两年后或发现燃烧状态不好时，应请专业人员清洗热水器，以清除积炭

本 章 小 结

　　燃气是清洁、高效、使用方便的理想气体燃料，它燃烧时温度高，容易点燃，容易调节火力，污染少。随着人们生活水平的不断提高和城市建设的不断发展，中国的城市燃气供应也越来越普及。但是，城市燃气供应系统是复杂的综合性设施，如果安装、使用不当或意外情况发生都会使燃气泄漏，随时可能引发爆炸、火灾和人员伤亡等事故。因此，对燃气供应系统的管理和维护就显得尤其重要，这就要求物业管理公司提高管理水平。一方面，加强燃气的日常维护工作，保证燃气的正常供应；另一方面，通过对管道设备的维护，及时发现和消除事故隐患，确保燃气管道设备处于完好状态，使城市居民能放心使用燃气。本章重点掌握室内燃气供应系统及常见故障处理方法。

课 堂 实 训

通过本章的学习，同学们掌握了室内燃气供应系统及常见故障处理方法，讨论：室内燃气泄漏有哪些原因？应采取哪些处理方法？

思考与讨论

1. 简述城镇燃气气源的种类及特点。
2. 燃气用户分哪几类？各类用户所需的供气压力有何不同？
3. 室内燃气管道铺设时应遵循哪些原则？
4. 民用燃具的布置应遵循哪些原则？
5. 建筑物燃气管理系统由哪几部分组成？
6. 室内燃气供应系统的管理与维护主要包括哪些内容？
7. 室内燃气系统可能发生哪些故障？应如何处理？

第七章 建筑电气设备的管理与维修

学习目标

建筑电气设备的管理与维修有很多内容，本章从物业管理的角度要求掌握供配电设备的管理和维护；照明设备的管理和维护；建筑防雷措施与接地形式和安全用电的管理及触电的急救处理方法等。

学习要求

1. 了解电能输送、供配电系统设备管理内容。
2. 掌握照明设备的管理与维修。
3. 掌握动力设备的维护与维修。
4. 掌握建筑防雷与接地的相关内容。
5. 掌握安全用电管理知识及触电的急救处理方法。

第一节 电气工程设备概述

电气工程设备的安全运行，关系到整幢建筑各部分功能的正常运转和使用人员的安全。在建筑用电中，为了保证安全、可靠、优质和经济合理地供电，了解电气设备的基本组成和电气设备管理的基本内容是十分重要的。

一、电能的输送

电力系统是由各类型发电厂、变电站、电网和用户组成的整体。发电厂是生产电能的工厂，发电厂的发电机组把水的位能、煤的热能、原子的核能等转换成电能。变电站是变换电压和受电与配电的场所，主要由电力变压器、母线、开关及控制保护设备组成。其主要功能是将电压经过变压器升高，送入高压输电线路，待电能送到用电地区后，再把电压降低，供用户负载使用。

二、供配电系统

住宅小区或高层楼宇要保持正常的使用功能,就离不开电能的正常供应。供电设备管理是物业服务企业为保证住宅小区或高层楼宇电能正常供应所采取的一系列管理活动的总称。建筑供配电系统一般由总降压变电所、高压配电线路、分变电所、低压配电系统和用电设备组成。

(一) 建筑的供电方式

一般用电单位都从供电局的供电线路上取得电源。物业服务企业管辖的供配电设备与电能的供应方式有着密切关系。根据需要将电能分配到各个用电点,称为配电。配电的接线原则上应考虑简单、经济、安全、操作方便、调度灵活和有利发展等因素。但由于配电系统直接和用电设备相连,故对接线的可靠性、灵活性和方便性方面有更高的要求。低压配电方式一般分为以下三种:

1. 树干式

树干式配电是指各用电设备共用一条供电线路。其优点是有色金属耗量少、造价低,缺点是干线故障时影响范围大,可靠性较低。一般用于用电设备的布置比较均匀、用量不大、无特殊要求的场合。它是目前照明设备中配电常用的一种方式。

2. 放射式

放射式配电是指各用电设备至电源都有单独的线路。其优点是各个负荷独立受电,故障范围仅限于本回路。发生故障需要检修时,只需切断本回路电源而不影响其他回路,并且回路中电动机的启动引起的电压波动对其他回路的影响也较小。缺点是所需开关和线路较多,建设费用较高。因此,放射式配电多用于比较重要的负荷的建筑中。

3. 混合式

混合式配电是将放射式与树干式相混合的供电方式,兼有以上两者的特点,这种方式多用于多层及高层建筑。

(二) 供电系统的主要设备

供电系统主要包括如下组成部分:

1. 高压配电设备

(1) 高压负荷开关

高压负荷开关是一种专门用于接通和断开负荷电流的高压电气设备。在装有脱扣器时,在过负荷情况下也能自动跳闸。但它仅有简单的灭火装置,所以不能切断短路电流。在多数情况下,负荷开关与高压熔断器串联,借助熔断器切断短路电流。高压负荷开关分为户内和户外式。户内压气式高压负荷开关的外形和隔离开关很相似。

(2) 高压隔离开关

高压隔离开关主要用于用电设备与电源的连通或隔离。其主要结构特点是无灭弧装置，分闸时有明显的断点。因此它仅能在空载下起通断作用，不能带负荷操作，主要作用是在检修时用于隔离电源。

(3) 高压断路器

高压断路器的主要结构特点是有较完善的灭弧装置，分闸时无明显断点。可通、断正常的负荷电流、过负荷电流和一定的短路电流。

(4) 高压熔断器

高压熔断器主要用于电路的短路保护，主要分为 RN 型和 RW 型两类。RN 型的熔断器具有较强的灭弧能力，可在电路短路电流达到最大值之前断开电路。RW 型的熔断器灭弧能力较弱，在电路短路电流达到最大值以前不能断开电路。

(5) 电流、电压互感器

电流、电压互感器都是特殊变压器。其主要作用有两个：一是使高电压高电流的电路和测量仪表、继电保护电器隔离，以保障观察人员的安全；二是扩大仪表的量程。电流、电压互感器使用时应注意两点：一是电流互感器在使用中副边绝对不允许开路，如果开路则将产生不能允许的高压，击穿绝缘且造成事故。二是电压互感器使用中副边不允许短路，如果短路则会被烧毁。

2. 低压配电设备

低压电器通常是指工作在交流电压为 1kV 及以下的电气设备，它对电能的产生、运输、分配与应用起着开关、控制、保护与调节的作用。按照低压电器的用途，它可以分为配电电器和控制电器。常用的低压电器主要有刀开关、熔断器、自动空气开关、漏电保护器等，而低压成套设备常用的有配电箱（盘）。

(1) 刀开关

刀开关是最简单的手动控制电器，可用于非频繁接通和切断容量不大的低压供电线路，并兼作电源隔离开关。刀开关断开的负荷电流不应大于设计容许的断开电流值。一般结构的刀开关通常不允许带负荷操作。有灭弧罩的低压刀开关可通、断负荷电流，没有灭弧罩的低压刀开关只能作隔离电源用。

(2) 自动空气开关

自动空气开关属于一种能自动切断电路故障的控制兼保护电器。在正常情况下，可起控制电路"开"与"合"的作用；在电路出现故障时，能自动切断故障电路从而起到保护作用。主要用于配电线路的电器设备的过载、失压和短路保护。自动空气开关动作后，只要排除故障，一般不需要更换零件，又可以投入使用。自动空气开关的分断能力较强，应用广泛，是低压电路中非常重要的一种保护电器。

（3）熔断器

熔断器是一种保护电器，它主要由熔体和安装熔体用的绝缘器组成。它在低压电网中主要用作短路保护，有时也用于过载保护。熔断器的保护作用是靠熔体来完成的。一定截面的熔体只能承受一定值的电流，当通过的电流超过规定值时，熔体将熔断，从而起到保护作用。熔断器主要可分为 RN 型、RM 型等几类。RN 型熔断器可在短路电流到达最大值以前断开电路，RM 型熔断器则不能。

（4）漏电保护器

漏电保护器又称触电保安器，是一种自动电器，装有检漏元件和联动执行元件，自动分断发生故障的线路。漏电保护器能迅速断开发生人身触电、漏电和单相接地故障的低压线路。漏电保护器按其保护功能及结构特征，可分为漏电继电器和漏电断路器。

漏电继电器由零序电流互感器和继电器组成。它仅具备判断和检测功能，由继电器触头发生信号，控制断路器分闸或控制信号元件发出声、光信号。而漏电断路器具有过载保护和漏电保护功能，它是在断路器上加装漏电保护器而构成的。

漏电保护器在反应触电和漏电保护方面具有高灵敏性和动作快速性，是其他保护电器，如熔断器、自动空气开关等无法比拟的。自动空气开关和熔断器正常时要通过负荷电流，它们的动作保护值要避越正常负荷电流来整定，因此它们的主要作用是用来切断系统的相间短路故障（有的自动空气开关还具有过载保护功能）。而漏电保护器是利用系统的剩余电流反应和动作，正常运行时系统的剩余电流几乎为零，故它的动作整定值可以整定得很小（一般为 mA 级），当系统发生人身触电或设备外壳带电时，出现较大的剩余电流，漏电保护器则通过检测和处理这个剩余电流后可靠地动作，切断电源。

低压配电系统中设漏电保护器是防止人身触电事故的有效措施之一，也是防止因漏电引起电气火灾和电气设备损坏事故的技术措施。但安装漏电保护器后并不等于绝对安全，运行中仍应以预防为主，并应同时采取其他防止触电和电气设备损坏事故的技术措施。

3．配电柜与配电盘

为了集中控制和统一管理供配电系统，常把供配电系统中的开关、计量表、保护设备等集中布置在一起。于是在高压系统中，就形成了各种高压配电柜；在低压系统中，就形成了各种低压配电盘或配电柜。

配电盘是直接向低压用电设备分配电能的控制、计量盘。按用电设备的种类，配电盘分为照明配电盘和照明动力配电盘。配电盘的位置应尽量置于用电负荷中心，以缩短配电线路和减少电压损失。

配电柜是用于成套安装供配电系统中受、配电设备的定型柜，分为高压、低压配电柜两大类，各类规格有统一的外形尺寸。按照供配电过程中不同功能的要求，选用不同标准的接线方案。

4. 电力变压器

电力变压器的功能是对电能的电压进行变换,是交流供电系统中的重要设备。一般将高压配电柜送来的高压电 6kV 或 10kV 转变成 380V 或 220V 低压电的变压器,称为降压变电器。表明变压器容量的单位是"千瓦"(kW)。

变压器有油浸式变压器及环氧树脂干式变压器两种。过去应用较广泛的是油浸式变压器。油浸式变压器依靠变压器油的循环散热来冷却变压器,体积大、噪声大。环氧树脂干式变压器为空气冷却式,绕组由铜铝导线或铜铝箔带绕制后用环氧树脂真空浇注经固化密封成一体,具有良好的电器性能和机械性能,且降低了变压器的噪声。由于后者没有封闭的外壳式冷却油箱,而其具有防爆、防火性能较好的特点,因此经常用于高层建筑以及易燃易爆场所。目前,干式变压器在我国得以广泛应用,中国已成为世界上干式变压器产销量最大的国家。

变压器的频率为 50Hz。变压器适宜环境是要有良好的通风,无严重的振动,无有害气体及灰尘污染。变压器室内不允许有水、煤气等管道穿越,消防灭火应采用气体灭火方式。变压器按额定负荷 20 年的寿命设计,其寿命主要受绝缘材料老化程度的影响。

(三)供电线路的敷设方式

从供电局的供电线路上将电能引进,一直到将它送至各个用电器具,整个电能输送过程都需要通过导线来完成。由于各用电设备的容量、电压以及使用条件和需要均不同,线路的安装敷设方式也各不相同。

1. 室内线路的敷设

室内缆线的敷设可分为明敷设和暗敷设两种。

(1) 室内明敷设

室内电缆通常采用金属托架或金属托盘明敷设。在有腐蚀性介质的房屋内明敷设的电缆宜采用塑料护套电缆。明敷设方式比较简单,费用较低,但易受外界碰撞,不够美观,适用于低标准的房间内。

(2) 室内暗敷设

室内电缆通常采用埋地、穿墙等方式暗敷设。室内电缆埋地、穿墙及穿楼板时,均应穿管或采取其他保护措施,其内径应不小于电缆外径的 1.5 倍。室内导线暗敷设采用金属管或塑料管等敷设在看不到的部位,再在管内穿入绝缘导线。暗敷设不易被人们碰到,线路不易被看见,室内整洁、美观,但安装费用较高,工程量较大。

2. 室外线路的敷设

室外线路的敷设分为明设和暗设两种。

(1) 明设可沿墙用瓷瓶架设,也可用电杆架设导线,俗称架空线。架空线的优点是造价低、取材方便、分支容易、便于维修,缺点是美观性较差。

（2）暗设可使用电缆地下埋设，较小距离时还可以使用金属管地下埋设。电缆埋地敷设施工简单、费用省、电缆散热条件好。电缆沟内应考虑排水的问题。

三、电气设备管理的内容

电气设备的管理是指按照国家法规和物业服务企业的管理规范，对已查收并投入使用的电气设备，运用现代化的管理方式和先进的维修养护技术进行的管理和服务，以保证物业小区或楼宇的供电系统正常、安全运行。

电气设备管理的内容主要有电气设备的承接查验、安全管理、正常运行管理、维修管理、档案管理等。

（一）电气设备承接查验管理

电气设备的承接查验工作是物业服务企业电气设备管理工作的开始。只有认真仔细地对各种电气设备进行检查，各项验收合格后，方能查验。验收工作应由建设单位、施工单位、物业服务企业的主管人员及有关专业技术人员共同参加。同时，物业服务企业承接人员应对全部电气设备的安装情况及技术资料进行审查检验。对查出的问题，应分清责任，确定维修时间，尽量在物业承接使用前解决，否则将会大大增加维护管理的难度。

在做好承接查验工作之后，物业服务企业要建立健全各种规章制度和相应的岗位责任制，并配备相应的专业技术人员和一定数量的专业维修人员。如将此项管理工作外包，应设置专业查验检查人员。

（二）电气设备运行管理

电气设备正常运行管理是电气设备安全可靠运行的保障，主要包括巡视监控管理、异常情况处置管理、变配电室的设备运行管理和档案管理等内容。

（三）电气设备维修管理

供电设备的维修管理是规范供电设施设备的维修保养工作，确保供电设施设备的性能良好地运行的基本工作，其内容包括对设备经常性的养护和对故障的修理等管理活动。通过对供电设备的管理，要使供电系统达到安全、可靠、优质、经济的要求。

（四）电气设备安全管理

电气设备的安全管理在电气设备管理中占有重要的地位。该项管理工作的好坏直接影响着物业小区内的用电设备安全和人员的生命安全。其主要内容包括普及用电安全知识、使用安全用具、提高安全意识以及供电设施工程建设安全管理、供电设备安全操作管理、供电设备过负荷的安全管理等。

（五）电气设备的档案管理

为正确使用和管理电气设备，对电气设备应建立档案管理制度。一般住宅区或高层楼宇以每幢楼为单位建立档案。其内容主要有：电气平面图、设备原理图、接线图等图纸；使用电压、频率、功率、实测电流等有关数据；运行记录、维修记录、巡视记录及大修后的试验报告等各项记录。这些资料由物业管理公司工程部供电设备管理员负责保管。

四、供电质量的主要指标

（一）电压指标

电压指标主要包括电压偏移、电压波动、电压波形等。

电压偏移是指用电设备的实际端电压偏离其额定电压的百分数。用公式表示为：

$$\Delta U_1 = (U_g - U_n) \times 100\%$$

式中：ΔU_1 表示电压偏移；U_g 表示用电设备的实际端电压（V）；U_n 表示用电设备的额定电压（V）。电压偏移过大将会造成设备损坏和效益降低。根据《全国供电规则》规定，一般用电设备的电压偏移最多为±5%。

（二）可靠性指标

可靠性指标是指根据用电负荷的性质和因停电对政治、经济生活造成的损失的大小，对供电系统提出的不中断供电的要求程度。一般根据电力负荷等级（共分三级），采用不同的方式给予保证。

1. 一级负荷

（1）中断供电将造成人身伤亡，如大、中型医院等。

（2）中断供电将在经济、政治上造成重大损失，如重大设备损坏、重要产品报废等。

（3）中断供电将影响有重大政治、经济意义的用电单位的正常工作。

一级负荷采用出自不同变压器的两个独立电源供电。对于仅允许很短时间中断供电的一级负荷，在一路电源发生故障时，另一路电源应能够保证及时供电，常用的为高压双电源；对于一级负荷容量不大，且允许中断供电时间稍长，不会造成重大损失的，常采用柴油发电机作备用电源，即当停电后，柴油发电机自动或手动投入供电。

2. 二级负荷

（1）中断供电将在政治、经济上造成较大损失，如重点大型企业、地市级政府办公大楼、博物馆、图书馆。

（2）中断供电将影响重要用户的正常工作，如大型影剧院、大型商场、体育馆、三星级以上宾馆等。

二级负荷的供电系统，应尽量做到当发生变压器故障或电力系统故障时，不会中断供电或在中断后能迅速恢复。二级负荷宜采用双回路供电，以保证供电的可靠性。若有困难，可采用一条负荷在 6kV 及以上的专用线路供电。

3. 三级负荷

不属于一二级负荷的电力用户均为三级负荷，如普通居民、一般中小企事业单位等。三级负荷无特殊供电要求。

（三）频率指标

频率指标指电流单位时间内完成振动或振荡的次数。中国电网的标准频率为 50Hz，频率变化会对电网的运行质量产生较大影响，因此，对频率的要求比对电压的要求高，一般不允许超过额定频率的 $\pm 0.5\%$。

第二节 照明设备的管理与维修

电气照明是建筑供电系统中不可缺少的组成部分，合理的电气照明是保证安全生产、提高生产效率和保护工作人员视力健康的必要条件。电气照明分为自然照明（天然采光）和人工照明两大类，而电气照明是人工照明中应用范围最广的一种照明方式。人工照明由于灯光稳定、易于调节、经济安全，所以在实际生活中被广泛应用。人工照明是一门综合技术，它既可以为人们创造良好的光照条件，又可以利用光照的方向性和层次性等特点渲染建筑物，创造各种奇特的光环境。人工照明设备是由照明装置和电器两部分组成，照明装置主要是灯具，电器包括照明开关、线路及配电盘等。

一、照明的种类

照明按其用途可分为如下几类：

（一）工作照明

工作照明是指为保证人们工作及生活能正常进行所采用的照明。所有居住房间、工作场所、运输场地、人行道和车道以及室内外场地和小区等，都应设置正常照明。该类照明还包括室外的一般警卫照明、检修时用的移动照明等。工作照明有一般照明、局部照明和混合照明三种。

1. 一般照明

一般照明是指为整个被照场所而设置的照明。一般照明由若干个灯具均匀排列而成，可获得较均匀的水平照度。对于工作位置密度很大而对照射方向无特殊要求或受条件限制不适宜装设局部照明的场所，可只单独装设一般照明，如办公室、教室等。

2. 局部照明

局部照明是指为特定视觉效果、为照亮某个局部而设置的照明,如车床的工作照明等。

3. 混合照明

混合照明是指由一般照明和局部照明组成的照明。用于工作位置需要有较高照度并对照射方向有特殊要求的场合。

对工作位置密度很大而对光照方向无特殊要求的场合,宜采用一般照明;对局部地点需要高照度并对照射方向有要求时,宜采用局部照明;对工作位置需要较高并对照射方向有特殊要求的场所,宜采用混合照明。

(二) 事故照明

事故照明是指正常照明熄灭后供工作人员暂时继续作业和疏散人员使用的照明。事故照明也称应急照明,一般分为以下三种。

1. 疏散照明:在正常照明因故障熄灭后,用于确保疏散通道被有效地辨认和使用的照明。

2. 安全照明:在正常照明发生故障时,为确保处于潜在危险之中的人员安全的照明。

3. 备用照明:在正常照明因故障熄灭后,用于确保某些场所继续工作用的照明。

(三) 值班照明

值班照明是指非生产时间内供值班人员使用的照明。

(四) 警卫照明

警卫照明是指警卫地区周界的照明。

(五) 障碍照明

障碍照明是指在高层建筑上或基建施工、开挖路段时,作为障碍标志用的照明。航空障碍灯是在顶部高出其地面 45m 以上的高层建筑物上必须设置的航标灯,作为航空障碍的标志,每盏航空障碍灯不应小于 100W,航空障碍灯应考虑防水问题并方便维修。

工作照明通常单独使用,也可以和事故照明、值班照明同时使用,但控制线路必须分开。事故照明应装设在可能引起事故的设备、材料周围及主要通道和入口处,并在灯的明显部位涂以红色,且照度不应小于场所所规定的照度的 10%,三班制生产的重要车间及有重要设备的车间和仓库等场所应装设值班照明。障碍照明一般用红色闪光灯。

火灾应急照明包括火灾事故工作照明及火灾事故疏散指示照明。而疏散指示标志包括通道疏散指示灯及出入口标志灯。

(六) 泛光照明

泛光照明是一种使室外的目标或场地比周围环境明亮的照明,是在夜晚投光照射建筑物外部的一种照明方式。泛光照明的目的是多种多样的：其一是为了安全或在夜间仍能继续工作，如汽车停车场、货场等；其二是为了突出雕像、标牌或使建筑物在夜色中更显特征，从不同的角度照射建筑、景观等，可以达到理想的艺术效果。

二、常用的电光源及灯具

将电能转换成光能，从而提供光通量的器具称为电光源。

（一）电光源的分类

按工作原理，电光源可分为热辐射光源和气体放电源两种。

1. 热辐射光源

热辐射光源是利用电流的热效应，将具有耐高温、低挥发性的灯丝加热到白炽程度而产生可见光的电源，如白炽灯、卤钨灯等。

2. 气体放电源

气体放电源是电流通过气体时，能激发气体电离，产生放电而发出可见光的电源，如汞灯、钠灯、氙灯、氖灯、卤化物灯、荧光灯等。

（二）电光源的参数

1. 照度

照度表示物体被照亮的程度。用符号 E 表示，单位为勒克司（lx）。

当光通量 Φ 均匀地照射到某物体表面上（面积为 A）时，该平面上的照度值为：

$$E = \Phi / A$$

即
$$1\text{lx} = 1\text{lm}/\text{m}^2$$

2. 光通量

光源在单位时间内，向周围空间辐射出的使人眼产生光感的能量，称为光通量。用符号 Φ 表示，单位为流明（lm）。

3. 发光效率

灯泡所发出的光通量与消耗的功率之比称为发光效率。电光源消耗 1W 电功率发出的光通量越多，效率越高。

4. 光源显色指数

同一颜色的物体在具有不同光谱的光源照射下，能显现出不同的颜色。光源对被照物体颜色显现的性质，称为光源的显色性。

为表征光源的显色性能，特引入光源的显色指数这一参数。光源的显色指数 $R\alpha$ 是指在待测光源照射下物体的颜色与日光照射下该物体的颜色相符合的程度，而将日光显色指数定为 100。因此物体颜色失真越小，则显色指数越高，也就是光源的显色性能越好。

白炽灯的一般显色指数为97~99，荧光灯的为79~90，显然荧光灯的显色性要差一些。

5．寿命

电光源寿命是指光源从初次通电工作至完全丧失或基本丧失使用价值的全部点燃时间。通常所指的都是平均寿命，即每批抽样试品有效寿命的平均值。

（三）常用灯具

1．白炽灯

白炽灯结构如图7-1所示。其发光原理为灯丝通过电流加热到白炽状态从而引起热辐射发光。

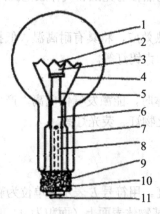

图7-1　白炽灯结构图

1—玻壳　2—灯丝（钨丝）　3—支架（钼线）　4—电极（镍丝）　5—玻璃芯柱
6—杜美丝（铜铁镍合金丝）　7—引入线（铜丝）　8—抽气管
9—灯头　10—封端胶泥　11—锡焊接触端

白炽灯有普通照明灯泡和低压灯泡两种。普通灯泡的额定电压一般为220V，用于一般照明。灯泡功率有10~1 000W不等，灯头有卡口和螺丝灯口，其中100W以上者一般采用瓷质螺丝灯口。低压灯泡额定电压一般为6~36V，功率一般不超过100W，使用标准卡口和螺丝灯口，用于局部照明和携带照明。

这种照明光源结构简单、价格低、显色性好、使用方便，适用于频繁开关。但发光效率低、使用寿命短、耐震性差。

2．卤钨灯

卤钨灯结构如图7-2所示。卤钨灯的工作原理是在灯泡中充入微量的卤化物，如碘、溴等，利用卤钨循环的作用，使灯丝蒸发的一部分钨重新附着在灯丝上，以达到既提高光效又延长寿命的目的。

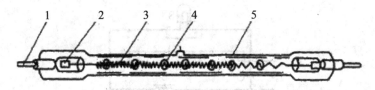

图 7-2　卤钨灯结构图

1—灯脚　2—钼箔　3—灯丝（钨丝）　4—支架　5—石英玻管（内充微量卤素）

为了使灯管温度分布均匀，防止出现低温区，以保持卤钨循环的正常进行，卤钨灯要求水平安装，其偏差不大于 4°。

最常用的卤钨灯为碘钨灯。碘钨灯不允许采用任何人工冷却措施（如电风扇吹、水淋等），工作时其管壁温度很高，因此应与易燃物保持一定的距离。碘钨灯耐震性能差，不能用在振动较大的地方，更不能作为移动光源来使用。它克服了白炽灯灯泡不断变黑从而降低使用寿命的缺点。其发光效率达 22lm/W，且体积小、显色性好，适于摄影、展览厅等处照明。卤钨灯温度可达 600℃，因此，不适宜用在有易燃易爆物的环境及灰尘较多的场所。

3. 荧光灯

荧光灯也称日光灯，属于气体放电光源。其优点是光效高，是相同瓦数白炽灯的 2～5 倍，发光效能为 85lm/W，节约电能、显色性好，使用寿命为 2 000～10 000h；缺点是有频闪效应、附件多、不宜频繁开关。荧光灯由灯管、镇流器和起辉器组成。

荧光灯的结构如图 7-3 所示。它是利用汞蒸气在外加电压作用下产生电弧放电，发出少许可见光和大量紫外线，紫外线又激励管内壁涂覆的荧光粉，使之再发出大量的可见光。两者混合光色接近白色。

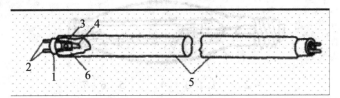

图 7-3　荧光灯结构图

1—灯头　2—灯脚　3—玻璃芯柱　4—灯丝（钨丝，电极）
5—玻管（内壁涂荧光粉，充惰性气体）　6—汞（少量）

荧光灯的工作线路图如图 7-4 所示。由起辉器 S、镇流器 L 和电容器 C 等组成。当荧光灯接上电源后，S 首先产生辉光放电，使 U 形双金属片加热伸开，接通灯丝回路，灯丝加热后发射电子，并使管内的少量汞汽化。此时，S 的辉光放电停止，双金属片冷却收缩，突然断开灯丝加热回路，这就使 L 两端产生很高的电动势，连同电源电压加在灯管两端，使充满汞蒸气的灯管击穿，产生弧光放电，点燃灯管。

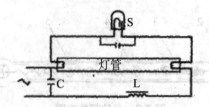

图 7-4　荧光灯工作线路图

S—起辉器　L—镇流器　C—电容器

由于荧光灯是低压气体放电灯，工作在弧光放电区，此时灯管具有负的伏安特性，当外电压变化时工作不稳定。为了保证灯管的稳定性，所以利用镇流器的正伏安特性来平衡灯管的负伏安特性。又由于灯管工作时会有"频闪效应"，所以在有些场合使用荧光灯时，要设法消除频闪效应（如在一个灯具内安装两根或三根灯管，而各根灯管分别接到不同的线路上）。电容器 C 的作用是用来提高功率因数，未接电容器时，荧光灯的功率因数只有 0.5 左右，接上电容器后，功率因数可提高到 0.95。

荧光灯的光效高、寿命长，但需要附件较多，不适宜安装在频繁启动的场合。

4．高压水银灯

高压水银灯也称高压汞灯，其外管上加有发射膜，形成反射性的照明高压汞灯，使光通量集中投射，可作为简便的投光灯使用，经常用于道路、广场等地。其优点是功率大、光效高、省电、耐震、寿命长、发光强；缺点是启动慢、显色性差。

高压汞灯的结构如图 7-5 所示。它是低压荧光灯的改进产品，属于高气压的汞蒸气放电光源。

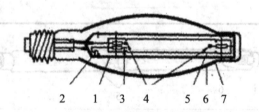

图 7-5　高压汞灯结构图

1—支架及引线　2—启动电阻　3—启动电源　4—工作电源　5—放电管
6—内不应光负涂层　7—外玻壳

高压汞灯的外玻壳内壁涂有荧光粉，它能将汞蒸气放电时辐射的紫外线转变为可见光，以改善光色，提高光效。

如图 7-6 所示为一种需外接镇流器的高压汞灯的工作线路图。另一种是自镇流高压汞灯，它利用钨丝作镇流器，并将钨丝装入高压汞灯的外玻壳内，工作时镇流钨丝一方面限制放电管电流，另一方面也可同时发出可见光。

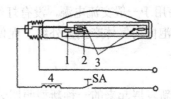

图 7-6 高压汞灯工作线路图
1—主电极 2—辅助电极 3—电极 4—镇流器 SA—开关

高压汞灯的光效比白炽灯高 3 倍左右，寿命也长，启动时不需加热灯丝，但显色性差，启动时间（4~8 分钟）和再次启动时间（5~10 分钟）较长，对电压要求较高，不宜装在电压波动较大的线路上。

5. 新型电光源

随着科学技术的不断发展和社会进步的需要，已有的电光源性能不尽完善，如今世界各国都在积极地开发新材料、新技术，不断地改进各种不同特色的电光源，以进一步降低电能消耗，研制出多种新型电光源。现介绍几种新型的电光源。

（1）新固体放电灯

① 陶瓷灯泡，采用特种陶瓷代替玻璃外壳，具有抗振、耐高温、浸入冷水也不容易破裂等特点，而且采用红外加热技术，功率可达到 500W。

② 塑料灯泡，外壳采用聚碳酸酯塑料，具有双重隔热结构，可以减少热扩散，在高温工作时遇冷而不变形，不爆裂。壳内装有发光管、稳压管和起辉装置，具有耐冲击、重量轻、光线扩散均匀、耗电少、使用寿命长等特点。

③ 回馈节能灯泡，这种灯泡属于新型卤素白炽灯，是利用表面化学蒸气沉积法在玻璃壳上涂覆一层只有 0.1 微米厚的滤光膜，使可见光透出。

④ 冷光灯泡，这种灯泡表面温度仅 40℃，属于冷光源。

⑤ 储能灯泡，具有发光和储能双重作用的电光源。其内部装有一只微型高性能蓄电池，通电时除了发光之外还向微型电池快速充电。在外部断电时，可依靠储能电池延续照明两个小时。因此，它可用作应急照明光源。

（2）新气体放电灯

① 无电极放电灯泡，它具有与普通灯泡相似的玻璃壳，在壳内壁涂有荧光粉并充入汞蒸气；在壳外环绕高频线圈，利用线圈产生的高频电磁场与灯内汞蒸气的放电作用产生紫外线以及激发荧光粉发出可见光，也有将线圈及变频元件装在灯泡内部同样发出可见光。这种灯泡不存在类似荧光灯电极容易损坏的问题，所以，具有使用寿命长、调光容易等优点。

② 氙气灯泡，它具有外层玻璃壳和内层石英灯泡的双层结构，内层灯泡装有灯丝并充入氙气，在灯泡内壁涂覆一层可透过可见光且能反射红外线以加热灯丝的薄膜；氙气的作用是提高灯丝的耐高温能力，既可以延长灯泡的使用寿命，又可以节省电能。

③ 电子灯泡，这种灯泡使用于一般交流电源，没有灯丝也不用电磁线圈，而是利用天线感应无线电波能量来激发灯泡内的气体产生紫外线，促使荧光粉转化为可见光。它具有节电和寿命长的优点。

（3）半导体节能灯

半导体节能灯是国内外最新发展起来的一种新型照明装置，其基本原理是根据半导体的光敏特性研制而成。利用半导体通电后发光，采用低电压供电，具有电压低、电流小、发光效率比较高等优点，和其他灯具相比，具有节电明显的效果，故称为节能型半导体灯具。另外，这种灯具的灯泡损坏后污染小，因此也有人称其为环保照明灯。

三、照明供电方式的选择

我国照明供电一般采用 380/220V 三相四线制中性点直接接地的交流网络供电。常用的照明供电系统如图 7-7 所示。

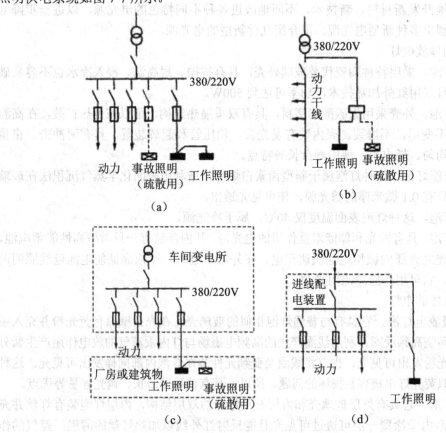

图 7-7 常用照明供电系统图

(1) 正常照明

正常照明一般由动力与照明共用的变压器供电,动力与照明共用电力变压器供电的照明供电系统,其二次侧电压为 380/220V。若动力负荷会引起对照明不容许的电压偏移或波动,如图 7-7(a)所示,在照明负荷较大的情况下,照明也可采用单独的变压器供电。

图 7-7(b)所示为"变压器-干线"式供电。当生产厂房的动力采用"变压器-干线"供电,对外有低压联络线时,照明电源接于变压器低压侧总开关之后;对外无低压联络线时,照明电源接于变压器低压侧总开关之前。

当车间变压器低压侧采用放射式配电系统时,照明电源接于低压配电屏的照明专用线上,如图 7-7(c)所示。若变电所低压屏的出线回路数有限,则可采用低压屏引出少量回路,再利用动力配电箱作照明供电。

对电力负荷稳定的厂房,动力与照明可合用供电线路,但应在电源进户处将动力与照明线路分开,如图 7-7(d)所示。

(2) 事故照明

供继续工作使用的事故照明(备用照明)应接于与正常照明不同的电源,当正常照明因故停电时,备用照明电源应自动投入使用。有时为了节约照明线路,也从整个照明中分出一部分作为备用照明,但其配电线路及控制开关应分开装设,如图 7-7(a)所示。

对供疏散用的应急照明,当只有一台变压器时,应与正常照明的供电线路自变电所低压配电屏上或母线上分开;当装设两台及两台以上变压器时,应与正常照明的干线分别接自不同的变压器;当室内未设变压器时,应与正常照明在进户线进户后分开,且不得与正常照明共用一个总开关;当只需装少量事故照明灯时,可采用带有直流逆变器的应急照明灯。

(3) 局部照明

机床和固定工作台的局部照明可接自动力线路,移动式局部照明应接至正常照明线路。

(4) 室外照明

室外照明应与室内照明线路分开供电,道路照明、警卫照明的电源宜接至有人值班的变电所低压配电屏的专用回路上。当室外照明的供电距离较远时,可采用由不同地区的变电所分区供电。

四、照明线路和灯具的检修

(一) 照明线路的验收

1. 照明线路的检查

照明线路安装完毕,应经过检查后才可接上电源。首先要检查电路的绝缘性能,一般用 500V 兆欧表来检查。一般情况下,各回路的绝缘电阻应不低于 0.5 兆欧。其次检查电路的安装情况:电线在连接处绝缘带包扎有无漏包;在多线平行的干线上分解支路时是否接错；应套管保护的地方有无漏套；电线的线头和电气装置的接线桩是否接好；电气装置的盖子是否盖上；电度表的接线是否接好。

2．照明线路的接电

照明线路接电分两种情况：一种是新装照明电路，用户进户线和供电线路的接通，由供电部门派人承接；另一种是用户内部扩大电路，也就是把新装的支路连接到原有的电路上，由用户自行接电。

3．照明线路的校验

照明线路接电完毕后，要经过校验正常后才能推上总开关使用。在校验电路前，应将各级熔断器的熔丝按设计要求安装好。校验电路的方法很多，一般采用校灯法，用100W的校火灯，对各分路熔断器两端桩头逐个进行跨接试验。灯泡不亮、很暗或稍暗的，说明此分路正常；灯泡达到100W的正常亮度，说明此分路内有短路情况；灯泡超过100W的亮度，说明此分路的两根相线短路了，是两根相线错接在一起或穿管线路损伤所致。如果出现后两种情况，应在排除故障后继续校验，校验电路均正常后，方可通电运行。

（二）照明线路的故障及检修

照明装置不正常运行极易被发现，如开灯不亮、电灯突然熄灭等。从电源配电箱，经过熔断器、开关线路，直到每个灯都需要进行检查维修。照明装置故障大体可分为以下几种：短路、断路、漏电、线路燃烧、灯头和开关故障。

1．短路

（1）照明短路的形成原因

照明线路发生短路时，电流很大，若熔丝不及时熔断，可能烧毁电线或电气设备，甚至引起火灾。造成短路的原因包括：用电器的接线没有接好；由接线错误而引起相线（火）与本线（地）直接相连；因接触不良而导致接头之间直接短接；因接线柱松动而引起连线；在该用插头处直接将线头插入插孔，造成混线短路；电器内部绝缘损坏，致使导线碰触金属外壳引起短路；房屋失修漏水或室外灯具日久失修、橡皮垫失效漏水，造成灯头或开关受潮，绝缘不良，相通短路；导线受外力损伤，在破损处相连线、同时接地等。

（2）照明短路的检修

短路是电路常见的故障之一。电路发生短路时，电流不通过用电器而直接从一根导线通过另一根导线。在一般情况下，可根据短路发生的不同原因，查出整个电路哪些用电器或哪段导线发生短路，也可用校灯法检查，加以修理后，才可恢复供电。

2．漏电

（1）漏电原因

漏电主要是由于电线或电气设备的绝缘因外力损伤或长期使用而发生老化；或受到潮气侵袭、被污染导致绝缘不良而引起的，此外，线头包扎安装得不妥当、触及建筑物也会引起类似的漏电现象。火线和地线之间漏电，可能是双根胶合电线的绝缘不好或电线和电气装置进水受潮；电气装置两个接线桩头之间的胶木烧坏也可导致漏电。照明线路发生漏电时，不但浪费电力，而且可能漏电起火、引起电击事故，更重要的可能会危及人身安全。漏电与短路仅是程度上的差别，严重的漏电即会造成短路。

（2）漏电的检修

线路漏电不仅浪费电力，也容易引起触电事故，同时也是短路故障的先兆。现在的建筑单元一般都装有漏电保护开关，当发生漏电出现跳闸时，一定要找出漏电部位和漏电原因，并立即进行检修。

电路漏电的检查，应先从灯头、管线盒、开关、插座等处着手。如果这几处都不漏电，再检查电线，并着重检查以下几处：电线连接处；电线穿墙处；电线转弯处；电线脱落处；双根电线胶合处；电线穿管损伤处等。

其检查方法为：

① 分析是否确系漏电。可用摇表测其绝缘电阻或在总刀闸上接电流表检查。

② 如确是漏电，可继续用电流表判断是相线与零线间的漏电，还是相线与大地间的漏电，或者两者都有。当切断零线，电流表同样偏转时，则是相地之间漏电；如此时电流表指示为零，则是相零之间漏电；如电流表指示变小，则说明相地与相零均有漏电。

③ 确定漏电范围。拉下各支路刀闸，如电流表指示不变，则表明是总线漏电；如电流表为零，则是分线漏电；如电流表指示变小，则是总线与分线均有漏电。

④ 确定是某段线路漏电后，依次拉断该线路上用电设备的开关，仍以电流表指示变化来判断是哪一支线漏电。若所有支线拉开仍表示有漏电，则是该段干线漏电。

⑤ 在建筑单元内可直接用漏电开关是否跳闸来检查是哪一支线或哪一用电器漏电。

总的来说，当找到漏电点后一定要及时妥善处理。若检查结果只发现一两处漏电，则只要把漏电的电线、电气装置修好或换上新的就可以了；若发现多处漏电，并且电线的绝缘层全部变硬发脆，就要全部换新。

3. 断路

（1）照明电路断路的形成原因

引起照明电路断路的原因，主要是导线断落、线头松脱、开关损坏、熔丝熔断以及导线受损伤而折断、铝导线连接头因化学腐蚀造成断路、接线端子受振动松脱等。

（2）照明电路断路的检修

照明电路发生断路后应先找出故障原因。如果户内的电灯都不亮，而左右邻居家仍有电，应按下列步骤检查：

① 检查用户熔断器中的熔丝是否烧断，如果烧断，可能是电路负载太大，也可能是电路发生断路事故，应作进一步检查。

② 如果熔丝未断，则要用测电笔测试一下熔断器的上接线桩头是否有电。如果没有，应检查总开关里的熔丝是否烧断。

③ 如果总开关里的熔丝也未断，则要用测电笔测试一下总开关的上接线桩头是否有电。

④ 如果总开关的上接线桩头也没有电，则可能是进户线脱落，也可能是供电侧的总熔断器的熔丝烧断或自动开关跳闸，应通知供电部门检修。

如果情况是个别电灯不亮，则按下列顺序检查：

① 检查灯泡里的灯丝是否烧断。

② 如果灯丝未断，应检查分路熔断器里的熔丝是否烧断。

③ 如熔丝未断，则要用测电笔测试一下开关的接线桩头有没有电。

④ 如开关的接线桩头有电，应检查灯头里的接线是否良好。如接线良好，则说明电路中某处的电线断了。一般而言，相线断路，断线点之后的导线均无电；中性线断路，表现是断线后的导线均呈带电状态。处理方法是检查第一个不亮的灯位，定能查出原因。

4．灯头和开关常见故障和检修

（1）白炽灯的常见故障与检修方法

白炽灯可能发生灯泡不亮、灯泡或明或暗、灯泡发出强烈白光之后马上烧坏、灯光一直暗淡等不正常现象。应分别查明原因：是灯丝熔断还是线路断路，是熔丝断裂还是电网电压不正常。

白炽灯的检修，应根据故障的可能原因，采取相对应的检修方法：更换灯泡；调换新线；调换熔丝；旋紧、加固。

（2）日光灯的常见故障与检修方法

日光灯的故障现象有：不能发光或发光困难；灯光抖动，灯管两头发光；灯光闪烁或灯光滚动；灯管两头发黑或生黑斑。

发生以上不正常现象的原因有：电源电压低，线路压降大；起辉器损坏、松动；镇流器配用不当或已损坏；灯管老化。

针对日光灯的故障表现，采取相对应的检修方法：升高电压，加粗导线；更换启辉器或电容；调换镇流器；调换新管。

（3）开关的常见故障及检修

扳动式开关里有弹性的铜片，作为静触点，这两块铜片往往因使用太久而各弯向外侧。发现这种现象时，可先拉下总开关，切断电源，再用小旋凿把铜片弯向内侧。

5．照明线路燃烧

（1）线路燃烧的原因

线路燃烧是比较严重的用电事故，必须严加防范。引起线路燃烧的原因主要有：① 电线和电气装置因受潮而绝缘不好，引起严重的漏电事故。② 电线和电气装置发生短路，而熔丝太粗，或盲目用铜丝、铁丝、铝丝代替，起不到保护作用。③一条电路里用电量太大，而熔丝又失去了保护作用。

（2）照明线路燃烧的检修方法

电路燃烧前会发出塑料、橡胶或胶木的焦臭味，这时就应停电检修，不可继续使用。一旦电路发生燃烧，应采取断电措施，绝不可盲目用水或用灭火器灭火。断电的方法可根据电路燃烧的情况而定：若是个别用电器发生燃烧，可先关开关，或拔去插头，停止使用该用电器，然后进行检查；操作时须用干燥的木板或凳子垫在脚下，使人体与大地绝缘。当电源切断后，火势仍不熄灭，才可用水或灭火器灭火，但其他未切断电源的电路仍应避免受潮。

五、照明配电箱（盘）的故障与检修

照明配电箱（盘）的常见故障、缺陷及其原因有如下几种。

（一）三相照明用电的进户总开关发生弧光短路现象

这种现象主要是由于开关底板污垢或潮湿严重而引起。有些闸刀开关因保险丝多次熔断而未及时将导电媒介物清除干净，每当照明设备产生短路、电流过大造成保险丝突然熔断时就容易在闸刀开关上产生弧光短路。此外，选用的开关容量较小或选用的是胶盖闸刀开关而又未将胶盖扣好，也是引起三相闸刀开关产生弧光短路的原因之一。

（二）闸刀开关出现过热现象

这种现象的主要原因有以下几个方面。

（1）缺少常规的检修，致使开关的导电体污垢严重，接触部分过于松弛，闸刀两头的导线压接不紧，保险丝压合不当或闸刀开关的零配件不全。

（2）闸刀开关的容量不够。由于质量因素，有些开关承受不了其额定容量的负载，每当该回路的负荷较大时，开关就产生过热现象。

（3）该回路的负载超过原设计容量。超负荷的原因有三种：一是该回路绝缘不良；二是保险丝过大或以铜、铁、铝丝代替保险丝，当线间短路或漏电时，保险丝不能及时熔断；三是该回路的设备容量增加。

上述几种原因都能造成闸刀开关过热，从而产生接触不良、操作不灵、导体变质等现象。如闸脚过热容易将闸板背面紧固螺钉的封闭绝缘胶溶化。频繁地推拉开关，会使紧固螺钉松动，脱扣后，一旦搭在包铁皮的盘面上或盘柜的金属板架上时，即造成短路。

（三）木质配电箱着火燃烧

配电箱着火燃烧的原因有以下几种：

（1）潮湿氧化。选用铝导线装结盘面配线，由于装配时压合不紧、连接不当，以及使

用后的潮湿氧化，产生接触不良，导线过热而引起配电箱燃烧。

（2）电源电压过高或过低。装有磁力启动器的配电箱，由于电源电压的偶然过高或过低，致使磁力启动器的动作线圈过热燃烧而引起配电箱着火。

（3）在配电箱内乱放其他杂物。因导电部分过热或产生火花引起杂物燃烧而烧及配电箱。

（四）运行中的电度表烧坏

电度表烧坏的原因大多由于连接电度表的铝导线压合不当，导线过热氧化，产生火花，引起导线燃烧而烧及电度表。亦有因长时间过载或遭受雷击而使电度表烧坏。

（五）保险丝经常熔断

按设备额定容量选用的保险丝经常发生熔断的原因有以下几种：

（1）该回路的配线及用电设备有短路或漏电，负荷容量过载。

（2）保险丝压合不当，压得过紧或过松。

（3）紧固螺钉缺垫圈、闸脚烧毁、不平或污垢严重，而产生接触不良。

（六）烟尘所至接触不良

设在烟尘较严重处的配电箱开关操作不灵，出现火花，送电时断时续等现象，主要原因是电气设施灰垢较多或接触不良造成。

六、照明线路和灯具的维护

为了避免照明线路和灯具发生故障，物业管理人员应重视照明线路和灯具的日常及定期维护工作，主要应做到以下几个方面：

（1）线路安装不论采取什么敷设方式均必须符合有关安装规范的要求，方便维修，确保住户用电安全。

（2）管理单位要建立健全各项维修管理制度和责任制，各级人员必须严格执行。

（3）电气维修人员每年定期对管理的照明线路、楼内分电盘、闸具、零线端子、熔丝等进行检查，发现异常情况及时处理。

（4）电气维修人员应每年雨季前对所管楼房的三相四线制供电线路进户线的接头进行认真检查，以防工作零线接触不良造成负载不平衡、电压增高而烧毁家用电器的事故发生。

（5）住户更换灯具或装饰房屋时，不得随意拆改线路。如须更改电路，必须征求物业管理公司的同意，并由物业管理公司派专业安装人员按安装规程施工。

（6）住户更换照明灯具或增添电器时应考虑用电量是否允许，同时考虑灯具的重量。

（7）住户若发现线路或设备供电不正常时，应及时断开电源，同时通知物业管理公司并由电气维修人员进行处理。

第三节 动力设备的维护与维修

动力设备主要指电动机，它能将电能转换成机械能，拖动上下水泵、空调装置、鼓风机、引风机、电梯等机械设备运转。在房屋设备中，高压供水系统的水泵、高层消防系统的消防泵、人防送风系统送风机等都是以三相异步电动机为动力（电梯设备除外）。因此，做好电动机的维护，是保证以上设备正常运行的关键。

一、电动机的种类

电动机的种类很多，根据使用电源不同，分为直流电动机和交流电动机；根据工作原理不同，分为同步电动机和异步电动机；按转子结构不同，分为鼠笼式电动机和绕线式电动机。

二、异步电动机

异步电动机也称感应电动机。它结构简单、运行可靠、价格便宜、启动简单、维护方便，并可直接使用交流电源，因此，应用相当广泛，其中鼠笼式电动机又用得最多。异步电动机有单相与三相之分。单相异步电动机一般是 1kW 以下的小型电动机，其性能较三相异步电动机差，仅用于家用电器等单相电源场合。大部分生产装置均是由三相异步电动机带动。

（一）异步电动机的结构

异步电动机的工作原理是利用电磁感应原理，由不动的定子和可动的转子组成。三相异步电动机的定子由基座、定子铁芯、定子绕组等组成。转子由转轴、转子铁芯、转子绕组以及风扇等组成。

（二）异步电动机的启动

电动机从接通电源开始旋转，转速逐渐升高，以达到稳定转速为止，这一过程称为启动。启动性能的优劣，对生产、生活有一定的影响。当三相异步电动机接通电源后，电动机开始启动的初始瞬间，旋转磁场以最大的相对转速切割转子绕组，转子绕组的感应电动势及感应电流都很大，很大的启动电流会使电源内部和供电线路上的电压增大，接在同一线路中的其他负载的端电压下降，从而影响其他负载的正常工作，如附近的照明灯泡变暗等。鼠笼式异步电动机的启动方式有直接启动、降压启动两种。

（三）异步电动机的选择

异步电动机的选择主要考虑三个因素：鼠笼式和绕线式转子绕组方式的选择、转速的选择、额定功率的选择。

异步电动机的使用应根据不同的要求、不同的工作环境来选择。对于启动性能较差、调速困难的空载或轻载场合，如水泵和风机等，适合选用鼠笼式异步电动机；对于启动性能较好、要求起动转矩大和在一定范围内调速的地方，如起重机和卷扬机等，选用绕线式异步电动机带动。

通常，异步电动机的同步转速不低于 500r/min，电动机的转速应视被动机械的要求而定，其功率应根据被动机械的需要来选择。

三、电动设备的日常检修

（一）电动设备的使用与检修

使用电动设备时应做好以下检查，发现问题立即采取措施排除：

（1）操作前应先观察三相电源电压是否偏低、是否平衡。要检查紧固螺栓有无松动缓扣，传动部分有无卡阻、损坏或磨耗现象。

（2）在操作中应注意观察三块电流表摆动情况是否一致，在启动中和运转后的电动机的声响和振动是否正常，要检查电动机尾装风叶的扇风情况是否良好。

（3）开始正常运转后要观察三块电流表的负荷电流是否一样，其表针的指示位置有无反常现象，电动机及其启动电气设施等有无过热和焦臭气味，应检查各部轴承有无过热现象。

（二）电动设备运行中的日常检修

（1）磁力启动器、交流接触器、减压启动补偿器、空气开关等的动作点和动触片由于经常离合而产生火花，容易出现接触不良而过热，致使触点烧毁和动触压力片变软、无弹性现象。因此，对于动作触点应经常检查、研磨除垢，对由于动触片过热而出现胶质压铸电木烫焦起泡现象，应及时修磨，以防设备动作迟滞。损坏的零件应及时更换。选用热继电器作为过载保护的设备，应做到有计划地进行检测。

（2）应经常检查电气仪表有无失效现象，操作开关及保险丝的零部件是否完全良好，动触导电体有无过热变质现象，电气电机设施的金属外壳接地保护是否完好，选挂的保险丝容量是否正确，压合得是否妥当。发现故障及时予以修好，保证设备正常运行。

（3）轴承室有无进水或缺油，有无过热或噪声，传动部分是否良好。如联轴器、三角带、金属链条和齿轮有无磨损现象，以及电动机或机具的紧固螺钉是否齐全，有无松动不全现象。要检查水泵有无漏水、泵轮和风轮有无磨壳现象，并分别针对产生原因进行修理。

(三) 电动设备的维护要求

1．设备的全员与全面管理

设备的管理要由专业管理人员进行，制定运行管理规定、规则、岗位责任制等一系列制度。每台设备由专业维修人员负责，严格按制度和维护规程进行管理。

2．水泵、消防泵、风机等设备的维护周期和要求

（1）供水系统的水泵，工作频繁，除平时巡视检修外，每半年要对电动机进行一次小修，一年进行一次大修。有备用泵的系统，备用泵要处于完好状态，定期交替运行。

（2）消防泵和风机属长期备用设备，也要加强维护，使设备始终处于完好状态。对此应保证每年至少进行两次检修和试运行，检修期一般安排在"五一"和"十一"前为宜。大修周期可适当延长。

（3）电动机的小修是指按时填充轴承润滑油，清除外部灰尘和油垢，紧固各部位螺丝（栓），紧固保护线及接线端，检测绝缘电阻等项目。同时，检查和清扫启动与控制设备。

（4）电动机大修除应包括小修的全部项目外，还要解体检修，清除电动机定子和转子内的油垢；检查转子有无断排；检查和检测定子绕组的绝缘；清洗轴承；检查并填充润滑油脂等。电动机重新组装完毕应刷防锈漆。

3．定期检修和调整

对电动机的自动控制系统每年进行一次全面检修、调整及试验。尤其对保护装置、启动装置及连锁装置要认真检修和调试。采用接地保护的设备要检测接地电阻值。

4．完善的档案管理

每次检修、小修、大修后将详细的检测记录整理后存档，妥善保存。

四、电动设备的常见故障

（一）水泵自动控制的失效

水泵的自动控制形式很多，有电接点压力表式、干簧管式、湿簧管式、浮球液位控制器、自制行程开关式、自制电门式等。

1．电接点压力表式自动控制的故障

电接点压力表式自动控制是通过屋面水箱或水塔的浮球阀门互相遥控实现的。在电泵上水过程中，通过高层水箱的水位不断升高和浮球阀门的不断关闭，压力表所带动的电接点表针不断上升，最后使表针碰在上限停止接点上。通过中间继电器的瞬动以切断交流接触器，电动机停止运转。

启动时由于高层水箱的水位不断下降，设在低处的供水管道压力表针也随之下移，最后促使电接点表针碰在下限电接点上，通过中间继电器和时间继电器操纵交流接触器，导通电泵转动上水。

这种设备的失效故障，除电源的原因外，高层水箱浮球阀门松脱损坏或卡阻、接触器主触头烧毁或污垢较多接触不良等，也能导致自动控制失灵。

2. 簧管式自动控制的故障

簧管式自动控制的故障，除电气设施发生故障外，在寒冷地区往往是因簧管冻碎而造成的。例如，屋面储水箱没有取暖设施，冬季水箱容易结冰造成自动控制失灵或将其塑料、玻璃管等零部件冻碎。

3. 浮球液位控制器的故障

浮球液位控制器利用放在液面的浮球和重锤，通过高层水箱水位的升降，以尼龙绳和挡块带动电接点的开闭，实现操纵电泵启动或停止的功能。这种控制器不宜装在拉筋式水箱内。电接点的支撑拉簧有时会因动作不灵敏或出现卡阻而发生故障。

4. 自制行程开关式控制的故障

自制行程开关式控制是通过浮球和金属杆随着水位的升降去撞击触点进行操作的。如浮球卡阻或行程开关损坏，就会产生失效故障。因此，若装在附有拉筋的钢板水箱里，其浮球要避开拉筋以防卡阻。选用的行程开关应坚固耐用，体积应较大。

5. 滑杆式自动控制的故障

滑杆式自动控制是利用启动按钮和停止按钮控制滑轮带动金属浮球，故障较少，使用耐久，不易损坏。

（二）电动机的烧损

房屋附属的动力设备，一般都采用三相异步鼠笼式电动机，如使用和保养不当，易发生烧损事故。常见的烧损情况可归纳为以下几类。

1. 缺相烧损

三相电动机的三相电源，如在电动机启动前缺相时，则带动负荷的电动机就不能启动。如在运行中缺相，且不能及时发现并立即停止运转，在1～2分钟内就会使电机绕组因过热而烧损。常见的造成缺相的原因有以下几种：

（1）电源变压器二次保险丝熔断一根。

（2）外电线路断线或电线接头的接触不良。

（3）三相开关的保险丝熔断一根。

（4）磁力启动器的动作触点烧损，或因过热致使触头压力弹簧片变质无弹性，造成断时续接触不良。

（5）配电柜或操纵台上导体的紧固螺丝松动出现火花，产生接触不良现象。

（6）埋入地下电线管内的绝缘电线，因管内存水长期浸泡造成电线的绝缘不良。或者有接地漏电现象，致使保险丝熔断一根。

2. 机具故障引起电动机的烧损

机具故障引起的电动机烧损常见的有以下几种情况：

（1）水泵泵轮的反扣紧固螺帽出现松脱现象造成泵轮与泵壳发生摩擦，或者泵轮吸进杂物而发生卡阻等，都可使电动机过载而烧损。

（2）风机的叶片与外壳发生摩擦或进入异物，出现卡阻现象，也会使电动机过载而烧损。

（3）电动机的滚动轴承损坏致使转子与定子发生扫镗现象，造成定子绕组过热而烧损。

（4）因拖动的机具轴承损坏荷载增加，造成电动机过负荷而烧损。

3. 水淹造成的烧损

装在地下室的自动控制电动机因遭水淹而易将电动机烧损。常见的有以下几种情况：

（1）因浮球阀门的损坏造成地下储水箱跑水而淹没电泵，将自动控制的上水泵电动机烧损。

（2）因钢板制作的地下储水箱内设有拉筋，浮球阀门的浮球时有卡阻现象而跑水淹没电机，将自动控制上水泵电动机烧损。

（3）因雨水或污水灌进地下室将电泵淹没而烧损电动机。

4. 其他烧损情况

其他烧损主要有以下两种情况：

（1）因电源电压偏低造成三相电动机烧损。电压偏低的原因有：变压器一次保险丝熔断一根或高压外电线路损断一根等。

（2）短时间内的频繁启动将三相电动机烧损。例如，风机和较大型水泵只能一次启动，且启动时间不宜超过一分钟。若在短时间内频繁启动或启动操作时间过长都会加速绕组绝缘老化，缩短电动机的使用寿命。

五、电力配电柜（盘）的常见故障、缺陷及其原因

电动设备应配置专用的电力配电柜（盘），电力配电柜（盘）也需日常维护和检修。

（一）电力配电柜（盘）常见故障与原因

（1）配电盘或配电柜上以焊锡浇灌的铜线端子，在负荷较大时有熔化现象。其主要原因是由于焊注时导线或线端子内部没有彻底清除干净，造成假焊。或者导线插入的深度不够，每当负荷较大时就过热，将焊锡熔化，以致出现时断时续现象。

（2）盘、柜或操纵台的操作零部件经长时间的使用，其紧固零件出现松弛现象，造成漏电或动作卡阻。

（3）塞式（螺旋式）熔断器在盘、柜、台上发生故障的主要原因有以下两个方面：

① 新生产的塞式熔断器的导体部分采用铝制品，而铝的熔点低，易氧化腐蚀。

② 塞式熔断器的保险丝不易压紧，容易产生过热熔断保险丝或烧毁熔断器。

(4) 在盘、柜、台上较大容量的三相开关，多选用管式熔断器。这种熔断器的两端闸刀与刀座的夹片不严紧或不吻合。当负荷较大时，产生过热，致使导体变质松动，出现火花，或顶端脱落歪倒，造成短路或漏电。出现这种现象主要是由于更换保险丝时，管式熔断器两端的刀片与刀座不严紧、不密贴。

(5) 三相配电盘、柜、台出现缺相现象。除由于电源变压器二次保险丝熔断或外电线路断线而造成缺相外，还有以下三个方面原因：

① 三相电动机的启动电流大。每当启动或停止的一瞬间，磁力启动器的动触点都要产生火花，日久使触点熔化起毛，动触点过热，触头压力弹簧片变质、弹性降低、接触不良，从而出现缺相现象。

② 动触头过热，使传动支撑电木烧焦变形，产生动作迟缓现象，致使磁力启动器在动作接触中出现三相不平衡而产生缺相。

③ 操作电闸的三根保险丝容量大小不一，或压合不当、垫圈不全，启动电流较大时，产生过热而熔断其中一根保险丝，造成缺相。

(6) 配电柜、盘或操纵台的导线和操纵动作部位过热。其主要原因是：烟尘窜入动作接触部位，造成触点产生火花和可动部分出现卡阻、过热等现象。

(二) 预防措施和维护要点

(1) 三相四线式的进户开关应安设在靠近电源进户口处。所有的操作开关、接触器、磁力启动器、按钮、仪表、启动补偿器等应保持零件齐全、清洁无垢、操作灵活、运行正常。当位于烟尘较严重的处所时，上述设备须装在箱内。配电箱、配电柜、操纵台的门、玻璃等应装配齐全，保持完好，平时关严。箱、柜内不得存放其他异物。

(2) 配电箱（盘）、柜、台应安设在不潮湿、不过热、不受震、无腐蚀、少尘埃、不碍交通、便于抄表、便于维修作业的场所。

(3) 对具有酸、碱、盐类等侵蚀性气体的房屋，配电箱应改换用硬质塑料板制成。若选用铁板制作时，须暗敷在墙内，其外露部分应涂刷环氧树脂以防气体腐蚀。

较大型的配电柜（盘）、箱、台应设在专用房间内，并设专人管理，房间应安装适当的通风设施。

(4) 三相电力用开关的保险丝，应根据实际需要选挂。较大容量的照明或动力用电处所应设空气开关作为短路保护。

(5) 为防止三相电动机因缺相烧损，每台电动机应装设断相自动控制保护器。也可增设并列保险开关，其保险丝应按额定容量选挂。每当电动机启动后须将启动用保险开关拉开，在电动机运行中只保留额定容量保险开关，以防止因缺相或意外过载而烧损电动机。

(6) 对于配电箱（盘）、柜、台上一切导电体的接触点及连接导线的紧固螺栓等应加强巡检维护工作。应保持裸露部分的导电体不能有过热、产生火花、变质或接触松弛现象。

第四节　建筑防雷与接地管理

随着高层建筑物的迅速增多，大型施工机械不断增加，防止雷电的危害并保障人身、建筑物及设备的安全，已变得越来越重要，因此，也引起了人们越来越多的关注。本节介绍防雷、接地的基本概念，并着重介绍接地的设置及各种防雷装置和防雷措施。

一、雷电的作用形式与危害

（一）雷电的作用形式

雷电就是由雷云之间或雷云对大地的放电现象。根据雷电现象形成和活动的形式与过程，雷电的作用形式基本上可以分为以下三类：

1. 直击雷

雷云直接对建筑物或地面上的其他物体放电的现象称为直击雷。雷云放电时引起的强大雷电流可达几百千安，雷电电压可达几百万伏，从而产生极大的破坏作用。雷电流通过被雷击物体时，会产生大量的热量，使物体燃烧。被击物体内的水分由于突然受热，急骤膨胀，还可能使被击物劈裂。所以当雷云向地面放电时，常常发生房屋损坏、倒塌或者引起火灾，导致人畜伤亡。

2. 感应雷

感应雷是间接雷击，是雷电对设备、线路或其他物体的静电感应或电磁感应所引起的过电压，即雷电的第二次作用。雷云在建筑物和架空线路上空形成很强的电场，在建筑物和架空线路上便会感应出与雷云电荷相反的电荷（称为束缚电荷）。在雷云向其他地方放电后，云与大地之间的电场突然消失，但聚集在建筑物的顶部或架空线路上的电荷不能很快地全部泄入大地，残留下来大量电荷。线路上的束缚电荷被释放形成自由电荷，向线路两端运行，形成很高的过电压。经验表明，高压线路上感应雷可高达几十万伏，低压线路上感应雷也可达几万伏，对供电系统的危害很大，往往造成屋内电线、金属管道和大型金属设备放电，击穿电气绝缘层或引起火灾甚至爆炸。

3. 雷电波入侵

雷电侵入波是感应雷的另一种表现，是由于直击雷或感应雷在电力线路的附近、地面或杆塔顶点，从而在导线上感应产生的冲击电压波，它沿着导线以光速向两侧流动，故又称为过电压行波。行波沿着电力线路侵入变配电所或其他建筑物，称为雷电波侵入，又称高电位引入，并在变压器内部引起行波反射，产生很高的过电压。出现雷电波入侵时，可能发生火灾及触电事故。据统计，雷电侵入波造成的雷害事故，要占所有雷害事故的50%~70%。

（二）雷电的破坏形式

不管是哪一种雷电作用形式，其破坏作用都主要表现在以下四个方面。

1．机械性破坏

机械性破坏由两种力引起：一种是强大的雷电流通过物体时产生的巨大电动力；另一种是强大的雷电流通过物体时产生的巨大热量，引起使物体内部的水分急剧蒸发而产生的内压力。

2．绝缘击穿性破坏

极高的电压使供配电系统中的绝缘材料被击穿，造成相间短路，使破坏的范围和程度迅速地扩大和增强，这是电气系统中最普遍、最危险的一种雷电破坏形式。

3．热力性破坏

热力性破坏是雷电产生的巨大热量使物体燃烧和金属材料融化的破坏现象。

4．无线干扰性破坏

由于雷电波中夹杂有大量高频杂波，对通信、广播、电视等电子设备和系统的正常工作有强烈的干扰破坏作用。

（三）建筑物遭受雷击的分布规律

雷电的形成与气象条件（即空气湿度、空气流动速度）及地形（山岳、高原、平原）有关。湿度大、气温高的季节（尤其是夏季）以及地面的空出部分较易形成闪电。

建筑物遭受雷击次数的多少，不仅与当地的雷电活动频繁程度有关，而且还与建筑物所在的环境、建筑物本身的结构和特征有关。首先是建筑物的高度和孤立程度。旷野中孤立的建筑物和建筑群中高耸突出的建筑物容易遭受雷击。其次是建筑物的结构及所用材料。金属屋顶、金属构架、钢筋混凝土结构的建筑物容易遭雷击。再次是建筑物的地下情况。如地下有金属管道和金属矿藏、建筑物的地下水位较高，这些建筑物也易遭雷击。

建筑物易遭雷击的部位是屋面上突出的部分和边沿。如平屋面的檐角、女儿墙和四周屋檐，有坡度的屋面的屋角、屋脊、檐角和屋檐。此外，高层建筑的侧面墙上也容易遭到雷电的侧击；排出导电尘埃的厂房和废弃管道易受雷击；屋旁的人、树和山区输电线路易受雷击。

二、建筑的防雷等级

为了防止雷电对建筑物和建筑物内电气设备的破坏，必须对容易受到雷电袭击的建筑物提供防雷保护，保障建筑物内部人员的人身安全，保障建筑物不遭受破坏和烧毁，保障建筑物内部存放的危险物品不会损坏、燃烧和爆炸，保障电气设备和系统不受破坏。

根据发生雷电事故的可能性和造成的后果，在中国，人们将防雷建筑物划分为三类：

（一）第一类防雷建筑物

（1）具有特殊用途的建筑物，如国家级会堂办公建筑、大型博展建筑、大型火车站、国际性航空港、通信枢纽、国宾馆、大型旅游建筑等。

（2）建筑物中存放爆炸物品，或经常有瓦斯、蒸气、尘埃与空气的混合物，容易因电火花发生爆炸，致使建筑物巨大损坏或人员伤亡的。

（3）国家级重点保护文物的建筑物和构筑物。

（4）超高层建筑物。

（二）第二类防雷建筑物

（1）重要的或人员密集的大型建筑物，如省部级办公楼、省级大型的集会、博展、体育、交通、通信、广播、商业、影剧院等。

（2）建筑物中储存大量易燃物品，或在正常情况下能形成爆炸性混合物，但大爆炸不致造成巨大破坏和人身伤亡的。

（3）省级重点保护文物的建筑物和构筑物。

（4）19层以上的住宅和高度超过50m的其他民用和一般工业建筑。

（三）第三类防雷建筑物

（1）不属于第一类和第二类的范围，但需要做防雷保护的建筑物。

（2）建筑群中高于其他建筑或处于边缘地带的、高度为20m及以上的民用和一般工业建筑物。在雷电活动强烈地区其高度可为15m以上，少雷区其高度可为20m以上。

（3）历史上雷害事故严重地区的建筑物或雷害事故较多地区的较重要建筑物。

（4）高度超过15m的烟囱、水塔等孤立的建筑物或构筑物。在雷电活动较弱地区，其高度可允许在20m以上。

三、建筑的防雷措施

建筑物的防雷设计应根据建筑物本身的重要性、使用性质、发生雷电事故的可能性和后果，结合当地的雷电活动情况和周围环境的特点，综合考虑确定是否安装防雷装置及安装何种类型的防雷装置。对于一类、二类民用建筑，应有防直击雷和防雷电波侵入的措施；对于三类民用建筑，应有防止雷电波沿低压架空线路侵入的措施。

（一）防直击雷的措施

防直击雷采取的措施是引导雷云与避雷装置之间放电，使雷电流迅速流散到大地中去，从而保护建筑物免受雷击。防雷装置由接闪器、引下线和接地装置三部分组成，如图7-8所示。

图 7-8 建筑物的避雷装置

1. 接闪器

接闪器也称受雷装置，是接收雷电流的金属导体。接闪器的作用是使其上空电场局部加强，将附近的雷云放电诱导过来，通过引下线注入大地，从而使离接闪器一定距离内一定高度的建筑物免遭直接雷击。接闪器的基本形式有避雷针、避雷带、避雷网、防雷笼网四种。

（1）避雷针

避雷针一般采用镀锌圆钢（针长 1m 以下时，直径不小于 12mm；针长 1~2m 时，直径不小于 16mm）或镀锌钢管（针长 1m 以下时，直径不小于 20mm；针长 1~2m 时，直径不小于 25mm）制成。它通常安装在电杆、构架或建筑物上。它的下端通过引下线与接地装置可靠连接，如图 7-9 所示。

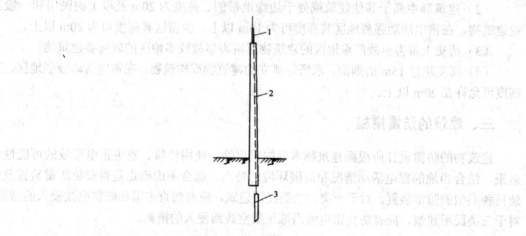

图 7-9 避雷针结构示意图
1—避雷针 2—引下线 3—接地装置

避雷针的功能实质是引雷作用。它能对雷电场产生一个附加电场（该附加电场是由于雷云对避雷针产生静电感应引起的），使雷电场畸变，从而改变雷云放电的通道。雷云经避雷针、引下线和接地装置，泄放到大地中去，使被保护物免受直击雷击。所以，避雷针实质是引雷针，它把雷电流引入地下，从而保护了附近的线路、设备和建筑物等。

经验表明，避雷针的确避免了许多直击雷击的事故发生，但同时也因为避雷针是引雷针，所以对其要求较为严格，制作优良时能起到保护作用，否则可能产生反作用。

避雷针的保护范围，一般采用 IEC 推荐的"滚球法"来确定。所谓"滚球法"就是选择一个半径为 h 的"滚球半径"球体，沿需要防护的部位滚动，如果球体只接触到避雷针（线）或避雷针与地面而不触及需要保护的部位，则该部位就在避雷针的保护范围之内。

（2）避雷带

避雷带是另一种接闪器，是用小截面圆钢或扁钢做成的条形长带，装设在建筑物易遭雷击的部位，如屋脊、屋檐、山墙、烟囱、通风管道以及平屋顶的边缘等。在建筑物最可能遭受雷击的地方装设避雷带，可对建筑物进行重点保护。为了使其对不易遭雷击的部位也有一定的保护作用，避雷带一般高出屋面 0.2m，而两根平行的避雷带之间的距离要控制在 10m 以内。避雷带一般用直径为 8mm 的镀锌圆钢或截面不小于 $50mm^2$ 的扁钢做成，每隔 1m 用支架固定在墙上或现浇的混凝土支座上。

（3）避雷网

避雷网相当于纵横交错的避雷带叠加在一起，它的原理与避雷带相同，其材料采用截面不小于 $50mm^2$ 的圆钢或扁钢，交叉点需要进行焊接。避雷网宜采用暗装，其距表层的厚度一般不大于 20cm。有时也可利用建筑物的钢筋混凝土屋面板作为避雷网，钢筋混凝土板内的钢筋直径不小于 3mm，并且连接良好。当屋面装有金属旗杆或金属柱时，均应与避雷带或避雷网连接起来。避雷网是接近全保护的一种方法，它还起到使建筑物不受感应雷击的作用，安全性更高。

（4）防雷笼网

防雷笼网是笼罩着整个建筑物的金属笼，它是利用建筑结构配筋所形成的笼状结构作为接闪器，能对雷电起到均压和屏蔽作用。接闪时，笼网上出现高电位，笼内空间的电场强度为零，笼上各处电位相等，形成一个等电位体，使笼内人身和设备都处于保护之中。对于预制大板和现浇大板结构的建筑，网格较小，是理想的笼网，而框架结构建筑，则属于大格笼网，虽不如预制大板和现浇大板笼网严密，但一般民用建筑的柱间距离都在 7.5m 以内，所以也是安全的。利用建筑物结构配筋形成的笼网来保护建筑，既经济又不影响建筑物的美观。

另外，建筑物的金属屋顶也是接闪器，它好像是网格更密的避雷网一样。屋面上的金属栏杆也相当于避雷带，都可以加以利用。

2. 引下线

引下线又称引流器，接闪器通过引下线与接地装置相连。引下线的作用是将接闪器"接"来的雷电流引入大地，它应能保证让雷电流顺利通过而不被熔化。引下线一般采用圆钢或扁钢制成，其截面不得小于 $48mm^2$，在易遭受腐蚀的部位，其截面应适当加大。为避免腐蚀加剧，最好不要采用胶线作引下线。

建筑物的金属构件，如消防梯、烟囱的铁爬梯等都可作为引下线，但所有金属部件之间都应连成电气通路。

引下线一般沿建（构）筑物的外墙明敷设，固定于埋设在墙里的支持卡子上。支持卡子的间距为 1.5m。为保持建筑物的美观，引下线也可暗敷设，但截面应加大。

引下线一般不得少于两根，其间距不大于 30m。若技术上处理有困难的，允许适当放宽到 40m。引下线最好是沿建筑物周边均匀引下。但对于周长和高度均不超过 40m 的建筑物，也可只设一根引下线。当采用两根以上引下线时，为了便于测量接地电阻以及检查引下线与接地线的连接状况，在距地面 1.8m 以下处应设置断接卡子。

引下线应躲开建筑物的出入口和行人较易接触的地点，以避开接触电压的危险。建筑物宽在 12m 以下的，引下线可装在建筑物一侧；建筑物宽在 12m 以上时，引下线应装于建筑物的两侧。

在易受机械损伤的地方，地面上 1.7m 至地面下 0.3m 的一段，可用竹管、木槽等对引下线加以保护。在高层建筑中，利用建筑物钢筋混凝土屋面板、梁、柱、基础内的钢筋作为防雷引下线，是我国常用的方法。

3. 接地装置

由接地线与接地极组成的接地装置是引导雷电流安全入地的导体。接地极是指与大地作良好接触的导体，接地极分垂直接地极和水平接地极两种。垂直接地极常用长度为 2.5m 的角钢、圆钢或钢管支撑，底部为锥形，底部深埋 0.8～1m。

接地体的接地电阻要小（一般不超过 10Ω），这样才能迅速地疏散雷电流。为满足接地电阻的要求，垂直埋设的接地体通常不止一根，它们由水平埋没的扁钢连接，所采用扁钢的截面不小于 $100mm^2$，扁钢厚度不小于 4mm。

一般情况下，接地体均应使用镀锌钢材，以延长其使用年限，但当接地体埋设在可能有化学腐蚀性的土壤中时，应适当加大接地体和连接点的截面，并加厚镀锌层。各焊接点必须刷漳丹油或沥青油，以加强防腐。

为了减小相邻接地体间的屏蔽效应，垂直接地体间的距离一般为 5m，但当受地方限制时，可适当减小。接地体不应该在回填垃圾、灰渣等地带埋设，且应远离由于高温影响使土壤电阻率升高的地方。接地体埋设后，应将回填土分层夯实。

当有雷电流通过接地装置向大地流散时，在接地装置附近的地面上，将形成较高的跨步电压，危及行人安全，因此接地体应埋设在行人较少的地方，要求接地装置距建筑物或构筑物出入口及人行道不应小于 3m，当受地方限制而小于 3m 时，采取降低跨步电压的措施，如在接地装置上面敷设 50～80mm 厚的沥青层，其宽度应超过接地装置宽度 2m。

除了上述人工接地体外，还可利用建筑物内外地下管道或钢筋混凝土基础内的钢筋作自然接地体，但须具有一定的长度，并满足接地电阻的要求。

（二）防雷电感应的措施

防御感应雷的方法如下：

（1）在建筑物屋面沿周边装设避雷带，每隔 20m 引出接地线一根。

（2）建筑物内所有金属物如设备外壳、管道、构架等均应接地，混凝土内的钢筋应绑扎或焊成闭合回路。

（3）将突出屋面的金属物接地。

（4）对净距离小于 100mm 的平行敷设的长金属管道，每隔 20～30m 用金属线跨接，避免因感应过电压而产生火花。

（三）防雷电波侵入的措施

（1）架空线

① 对 6～10kV 的架空线，如有条件就采用 30～50m 的电缆段埋地引入，在架空线终端杆装避雷器，避雷器的接地线应与电缆金属外壳相连后直接接地，并连入公共地网。

② 对没有电缆引入的 6～10kV 架空线，在终端杆处装避雷器，在避雷器附近除了装设集中接地线外，还应连入公共地网。

③ 对于低压进出线，应尽量用电缆线，至少应有 50m 的电缆段经埋地引入，在进户端将电缆金属外壳架相连后直接接地，并连入公共地网。

（2）变配电所

① 在电源进线处主变压器高压侧装设避雷器。要求避雷器与主变压器尽量靠近安装，相互间最大电气距离符合相关规定，同时，避雷器的接地端与变压器的低压侧中性点及金属外壳均应可靠接地。

② 3～10kV 高压配电装置及车间变配电所的变压器。要求在每路进线终端和各段母线上都装有避雷器。避雷器的接地端与电缆头的外壳相连后须可靠接地。

当防雷装置接受雷击时，雷电流沿着接闪器、引下线和接地体流入大地，并且在它们上面产生很高的电位。如果防雷装置与建筑物内外电气设备、电线或其他金属管线的绝缘距离不够，它们之间就会产生放电现象，这种情况称为"反击"。反击的发生，可引起电气设备绝缘被破坏，金属管道被烧穿，甚至引起火灾、爆炸及人员伤亡事故。

防止反击的措施有两种：一种是将建筑物的金属物体（含钢筋）与防雷装置的接闪器、引下线分隔开，并且保持一定的距离；另一种是当防雷装置不易与建筑物内的钢筋、金属管道分隔开时，则将建筑物内的金属管道系统，在其主干管道外与靠近的防雷装置相连接。有条件时，宜将建筑物每层的钢筋与所有的防雷装置引下线连接。

四、避雷装置与接地装置的设置

为避免房屋建筑物遭受雷击损害,应按《建筑电气设计技术规程》的规定对房屋建筑物安设避雷装置。同时为确保房屋电气设备的安全,必须采取保护性接地、接零措施。物业管理公司除应做好已有的避雷设备和接地装置的维修外,对应设而未设避雷设备和接地装置或装置不完善的,应在房屋修缮时予以增设和完善。

(一)建筑物防雷装置的设置

1. 第一类建筑物防雷装置的设置

(1)防止直击雷:低于 15m 的建筑物,用独立避雷针保护,接地电阻应小于 10Ω,引下线距离墙面及接地装置距地下金属管道或电缆不小于 3m;高于 30m 的建筑物,避雷针可装于建筑物屋顶,接地电阻应小于 5Ω,建筑物的钢筋及室内的金属设备,均应彼此连接接地。避雷针应高出爆炸性管道 3m,离开 5m。

(2)防止感应雷:非金属屋面用明装避雷网保护,金属或钢筋混凝土屋面可直接接地以防止感应雷;接地电阻小于 5Ω,接地装置应沿建筑物四周环形敷设;室内一切金属管道和设备应接地。

(3)防止高电位引入:采用不短于 50m 的电缆进线和低压避雷器保护时,电缆两端及避雷器的接地电阻小于 10Ω;采用架空进线时,进户线电杆的接地电阻应小于 10Ω,进户杆前 500m 内电杆均应接地,电阻应小于 20Ω,低压避雷器装在进户杆上,其接地电阻应小于 10Ω;架空引入的金属管道,在室外每隔 25m 接地一处,进户处接地电阻小于 15Ω。

除防止直击雷的设置外,其余接地装置均可连成一体,接地电阻应满足最小值。

2. 第二类建筑物防雷装置的设置

(1)防止直击雷:在建筑物上用避雷带和短针(0.3~0.5m)作混和保护,或只用避雷针保护,但其接地电阻应小于 10Ω;厚度不小于 4mm 的金属屋面,可直接作为雷电接闪装置;钢筋混凝土屋面,其内钢筋可作暗装避雷网,但在山墙、屋脊、屋角等凸出部分应加装避雷针;焊接的混凝土内钢筋可作引下线。

(2)防止感应雷:室内一切金属管道和设备应接地;室内相距 100mm 以下的平行或交叉管道每隔 25m 应接地,接头、弯头等处应用导线跨接后接地,不允许有开口环节。

(3)防止高电位引入:用电缆进线时,同第一类建筑物;采用架空进线时,进户线电杆的接地电阻应小于 10Ω,进户杆前 150m 内电杆均应接地,接地电阻小于 20Ω,低压避雷器接地电阻小于 10Ω;引入室内的金属管道在进户处接地电阻应小于 20Ω。

3. 第三类建筑物防雷装置的设置

(1)防止直击雷:在建筑物最易遭受雷击的部位装设避雷针和避雷带,进行重点保护,接地电阻小于 15Ω;钢筋混凝土屋面,可利用其钢筋作防雷装置。

（2）防止高电位引入：在进户线墙上安装放电间隙或瓷瓶接地，接地电阻小于15Ω。各接地装置可连接成一体。避雷针直径不得小于16mm，其针尖须做成三叉式或针式，并镀锡。避雷针要牢固地固定在构筑物上。避雷针须与引下导线连接牢固，引下导线的截面不得小于50mm^2。引下导线的途径要尽量缩短，避免90°的弯折，引下导线及其固定装置要牢固地固定在构筑物上，固定装置的间距不能大于1.5m。

（二）电气设备的保护接地与接零

电气设备的金属外壳，在正常情况下是不带电的，但如果电气设备绝缘受到损坏，发生漏电时，金属外壳就会带电。如果人体触及这种带电的金属外壳，就会发生触电事故。为了防止人身触电事故的发生和保证电气设备的正常运行，可根据不同的情况将电气设备金属外壳接地或接零。

1. 保护接地

将电气设备的金属外壳通过导线与接地体作良好的连接，称为保护接地。由于电气设备外壳做了保护接地，当人体触及漏电的外壳时，形成人体电阻与接地电阻的并联电路。由于人体电阻远比接地电阻大，所以通过人体的电流就很小了，从而可以有效避免触电事故的发生。

2. 保护接零

将电气设备的金属外壳用导线与电网的零线连接起来，称为接零或保护接零。采取保护接零措施后，当电气设备绝缘损坏时，电压经过电气设备外壳到零线形成通路，产生很大的短路电流。此电流远远超过保护电器的动作电流值，保护电器断开，故障设备脱离电源，防止了人体触电的可能。

3. 重复接地

采用保护接零时，经零线上的一点或多点再做金属连接，称为重复接地。对于用户集中的地方采取重复接地，即使零线偶尔折断，带电的外壳也可以通过重复接地装置与系统中性点构成回路，产生接地短路电流，保护电器，从而避免事故的发生。

（三）接地装置的设置

1. 电气设备接地装置的要求

（1）为防止电气设备以及电动工具的金属外壳偶然带电而发生人体触电事故，对电动机、变压器、配电柜、铁制配电箱、发电机、操纵台等动力设备，手电钻、手电刨、电锤等手持式电动工具，电冰箱、洗衣机、电风扇等家用电器，在开始使用前均应采取保护性接地或接零。

（2）为防止雷雨季节由于雷电引起的雷电波沿低压架空线路侵入房屋内部而烧毁电气设施，防止三相四线的零线由于偶然的损坏，致使屋内零线带电烧毁单相用电的家用电器设备，三相四线式进户的零线在进户口处必须做好零线及其金属管的补助接地。

（3）凡是电灯负荷容量超过 30A 和电灯电力合用一处的进户线者，均须采用三相四线进户，其零线在进户口处的重复接地须根据各地区的土壤情况而定。

2. 接地极的做法

零线的重复接地极、避雷针的引雷接地极、屋面避雷网和避雷带的接地极、三相四线式中性点接地极等的做法基本相同，但接地电阻值以及垂直打入地下的导体数和深度则分别有所不同。例如，危险仓库避雷网的接地极，其接地电阻不能大于 4Ω，一般房屋的避雷网接地电阻和烟囱避雷针的接地电阻不大于 10Ω 即可。具体做法如下：

（1）接地极应选择在地势比较低洼或经常潮湿的处所进行埋设。

（2）接地体一般是以 2.5m 长的两根金属管或角钢垂直打入地下，其间距应是导体长的两倍。金属管径应不小于 40mm，角钢面积应不小于 50mm×50mm。

（3）埋入地下的金属导体须距离建筑物或门口 3m 以上，并须排成一字形且垂直于墙面。

（4）打入地下的地极导体应在冻层以下。

（5）埋入地下金属导体的顶端须以 4mm×40mm 的扁钢做成接地母线，与接地体用电、气搭焊焊牢，扁钢与金属接地体的焊接长度不应少于扁钢宽度的两倍。

（6）金属接地体的顶端及其接地线埋入地下的深度不得少于 0.7m。必要时应根据当地地热、坡度及水土流失情况，适当加深以防露出地面。

（7）接地母线完成后，在回填土前，须对接地电阻值进行测定。若接地电阻值超过规定时，应再打入一根不小于 50mm×50mm 的角钢或管径不小于 40mm 的钢管，并填写试验记录。

（8）回填土时不宜将炉灰、砖石或垃圾填入坑内。必要时可另换填一部分电阻率较低的土壤作为回填土。

（9）接地母线的引出部分，须用直径不小于 10mm 的圆钢焊在扁钢上，另一端引出地面的部分须顺墙引上，高度不低于 2m。并在自地面的上、下各 0.2m 的一段将圆钢涂以防腐沥青，其露出地面的圆钢须装入钢管内，钢管下端埋入地下 0.3m，并用卡子每隔 0.8m 将钢管固定在墙上。引上圆钢的顶端要焊在金属夹板上以便压紧零线引下导线。

（10）零线及进户铁管的引下导线，须用截面不小于 $10mm^2$ 的橡皮绝缘铜电线，其上端连接在零线及铁管上，下端压接在金属夹板上。引下接地导线用 U 形钉固定在主墙上或抹在主墙的抹灰层里。

（四）防雷设施的维护与维修

防雷管理主要包括两方面内容：一是根据国家的防雷标准安装好防雷器具；二是管理好防雷器具，保证雷雨季节防雷器具正常工作。

1. 变配电所防雷器具的安装

变配电所属于一级防雷建筑物，按照规定变配电所应装避雷装置。为防止雷电波沿导线传入配电所，应在高压进线和低压出线上安装阀式避雷器。阀式避雷器在正常电压时呈现很高的电阻，对电路工作无影响；当遇到雷电的高压时则呈现低阻，通过引下线和接地体将雷电流引入大地。

2. 变配电所防雷器具的管理

避雷器具的管理较简单。每年4月份雷雨季节前由变配电室的值班电工，进行一次避雷针、避雷器和接地体装置的试验、测量和维修，以保证避雷器具良好运行。

第五节 安全用电管理

随着电能在人们生产、生活中的广泛应用，人们接触电气设备的机会越来越多，造成电气事故的可能性也越来越高。电气事故包括设备事故和人身事故两种。设备事故是指设备被烧毁或设备故障带来的各种事故，设备事故会给人们造成不可估量的经济损失并产生不良影响。人身事故指人触电死亡或受伤等事故，它会给人们带来巨大的痛苦。因此，应了解安全用电常识，遵守安全用电的有关规定，避免损坏设备或发生触电伤亡事故。

在低压配电系统中，发生电击伤亡事故是难以杜绝的，即使在经济、技术发达的国家，国民文化水准较高的社会，也不例外。因此，必须加强安全保护的技术措施。

一、电流对人体的伤害

电流通过人体时，将对人体内部组织产生复杂的作用。人体触电可分为两大类：一种是雷击或高压触电，较强的电流通过人体所产生的热效应、化学效应和机械效应，将使人的机体受到严重的电灼伤、组织炭化坏死以及其他难以恢复的永久性伤害；另一种是低压触电，在几十至几百毫安的电流作用下，使人的机体产生病理、生理性反应，轻者出现针刺痛感，或痉挛、血压升高、心律不齐以致昏迷等暂时性功能失常，重者可引起呼吸停止、心跳骤停、心室纤维颤动等危及生命的现象。

电流对人体的伤害是电气事故中最为常见的一种，它大致可以分为电击和电伤两大类。

（一）电击

人体接触带电部分，电流通过人体，使人体内部的器官受到损伤的现象，称为电击触电。在触电时，由于肌肉发生收缩，受害者常不能立即脱离带电部分，电流连续通过人体，会造成呼吸困难、心脏麻痹，甚至死亡，所以危险性很大。

直接与电气装置的带电部分接触，过高的接触电压和跨步电压都会使人触电。按照与电气装置的带电部分的接触方式不同,电击触电又分为单相触电和两相触电。

1. 单相触电

单相触电是指当人体站在地面上,触及电源的一根相线或漏电设备的外壳而触电。

单相触电时,人体只接触带电的一根相线,由于通过人体的电流路径不同,所以其危险性也不同。当电源变压器的中性点通过接地装置和大地作良好连接的供电系统时,在这种系统中发生单相触电,相当于电源的相电压加给人体电阻与接地电阻的串联电路。由于接地电阻较人体电阻小很多,所以加在人体上的电压值接近于电源的相电压。在低压为380/220V 的供电系统中,人体将承受 220V 电压,此种情况非常危险。若电源变压器的中性点不接地的供电系统的单相触电,电流通过人体、大地和输电线间的分布电容构成回路。显然,这时如果人体和大地绝缘良好,流经人体的电流就会很小,触电对人体的伤害就会大大减轻。实际上,中性点不接地的供电系统仅在游泳池和矿井等处应用,所以单相触电发生在中性点接地的供电系统中最多。

2. 两相触电

人体的两处,如两手或手和脚,同时触及电源的两根相线而发生触电的现象,称为两相触电。在两相触电时,虽然人体与地有良好的绝缘,但因人同时和两根相线接触,使人体处于电源线电压下。在电压为 380/220V 的供电系统中,人体受 380V 电压的作用,并且电流大部分通过心脏,因此两相触电是最危险的。

3. 接触电压和跨步电压触电

过高的接触电压和跨步电压也会使人触电。当电力系统和设备的接地装置中有电流时,此电流经埋设在土壤中的接地体向周围土壤中流散,使接地体附近的地表任意两点之间都可能出现电压。人在接地装置附近行走时,由于两足所在地面的电位不相同,人体所承受的电压为跨步电压。跨步电压与跨步大小有关。人的跨距一般按 0.8m 考虑。

人站在发生接地短路的设备旁边,人体触及接地装置的引出线或触及与引出线连接的电气设备外壳时,则作用于人的手与脚之间的就是接触电压。

当供电系统中出现对地短路时,或有雷电电流流经输电线入地时,都会在接地体上流过很大的电流,使接触电压和跨步电压都大大超过安全电压,造成触电伤亡。接触电压和跨步电压还可能出现在被雷电击中的大树附近或带电的相线断落处附近,人们应处于断线处 8m 以外。

(二)电伤

由于电弧以及熔化、蒸发的金属微粒而对人体外表造成的伤害,称为电伤。例如,在拉闸时,非正常情况下,可能发生电弧烧伤或刺伤操作人员眼睛的情况。再如,熔丝熔断时,飞溅起的金属微粒可能使人皮肤烫伤或渗入皮肤表层等。电伤的危险程度虽不如电击,但有时后果也是很严重的。

安全电流就是人体触电后最大的摆脱电流。各国规定不完全一致。我国依 1974 年 IEC 提出的 479 号报告，规定安全电流为 30mA·s（50Hz）。

安全电流与下列因素有关：

（1）触电时间。触电时间在 0.2s 以下与 0.2s 以上，电流对人体的危害程度是有很大区别的。触电时间在 0.2s 以上时，致颤电流值将急剧降低。

（2）电流性质。试验表明，直流、交流和高频电流触电对人体的危害是不同的，以 50～100Hz 的电流对人体的危害最为严重。

（3）电流路径。电流对人体的伤害程度主要取决于心脏受损的程度。试验表明，不同路径的电流对人体的危害程度是不同的，电流从手到脚特别是从手到胸对人体的危害最为严重。

（4）体重和健康状况。健康人的心脏和体弱有病人的心脏对电流的抵抗能力是不同的。人的心理、情绪好坏以及人的体重等，也使电流对人的危害有所差别。

二、安全电压

安全电压就是不致使人直接死亡或致残的电压。实际上，从触电的角度来说，安全电压与人体电阻有关。

人体电阻由体内电阻和皮肤电阻两部分组成。体内电阻约为 500Ω，与接触电压无关。皮肤电阻随皮肤表面的干湿、洁污状态和接触电压而变。从触电安全的角度考虑，人体电阻一般下限为 1 700Ω。由于我国安全电流取 30mA，如人体电阻取 1 700Ω，则人体允许持续接触的安全电压为：

$$U_{50g}=30mA\times1\ 700\Omega\approx50V$$

这 50V 称为一般正常环境条件下允许持续接触的安全电压，如表 7-1 所示。

表 7-1　安全电压

安全电压（交流有效值）（V）		选用举例
额　定　值	空载上限值	
42	50	在有触电危险的场所使用的手持式电动工具等
36	43	在矿井、多导电粉尘等场所使用的行灯等
24	29	
12	15	可供某些具有人体可能偶然触及的带电体设备选用
6	9	

三、防止触电的主要措施

（1）经常对设备进行安全检查，检查有无裸露的带电部分和漏电情况。裸露的带电线头，必须及时地用绝缘材料包好。检验时，应使用专用的验电设备，任何情况下都不要用手去鉴别。

（2）安装漏电自动开关。该开关能在设备漏电、短路、过载或人体触电时，自动切断电源，因此能对设备和人身安全起到保护作用。

（3）装设保护接地或保护接零。当设备的绝缘材料损坏，电压"蹿"到其金属外壳时把外壳上的电压限制在安全范围内，或自动切断绝缘损坏的电气设备应当装设保护接地或保护接零。

（4）停电检修及接通电源前都应采取挂牌、专人看护等措施使其他有关人员知道，以免有人正在检修时，其他人合上电闸；或者在接通电源时，其他人员由于不知道而正在作业，造成触电事故。

（5）正确使用各种安全用具，如绝缘棒、绝缘夹钳、绝缘手套、绝缘套鞋、绝缘地毯等，并悬挂各种警告牌，装设必要的信号装置。

四、安全用电管理

在供配电系统中，必须特别注意安全用电。这是因为，如果用电设备使用不当，可能会造成严重后果，如人身触电事故、火灾、爆炸等，给国家、社会和个人带来极大的损失。安全用电管理具体包括以下几项工作：

（一）加强安全教育

电能可造福于人类，但如果使用和管理不当，也常常给人们带来极大的危害，甚至伤人性命。因此必须加强安全教育，使供电设备使用人员和设备管理人员树立"安全第一"的观点，普及安全用电常识，按规定使用安全用具，力争供、用电过程无事故发生，防患于未然。

（二）严格执行安全工作规程

国家颁布和现场制定的安全工作规程，是确保安全用电管理工作顺利进行的基本依据。只有严格执行安全工作规程，才能确保用电设备管理工作的安全。

供电设施的安全操作管理就是规范供电设施的操作程序，保证供电设施操作过程中的安全。供配电室的值班人员必须有强烈的安全意识，熟悉安全用电的基本知识，掌握安全注意事项，按照操作规程操作电气设备。

1. 安全操作注意事项

（1）操作高压设备时，必须使用安全用具，如使用操作杆、棒，戴绝缘手套，穿绝缘鞋。操作低压设备时戴绝缘手套、穿绝缘鞋，同时注意不要正向面对操作设备。

（2）严禁带电工作。紧急情况带电作业时，必须有监护人、有足够的工作场地和充足的光线，必须戴绝缘手套、穿绝缘鞋进行操作。

(3) 自动开关跳闸后，必须查明原因，排除故障后再恢复供电。必要时可以试合闸一次。

(4) 变配电室倒闸操作时，必须一人操作一人监护。

(5) 电流互感器二次侧不得开路，电压互感器二次侧不得短路，不能用摇表测带电设备的绝缘电阻。

(6) 设立安全标志。应对各种电气设备设立安全标志牌：配电室门前应设"非工作人员不得入内"标志牌；处在施工中的供电设备，开关上应悬挂"禁止合闸，有人工作"标志牌；高压设备工作地点和施工设备上应悬挂"止步，高压危险"等标志牌。

(7) 人体与带电体的安全距离。在施工工地与带电体作业时，人体与带电体的安全距离不得小于如表 7-2 所示的规定值。

表 7-2　人体与带电体安全距离

电压等级（kV）	10	35	66	110	220	330
安全距离（m）	0.4	0.6	0.7	1.0	1.9	2.6

2. 变配电室设备的安全操作规程

为确保安全，防止错误操作，按照国家 DL408—91《电业安全工作规范》的规定，倒闸操作必须根据上级变配电所调度员或值班负责人的命令，经受令人复诵无误后执行，并填写操作表。

(1) 送电操作规程

变配电所送电时，一般应从电源侧的开关合起，依次到负荷侧的开关。有高压断路器、高压隔离开关、低压断路器、低压刀开关的情况下，送电时，一定要按照母线侧隔离开关（刀开关）→负荷侧隔离开关（刀开关）→断路器的合闸次序操作。

(2) 停电操作规程

变配电所停电时，一般应从负荷侧的开关拉起，依次拉到电源侧开关，以保证每个开关断开的电流最小，较安全。有高压断路器、高压隔离开关、低压断路器、低压刀开关的电路中，停电时，一定要按照断路器→负荷侧隔离开关（刀开关）→母线侧隔离开关（刀开关）的拉闸次序操作。

(3) 配电柜维修前的安全操作规程

断开控制配电柜的断路器和前面的隔离开关，然后验电，确认无电时挂上三相短路接地线。当和临近带电体距离小于 6cm 时，设置绝缘隔板。在停电开关处挂警示牌。

(4) 变压器维修前的安全操作规程

为确保在无电状态下对变压器进行维修，必须先拉开负荷侧的开关，再拉开高压侧的开关。用验电器验电，确认无电后，在变压器两侧挂上三相接地线，高低压开关上挂上"有人工作，请勿合闸"警示牌，才能开始工作。

（5）变配电室做好防雷装置的设置

变配电室为重点防雷区域，应设置防雷装置，并做好检查。

3．供电设备过负荷的安全管理

供电设备过负荷是指用户的用电功率超过了供电系统的额定功率时的运行状态。在这种情况下，开关电器、变压器、线路都有被烧坏的危险。近年来，随着人们生活水平的不断提高，微波炉、空调等大功率用电设备进入普通家庭，使居民用电功率大幅增加。原有住宅的供电设计容量已经不能满足现在的需要，保险丝断裂、导线烧坏、电表烧坏等造成的停电事故时有发生。这不但影响了物业管理公司的声誉，而且处理这些事故要耗费大量的人力、物力和财力。因此，物业管理公司应该高度重视供电设备过负荷的问题。

通常有两种解决过负荷问题的办法：一种是改造增容，即需要换线、换变压器、换开关设备，增加供电容量，这种方法需要耗费大量的资金，物业管理公司往往难以解决改造任务和资金缺乏的矛盾；另一种方法是加强用电管理。物业管理公司要限制沿街的商业店铺从居民住宅私接电线，居民安装大功率电器要申请接入低压电网，经批准后方能接入，以此来限制供电系统的过负荷。通过加强管理来保证居民基本的家用电器的正常使用，保证物业管理公司的信誉和财物不受损失。

五、安全用电常识

（1）不得私自拉电线，私用电炉。

（2）不得超负荷用电。

（3）装拆电线和电器设备时，应请电工，避免发生短路和触电事故。

（4）电线上不能晒衣服，以防电线上绝缘破损，漏电伤人。

（5）不得在架空线路和室外变配电装置附近放风筝，以免造成短路或接地故障。

（6）不得用弹弓等打电线上的鸟，以免电线上绝缘破损。

（7）不得攀登电杆和变配电所装置的构架。

（8）移动电器的插座，一般应采用带保护接地插孔的插座。

（9）所有可能触及的设备外露可导电部分必须接地。

（10）导线断落在地时，不可走近。对落地的高压线，应离开落地点9～10m以上并及时报告供电部门前往处理。

（11）电气失火事故正确处理。

① 电气失火的特点

失火电器设备可能带电，灭火时要注意防止触电，最好是尽快断开电源；失火电器设备可能充有大量的油，容易导致爆炸，使火势蔓延。

② 带电灭火的措施和注意事项
- ☐ 采用二氧化碳、四氯化碳等灭火器，这些灭火器均不导电，并且要求通风，有条件的戴上防毒面具。
- ☐ 不能用一般泡沫灭火器灭火，因其灭火剂具有一定的导电性。
- ☐ 可用干砂覆盖进行带电灭火，但只能是小面积着火时采用。
- ☐ 带电灭火时，应采取防触电的可靠措施。

六、触电的急救处理方法

触电者的现场急救是抢救过程中关键的一步。如能及时、正确地抢救，则因触电而呈假死的人就有可能获救。反之，则可能带来不可弥补的损失。因此，《电业安全工作规程》将"特别要学会触电急救"规定为电气工作人员必须具备的条件之一。

1. 脱离电源

触电急救，首先要使触电者迅速脱离电源，越快越好；触电时间越长，伤害越严重。

（1）触电急救首先要将触电者接触的那部分带电设备的开关断开，或设法将触电者与带电设备脱离。在脱离电源时，救护人员既要救人，又要保护自己。触电者未脱离电源前，救护人员不得直接用手触及伤员。

（2）如果触电者接触低压带电设备，救护人员应设法迅速切断电源，如拉开电源开关，或使用绝缘工具、干燥的木棒等不导电的物体使带电设备脱离触电者；也可抓紧触电者的衣服将其拖开。为使触电者与导体解脱，最好用一只手进行抢救。

（3）如果触电者接触高压带电设备，救护人员应设法迅速切断电源，或用适合该绝缘等级的绝缘工具使带电设备脱离触电者。救护人员在抢救过程中，要注意保持自身与带电部分的安全距离。

（4）如果触电者处于高处，从带电设备上脱离后，可能会从高处坠落，此时要采取相应的措施，以防触电者摔伤。

（5）在切断电源后，应考虑事故照明、应急灯照明等，以便继续进行急救。

2. 急救处理

当触电者脱离带电设备后，应根据具体情况，迅速救治，同时赶快通知医生。

（1）如触电者神志尚清，则应使之平躺，严密观察，暂时不要使其站立或走动。

（2）如触电者神志不清，则应使之仰面平躺，确保气道通畅。并用5秒钟呼叫伤员或轻拍其肩部，严禁摇动头部。

（3）如触电者神志不清且失去知觉，停止呼吸，但心脏微有跳动时，应在通畅气道后，立即施行口对口的人工呼吸。

（4）如触电者伤害相当严重，心跳和呼吸已停止，完全失去知觉，则在通畅气道后，立即施行口对口的人工呼吸和胸外按压心脏的人工循环。先按胸外4~9次，再口对口的吹气2~3次；再按压心脏4~9次，再口对口吹气2~3次。对人工呼吸要有耐心，不能急。不应放弃现场抢救。只有医生有权做出死亡诊断。

3. 人工呼吸法

人工呼吸法有仰卧压胸法、俯卧压背法和口对口吹气法等。最简便的是口对口吹气法，其步骤如下：

（1）迅速解开触电者的衣服、裤子，松开上身的紧身衣等，使其胸部能自由扩张，不致妨碍呼吸。

（2）使触电者仰卧，不垫枕头，头先侧向一边，清除其口腔内的血块、假牙及其他异物，将舌头拉出，使气道通畅，如触电者牙关紧闭可用小木片、金属片等小心地从口角伸入牙缝撬开牙齿，清除口腔内异物。然后将其头扳正，使之尽量后仰，鼻孔朝天，使气道通畅。

（3）救护人位于触电者头部的左侧或右侧，用一只手捏紧鼻孔，不使漏气，另一只手将下颌拉向前下方，使嘴巴张开，嘴上可盖一层纱布，准备接受吹气。

（4）救护人做深呼吸后，紧贴触电者的嘴巴，向其大口吹气，如果掰不开嘴巴，也可捏紧嘴巴，紧贴鼻孔吹气，吹气时要使胸部膨胀。

（5）救护人吹气完毕后换气时，应立即离开触电者的嘴巴，并放松紧捏的鼻，让其自由排气。按上述要求对触电者反复地吹气、换气，每分钟约12次。对幼小儿童施行此法时，鼻子不必捏紧，可任其自由漏气。

4. 胸外按压心脏的人工循环法

按压心脏的人工循环法操作步骤如下：

（1）同上述人工呼吸的要求一样，迅速解开触电者的衣服、裤子，松开上身的紧身衣等，使其胸部能自由扩张，使气道通畅。

（2）触电者仰卧，不垫枕头，头先侧向一边，清除其口腔内的血块、假牙及其他异物，将舌头拉出，使气道通畅，后背着地处的地面必须平整。

（3）救护人位于触电者一侧，最好是跨腰跪在触电者的腰部，两手相叠，手掌根部放在心窝稍高一点的地方，如图7-10所示。

（4）救护人找到触电者正确的压点后，自上而下、垂直均衡地用力向下按压，压出心脏里的血液，对儿童用力应小一点。

（5）按压后，掌根迅速放开，使触电者胸部自动复原，心脏扩张，血液又回到心脏里来，如图7-11所示。

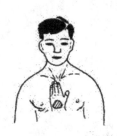
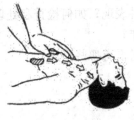
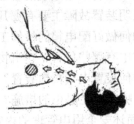

　　　　　　　　　　　　　　　　　　（a）向下按压　　　　（b）放松回流

图 7-10　胸外按压心脏的正确压法　　　图 7-11　人工胸外按压心脏法

　　按上述要求对触电者的心脏进行反复地按压和放松，每分钟约 60 次；按压时定位要准，用力要适当。在进行人工呼吸时，救护人应密切关注触电者的反应。只要发现触电者有苏醒迹象，应中止操作几秒钟，让触电者自行呼吸和心跳。

　　事实说明，只要正确地坚持施行人工救治，触电假死的人被抢救活的可能性是非常大的。

本 章 小 结

　　本章首先介绍了供配电系统的组成及高低压设备的管理和维护方法，其次介绍了照明设备的管理和维护方法，最后介绍了建筑防雷措施与接地形式、安全用电电压、安全用电管理、安全用电常识及触电的急救处理方法。通过本章的学习，能较全面地掌握建筑电气设备管理和维护工作需要掌握的技术。

课 堂 实 训

　　1．讨论人触电时应如何急救。
　　2．某厂有一座第二类防雷建筑物，高 12m，其屋顶最远的一角距离高 50m 的烟囱 150m 远，烟囱上装有一根 2.5m 高的避雷针。试验算此避雷针能否保护该建筑物。

思 考 与 讨 论

　　1．低压配电方式有哪几种？
　　2．供电线路有哪几种敷设方式？
　　3．电气设备管理的主要内容有哪些？

4. 电气设备维修系统的管理有哪些基本要求？
5. 照明装置故障主要有哪几种表现？如何检查和处理？
6. 如何做好配电箱的检修工作？
7. 雷电有哪些危害？建筑物避雷有哪些措施？
8. 如何设置电气接地装置？
9. 有哪些防止触电的措施？
10. 简述安全用电管理的内容。
11. 对直击雷、感应雷和雷电侵入波分别采用什么防雷措施？
12. 变配电所防直击雷的措施有哪些？
13. 避雷针的主要功能是什么？
14. 什么是滚球法？如何用滚球法确定避雷针的保护范围？
15. 避雷针、避雷器、避雷带各主要用在什么场合？
16. 什么是安全电流？安全电流与哪些因素有关？我国规定的安全电流是多少？
17. 保证电气安全的一般措施有哪些？

第八章　电梯的管理与维修

学习目标

本章介绍了电梯的构成和工作原理，重点阐述了电梯的使用安全管理、电梯的运行管理、电梯的维修管理内容、电梯常见故障及排除方法。

学习要求

1. 了解电梯的类型，熟悉电梯的组成与工作原理。
2. 了解电梯管理的内容，掌握电梯的使用安全管理、电梯的运行管理、电梯的维修管理内容。
3. 了解电梯常见故障的表现形式，熟悉电梯常见故障及排除方法。
4. 了解自动扶梯的结构，熟悉自动扶梯的管理与保养。

第一节　电　　梯

电梯是沿固定导轨自一个高度运行至另一个高度的升降机，是一种置于建筑物内的竖向交通工具。随着城市化进程的加快和土地稀缺性的加剧，高层建筑的应用越来越广泛。而电梯作为高层建筑中人员的主要竖向交通工具，更是得到普遍应用。电梯的类型、数量及电梯厅的位置对高层建筑的疏散起着重要作用。自动扶梯是电梯的一种常见形式，常设置于大型公共场所。

一、电梯的设置

电梯的设置应首先考虑安全可靠，方便用户，其次才是经济实用。电梯由于运行速度快，可以节省人们的交通时间，在高层住宅、大型宾馆、医院、商店、写字楼等均应设置。一般来说，一部电梯的服务人数在400人以上，服务面积为450～500m^2。在住宅开发建造中，为满足日常使用，设置电梯应符合以下要求：

（1）物业为7层及7层以上的住宅，其入口层楼面居室外设计地面高度超过16m以上的，必须设置电梯。

（2）物业为12层及12层以上的高层住宅，每栋楼设置电梯不应少于两台，其中需配置一台可容纳担架的电梯。

（3）高层住宅电梯宜每层设站，当住宅电梯非每层设站时，连续不设站的层数不应超过两层。塔式和通廊式高层住宅电梯宜成组集中布置。单元式高层住宅每单元只设一部电梯时，应采用联系廊连通。

二、电梯的类型

（一）按使用性质分类

电梯根据不同的用途分为客梯、货梯、客货电梯、消防电梯、观光电梯以及其他专用电梯。

1. 客梯

客梯主要用于人们在建筑中竖向的联系，可应用于住宅、商店、旅馆、医院、办公楼等人流较大的建筑内。

2. 货梯

货梯主要用来装运各种物品，如器械、设备、货物、材料、食品、图书、文件、蔬菜、服装、杂物等，一般不允许人员通行时使用货梯。

3. 客货电梯

客货电梯指既可载客又可载货，客货两用的电梯。

4. 消防电梯

消防电梯主要在发生火灾、爆炸等紧急情况下，供安全疏散人员和消防人员紧急救援使用，一般另有一套启动电源。

5. 观光电梯

观光电梯四周是透明的，可直接瞭望室外风景，它是把竖向通行和登高流动观景相结合的电梯。

6. 其他专用电梯

其他专用电梯如船舶电梯、车辆电梯、建筑施工电梯、矿井电梯等。

（二）按运行方式分类

根据运行方式不同，电梯分为直升电梯和自动扶梯。

1. 直升电梯

直升电梯是靠曳引机并通过钢丝绳传动上下垂直运行的电梯。

2. 自动扶梯

自动扶梯是靠齿轮传动的开放式传输运行的电梯。

(三) 按运行速度分类

电梯按行驶速度可分为高速电梯、中速电梯和低速电梯。

1. 高速电梯

速度大于 2m/s 的电梯为高速电梯。

2. 中速电梯

速度为 1~2m/s 的电梯为中速电梯。

3. 低速电梯

速度在 1m/s 以内的电梯为低速电梯。

消防电梯的常用速度大于 2.5m/s，客梯速度随层数增加而提高。目前，世界上已有 9m/s 的超高速电梯投入使用。

(四) 按拖动方式分类

1. 交流电梯

交流电梯是采用交流电动机拖动的电梯。例如，交流单速电梯、交流双速电梯、交流调压调速（ACVV）电梯、交流变压变频调速（VVVF）电梯等。

2. 直流电梯

直流电梯是采用直流电动机拖动的电梯。例如，采用直流发电机——电动机组拖动的电梯和直流晶闸管励磁拖动的电梯、整流器供电的直流拖动电梯。

3. 液压电梯

液压电梯是靠液压驱动的电梯。根据柱塞式液压缸设置的方式不同，目前有以下两种液压电梯：

(1) 柱塞直顶式液压电梯，液压缸柱塞直接支撑电梯轿厢底部，使轿厢得以升降。

(2) 柱塞侧置式液压电梯，液压缸设置在井道的侧面，借助曳引绳或链通过滑轮组与轿厢相连接，使轿厢得以升降。

4. 齿轮齿条式电梯

这种电梯无须曳引钢丝绳，其电动机及齿轮传动机构直接安装在电梯轿厢上，依靠齿轮与固定在构架上的齿条之间的啮合来驱动轿厢上下运行。例如，建筑工程用的电梯（又称为施工升降机）即为此种电梯。

5. 螺旋式电梯

螺旋式电梯通过螺杆旋转带动安装在轿厢上的螺母使轿厢升降的电梯。

(五)按控制方式分类

根据控制方式不同,电梯可分为以下几类:

1. 手柄操纵控制电梯

手柄操纵控制电梯由司机操纵轿厢内的手动开关,一般为载货电梯。

2. 按钮控制电梯

按钮控制电梯通过操纵层门外侧按钮或轿厢内按钮发出指令,使电梯停靠、运行。

3. 信号控制电梯

信号控制电梯是由电梯司机操纵轿厢运行的电梯,它是能将层门外上下召唤信号、轿厢内选层信号和其他各种专用信号加以综合分析判断的电梯,因而自动控制程度较高。

4. 集选控制电梯

集选控制电梯自动控制程度更高,可将层门外上下召唤信号、轿厢内选层信号和其他各种专用信号加以综合分析判断后,自动决定轿厢运行。该电梯一般均设"有/无司机"操纵转换开关,如果人流高峰或特殊需要时,可转换为有司机操纵,而成为信号控制电梯。在其他情况下,作正常行驶时,可转为无司机操纵。

5. 并联控制电梯

并联控制电梯是将2~3台电梯集中排列,共同接收层门外召唤信号,按规定顺序自动调度,确定其运行状态的电梯。一般一部为基梯,一部为自由梯,另一部为备用梯。基梯启动后,自由梯自动启动至基站等待,应答与其同方向的所有召唤,相反的方向由基梯应答。此种运行方式可节省乘客的候梯时间。

6. 群控制电梯

群控制电梯是多台电梯进行集中排列,并共用层门外按钮,按规定集中调度和控制的电梯。此种方式利用负载自动计量装置及计算机管理系统,根据不同时段客流量选择运行电梯,增加电梯的运输能力、提高效率、缩短乘客的候梯时间,适于配用在 3 台以上电梯的高层建筑中。

7. 智能控制电梯

智能控制电梯应用先进的计算机技术,根据厅外召唤,给梯群中每部电梯做试探性分配,以心理性等候时间最短为原则,避免乘客长时间等候和将厅外呼梯信号分配给满载性较大的电梯而使乘客失望,提高了分配的准确性,保障了电梯的运行效率。

三、电梯的组成与工作原理

(一)电梯的组成

电梯一般由机房、轿厢、井道和层站组成。

1. 机房

机房是电梯的重要组成部分，是安装曳引机、电气控制柜、限速器的房间。机房一般设置在井道的上方（少数也有设在底层井道旁边），要求有足够的空间、通风良好、满足防火要求。为便于安装和维修，机房的楼板应按电梯设备要求预留孔洞。电梯机房的平面尺寸须根据电梯设备尺寸、安装维修等要求决定。一般在电梯原有宽度上至少有两个面，每边扩出 600mm 以上，其高度应为 2.5～3.0m。

曳引机用于输出与传递力，它由电动机、制动器和减速齿轮箱组成，通过曳引绳与曳引轮的摩擦驱动电梯运行。曳引机上的绳轮称为曳引轮，是连接轿厢和对重装置。靠曳引机驱动轿厢升降的专用钢丝绳称为曳引绳。对重装置设置在井道中，在电梯运行过程中起平衡作用。限速器是当轿厢运行速度达到限定值时，能及时发出电信号并产生机械动作的安全装置。

2. 轿厢

轿厢是用来运送乘客或货物的组件。由于各类电梯的用途不同，轿厢的结构也不同。客梯轿厢内装饰有各种豪华的轿顶结构，轿壁上装有镜面玻璃、茶色玻璃、不锈钢板等。轿底铺有地毯、橡胶垫或塑料地板。轿厢内应灯光柔和，有通风设备，使乘客感觉宽敞、舒适、安全。住宅电梯轿厢除乘人外还需装载日常生活物资，所以装饰不须考究，但要根据住宅的档次不同选择适当的电梯。其他的如观光梯、货梯、病床电梯等，都有不同的结构和要求。轿厢系统主要包括自动安全触板、自动门调速装置、光电保护防夹装置、轿厢召唤钮、轿厢顶检修钮、平层感应器、急停钮、安全窗及保护开关、安全钳等装置。

3. 井道

井道是为轿厢和对重装置运行而设置的空间，由顶板、井道壁和底坑组成。不同用途的电梯，井道尺寸应结合各种电梯轿厢选用。井道壁多为钢筋混凝土浇注或框架填充墙，每层楼面应留出门洞，观光电梯井壁可用通高玻璃幕墙。在轿厢升降过程中，轿厢门和每层专用门应全部封闭以保证安全。顶板是井道与机房的隔板，能够有效地阻止机房噪声传入井道。底坑位于井道底部，装有缓冲器和限速器的钢丝绳张紧装置，缓冲器的作用是当轿厢超过下限位置时，用来吸收轿厢和对重装置所产生的功的制停安全装置。在设计上不同速度的电梯要求的底坑深度也不同。

4. 层站

层站是指各楼层用于出入轿厢的地点，主要包括层楼显示器、自动厅门钥匙开关、手动钥匙开关、厅门呼梯钮、到站钟等。

（二）电梯的工作原理

载人电梯和运货电梯具有不同的形式与结构，但其主要组成部分的作用还是相同的。

首先，电梯的主要传动部分——升降机械电动机带动曳引钢绳与悬吊装置，依靠对重装置和其他活动部件带动轿厢在井道内上下移动。

其次，电梯的轿厢两侧装有导靴，导靴从三个方向箍紧在导轨上，以使轿厢和对重在水平方向准确定位。一旦发生运行超速或曳引钢绳拉力减弱的情况，安装在轿厢上（有的在对重上）的安全钳启动，牢牢地把轿厢卡在导轨上，避免事故发生。如果轿厢和对重的控制系统发生故障时急速坠落，为了避免其与井道地面发生碰撞，在井坑下部设置了挡铁和弹簧式缓冲器，以缓和其着地时的冲击。

第二节 电梯管理

一、电梯设备管理

电梯设备管理主要包括电梯设备的安全管理、运行管理、维修管理等内容。

（一）电梯设备的安全管理

电梯设备的安全管理的主要内容包括电梯使用安全教育、安全措施管理、电梯困人的援救管理等。电梯设备的安全管理的好坏直接影响电梯管理人员和电梯司乘人员的安危，所以电梯设备的安全管理居物业管理的首要地位。

（二）电梯的运行管理

电梯的运行管理的主要内容是规范电梯的日常管理工作，以保证电梯设备的正常运行。

（三）电梯设备的维修管理

电梯设备的维修管理是规范电梯的维护保养工作，使电梯各项性能指标达标，消除电梯的故障隐患，以减少运行费用。

二、电梯的使用安全管理

高层建筑中的电梯设备给人们提供了方便、快捷和舒适的工作和生活环境。然而电梯如果使用与管理不当，则有可能会危及乘梯人的生命安全，也会给物业服务企业造成重大的经济损失。为防止电梯因使用不当造成损坏或引起伤亡事故，必须加强电梯的使用安全管理。电梯使用安全管理的主要内容包括：电梯的承接查验、安全教育、司梯人员的操作安全管理、乘梯人员的安全管理、电梯困人救援的安全管理。

（一）电梯的承接查验

电梯的安全性很大程度上取决于电梯的建造和安装质量，所以加强电梯的安全管理就要把好电梯产品质量和安装质量关，搞好承接查验工作。

1. 电梯的查验管理

电梯由施工单位安装好后,要按国家规定的技术标准和质量标准进行验收。验收时,由施工单位向物业服务企业提交验收资料,包括电梯的出厂合格证、性能测试、运行记录、安装使用说明书,还有电梯的原理图、安装图等。物业服务企业的电梯管理员应邀请市级以上劳动局的有关专业技术人员进行检验和验收,验收合格后方可投入使用。

2. 电梯设备承接

电梯设备经验收合格后,划归物业服务企业管理,同时可投入使用。物业服务企业工程部的电梯管理员应建立电梯的档案并妥善保存。未经过验收合格的电梯,物业服务企业绝对不能接管,应责令施工单位进行整修,限期再验收。

(二)实施安全教育

由电梯管理员负责对电梯机房值班人员、电梯司梯人员和乘梯人员实施安全教育,使他们树立安全第一的思想观念,熟知电梯设备的安全操作规程和乘梯安全规则。

(三)电梯安全管理部门职责

电梯使用单位应根据本单位实际情况,明确一个职能部门负责电梯的安全使用和管理工作,主要职责如下:

(1)全面负责电梯安全使用、管理方面的工作。

(2)建立健全电梯使用操作规程、作业规范以及管理电梯的各项规章制度,并督促检查实施情况。

(3)组织制定电梯中大修计划和单项大修计划,并督促实施。

(4)搞好电梯的安全防护装置,设施要保持完好、可靠,确保电梯正常、安全运行。

(5)负责对电梯特种作业人员的安全技术培训工作。

(6)组织对电梯的技术状态作出鉴定,及时进行修改,消除隐患。

(7)搞好电梯安全评价,制定整改措施,并监督实施情况。

(8)对由于电梯管理方面的缺陷造成的重大伤亡事故负全责。

(四)电梯专职或兼职管理人员岗位职责

(1)收取控制电梯厅外自动开关门锁的钥匙、操纵箱上电梯工作状态转移开关的钥匙、操纵箱钥匙以及机房门锁的钥匙。

(2)根据本单位的具体情况,确定司机和维修人员的人选,并送到有合格条件的单位进行培训,保证每位司机和维修人员都要持证上岗。

(3)收集和整理电梯的有关技术资料,具体包括井道及机房的土建资料,安装平面布置图,产品合格证书,电气控制说明书,电路原理图和安装接线图,易损件图册,安装说明书,使用维护说明书,电梯安装及验收规范,装箱单和备品备件明细表,安装验收试验和测试记录以及安装验收时移交的资料和材料，国家有关电梯设计、制造、安装等方面的技术条件、规范和标准等。资料收集齐全后应登记建账，妥善保管。只有一份资料时应及时复制，备份存档。

（4）收订并妥善保管电梯备品、备件、附件和工具。根据随机技术文件中的备品、备件、附件和工具明细表，清理校对随机发来的备品、备件、附件和专用工具，收集电梯安装后剩余的各安装材料，并登记建账，合理保管。除此之外，还应根据随机技术文件提供的技术资料编制备品、备件采购计划表。

（5）根据本单位的具体情况和条件，建立电梯管理、使用、维护保养和修理制度。

（6）熟悉收集到的电梯技术资料，向有关人员了解电梯在安装、调试、验收时的情况并认真检查电梯的完好程度。

（7）完成必要的准备工作，而且相关条件具备后可交付使用，否则应暂时封存。封存时间过长时，应按技术文件的要求妥当处理。

（8）制定各工种岗位责任制、安全操作规程、管理规程、维保周期和内容，制定大中修计划，督促例行和定期维修计划的实施，并安排年检。

（9）负责电梯的整改，在整改通知单上签字并反馈有关部门和存档。

（10）参与、组织电梯应急救援或困人演习预案的实施。

（五）电梯司梯人员安全操作管理

为了确保电梯的安全运行，司梯人员均应持证上岗，并制定相应的司梯人员安全操作守则。

（1）保证电梯正常运行，提高服务质量，防止发生事故。

（2）要求司机坚持正常出勤，不得擅离岗位。

（3）电梯不带病运行、不超载运行。

（4）操作人员操作时不吸烟、不闲谈等。

（5）执行司机操作规程：

① 每次开启厅门进入轿箱内，必须作试运行，确定正常时才能载人。

② 电梯运行中发生故障时，立即按停止按钮和警铃，并及时要求修理。

③ 遇停电或电梯未平层时禁止乘客打开轿箱门，并及时联系外援。

④ 禁止运超大、超重的物品。

⑤ 禁止在运行中打开厅门。

⑥ 工作完毕时，应将电梯停在基站并切断电源，关好厅门。

（六）加强对乘梯人员的安全管理

制作电梯乘梯人员安全使用乘梯的警示牌，悬挂于乘客经过的显眼位置，警示牌要显而易见，并在显眼处张贴乘梯须知，警告乘梯人员安全使用电梯的常识，乘梯须知应做到言简意赅。

三、电梯的运行管理

电梯设备的运行管理,就是保障电梯良好运行所实施的管理活动,主要内容包括:电梯设备的运行巡视监控管理、电梯运行中出现异常情况的管理、电梯机房的管理和电梯的档案管理等。

(一)电梯设备的运行巡视监控管理

巡视监控管理,是由电梯机房值班人员实施的定时对电梯设备进行巡视、检查,发现问题及时处理的管理方式。电梯机房值班人员每日对电梯进行一次巡视,根据巡视情况填写《电梯设备巡视记录》,如表 8-1 所示。

表 8-1　电梯设备巡视记录表

巡视时间 电梯编号		检查结果	备　注
序　号	运行监控项目		
1	机房温度、湿度		
2	曳引电动机温度、润滑油、紧固情况		
3	减速箱油位油色、联轴器紧固情况		
4	限速器、机械选层器运行情况		
5	控制柜的继电器工作情况		
6	制动器		
7	变压器、电抗器、电阻器		
8	对讲机、警铃、应急灯		
9	轿箱内照明、风扇		
10	厅外轿内指层灯及指令按钮		
11	厅门及轿门踏板清洁		
12	开关门有无异常		
13	井道底坑情况		
14	各种标示物及救援工具情况		
15	电梯运行舒适感		
电梯值班员:		负责人:	

1. 建立巡视监控管理制度

公司工程部的电梯管理员根据电梯的性能和运行情况制定出电梯巡视管理制度,并监督机房值班人员执行。

2. 巡视内容

机房值班人员巡视时应注意按照表 8-1 提示内容检查。

3. 巡视中发现不良情况的处理

巡视中发现不良状况时，机房值班人员应及时采取措施进行调整。如果问题严重则及时报告公司工程部主管，协同主管进行解决。整修时应严格遵守《电梯维修保养标准》的相关规定。

（二）异常情况处置管理

当电梯工作中出现异常情况时，司梯人员和乘梯人员都要冷静，保持清醒的头脑，以便寻求比较安全的解决方案。

1. 发生火灾时的处置

（1）当楼层发生火灾时，电梯的机房值班人员应立即设法按动"消防开关"，使电梯进入消防运行状态；电梯运行到基站后，疏导乘客迅速离开轿厢；电话通知工程部并拨打119电话报警。

（2）井道或轿厢内失火时，司梯人员应立即停梯并疏导乘客离开，切断电源后用干粉灭火器或1211灭火器灭火，同时电话通知工程部。若火势较猛应拨打119电话报警，以便保证高层建筑内的人员和财产安全。

2. 电梯遭到水浸时的处置

电梯的坑道遭水浸时，应将电梯停于二层以上；当楼层发生水淹时，应将电梯停于水淹的上一层，然后断开电源总开关并立即组织人员堵水源，水源堵住后进行除湿处理，如热风吹干。用摇表测试绝缘电阻，当达到标准后，即可试梯。试梯正常后，才可投入使用。

（三）电梯机房的管理

电梯机房值班人员在公司工程部电梯管理员的领导下工作。电梯管理员负责制定电梯机房的管理制度。机房值班人员严格执行电梯机房管理制度。

1. 电梯机房管理制度

（1）非机房工作人员不准进入机房，必须进入时应经过公司工程部经理的同意，在机房人员的陪同下进入。

（2）机房应配足消防器材，禁放易燃易爆品。

（3）每周打扫一次机房卫生，保持机房清洁。

（4）为防止不必要的麻烦，机房要随时上锁。

2. 交接班制度

（1）正常时，按时交接班，并签署《电梯设备巡视记录》。

（2）当遇到接班人员未到岗时，交班人员不得离岗，应请示工程部电梯管理员寻求解决。

（3）电梯发生事故后未处理完的，应由交班人员继续负责事故的处理，接班人员协助处理。

（四）电梯的档案管理

为了解电梯的整体状况，工程部以高层楼宇为单位建立电梯档案。电梯的档案包括电梯的原理图、安装图、《电梯设备巡视记录》、《电梯设备维修记录》等项内容。档案中的《电梯设备巡视记录》由机房值班组长每月初整理成册，交工程部电梯管理员保管。

四、电梯的维修管理

随着电梯在各物业建筑的普及和应用，它为人们的日常工作和生活提供方便、快捷的作用也越来越明显，电梯一旦发生故障，将会影响人们的正常工作和生活，因此，加强电梯的维修管理，使电梯迅速排除故障，恢复正常运行，是非常必要的。搞好电梯维修的管理就是建立电梯维修保养的标准和相应的电梯维修管理制度，确保电梯的顺畅运行。

（一）《电梯维修保养标准》的制定

物业服务企业工程部的电梯管理员应根据国家标准和公司辖区内的电梯情况制定《电梯维修保养标准》。制定标准时注意不要和国家标准相抵触。

（二）电梯的维修保养制度

为使电梯安全运行，需要对电梯进行经常性的维护、检查和修理。电梯管理员和电梯机房值班电工负责电梯发生故障时的紧急维修工作，公司工程部主管负责电梯故障维修的组织监控工作，并负责建立电梯维修管理制度。电梯维修管理制度主要包括月维修保养制度、季维修保养制度、年维修保养制度、电梯故障处理制度和不定期保养维修。

1. 月维修保养制度

月维修保养制度主要检查各种按钮是否灵活、开关是否正常、有无噪声和异味、限速制动元件是否可靠，检修完成后填写《电梯月维修保养记录》。

2. 季维修保养制度

季维修保养制度主要针对机房内的主要设备进行检修，如检查曳引电动机运行时有无异常噪声、减速机是否漏油、减速机和曳引电动机的温升是否超标、曳引电动机的制动器是否可靠、速度反馈装置的反馈信号有无变化、控制柜的电气元件动作是否可靠、限位开关的动作是否可靠。检修完成后填写《电梯季度维修保养记录》。

3. 年维修保养制度

年维修保养制度是每年对电梯的整机运行性能和安全设施作一次检查。整机性能包括乘梯的舒适感、运行的振动、噪声、运行速度、平层准确性。安全设施包括超速保护，断相、错相保护，撞底缓冲装置，超越上下限位置的保护等。整机检修完成后填写《电梯年维修保养记录》。

4. 电梯故障处理制度

电梯管理员和电梯值班电工接到电梯故障的通知后,应在 5 分钟内到达现场。根据现场情况作出正确判断,并对电梯被困人员进行解救。查看故障现象、分析故障原因,根据情况进行故障处理。对于一般故障,处理后填写《电梯维修记录》。电梯的重大故障应由公司工程部负责请电梯公司的技术人员进行维修,并经劳动局专业人员检验合格后方可使用。

5. 不定期保养维修

物业服务企业不定期对电梯保养维修情况进行检查,发现问题视其情况给予责任人教育、批评或处罚。

第三节　电梯常见故障和维修

一、电梯常见故障

电梯常见故障一般分为三类:一类是由于设计、安装、制造的问题引起的;一类是由于使用者不正当操作安全装置和开关引起的;另外一类是零部件损坏引起的。

(一) 设计、安装、制造故障

当电梯发生设计、安装、制造故障后,必须与制造厂家取得联系,由其技术和安装维修人员与本单位的维修人员共同商讨解决。

(二) 操作故障

操作故障一般是由于使用者玩弄安全装置和开关引起的。如触弄短接门的安全触头,在门开启的情况下运行是十分危险的,必须防止这类故障发生。

(三) 零部件损坏引起故障

这类故障是电梯最常见的故障,如机械部分传动装置的相互摩擦、电器部分过热烧坏等。

在所有的故障中,由于轿厢或厅站门口保护不当引起的电梯故障占大多数,为了尽量避免由于电梯故障而对乘客造成的伤害,相关人员应仔细做好维修检查工作,及时发现并消除故障隐患,做好修理工作,对陈旧的电梯和装有不可靠装置的电梯,应当坚决更换。

二、电梯常见故障及排除方法

电梯常见故障及排除方法如表 8-2 所示。

表 8-2　电梯常见故障及排除方法

故　　障	产　生　原　因	排　除　方　法
关闭厅门、梯门，经底层启动，轿厢不能运行	（1）开关门锁电气接点松动，未能接连； （2）关门行程开关未接通	（1）调整门锁电气接点触头簧片，使之接触良好，或更换触头簧片； （2）调整行程开关位置、角度，使之接触动作灵活，紧固行程开关，固定螺丝
厅门未关能选层开关	（1）门锁继电器动作不正常； （2）门锁连接线短路	（1）调整门锁继电器，更换门锁继电器； （2）检查门锁线路，排除短路点
关门夹人，安全触板失灵	（1）安全触板微动开关被压死，不能动作； （2）安全触板接线短路； （3）安全触板传动机构损坏	（1）更换微动开关，使之连接和断开灵活； （2）检查线路排除短路点； （3）检查调整传动机构触板拉链、转轴等，使之动作灵活
开关门速度明显降低	（1）开门机励磁线圈串联电阻 $M\Omega R$ 阻值过小； （2）开门机皮带轮皮带打滑	（1）适当增大 $M\Omega R$ 电阻值，进行试验，一般调至全电阻 3/4 比较合适； （2）调整皮带轮偏心轴或开门机底座螺栓
开关门速度明显过快	开门机励磁线圈串接电阻 $M\Omega R$ 阻值过大	适当减小 $M\Omega R$ 电阻值
开关门明门扇跳动，振动过大	（1）吊门滚轮磨损或导轨偏斜； （2）吊门滚轮下的偏心轴挡轮间隙过大； （3）地坎门滑道积尘过多，卡有异物	（1）调整门导轨，更换吊门滚轮； （2）调整门导轨下的偏心轴挡轮间隙； （3）清扫地坎门滑道，排除卡阻异物
电梯运行中轿厢有振动或晃动	（1）蜗轮副齿侧间隙增大，蜗杆推力轴承磨损； （2）曳引机地脚螺栓或挡板压板松动； （3）个别导轨架或导轨压板松动； （4）导轨接口不平滑，有"台阶"	（1）更换中心距调整垫及轴承盖处调整垫，或更换轴承； （2）检查紧固地脚螺栓和挡板压板并进行校正； （3）在轿顶上检查导轨架及压道板紧固情况，并进行紧固； （4）用细齿锉刀按要求进行修光平整

续表

故　　障	产生原因	排除方法
电梯运行时在轿厢中听到摩擦响声	(1) 轿厢滑动导靴尼龙衬磨损严重，其金属压板与导轨发生摩擦； (2) 滑动导靴衬套油槽中卡入异物； (3) 安全钳楔块与导轨间隙过小，有时摩擦导轨	(1) 更换新的导靴衬，并调整导靴弹簧，使4只导靴压力一致； (2) 清除卡在导靴内的异物并进行清洗； (3) 调整安全钳楔块与导轨间隙使之符合要求（2~3mm 为宜）
电梯运行中轿厢在通过厅门时有碰撞摩擦声响	(1) 开门刀与厅门地坎间隙过小或有摩擦； (2) 开门刀与门锁滚轮相碰	(1) 测量各层间隙并检查轿厢有无倾斜现象，必要时用砝块调平轿厢； (2) 检查轿门倾斜度，必要时调整开门刀和门锁滚轮位置
限速器有时误动作或有打点响声	(1) 限速器转动轴油路不畅、锈蚀或有磨损； (2) 弹簧或压紧螺钉松动	(1) 清洗限速器，通畅油路，对转动轴磨损者可用零号砂布细磨修饰； (2) 螺钉松动可进行紧固，压簧松紧程度与限速器动作速度有关，应送电梯厂进行调整
预选层站不停车（选不上）	(1) 内选层继电器失灵； (2) 选层器上滑块接触不良或接不上，滑块碰坏	(1) 检修或更换 NXJ 继电器； (2) 调整滑块距离，使接触良好
未选层站停车	(1) 快速保持回路接触不良； (2) 有的层站换速碰块连接线与换速电源相碰或选层器上的层间信号隔离二极管击穿短路	(1) 检查调整快速回路中的继电器接触器接点，使之动作灵活、接触良好； (2) 调整滑块连接线或更换二极管
局部保险丝经常烧断	(1) 该回路导线有接地点或电气元件有接地； (2) 有的继电器绝缘垫片击穿	(1) 检查回路接地点，加强电气元件与接地体的绝缘； (2) 加绝缘垫片绝缘或更换继电器
主保险丝片经常烧断	(1) 保险丝片容量小、压片接松，接触不良； (2) 有的接触器接触不良，有卡阻； (3) 启动、制动时间过长； (4) 启动、制动电阻（电抗器）接头压片松动	(1) 按额定电流更换保险丝片，并压接紧固； (2) 检查调整接触器，排除卡阻或更换接触器； (3) 按规定调整启动、制动时间； (4) 紧固接点，压紧压片
个别信号灯不亮	(1) 灯丝烧断； (2) 线路接点断开或接触不良	(1) 核对电压，更换灯泡； (2) 检查线路，紧固接点

续表

故　障	产　生　原　因	排　除　方　法
呼梯按钮和选层按钮失灵或不复位	（1）按钮连接线有断开点或接触不良； （2）按钮块与边框有卡阻； （3）隔离二极管装反； （4）呼梯继电器或选层继电器失灵	（1）检查线路，紧固接点； （2）清除孔内毛刺，调整安装位置； （3）调整或更换二极管； （4）更换继电器
停梯断电后再使用，发现运行方向相反	内无相序保护装置，外线三相电源相序接反	将三相电源线中任意两相互换
电梯启动和运行速度有明显降低	（1）抱闸未完全打开或局部未张开； （2）三相电源有一相接触不良； （3）接触器接点接触不实； （4）电源电压低	（1）调整抱闸间隙； （2）检查三相电源线路、紧固各接点，使接触良好； （3）检修或更换接触器； （4）调整三相电压使压降不超过±5%
轿厢或厅门有麻电感觉	（1）轿厢接地线断开或接触不良； （2）接零系统零线重复接地线断开； （3）轿厢上的线路有接地漏电	（1）检查接通接地线，并测量接地电阻不大于4Ω； （2）在零线上做好重复接地，成为保护接零系统； （3）检查线路绝缘，使其绝缘电阻值不低于每伏工作电压1kΩ
平层误差过大（上行平层高，下行平层低）	抱闸弹簧过松，间隙大或不平	调整弹簧压力，并按规定调整抱闸间隙
平层误差过大（上行平层低，下行平层高）	抱闸弹簧过紧，间隙小或不平	调整弹簧压力，并按规定调整抱闸间隙，调整平层器与感应铁距离间隙
平层误差过大（上行平层高，下行平层也高）	对重重量（平衡论）过重	按平衡系数计算，用电流表测量正反方向电流值，调整对重砣块
平层误差过大（上行平层低，下行平层也低）	对重重量（平衡论）过轻	按平衡系数计算，用电流表测量正反方向电流值，调整对重砣块

第四节　自动扶梯的管理与维护

　　自动扶梯是一种可以连续运送乘客的装置。自动扶梯比直升电梯的运送能力大，能连续输送人员，可以逆转，停运时可作普通楼梯使用。自动扶梯的缺点是乘客停留时间长、能量损失大、造价高。由于自动扶梯是敞开式运行，因此其维护管理比直升电梯要简单一些。

一、自动扶梯的结构

　　自动扶梯由机械系统、驱动系统和安全装置三部分组成。

1. 机械系统

机械系统由金属结构、梯级、牵引构件、导轨装置和扶手装置等组成。

金属结构承受荷载并把不同高度的地面连接起来；梯级就是阶梯；牵引构件包括牵引链条和牵引尺条，它们共同构成闭合环路，将驱动力传递给梯级，使梯级运动；梯级沿着导轨运行，导轨系统包括主轮和辅轮的全部导轨、反轨、反板、导轨支架及转向壁等；扶手装置供站立在扶梯上的乘客扶手用。

2. 驱动系统

驱动系统由电动机、减速器、制动器、传动链条和驱动系统主轴等组成。驱动装置将动力传递给梯路系统和扶手系统。

3. 安全装置

电梯的安全装置包括工作制动器、紧急制动器、速度监控装置、牵引链条伸长或断裂保护装置等。自动扶梯的主要任务是在人流大的地方运送乘客，所以保障其安全十分重要。

二、自动扶梯的管理与保养

由于自动扶梯乘客较多，因此必须加强自动扶梯的维护和保养工作，减少、避免出现重大事故。自动扶梯可在保修期内找厂家维修，也可委托专门的保养公司维修，但同时必须培养自己的自动扶梯专业技术维护人员，每天、每周、每月、每年做好强制性保养和检修工作。

1. 曳引链的维修保养

曳引链是自动扶梯最大的受力部件，长期运行会使其受损严重，必须配备润滑系统进行润滑。驱动主轴和张紧轴一般用滚动轴承作为转动件，故也应对其实施润滑，如梯级主轮有脱胶、裂纹、破裂现象则必须停机，请厂家或特约维修人员更换。

2. 驱动装置的维修保养

驱动装置的各部件的维修专业性很强，如发现异常响声、温升过快过高等异常现象，应找厂家或特约维修人员进行修理。

3. 安全装置的维修保养

各种保护装置在平时是不起作用的，但一旦发生故障必须能够立即起保护作用，故日常的保养显得格外重要。在例行检查时，必须保持各保护装置的卫生，逐个对安全保护装置机构进行检查，看其能否正常工作，电路反应是否正常。一旦发现有故障，必须经专业人员进行故障处理后，方可重新启动。

4. 梯级的维修保养

梯级的维修保养应做到以下几个方面：

（1）自动扶梯出入口处 1.5m 范围内应有使乘客清除鞋底杂物的设置。

(2) 不允许乘客载货使用。
(3) 踏板齿有折断时应及时更换。
(4) 维修人员必须按照生产单位提供的文件进行检查，发现故障应及时排除。必要时应停机维修。

本章小结

建筑中的电梯设备，给人们提供了高效、快捷和舒适的工作和生活环境。然而电梯如果使用与管理不当，有时会危及乘梯人的生命安全，也会给物业服务企业造成重大的经济损失，所以电梯管理是物业服务企业的重中之重。在了解电梯结构、分类和工作原理的基础上，要重点掌握电梯的使用安全管理、电梯的运行管理、电梯的维修管理等内容。

课堂实训

通过本章的学习，同学们掌握了电梯的使用安全管理、电梯的运行管理、电梯的维修管理内容，讨论：生活中遇到过或听说过哪些电梯故障？应采取哪些处理方法？

思考与讨论

1. 电梯有哪几部分组成？
2. 电梯管理的内容有哪些？
3. 如何做好电梯的使用安全管理？
4. 如何做好电梯的运行管理？
5. 如何做好电梯的维修管理？
6. 电梯有哪些常见故障？
7. 自动扶梯的管理与保养工作的内容有哪些？

第九章 消防设施设备系统的管理与维护

学习目标

本章介绍了火灾自动报警及联动灭火系统的组成及构成模式,组成消防各子系统的工作原理,并强调了消防系统的管理与维护、消防应急措施等。

学习要求

1. 了解消防系统的组成、火灾报警控制器的基本功能、工作原理,熟悉火灾探测器的作用、分类、设置,火灾应急照明设置场所,火灾自动报警及联动系统的配套设备;掌握火灾自动报警系统、室内消火栓灭火系统、湿式自动喷水灭火系统、应急照明系统、消防通信系统的组成及控制原理。
2. 熟悉各种灭火器、消火栓给水系统、自动灭火系统。
3. 了解消防队伍的建设,熟悉消防管理的制度,掌握建筑灭火系统的养护与维修。

火灾是发生频率较高的一种灾害,在任何时间、任何地点都可能发生。它不仅可以在顷刻间烧掉大量的财富,甚至可以危及人们的生命。尤其是近几年来高层建筑大量增加,一旦发生火灾,灭火的难度更大,疏散人员、抢救物资、通信联络等更加复杂了。"消防"作为一门专门学科,正伴随着现代科学技术的发展进入到高科技综合学科的行列,是现代建筑中的重要内容。有效监测火灾、控制火灾,迅速扑灭火灾,保障人民生命和财产的安全,保障国民经济建设,是建筑消防系统的任务。建筑消防系统就是为完成上述任务而建立的一套完整、有效的体系,该体系就是在建筑物内部,按国家有关规范设置必需的火灾自动报警及消防联动控制系统、建筑灭火系统、防烟排烟等建筑消防设施。

我国消防工作执行"预防为主,防消结合"的方针。为使这一方针得到贯彻,每个与消防有关的人员都应认真做好防火工作,力求制止火灾的发生,同时充分做好灭火准备。当发生火灾时,尽可能地减少火灾所造成的人员伤亡和财产损失。

物业的消防设施设备管理与维护就是对消防的各项设施设备进行日常养护与维修,预防物业火灾发生。消防设施设备越先进齐全,消防设施设备的管理与维修就越重要。

第一节　火灾自动报警系统

一、火灾自动报警系统的组成

建筑火灾自动控制系统主要由火灾自动报警系统、自动灭火控制系统和联动控制系统三部分组成。

（一）火灾自动报警系统

火灾自动报警系统由火灾探测器、手动报警按钮、火灾报警控制器、火灾警报器及具有其他辅助功能的装置等组成，以完成检测火情并及时报警的任务。

1．火灾探测器

在消防报警系统中，火灾探测器是火灾自动报警系统的传感部分，它能自动发出火灾报警信号，将现场火灾信息（烟、光、温度）转换成电信号，并将其传送到自动报警控制器，在闭环控制的自动消防系统中完成信号的检测与反馈。火灾探测器是火灾探测的主要部件，它安装在监控现场，可形象地称之为"消防哨兵"，用以监测现场火情。火灾探测器是自动触发装置。

2．手动报警按钮

手动报警按钮的作用与火灾探测器类似，也是向火灾报警控制器报告所发生火情的设备，只不过火灾探测器是自动报警，而它是由人工方式将火灾信号传送到火灾报警控制器。手动报警按钮是手动触发装置，其准确性更高。

3．火灾报警控制器

火灾报警控制器是消防系统的重要组成部分，它的完美与先进是现代化建筑消防系统的重要标志。火灾报警控制器接收火灾探测器及手动报警按钮送来的火警信号，经过运算（逻辑运算）处理后认定火灾，输出指令信号。一方面启动火灾报警装置，如声、光报警；另一方面启动灭火及联动装置，用以驱动各种灭火设备及防排烟设备等。此外，它还能启动自动记录设备，记下火灾状况，以备事后查询。

（二）自动灭火控制系统

自动灭火控制系统分为自动喷水灭火系统和固定式喷洒灭火系统两种，常用的是水灭火方式，如消火栓灭火系统和自动喷水灭火系统，其作用是当接到火警信号后执行灭火任务。

（三）联动控制系统

联动控制系统包括火灾事故照明和疏散指示标志、消防专用通信系统及防排烟设施等，其作用为保证发生火灾时人员能较好地疏散，减少伤亡。

综上所述，消防系统的主要功能是自动捕捉火灾探测区域内火灾发生时的烟雾或热气，从而发出声光报警并控制自动灭火系统，同时联动其他设备的输出触点，控制事故照明及疏散指示标志、事故广播及通信、消防给水和防排烟设施，以实现监测、报警和灭火的自动化。消防控制系统的组成结构框图如图9-1所示。

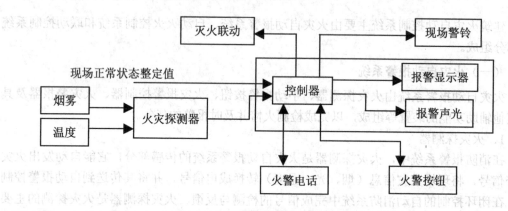

图9-1 消防控制系统的组成结构框图

二、消防系统的构成模式

（一）区域报警系统

区域报警系统由区域火灾报警控制器和火灾探测器等组成功能简单的火灾自动报警系统，其构成如图9-2所示。这种系统形式适用于建筑规模小、保护对象仅为某一区域或某一局部范围的场所，系统具有独立处理火灾事故的能力，报警区域内最多不得超过两台区域报警控制器。

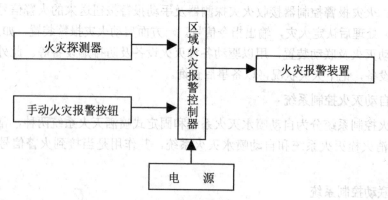

图9-2 区域报警系统框图

（二）集中报警系统

集中报警系统由集中火灾报警控制器、区域火灾报警控制器和火灾探测器等组成，或由火灾报警控制器、区域显示器和火灾探测器等组成，是功能较复杂的火灾自动报警系统，如图9-3所示。集中报警系统适用于高层的宾馆、写字楼及群体建筑等。

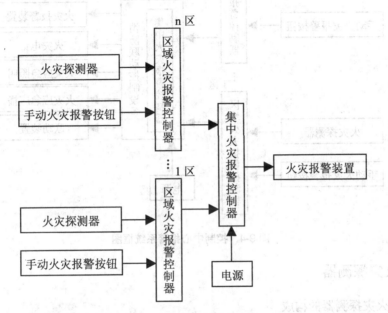

图9-3　集中报警系统框图

（三）控制中心报警系统

控制中心报警系统由消防控制室的消防联动控制设备、集中火灾报警控制器、区域火灾报警控制器和火灾探测器等组成，或由消防控制室的消防控制设备、火灾警报装置、区域显示器和火灾探测器等组成，是功能复杂的火灾自动报警系统，如图9-4所示。建筑规模大，需要集中管理的多个智能楼宇，应采用控制中心报警系统，该系统能显示各消防控制室的状态信号，并负责总体灭火的联络与调度工作。

前文中列出的三种基本形式在设计中的具体要求有所不同，特别是对联动功能要求有简单、复杂和较复杂之分，对报警系统的保护范围要求有小、中、大之分。随着电子技术的迅速发展和计算机软件技术在现代消防技术中的大量应用，火灾自动报警系统的结构、形式越来越灵活多样，很难精确划分成几种固定的模式。火灾自动报警系统的发展趋向为智能化系统，这种系统可组合成任何形式的火灾自动报警网络结构，它既可以是区域报警系统，也可以是集中报警系统和控制中心报警系统，它们无绝对明显的区别，设计人员可任意组合设计自己需要的系统形式。

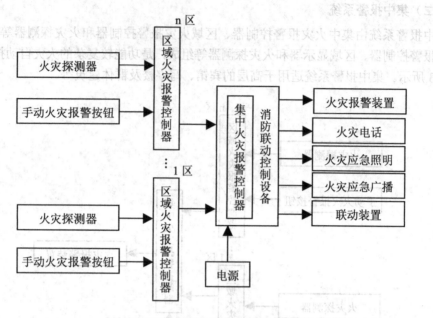

图 9-4 控制中心报警系统框图

三、火灾探测器

（一）火灾探测器的构成

火灾探测器因为其在火灾报警系统中用量最大，同时又是整个系统中最早发现火情的设备，因此地位非常重要。其种类多、科技含量高，因此根据对可燃固体、可燃液体、可燃气体及电气火灾等的燃烧试验，为了准确无误地对不同物体的火灾进行探测，目前研制出来的常用探测器有感烟、感温、感光、复合及可燃气体探测器五种系列。另外，根据探测器警戒范围的不同又将火灾探测器分为点型和线型两种形式。

火灾探测器通常由敏感元件、相关电路、固定部件及外壳等三部分组成。

1. 敏感元件

敏感元件的作用是将火灾燃烧的特征物理量转换成电信号。因此，凡是对烟雾、温度、辐射光和气体浓度等敏感的传感元件都可使用。它是火灾探测器的核心部件。

2. 相关电路

相关电路的作用是对敏感元件转换所得的电信号进行放大并处理成火灾报警控制器所需的信号，通常由转换电路、保护电路、抗干扰电路、指示电路和接口电路等组成。火灾探测器电路框图如图 9-5 所示。

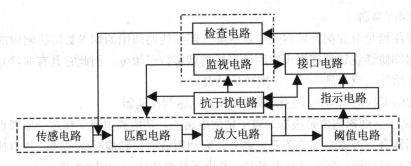

图 9-5　火灾探测器电路框图

（1）转换电路。转换电路的作用是将敏感元件输出的电信号变换成具有一定幅值并符合火灾报警控制器要求的报警信号。它通常由传感电路、匹配电路、放大电路和阈值电路（有的消防报警系统探测器的阈值电路被取消，其功能由报警控制器取代）等部分组成。

（2）保护电路。保护电路是用于监视探测器和传输线路故障的电路。检查和试验自身电路的元件、部件是否完好，监视探测器工作是否正常，检查传输线路是否正常（如探测器与火灾报警控制器之间的连接导线是否连通）。它由监视电路和检查电路两部分组成。

（3）抗干扰电路。由于外界环境条件，如温度、风速、强电磁场等因素的影响，会使不同类型探测器的正常工作受到影响，或者造成假信号使探测器误报。为了提高探测器信号感知度的可靠性，防止或减少误报，探测器必须具有一定的抗干扰功能，如采用滤波、延时、补偿和积分电路。

（4）指示电路。指示电路主要用以指示探测器是否动作。探测器动作后，自身应给出动作信号，这种自身动作显示一般在探测器上都设置动作信号灯，称作确认灯。

（5）接口电路。接口电路主要用以完成火灾探测器之间、火灾探测器和火灾报警控制器之间的电气连接，信号的输入和输出，保护探测器不致因安装错误而损坏等。

3．固定部件和外壳

它是探测器的机械结构。固定部件和外壳用于固定探测器，其作用是将传感元件、电路印刷板、接插件、确认灯和紧固件等部件有机地连成一体，保证一定的机械强度，达到规定的电气性能，以防止其所处环境如烟雾、气流、光源、灰尘、高频电磁波等干扰和机械力的破坏。

（二）火灾探测器的分类

火灾探测器按探测火灾参数可分为感烟火灾探测器、感温火灾探测器、感光（火焰）火灾探测器、可燃气体和复合火灾探测器等几大类。每种类型的火灾探测器根据其工作原理又可分为若干种。

1. 感烟探测器

感烟探测器是对探测区域内某一点或某一连续线路周围的烟参数敏感响应的设备。由于它能探测物质燃烧初期在周围空间所形成的烟雾粒子浓度，因此它具有非常好的早期火灾探测报警功能，应用最广泛，应用数量最大。

常用的感烟探测器有离子感烟探测器和光电感烟探测器。

（1）离子感烟探测器是根据烟粒子粘附电离子，使电离电流变化这一原理设计的。离子感烟探测器有双源双室和单源双室之分，它利用放射源制成敏感元件，并由补偿电离室（内电离室）和检测电离室（外电离室）及电子线路构成，如图9-6所示。

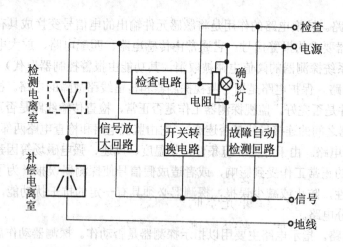

图9-6 离子感烟探测器原理图

在串联两个电离室时两端直接接入 24V 直流电源，两个电离室形成一个分压器，两个电离室电压之和为 24V。外电离室是开孔的，烟可顺利通过，内电离室是封闭的，不能进烟，但能与周围环境缓慢相通，以补偿外电离室环境的变化对其工作状态发生的影响。

放射源由物质镅241（Am 241）α放射源构成。放射源产生的α射线使内外电离室内空气电离，形成正负离子，在电离室电场作用下形成通过两个电离室的电流。这样可以把两个电离室看成两个串联的等效电阻，两个电阻交接点与"地"之间维持某一电压值。

离子感烟探测器感烟的原理：当发生火灾时，烟雾进入外电离室后，镅241产生的α射线被阻挡，降低其电离能力，因而电离电流减小。正负离子被体积比其大得多的烟粒子吸附，外电离室等效电阻变大，而内电离室因无烟进入，电离室的等效电阻不变，因而引起两个电阻交接点电压变化。当交接点电压变化到某一定值，即烟密度达到一定值时（由报警阈值确定）交接点的超阈值部分经过处理后，开关电路动作，发出报警信号。

（2）光电感烟探测器是利用火灾时产生的烟雾粒子对光线产生吸收、遮挡、散射的原理并通过光电效应而制成的一种火灾探测器。光电感烟探测器根据其结构和原理分为散射型、遮光型和激光型三种。

① 散射型光电感烟探测器。无火灾时，红外光无散射作用，也无光线射在光敏二极管上，二极管不导通，无信号输出，探测器不动作。当发生火灾烟雾粒子进入暗室时，由于烟粒子对光的光敏散（乱）射作用，光敏二极管收到一定数量的散射光，接收散射光的数量与烟雾含量有关。当烟的含量达到一定程度时，光敏二极管导通，电路开始工作，由干扰电路确认有两次（或两次以上）超过规定水平的信号时，探测器动作，向报警器发出报警信号。散射型光电感烟探测器的结构图如图 9-7 所示。

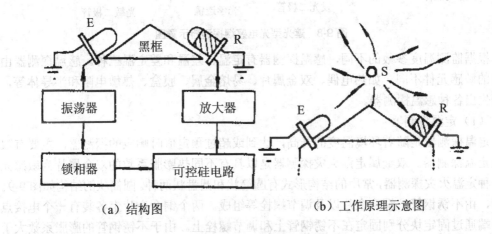

图 9-7　散射型光电感烟探测器组成示意图

E—发光二极管　R—光敏二极管　S—烟粒子

② 遮光型（或减光型）光电感烟探测器。遮光型（或减光型）光电感烟探测器由一个光源（灯泡或发光二极管）和一个光敏元件（硅光电池）对应装在小暗室（即型腔密室或称采样室）里构成。在正常（无烟）情况下，光源发出的光通过透镜聚成光束，照射到光敏元件上，并将其转换成电信号，使整个电路维持正常状态，不发生报警。发生火灾有烟雾存在时，光源发出的光线受烟粒子的散射和吸收作用，使光的传播特性改变，光敏元件接收的光强明显减弱，电路正常状态被破损，则发出声光报警，如图 9-8 所示。

2. 感温火灾探测器

感温火灾探测器是对警戒范围内某一点或某一线段周围的温度参数（异常高温、异常温差和异常温升速率）敏感响应的设备。

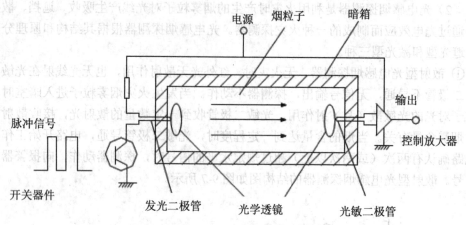

图 9-8 遮光型光电感烟探测器示意图

根据监测温度参数的不同,感温探测器有定温、差温和差定温三种。感温探测器由于采用的敏感元件不同,如热电偶、双金属片、易熔金属、膜盒、热敏电阻和半导体等,又可派生出各种感温探测器。

（1）定温探测器

定温探测器是随着环境温度的升高,达到或超过预定值时响应的探测器,主要有双金属型定温探测器。双金属定温火灾探测器是以具有不同热膨胀系数的双金属片为敏感元件的一种定温火灾探测器,常用的结构形式有圆筒状和圆盘状两种。圆筒状的结构如图 9-9（a）所示,由不锈钢管、铜合金片以及调节螺栓等组成。两个铜合金片上各装有一个电接点,其两端通过固定块分别固定在不锈钢管上和调节螺栓上。由于不锈钢管的膨胀系数大于铜合金片,当环境温度升高时,不锈钢外筒的伸长大于铜合金片,因此铜合金片被拉直。

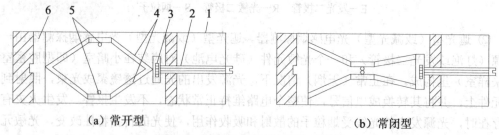

(a) 常开型　　　　　　　　　　　(b) 常闭型

图 9-9 定温火灾探测器结构示意图

1—不锈钢管　2—调节螺栓　3、6—固定块　4—铜合金片　5—电接点

在图 9-9（a）中两接点闭合发出火灾报警信号；在图 9-9（b）中两接点打开发出火灾报警信号。

（2）差温探测器

差温探测器是当火灾发生时，室内局部温度将以超过常温数倍的异常速率升高。差温火灾探测器就是利用对这种异常速率产生感应而研制的一种火灾探测器。

点型差温火灾探测器主要有膜盒差温、双金属片差温、热敏电阻差温等几种类型。常见的是膜盒差温火灾探测器，它由感温外壳、波纹片、漏气孔及电接点等几部分构成，这种探测器具有灵敏度高、可靠性好、不受气候变化影响的特点，因而应用较广泛，其结构如图9-10所示。

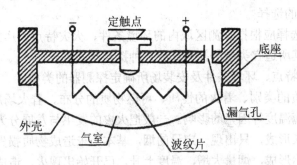

图9-10 膜盒差温火灾探测器结构示意图

膜盒差温火灾探测器工作原理是：当正常时，气温正常，受热膨胀的气体能从传感元件泄气孔排出，不推动膜盒片，动、静接点不闭合；当发生火灾时，火灾区温度快速升高，使空气管感受到温度变化，管内的空气受热膨胀，泄气孔无法立即排出，膜盒内压力增加推动膜片，使之产生位移，动、静接点闭合，接通电路，输出报警信号。

（3）差定温组合式探测器

这种探测器是将差温、定温两种感温探测元件组合在一起，同时兼有两种功能。其中某一种功能失效，另一种功能仍能起作用，因而大大提高了可靠性，分为机械式和电子式两种。

3. 智能型火灾探测器

智能型火灾探测器是为了防止误报，预设了一些针对常规及个别区域和用途的火情判定计算规则，探测器本身带有微处理信息功能，可以处理由环境所收到的信息，并针对这些信息进行计算处理、统计评估。能自动检测和跟踪由灰尘积累而引起的工作状态的漂移，当这种漂移超出给定范围时，自动发出清洗信号，同时这种探测器跟踪环境变化，自动调节探测器的工作参数，因此可大大降低由灰尘积累和环境变化所造成的误报和漏报。同时还具备自动存储最近时期的火警记录的功能。随着科技水平的不断提高，这类智能型探测器将成为主流。

（三）探测器的选择及数量确定

火灾自动报警系统中火灾探测器的选择是否合理，关系到系统能否正常运行，更影响到火灾救助工作的顺利进行，因此，探测器的种类及数量的确定十分重要。另外，探测器选好后对其进行合理布置是保证探测质量的关键环节，应符合国家有关规范和要求。

火灾探测器的选用及布置应按照《火灾自动报警系统设计规范》(GB 50116-1998)和《火灾自动报警系统施工验收规范》(GB 50166-1992)的有关要求进行。火灾探测器的选用涉及的因素很多，主要有火灾的类型、火灾形成的规律、建筑物的特点以及环境条件等。

1. 探测器种类的选择

探测器种类的选择应根据探测区域内的环境条件、火灾特点、房间高度、安装场所的气流状况等，选用其所适宜类型的探测器或几种探测器的组合。

（1）根据火灾特点、环境条件及安装场所确定探测器的类型

火灾受可燃物质的类别、着火的性质、可燃物质的分布、着火场所的条件、新鲜空气的供给程度以及环境温度等因素的影响。一般把火灾的发生与发展分为四个阶段。

前期：火灾尚未形成，只出现一定量的烟，基本上未造成物质损失。

早期：火灾开始形成，烟量大增，温度上升，已开始出现火，造成较小的损失。

中期：火灾已经形成，温度很高，燃烧加速，造成了较大的物质损失。

晚期：火灾已经扩散。

根据以上对火灾特点的分析，对探测器的选择如下。

① 对火灾初期阴燃阶段，产生大量的烟和少量的热，很少或没有火焰辐射的场所，应选用感烟探测器。

不适于选用感烟探测器的场所：正常情况下有烟的场所；经常有粉尘及水蒸气等固体和液体微粒出现的场所；火灾发展迅速、产生烟极少和爆炸性场所。

离子感烟与光电感烟探测器的适用场合基本相同，但应注意它们各有不同的特点。离子感烟探测器对人眼看不到的微小颗粒同样敏感，如人能嗅到的油漆味、烤焦味等都能引起探测器动作，甚至一些分子量大的气体分子，也会使探测器发生动作，在风速过大的场合（如风速大于 6m/s）将引起探测器不稳定，且其敏感元件的寿命较光电感烟探测器的寿命短。

② 对火灾发展迅速，产生大量的热、烟和火焰辐射的场所，可选用感温探测器、感烟探测器、火焰探测器或其组合。

③ 对火灾发展迅速，有强烈的火焰辐射和少量烟、热产生的场所，应选用火焰探测器。但不宜在火焰出现前有浓度扩散的场所及探测器的镜头易被污染、遮挡以及电焊、X 射线等影响的场所中使用。

④ 对火灾形成特征不可预料的场所，可进行模拟试验，根据试验结果选择探测器。

⑤ 在通风条件较好的车库内可采用感烟探测器，一般的车库内可采用感温探测器。

⑥ 对使用、生产或聚集可燃气体或可燃液体蒸气的场所，应选择可燃气体探测器。

各种探测器都可配合使用，如感烟与感温探测器的组合，宜用于大中型机房、洁净厂房以及防火卷帘设施的部位等处。对于蔓延迅速、有大量的烟和热产生、有火焰辐射的火灾，如油品燃烧，宜选用三种探测器的组合。

总之，感烟探测器具有稳定性好、误报率低、寿命长、结构紧凑、保护面积大等优点，已得到广泛应用。其他类型的探测器，只在某些特殊场合作为补充设备时才用到。

（2）根据房间高度选择探测器

建筑物室内高度的不同，对火灾探测器的选择也有不同的要求。对火灾探测器使用高度加以限制，是为了使火灾探测器在整个探测器所要保护面积的范围内均具有必需的灵敏度，以确保其有效性。一般来说，房间高度超过 12m 时，则感烟探测器不适用；房间高度超过 8m 时，则感温探测器不适用。房间高度也与感温探测器的灵敏度有关，灵敏度高的探测器适用于较高的房间。在房间高度超过感烟探测器使用高度的情况下，只能采用感光探测器或图像火灾探测系统。感光探测器的使用高度由其光学灵敏度范围确定，但高度增加，要求感光探测器灵敏度提高。应该指出，房间顶棚的形状（尖顶形、拱顶形）和大空间顶板的不平整性等，对房间高度的确定均有影响，工程施工时，应视具体情况并考虑探测器的保护面积和保护半径等因素后再确定。

2. 探测器数量的确定

在实际工程中，房间功能及探测区域大小不一，房间高度、棚顶坡度也各异，那么如何确定探测器的数量呢？《火灾自动报警系统设计规范》规定：每个探测区域内至少设置一只火灾探测器。一个探测区域内所设置探测器的数量应按下式计算：

$$N \geq \frac{S}{k \cdot A} \tag{9-1}$$

式中：N 为一个探测区域内所设置的探测器的数量，单位为"只"，N 应取整数（即小数进位取整数）；S 为一个探测区域的地面面积（单位为 m^2）；A 为探测器的保护面积（单位为 m^2），即一只探测器能有效探测的地面面积（由于建筑物房间的地面通常为矩形，因此，所谓"有效"探测器的地面面积实际上是指探测器能探测到的矩形地面面积。探测器的保护半径 R（单位为 m）是指一只探测器能有效探测的单向最大水平距离）；k 为安全修正系数，特级保护对象 k 取值为 0.7~0.8，一级保护对象 k 取值为 0.8~0.9，二级保护对象 k 取值为 0.9~1.0。k 值选取时应根据设计者的实际经验，并考虑发生火灾对人身和财产的损失程度、火灾危险性大小、疏散及扑救火灾的难易程度及对社会的影响大小等多种因素。

对于一只探测器而言，其保护面积和保护半径的大小与其探测器的类型、探测区域的面积、房间高度及屋顶坡度都有一定的关系。表 9-1 说明了两种常用的探测器保护面积、保护半径与其他参量的相互关系。

表 9-1 感烟、感温探测器的保护面积和保护半径

火灾探测器的种类	地面面积 S (m²)	房间高度 h (m)	探测器的保护面积 A 和保护半径 R					
			房顶坡度 θ					
			$\theta \leq 15°$		$15° < \theta \leq 30°$		$\theta > 30°$	
			A (m²)	R (m)	A (m²)	R (m)	A (m²)	R (m)
感烟探测器	≤80	$h \leq 12$	80	6.7	80	7.2	80	8.0
	>80	$6 < h \leq 12$	80	6.7	100	8.0	120	9.9
		$h \leq 6$	60	5.8	80	7.2	100	9.0
感温探测器	≤30	$h \leq 8$	30	4.4	30	4.9	30	5.5
	>30	$h \leq 8$	20	3.6	30	4.9	40	6.3

3. 探测器的布置

探测器布置及安装得合理与否，直接影响其保护效果。一般火灾探测器应安装在屋内顶棚表面或顶棚内部（没有顶棚的场所，安装在室内吊顶板表面上）。考虑到维护管理的方便，其安装面的高度不宜超过 20m。

根据影响探测器设置的因素，《火灾自动报警系统设计规范》(GB 50116-1998) 对于火灾探测器的选用和设置均作出了较详细的规定，工程设计时必须严格遵循。值得指出的是，探测器的布置是一个值得重视的问题，在现实中，不少工程设计时过于偏重美观、对称，而忽视了环境对探测器所需的信号收集浓度造成的影响，事实上，即使是房间的轻质隔断、大型家具、书架、档案架、柜式设备等也会对烟雾、热气流造成影响，从而成为影响探测器布置的不可忽视的因素。

在布置探测器时，首先考虑安装间距如何确定，再考虑梁的影响及特殊场所探测器安装的要求，下面分别叙述。

1）安装间距的确定

相关规范规定探测器周围 0.5m 内，不应有遮挡物（以确保探测效果）。探测器至墙壁、梁边的水平距离，不应小于 0.5m，如图 9-11 所示。

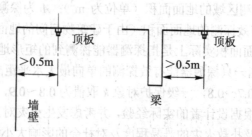

图 9-11 探测器在顶棚上安装时与墙或梁的距离

安装间距即两只相邻探测器中心之间的水平距离，分别用 a 和 b 表示。安装间距 a、b 的确定方法为：

（1）计算法。根据从表 9-1 中查得的保护面积 A 和保护半径 R，计算直径 D（2R），根据所计算 D 值大小对应保护面积 A 在图 9-12 所示的探测器安装间距的极限曲线粗实线上由 D 值所包围的部分上取一点，此点所对应的数即为安装间距 a、b 值。注意实际安装时的间距应不大于查得的 a、b 值。具体布置后，再检验探测器到最远点水平距离是否超过了探测器的保护半径，如超过时，应重新布置或增加探测器的数量。

图 9-12 所示探测器安装间距的极限曲线中的安装间距是以二维坐标的极限曲线的形式给出的，即给出感温探测器的三种保护面积（20m²、30m² 和 40m²）及其五种保护半径（3.6m、4.4m、4.9m、5.5m 和 6.3m）所适宜的安装间距极限曲线 $D_1 \sim D_5$，给出感烟探测器的四种保护面积（60m²、80m²、100m² 和 120m²）及其五种保护半径（5.8m、6.7m、7.2m、8.0m 和 9.9m）所适宜的安装间距极限曲线 $D_6 \sim D_{11}$（含 D_9'）。

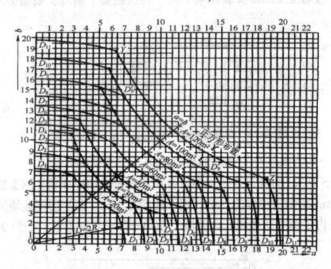

图 9-12　探测器安装间距的极限曲线

A—探测器的保护面积（m²）　a、b—探测器的安装间距（m）　$D_1 \sim D_{11}$（含 D_9'）—在不同保护面积 A 和保护半径 R 下确定探测器安装间距 a、b 的极限曲线　Y、Z—极限曲线的端点（在 Y 和 Z 两点间的曲线范围内，保护面积可得到充分利用）

（2）经验法。一般点型探测器的布置为均匀布置法，根据工程实际总结计算法如下：

$$横向间距 a = \frac{该房间的长度}{横向探测器个数}$$

$$纵向间距 b = \frac{该房间的宽度}{纵向探测器个数}$$

综上，采用正方形和矩形布置可将保护区的各点完全保护起来，保护区内不存在得不到保护的"死角"，且布置均匀、美观。

2) 梁对探测器的影响

在顶棚有梁时，由于烟的蔓延受到梁的阻碍，探测器的保护面积会受梁的影响。如果梁间区域的面积较小，梁对热气流（或烟气流）形成障碍，并吸收一部分热量，因而探测器的保护面积必然下降。规定房间高度在 5m 以下，感烟探测器在梁高小于 200mm 时，无须考虑其梁的影响；房间高度在 5m 以上，梁高大于 200mm 时，探测器的保护面积受房高的影响，可按房间高度与梁高的线性关系考虑。当梁突出顶棚的高度超过 600mm 时，被梁阻断的部分需单独划为一个探测区域，即每个梁间区域应至少设置一只探测器。当梁间净距小于 1m 时，可视为平顶棚。

如果探测区域内有过梁，定温型感温探测器安装在梁上时，其探测器下端到安装面必须在 0.3m 以内，感烟型探测器安装在梁上时，其探测器下端到安装面必须在 0.6m 以内，如图 9-13 所示。

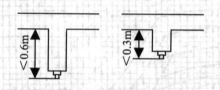

图 9-13　探测器在梁下端安装时至顶棚的尺寸

3) 探测器在一些特殊场合安装时的注意事项

(1) 在宽度小于 3m 的内走道的顶棚设置探测器时应居中布置。感温探测器的安装间距 (a) 不应超过 10m；感烟探测器的安装间距不应超过 15m。探测器至端墙的距离不应大于安装间距的一半；在内走道的交叉和汇合区域上必须安装一只探测器，如图 9-14 所示。

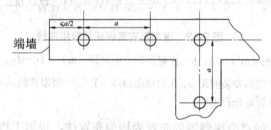

图 9-14　探测器布置在内走道的顶棚上

(2) 房间被书架、储藏架或设备等阻断分隔，其顶部至顶棚或梁的距离小于房间净高的 5%时，则每个被隔开的部分至少安装一只探测器，如图 9-15 所示。

(3) 在空调机房内，探测器应安装在离送风口 1.5m 以上的地方，离多孔送风顶棚孔口的距离不应小于 0.5m，如图 9-16 所示。

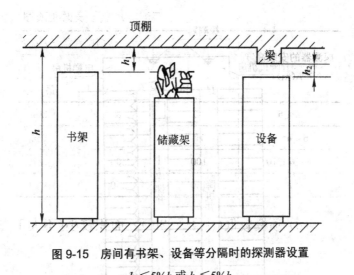

图 9-15 房间有书架、设备等分隔时的探测器设置

$h_1 \leqslant 5\%h$ 或 $h_2 \leqslant 5\%h$

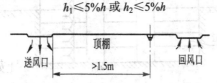

图 9-16 探测器装于有空调房间时的位置示意

(4)楼梯或斜坡道的垂直距离每 15m(Ⅲ级灵敏度的火灾探测器为 10m)至少应安装一只探测器。

(5)探测器宜水平安装,如需倾斜安装时,角度不应大于 45°。当屋顶坡度大于 45°时,应加木台或类似设备安装探测器,如图 9-17 所示。

(6)在电梯井、升降机井设置探测器时,其位置宜在井道上方的机房顶棚上,如图 9-18 所示。这种设置既有利于井道中火灾的探测,又便于日常检验与维修。因为通常在电梯井、升降机井的提升井绳索的井道盖上有一定的开口,烟会顺着井绳冲到机房内部,为尽早探测火灾,规定用感烟探测器保护,且在顶棚上安装。

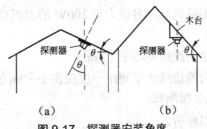

图 9-17 探测器安装角度

$\theta = 45°$

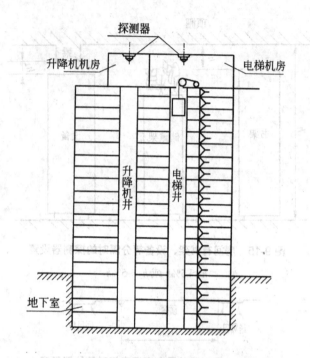

图9-18 探测器在井道上方机房顶棚上的设置

（7）在楼梯间、走廊等处安装感烟探测器时，宜安装在不直接受外部风吹入的位置。安装光电感烟探测器时，应避开日光或强光直射的位置。

（8）在浴室、厨房、开水房等房间连接的走廊安装探测器时，应避开其入口边缘1.5m。

（9）安装在顶棚上的探测器边缘与下列设施的边缘水平间距宜符合如下规定：

① 与不突出的扬声器的边缘水平间距应不小于0.1m。
② 与照明灯具的边缘水平间距应不小于0.2m。
③ 与自动喷水灭火喷头的边缘水平间距应不小于0.3m。
④ 与多孔送风顶棚孔口的边缘水平间距应不小于0.5m。
⑤ 与高温光源灯具（如碘钨灯、容量大于100W的白炽灯等）的边缘水平间距应不小于0.5m。
⑥ 与电风扇的边缘水平间距应不小于1.5m。
⑦ 与防火卷帘、防火门的边缘水平间距一般应在1~2m的适当位置。

（10）下列场所可不设置探测器：

① 厕所、浴室及其类似场所。
② 不能有效探测火灾的场所。

③ 不便维修、使用（重点部位除外）的场所。

4．探测器的线制

线制是指探测器和控制器间的导线数量。随着消防设备的快速发展与完善，探测器的接线形式也发生了很大的变化。实现了从多线向少线到总线的发展，给施工调试和维护工作带来了极大的方便。虽然目前多线制已基本不用，但已运行或完工的工程大部分都为多线制系统。

（1）总线制

4 条总线及功能分别为：P 线给出探测器的电源、编码、选址信号；T 线给出自检信号以判断探测部位传输线是否有故障；控制器从 S 线上获得探测部位的信息；G 为公共地线。P、T、S、G 均为并联方式连接，如图 9-19 所示。由图可知，从探测器到区域报警器只用 4 根总线即可连接。

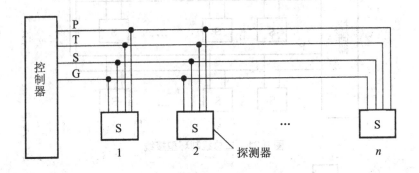

图 9-19　四总线制连接方式

（2）二总线制

二总线制是一种最简单的接线方法，用线量更少，但技术的复杂性和难度也高。二总线制中的 G 线为公共地线，P 线则完成供电、选址、自检、获取信息等功能。

目前，二总线制应用最多，新型智能火灾报警系统也建立在二总线的运行机制上。二总线系统有树枝型和环型、链接式及混合型几种接线方式。

树枝型接线：如图 9-20 所示为树枝型接线方式，这种方式应用广泛，如果发生断线，可以报出断线故障点，但断点之后的探测器不能工作。

环型接线：如图 9-21 所示为环型接线方式。这种系统要求输出的两根总线再返回控制器另两个输出端点，构成环型。这种接线方式如中间发生断线不影响系统正常工作。

链接式接线：如图 9-22 所示，这种系统的 P 线对各探测器是串联的，对探测器而言，变成了三根线，而对控制器而言还是两根线。

在实际工程设计中，应根据具体情况选用适当的线制。

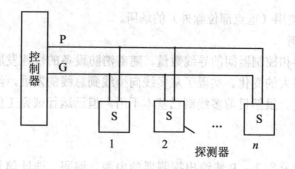

图 9-20 二总线制树枝型接线

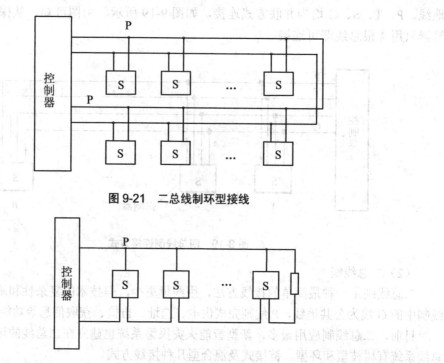

图 9-21 二总线制环型接线

图 9-22 二总线制链接式连接方式

四、火灾报警控制器

火灾报警控制器是火灾自动报警系统的重要组成部分。在火灾自动报警系统中，火灾探测器是系统的"感觉器官"，随时监视周围环境的情况，而火灾报警控制器则是系统的心脏，是消防系统的指挥中心。

（一）火灾报警控制器的基本功能

1. 主、备电源

火灾报警控制器的电源应有主电源和备用电源。主电源为220V交流市电，备用电源一般选用可充放电反复使用的各种蓄电池。在控制器中备有浮充备用电池，在控制器投入使用时，应将电源盒上方的主、备电源开关全打开，当主电网有电时，控制器自动利用主电网供电，同时对电池充电；当主电网断电时，控制器会自动切换改用电池供电，以保证系统的正常运行。在主电供电时，面板主电指示灯亮，时钟正常显示时分值；备电供电时，备电指示灯亮，时钟只有秒点闪烁，无时分显示，这是节省用电，其内部仍在正常走时，当有故障或火警时，时钟又重显示时分值，且锁定首次报警时间。

在备用供电期间，控制器报主电故障，除此之外，当电池电压下降到一定数值时，控制器还要报类型故障。当备电低于20V时控制器将自动关机，以防电池过放而损坏。

2. 火灾报警

当接收到探测器、手动报警按钮、消火栓报警按钮及编码模块所配接的设备发来的火警信号时，均可在报警器中报警，火灾指示灯亮并发出火灾调音响，同时显示首次报警地址号及总数。

3. 故障报警

系统在正常运行时，主控单元能对现场所有的设备（如探测器、手动报警按钮、消火栓报警按钮等）、控制器内部的关键电路及电源进行监视，一旦有异常立即报警。报警时，故障灯亮并发出长音故障音响，同时显示报警地址号及类型号。

4. 时钟锁定

记录着火时间。系统中时钟的走动是通过软件编程实现的，有年、月、日、时、分计时。当有火警或故障时，时钟显示锁定，但内部能正常走时，火警或故障一旦恢复，时钟将显示实际时间。

5. 火警优先

在系统存在故障的情况下出现火警，则报警器能由报故障自动转变为报火警，而当火警被清除后又自动恢复报原有故障。但当系统存在某些故障而又未被修复时，会影响火警优先功能，如下列情况：电源故障、当本部位探测器损坏时本部位出现火警、总线部位故障（如信号线对地短路、总线开路与短路等）均会影响火警优先功能。当火灾报警时，数码管显示首次火警地址号，通过键盘操作可以调显其他的火警地址。

6. 自动巡检

报警系统长期处于监控状态，为提高报警的可靠性，控制器设置了检查键，供用户定期或不定期进行模拟火警检查。处于检查状态时，凡是运行正常的部位均能向控制器发回火警信号，只要控制器能收到现场发回来的信号并有反应而报警，则说明系统处于正常的运行状态。控制器可以对现场设备信号电压、总线电压、内部电源电压进行测试。通过测量电压值，判断现场部件、总线、电源等的正常与否。

7. 自动打印

当有火警、部位故障或有联动时，打印机将自动打印记录火警、故障或联动的地址号，此地址号与显示地址号一致，并打印出故障、火警、联动的月、日、时、分。当对系统进行手动检查时，如果控制正常，则打印机自动打印正常（显示 OK）。

8. 输出

（1）控制器中有 V 端子、VG 端子，可输出 DC24V、2A，向本控制器所监视的某些现场部件和控制接口提供 24V 的电源。

（2）控制器有端子 L1、L2，可用双绞线将多台控制器连通组成多区域集中报警系统，系统中有一台作集中报警控制器，其他作区域报警控制器。

（3）控制器有 GTRC 端子，用来同 CRT 联机，其输出信号是标准 RS-232 信号。

9. 联机控制

联机控制可分自动联动和手动启动两种方式，但都是总线联动控制方式。在自动联动方式时，先按 E 键与自动键，自动灯亮，使系统处于自动联动状态。当现场主动型设备（包括探测器）发生动作时，满足既定逻辑关系的被动型设备将自动被联动。联动逻辑因工程而异，出厂时已存储于控制器中。手动启动在"手动允许"时才能实施，手动启动操作应按操作顺序进行。无论是自动联动还是手动启动，应该发生动作的设备编号均应在控制板上显示，同时启动灯亮；已经发生动作的设备的编号也在此显示，同时回答灯亮，启动与回答能交替显示。对于阈值设定功能，报警阈值（即提前设定的报警动作值）对于不同类型的探测器其大小不一，目前报警阈值是在控制器的软件中设定。这样控制器不仅具有智能化、高可靠性的火灾报警系统，而且可以按各探测部位所在应用场所的实际情况，灵活方便地设定其报警阈值，以便更加可靠地报警。

（二）火灾报警控制器的型号

火灾报警控制器的型号按照《中华人民共和国专业标准》（ZBC 81002-1984）编制，其型号意义如图 9-23 所示。

（1）J（警）—消防产品中分类代号（火灾报警设备）。

（2）B（报）—火灾报警控制代号。

（3）应用范围特征代号：B（爆）—防爆型；C—（船用型）。非防爆型和非船用型可以省略，无须指明。

（4）分类特征代号：D（单）—单路；Q（区）—区域；J（集）—集中；T（通）—通用，既可作集中报警，又可作区域报警。

（5）结构特征代号：G（柜）—柜式；T（台）—台式；B（壁）—壁挂式。

（6）主参数：一般表示报警器的路数。

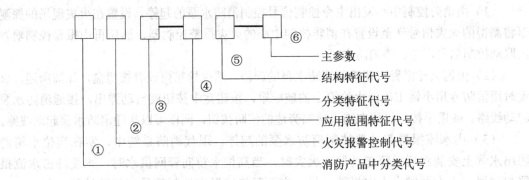

图 9-23　火灾报警控制器的型号及意义

五、消防灭火装置

高层建筑或建筑群体着火后，主要做好两方面的工作：一是有组织有步骤地紧急疏散；二是进行有效灭火。为将火灾损失降到最低限度，必须采取最有效的灭火方法。

（一）室内消火栓灭火系统

1．室内消火栓灭火系统构成

室内消火栓灭火系统是建筑物中最常用的灭火方式。《高层民用建筑设计防火规范》（GB 50045-95）规定：高层建筑必须设置室内、外消火栓灭火装置。

室内消火栓灭火系统由高位水箱（蓄水池）、消防水泵（加压泵）、管网、室内消火栓设备、室外露天消火栓和水泵接合器等组成。

高位水箱与管网构成水灭火的供水系统。无火灾时，高位水箱应充满足够的消防用水，一般规定储水量应能提供火灾初期消防水泵投入前 10 分钟的消防用水。10 分钟后的灭火用水要由消防水泵从低位蓄水池或市区供水管网将水注入室内消防管网。高层建筑的消防水箱应设置在屋顶，宜与其他生产、生活用水的水箱合用，让水箱中的水经常处于流动状态，以防止消防用水长期储存而使水质变坏发臭。高度超过 50m 的高层建筑内的消防水箱最好采用两个，用联络管在水箱底部将它们连接起来，并在联络管上安设阀门，此阀门应处于常开状态。

为确保由高位水箱和管网构成的灭火供水系统可靠供水，还须对供水系统施加必要的安全保护措施。例如，在室内消防给水管网上设置一定数量的阀门，阀门应经常处于开启状态，并有明显的启闭标志。屋顶消火栓的设置，对扑灭楼内和邻近大楼火灾都有良好的效果，同时它又是定期检查室内消火栓供水系统的供水能力的有效措施。

2. 消防水泵的起、停控制

（1）由消防控制中心发出主令控制信号控制消防水泵的起停。设置在火灾现场的探测器将测得的火灾信号送至设置在消防控制中心的火灾报警控制器，然后再由报警控制器发出联动控制信号，起、停消防水泵。

（2）由消火栓报警按钮控制消防水泵的起停。消火栓箱内设有按钮盒，如前所述，火灾时用消防专用小锤击碎消火栓箱上的玻璃罩，按钮盒中按钮就自动弹出，接通消防水泵起动线路。或用手按下设置在消火栓箱旁边的消防按钮，同样可以接通消防水泵起动线路。

（3）由水流报警起动器控制消防水泵的起停。现代消防系统中，常在高位水箱消防出水管上安装水流报警起动器。火灾时，当高位水箱向管网供水时，水流冲击水流报警起动器，一方面发出火灾报警，另一方面又快速发出控制信号，起动消防水泵。

以上三种方法实现了消防水泵的远距离控制，同时也能实现将消防水泵的起、停状态信号返送至消防控制中心，以便消防人员及时掌握消防水泵的运转情况。

（4）消防水泵的就地控制。为确保消防水泵的可靠起动，在消火栓灭火系统中，以消防水泵的就地控制作为远距离控制的辅助手段是十分必要的。这种控制方法简单易行、安全可靠、直观，尤其是作为现代消防系统远距离高度自动化控制方式的最后保护措施，将显得更加重要。

（二）湿式自动喷水灭火系统

我国《高层民用建筑设计防火规范》规定，在高层建筑或建筑群体中，除了设置必要的消火栓灭火装置以外，还要求设置自动喷水灭火装置。自动喷水灭火装置具有安全可靠，灭火效率高，结构简单，使用、维护方便，成本低且使用期长等特点。在灭火初期，灭火效果尤为显著。

自动喷水灭火装置根据使用环境和技术要求分为湿式、干式、雨淋式、预作用式、喷雾式及水幕式等。这里主要介绍湿式自动喷水灭火系统。

1. 湿式自动喷水灭火系统的组成

湿式自动喷水灭火装置具有自动监测、报警和喷水功能。这种装置由于其供水管路和喷头内始终充满着有压水，故称为湿式自动喷水灭火系统。它适用于室内温度不低于 4℃（低于4℃受冻）和不高于 70℃（高于 70℃失控，误动作造成水灾）的场所。湿式自动喷水灭火系统在充满水的管道系统上安装有自动喷水闭式喷头，当喷头受到来自火灾释放的热量驱动打开后，立即开始喷水灭火。湿式自动喷水灭火系统的组成如图 9-24 所示。

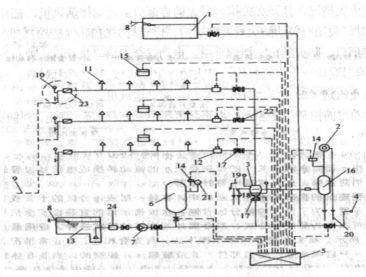

图 9-24 湿式自动喷水灭火系统

2. 湿式自动喷水灭火系统的工作原理

当发生火灾时，随着火灾部位温度的升高，火焰或高温气体使闭式喷头的热敏元件达到预定的动作温度范围时，自动喷洒系统喷头上的玻璃球爆裂（或易熔合金喷头上的易熔金属片熔化脱落），喷头开启，喷水灭火。此时，管网中的水由静止变为流动，水流推动水流指示器的桨片，使其电触点闭合，接通电路，输出电信号至消防中心，在报警控制器上指示某一区域已在喷水。由于开启持续喷水泄压造成湿式报警阀上部水压低于下部水压，在压力差的作用下，原来处于关闭状态的湿式报警阀就自动开启。此时，压力水流经报警阀进入延迟器，经延迟后，又流入压力开关使压力继电器动作，报警阀压力开关动作后，或由管网的压力开关直接起动消防水泵，向管网加压供水，达到喷水灭火的目的。在压力继电器动作的同时，起动水力警铃，发出报警信号。

六、防排烟装置

《高层民用建筑设计防火规范》要求，对于新建、扩建和改建的高层民用建筑及其相连的附属建筑都要设有防火、防烟、排烟装置。高层建筑因其自身的"烟囱效应"，使烟上升速率极快，如不及时排出，很快会垂直扩散到各处。因此，发生火灾后，应立即使防排烟装置投入工作，将烟气迅速排出，并防止烟气窜入防烟楼梯、消防电梯及非火灾区域。防排烟设施具有便于安全疏散、便于灭火、可控制火势蔓延扩大的作用。

防排烟装置的电气控制要求主要包括以下几个方面。

（1）消防中心能显示各种电动防排烟设施的运行情况，并能进行联动遥控。

（2）根据火灾情况，打开有关排烟道上的排烟口，起动排烟风机，打开安全出口的电动门。与此同时，关闭有关的防火阀及防火门，停止有关防烟区域内的空调系统的进行。

（3）在排烟口、防火卷帘、挡烟垂壁、电动安全出口等执行机构处布置火灾探测器，通常为一个探测器联动一个执行机构，但大的厅室也可以几个探测器联动一组同类机构。

（4）设有正压送风的系统应打开送风口，起动送风机。

（5）防火卷帘的控制。根据《火灾自动报警系统设计规范》规定，对防火卷帘的控制，应符合下列要求：

① 疏散通道上的防火卷帘两侧，应设置火灾探测器组及其警报装置，且两侧应设置手动控制按钮；其自动控制要求感烟探测器动作后，卷帘降至距地（楼）面1.8m处；感温探测器动作后，卷帘下降到底。

② 用作防火分隔的防火卷帘，火灾探测器动作后，卷帘应下降到底。

③ 感烟、感温火灾探测器的报警信号及防火卷帘的关闭信号应送到消防控制室。

以上所述防排烟装置的电气控制是由联动控制盘（某些也由手动开关）完成发出指令给各防排烟设施的执行机构，使其进行工作并发出动作信号的。

总之，自动消防联动设备有用于排烟口上的排烟阀，有用于防火分隔的通道上的防火门及防火卷帘门，有用于通风或排烟管道中的防火阀，有排烟风机，有喷水灭火的消防水泵等。这些防火、排烟、灭火等设备，在自动火灾报警消防系统中都有自动和手动两种方式。自动方式一般是接受来自火灾报警控制器的火灾报警联动信号，使电磁线圈通电，电磁铁动作，牵引设备开启或闭合，或者是由联动控制信号使继电器或接触器线圈通电动作，起动消防水泵或排烟风机工作。

七、应急照明系统

应急照明也称事故照明，其作用是当正常照明因故熄灭后，供人员继续工作、保障安全或疏散用的照明。应急照明主要应用于正常照明失效时，为继续工作（或暂时继续工作）而设置的备用照明；为了使人员在火灾情况下能从室内安全撤离至室外（或某一安全地区）而设置的疏散照明；正常照明突然中断时，为确保处于潜在危险的人员安全而设置的安全照明。

火灾应急照明包括备用照明和疏散照明。疏散照明包括通道疏散指示灯及出入口标志灯。

（一）火灾应急照明设置场所

1. 公共建筑的下列部位应设置备用照明

（1）消防控制室、自备电源室（包括发电机房、UPS室和蓄电池室等）、配电室、消防水泵房、防烟排烟机房、电话总机房以及在火灾时仍需要坚持工作的其他场所。

（2）通信机房、大中型电子计算机房、BAS中央控制室以及发生火灾时需坚持工作的其他房间。

（3）建筑面积超过100m²的高层民用建筑的避难层及屋顶直升机停机坪。

2. 公共建筑、居住建筑的下列部位应设置疏散照明

下列场所除应设置疏散走道照明外，还应在各个安全出口处和疏散走道分别设置安全出口标志和疏散走道指示标志，但二类高层居住建筑的疏散楼梯间可不设疏散指示标志。

（1）公共建筑的疏散楼梯间、防烟楼梯间前室、疏散通道、消防电梯间及其前室、合用前室。

（2）高层公共建筑的观众厅、宴会厅、展览厅、候车（机）厅、多功能厅、餐厅、办公大厅和避难层（间）等场所。

（3）建筑面积超过1 500m²的展厅、营业厅、歌舞娱乐厅、放映游艺厅等场所。

（4）人员密集且面积超过300m²的地下建筑和面积超过200m²的演播厅等场所。

（5）高层居住建筑疏散楼梯间、长度超过20m的内走道、消防电梯间及其前室、合用前室。

疏散标志灯设置的位置如图9-25所示。当有无障碍设计要求时，宜同时设有音响指示信号。

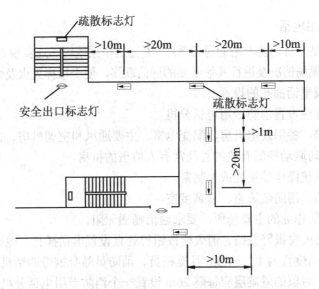

图9-25 疏散标志灯设置位置

3. 公共建筑的下列部位应设置安全照明场所

凡是在火灾时因正常电源突然中断将导致人员伤亡的潜在危险场所（如医院手术室、

急救室等），应设安全照明。

（二）应急照明设置要求

（1）疏散用的火灾应急照明其地面最低照度不应低于 0.5lx。消防控制室、消防水泵房、防烟排烟机房、配电室和自备发电机房、电话总机房以及发生火灾时仍需坚持工作的其他房间的应急照明，应保证正常照明的照度。

（2）除二类居住建筑外，高层建筑的疏散走道和安全出口处应设灯光疏散指示标志。

（3）备用照明灯具宜设在墙面或顶棚上。安全出口标志灯具宜设置在安全出口的顶部，底边距地不宜低于 2.0m。疏散走道的疏散指示标志灯具，宜设置在走道及转角处离地面 1.00m 以下的墙面、柱或地面上。走道疏散标志灯的间距不应大于 20m。当厅室面积较大，必须装设在顶棚上时，灯具应明装，且距地不宜大于 2.5m。

（4）应急照明灯和灯光疏散指示标志，应设玻璃或其他不燃烧材料制作的保护罩。

（5）应急照明在正常供电电源停止供电后，其应急电源供电的转换时间应满足下列要求：备用照明不应大于 5 秒，金融商业交易场所不应大于 1.5 秒；疏散照明不应大于 5 秒；安全照明时不应大于 0.5 秒。

八、消防通信系统

（一）消防专用电话

消防电话系统是一种消防专用的通信系统。通过这个系统可迅速实现对火灾的人工确认，并可及时掌握火灾现场情况及进行其他必要的通信联络，便于指挥灭火及恢复工作。

1. 电话分机或电话插孔的设置

（1）下列部位应设置消防专用电话分机

① 消防水泵房、备用发电机房、配变电室、主要通风和空调机房、排烟机房、消防电梯机房及其他与消防联动控制有关的且经常有人值班的机房。

② 灭火控制系统操作装置处或控制室。

③ 企业消防站、消防值班室、总调度室。

这些部位是消防作业的主要场所，要求通信畅通无阻。

（2）设有手动火灾报警按钮、消火栓按钮等处宜设置电话插孔。电话塞孔在墙上安装时，其底边距地面高度宜为 1.3~1.5m 且巡视员、消防员随身携带的话机可随时插入。

（3）特级保护对象的避难层应每隔 20m 设置一个消防专用电话分机或电话插孔。

2. 消防专线电话

消防控制室内应设置向当地公安消防部门可直接报警的外线电话 119。

（二）火灾应急广播系统

消防广播设备作为建筑物的消防指挥系统，在整个消防控制管理系统中起着极其重要的作用。在大型建筑内，一般设置火灾事故广播是为了便于火灾时疏散人员、统一指挥。按照规范要求，控制中心报警系统应设置火灾事故广播，集中报警系统也宜设置火灾事故广播。

1. 火灾应急广播与公共广播合用时应符合下列要求

火灾应急广播分路是按防火分区划分，而公共广播分路是按业务分区划分。如果两者一样，按规范要求两者可以合用。合用时规范要求如下。

（1）火灾时应能在消防控制室内将火灾疏散层的扬声器和公共广播扩音机强制转入火灾应急广播状态。控制切换方式一般有如下两种：

① 火灾应急广播系统仅利用公共广播系统的扬声器和馈电线路，而火灾应急广播系统的扩音机等装置是专用的。当火灾发生时，由消防控制室切换输出线路，使公共广播系统按照规定的疏散广播顺序的相应层次播送火灾应急广播。

② 火灾应急广播系统全部利用公共广播系统的扬声器和馈电线路等装置，在消防控制室只设紧急播送装置，当火灾发生时可遥控公共广播系统紧急开启，强制投入火灾应急广播。

使用以上两种控制方式时，应该注意使扬声器不管处于关闭或播放状态，都能紧急开起火灾应急广播。

（2）床头控制柜内设有服务性音乐广播扬声器时，应有火灾应急广播功能。

（3）消防控制室应能监控用于火灾应急广播时的扬声器的工作状态，并应具有遥控开启扬声器和采用传声器播音（能用话筒播音）的功能。

（4）应设置火灾应急广播备用扬声器，其容量不应小于火灾时需同时广播的范围内火灾应急广播扬声器最大容量总和的 1.5 倍。

2. 火灾应急广播扬声器的设置要求

（1）民用建筑内扬声器应设置在走道和大厅等公共场所。每个扬声器的额定功率不应小于 3W，其数量应能保证从一个防火分区的任何部位到最近一个扬声器的距离不大于 25m。走道内最后一个扬声器至走道末端的距离不应大于 12.5m。

（2）在环境噪声大于 60dB 的场所设置的扬声器，在其播放范围内最远点的播放声压级应高于背景噪声 15dB。

（3）客房设置专用扬声器时，其功率不应小于 1.0W。

（4）当发生火灾时，为了便于疏散和减少不必要的混乱，火灾应急广播发出警报不能采用整个建筑物火灾事故广播系统全部起动的方式，只能仅向着火层及其有关楼层进行广播。

疏散指令控制程序如下：
① 二层及二层以上楼层发生火灾，宜先接通火灾层及其相邻的上、下层。
② 首层发生火灾，宜先接通本层、二层及全部地下各层。
③ 地下层（任何一层）发生火灾，宜先接通地下各层及首层。若首层与二层有大共享空间时应包括二层。
④ 含多个防火分区的单层建筑，应先接通着火的防火分区及其相邻的防火分区。

3. 火灾事故广播系统的设备

它由广播录放机、音频功率放大器、广播区域控制盘及现场扬声设备组成。

（1）广播录放机。它主要用磁带播音，也可以进行话筒播音，并能对播录内容录音。消防联动控制系统控制起动录放机或手动录放机的"紧急起动"键起动。录放机可实现正常广播和事故广播的自动切换，便于正常广播和事故广播共用一套功率放大器和现场扬声器。

（2）音频功率放大器。它具有将音频信号的功率放大的功能，一般用定压120V输出。功率放大器有过载保护功能，使用直流24V或交流220V供电。交流220V失电时，可用后备电池供电。

（3）广播区域控制盘

广播区域控制盘与功率放大器配合进行现场广播的分区控制，完成正常广播和事故广播的切换。它可分为多路、多区域。平时进行全区域正常广播，发生火警时，手动控制需要事故放音的区域进行火警事故广播，而其他区域应为正常广播。

（4）广播音箱
① 吸顶音箱。它是圆柱形箱体，安装在天花板上，功率为3W。
② 壁挂式音箱。它是现场扬声设备，为长方体，安装于墙上。音箱外壳是ABS防火塑料，功率为3W。

九、火灾自动报警及联动系统的配套设备

（一）手动火灾报警按钮

手动报警按钮设置在走廊、楼梯口及人员密集的公共场所。当人工确认为火灾发生时，按下按钮上的有机玻璃片，可向控制器发出火灾报警信号，控制器接收到报警信号后，显示出报警按钮的编号或位置，并发出报警音响。手动报警按钮应在火灾报警控制器上显示部位号，并以不同显示方式或不同的编码区段与其他触发装置信号区别开。

每个防火分区应至少设置一只手动火灾报警按钮。从一个防火分区内任何位置到最邻近的一只手动火灾报警按钮的距离不应大于30m。手动报警按钮宜设置在公共活动场所的出入口处，设置在明显的和便于操作的部位。当安装在墙上时，其底边距地高度宜为1.3~

1.5m，且应有明显标志。

（二）总线隔离器

当总线发生故障（短路）时，总线隔离器（又称短路隔离器）将发生故障的总线部分与整个系统隔离开来，以保证系统的其他部分能正常工作，同时便于确定发出故障的部位。当故障部分的总线修复后，总线隔离器自行恢复工作，将被隔离出去的部分重新纳入系统。

（三）消火栓报警按钮

消火栓报警按钮可直接接入控制器总线上，占用一个地址编码。消火栓报警按钮安装在消火栓内或近旁，表面装有有机玻璃片，按下按钮上的有机玻璃片后，此时按钮的红色指示灯亮，发出火灾信号，同时按钮内继电器吸合，控制消防泵起动，并接受消防泵状态的反馈信号。按钮的火警灯和消防泵运行反馈灯点亮，报警控制器发出火警声光信号并显示报警地址。

（四）输入模块

输入模块（又称监视模块）的作用是接收现场装置的报警信号，实现信号向火灾报警控制器的传输。它用于现场主动型消防设备，如水流指示器、压力开关、70℃或280℃防火阀、行程开关、湿式报警阀等。它的工作原理是当现场设备动作，其开关量信号转换为控制器可接收的编码信号，模块通过探测总线把信号传送到控制器，模块上的发光二极管常亮以显示报警状态，再由控制器给出相应的信号去联动其他有关设备。

（五）单输入/输出模块

此模块用于将现场各种一次动作并有动作信号输出的被动型设备（如电动脱扣阀、排烟口、送风口、防火门、空调、防火阀等）接入到控制总线上。本模块采用电子编码器进行十进制电子编码，模块内有一对常开、常闭触点，容量为 DC24V、5A。模块具有直流 24V 电压输出，用于与继电器触点连接输出电源，满足现场的不同需求。另外，模块还设有开关信号输入端，用来和现场设备的开关触点连接以便对现场设备是否动作进行确认。应当注意的是，不应将模块触点直接接入交流控制回路，以防强交流干扰信号损坏模块或控制设备。

（六）双输入/双输出模块

此模块用于完成对二步降防火卷帘门、水泵、排烟风机等双动作设备的控制，主要用于防火卷帘门的位置控制。该模块也可作为两个独立的单输入/输出模块使用。

（七）编码中继器

编码中继器实际上是一种编码模块，只占用一个编码点，用于连接非编码探测器等现场设备，当接入编码中继器的输出回路的任何一只现场设备报警后，编码中继器都会将报警信息传输给报警控制器，控制器产生报警信号并显示出编码中继器的地址编号。

（八）火灾显示盘

火灾显示盘是安装在楼层或独立防火分区内的火灾报警显示装置。它通过总线与火灾报警控制器相连，处理并显示控制器传送过来的数据。当建筑物内发生火灾后，消防控制中心的火灾报警控制器产生报警，同时把报警信号传输到着火区域的火灾显示盘上，火灾显示盘将产生报警的探测器编号及相关信息显示出来，同时发出声、光报警信号，以通知着火区域的人员。当用一台报警控制器同时监视数个楼层或防火分区时，可在每个楼层或防火分区设置火灾显示盘以取代区域报警控制器。

（九）声光讯响器

当现场发生火灾并被确认后，安装在现场的声光讯响器可由消防控制中心的火灾报警控制器起动，发出强烈的声光信号，以达到提醒人员注意的目的。

（十）CRT 彩色显示系统

在大型消防系统的控制中必须采用微机显示系统，即 CRT 系统。它包括系统的接口板、计算机、彩色监视器、打印机，是一种高智能化的显示系统。CRT 报警显示系统是把所有与消防系统有关的建筑物的平面图形及报警区域和报警点存入计算机内，在发生火灾时，CRT 显示屏上能自动用声光显示火灾部位，如用黄色（预警）和红色（火警）不断闪动，同时用不同的音响来反映各种探测器、报警按钮、消火栓、水喷淋、送风口、排烟口等的具体位置；用汉字和图形来进一步说明发生火灾的部位、时间及报警类型，打印机自动打印，以便记忆着火时间，进行事故分析和存档，更直观更方便地为消防值班人员提供火情和消防信息。该系统采用现代化手段、现代化工具及现代化的科学技术代替以往庞大的模拟显示屏，其先进性在造型复杂的智能建筑群体中更为突出。

第二节　建筑灭火应配备的设施

建筑灭火系统包括灭火器、消火栓给水系统、自动喷水灭火系统、气体灭火系统。通用房屋中的固定消防设施主要包括灭火器、消火栓给水系统、火灾自动报警设备、火灾探测器、火灾自动灭火系统、消防卷帘、防火门、消防紧急广播、防排烟系统等。

一、灭火器

灭火器是一种可由人力移动的轻便灭火器具，它能在其内部压力的作用下，将所充装的灭火剂喷出以扑灭火。由于其结构简单、操作方便，因此使用面较广，在企业、机关、商场、公共楼宇、住宅和汽车、轮船、飞机等交通工具上，随处可见，已成为大众化的常规灭火器具。

（一）灭火器的分类

1. 按充装灭火剂的类型划分

按充装灭火剂的类型，灭火器可划分为空气泡沫灭火器、水型灭火器、干粉灭火器、二氧化碳灭火器和卤代烷灭火器。

（1）空气泡沫灭火器

空气泡沫灭火器中充装的灭火剂是空气泡沫液。根据空气泡沫灭火剂种类的不同，空气泡沫灭火器又可分为蛋白泡沫灭火器、氟蛋白泡沫灭火器、成膜泡沫灭火器和抗溶泡沫灭火器等。

（2）水型灭火器

水型灭火器中充装的灭火剂主要是水，另外还有少量的添加剂。水灭火器、强化液灭火器都属于水型灭火器。

（3）干粉灭火器

干粉灭火器内充装的灭火剂是干粉。根据所充装的干粉灭火剂类型的不同，干粉灭火器可分为碳酸氢钠干粉灭火器、钾盐干粉灭火器、氨基干粉灭火器和磷酸铵盐干粉灭火器等。中国主要生产和发展的干粉灭火器是碳酸氢钠干粉灭火器和磷酸铵盐粉灭火器。

（4）二氧化碳灭火器

二氧化碳灭火器中充装的灭火剂是加压液化的二氧化碳。

（5）卤代烷灭火器

卤代烷灭火器内充装的是卤代烷灭火剂。卤代烷灭火器分为1211灭火器和1301灭火器两种。

2. 按灭火器的重量和移动方式划分

按灭火器的重量和移动方式，灭火器可以划分为手提式灭火器、背负式灭火器和推车式灭火器。

（1）手提式灭火器

手提式灭火器总重在28kg以下，容量在10kg左右，能用手提着灭火。

（2）背负式灭火器

背负式灭火器总重在40kg以下，容量在25kg以下，用肩背着灭火。

（3）推车式灭火器

推车式灭火器总重在40kg以上，容量在100kg以内，有车轮等行驶结构，由人力推（拉）着灭火。

3. 按加压方式划分

按加压方式的不同，灭火器可以划分为贮压式灭火器和贮气瓶式灭火器。

（1）贮压式灭火器

贮压式灭火器中的灭火剂是由与其同储于一个容器内的压缩气体或灭火剂蒸气的压力所驱动来灭火的。

（2）贮气瓶式灭火器

贮气瓶式灭火器中的灭火剂是由一个专门贮存压缩气体的储气瓶释放气体加压所驱动来灭火的。

（二）灭火器的性能要求

1. 喷射性能

喷射性能是指对灭火器喷射灭火剂的技术要求，包括有效喷射时间、喷射滞后时间、喷射剩余率和喷射距离。

（1）有效喷射时间

有效喷射时间是指灭火器在保持最大开启状态下，灭火剂从喷嘴喷出至喷射结束的时间，不包括驱动气体喷射结束的时间。

（2）喷射滞后时间

喷射滞后时间是指自灭火器阀门开启或达到相应开启状态时至灭火剂从喷嘴喷出的时间。在（20±5）℃时，手提式灭火器的喷射滞后时间不得大于 5 秒；推车式灭火器的喷射滞后时间不得大于 10 秒；可间歇喷射的手提式灭火器每次间歇喷射的滞后时间不得大于 3 秒；推车式灭火器每次间歇喷射的滞后时间不得大于 5 秒。

（3）喷射剩余率

喷射剩余率是指额定充装灭火剂的灭火器在喷射至灭火器内部压力与外界大气压力相等时，内部剩余的灭火剂量相对于喷射前灭火剂充装的重量的百分比。在（20±5）℃时，灭火器的喷射剩余率不得大于 10%。

（4）喷射距离

喷射距离是指从灭火器喷嘴的顶端到喷出灭火剂最集中区域的水平距离。

2. 灭火性能

灭火器的灭火性能是指灭火器扑灭火灾的能力。灭火性能用灭火级别表示。灭火级别由数字和字母组成，如 3A、21A、5B、20B 等。数字表示灭火级别的大小，数字越大，灭火级别越高，灭火能力越强；字母表示灭火级别的单位和适于扑救的火灾种类。灭火器的灭火级别是通过试验确定的。

3. 使用温度性能

灭火器的使用温度应取下列规定的某一温度范围：4℃～55℃；-10℃～55℃；-20℃～

55℃；-40℃～55℃；-55℃～55℃。

灭火器在上述温度范围内的喷射性能与在（20±5）℃时的喷射性能相比，有效喷射时间的偏差不得大于 25%，且在最高使用温度时的有效时间不得小于 6 秒，喷射剩余率不得大于 15%，手提式灭火器的喷射滞后时间不得大于 5 秒，推车式灭火器的喷射滞后时间不得大于 15 秒。

4. 机械强度

为了确保灭火器的使用安全可靠，其零部件必须具有足够的机械强度。评定灭火器机械强度有三个指标，即设计压力、试验压力和爆破压力。

（1）设计压力

灭火器的设计压力，应根据灭火器在 60℃时其内部的最高压力来确定。它与灭火剂数量、加压气体数量等因素有关。

（2）试验压力

灭火器制成后或使用一定时间后，均须进行水压试验。为确保灭火器的安全，试验压力应为设计压力的 1.5 倍。试验时不得出现渗漏和宏观变形等影响强度的缺陷。

（3）爆破压力

灭火器的爆破压力受到材料的机械性能和零件质量的影响。为保障使用安全，一般取 3 倍的设计压力作为爆破压力。

5. 密封性能

密封性能是指灭火器在喷射过程中各连接处的密封性能和在长期保存过程中驱动气体不被泄漏的性能。灭火器及其储气瓶应具有可靠的密封性能，其泄漏量应符合下列规定：

（1）由灭火剂蒸气压力驱动的贮压式灭火器和二氧化碳储气瓶，用称重法检查泄漏量。灭火器年泄漏量不得大于灭火剂额定充装量的 5%或 50g。储气瓶年泄漏量不超过额定充装重量的 5%。

（2）充有非液化气体的贮压式灭火器和储气瓶，应用测压法检查泄漏量。每年其内部压力降低值不得大于 20℃时额定充装压力的 10%。

6. 结构要求

（1）灭火器的操作装置应简单灵活，性能可靠。操作装置应设有保险装置，保险装置的解脱动作应区别于灭火器的开启动作，其解脱力不得大于 100N。操作装置的开启动作应能一次完成，而且开启力不得大于规定要求。

（2）手提式的水、泡沫、干粉灭火器和推车式灭火器应设有卸压结构，以保证在滞压情况下能安全拆卸。

（3）干粉、卤代烷和二氧化碳灭火器的灭火剂量大于或等于 4kg，应设有可间歇喷射的结构和喷射软管。

（4）灭火器的设计压力大于 2.2MPa 时应设有超压安全保护设施，即安全膜或安全阀。

(三)灭火器的使用

1. 空气泡沫灭火器

空气泡沫灭火器主要用于扑救 B 类物质,如汽油、煤油、柴油、植物油、油脂等引起的初起火灾,也可用于扑救 A 类物质,如木材、竹器、棉花、织物、纸张等引起的初起火灾。其中,抗溶空气泡沫灭火器能够扑救甲醇、乙醚、丙酮等极性溶剂的火灾。空气泡沫灭火器不能扑救带电设备火灾和轻金属火灾。空气泡沫灭火器的结构如图 9-26 所示。

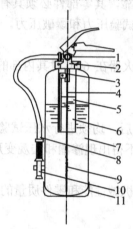

图 9-26 分装式空气泡沫灭火器结构
1—压力表 2—筒盖 3—混合器 4—吸液管 5—内胆 6—泡沫液
7—清水 8—喷射软管 9—吸水管 10—泡沫喷枪 11—筒体

空气泡沫灭火器在中国使用还不普遍,目前投入生产使用的有水成膜泡沫灭火器和合成泡沫灭火器等,其结构除喷射系统中的空气泡沫喷枪不同外,其余结构如筒体、器头、开启机构、卸压装置等构造与水型灭火器基本相同。喷枪结构如图 9-27 所示。

空气泡沫灭火器能否喷射出高质量的泡沫,是由泡沫喷枪的性能决定的。泡沫喷枪是应用射流泵原理制成的,当泡沫混合液从泡沫喷枪的喷嘴中喷入泡沫混合管时,已被喷成雾滴状。由于雾状水滴在压力作用下具有一定的流速,射入泡沫混合管后,使泡沫混合管的局部形成负压区,从而使大量空气被吸入混合管内,并与雾气泡沫液进行机械搅合,形成泡沫喷射出去,覆盖在燃烧物表面而中断燃烧以达到灭火目的。

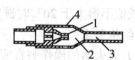

图 9-27 空气泡沫喷枪结构图
1—喷嘴 2—气室 3—混合管 4—气孔

空气泡沫灭火器在使用时,应手提灭火器提把迅速赶到火场,在距燃烧物 6m 左右处,先拔出保险销,一手握住开启压把,另一手握住喷枪,紧握开启压把,将灭火器密封开启,空气泡沫即从喷枪喷出。泡沫喷出后应对准燃烧最猛烈处喷射。如果扑救的是可燃液体火灾，当可燃液体呈流淌状燃烧时，喷射的泡沫应由远而近地覆盖在可燃液体上；当可燃液体在容器中燃烧时，应将泡沫喷射在容器的内壁上，使泡沫沿内壁淌入可燃液体表面而加以覆盖。应避免将泡沫直接喷射在可燃液体表面上，以防止射流的冲击力将可燃液体冲出容器而扩大燃烧范围，增大灭火难度。灭火时，使用者应随着喷射距离的缩短，逐渐向燃烧处靠近，并始终让泡沫喷射在燃烧物上，直至将火扑灭。在使用过程中，应一直紧握开启压把，不能松开，也不能将灭火器倒置或横卧使用，否则会中断喷射。

2．清水灭火器

（1）清水灭火器的结构

清水灭火器由筒体、筒盖、二氧化碳储气瓶、喷射系统和开启机构等部件组成。筒体是存放灭火剂的容器。筒盖也称器头，是使筒体密封的盖子，通过连接螺圈与筒体相互连接。筒盖装有二氧化碳储气瓶、开启机构、提圈等部件。二氧化碳储气瓶是用来储存液态二氧化碳的容器，是清水灭火器的动力源。喷射系统是灭火剂从筒体向外喷射的通道，由虹吸管和喷嘴组成。开启机构由穿刺钢针、限位弹簧、开启杆、保险帽等零件组成。

（2）清水灭火器的使用

使用清水灭火器时，将其提至火场，在距离燃烧物 10m 处，直立放稳。摘下保险帽，用手掌拍击开启杆顶端的凸头。这时储气瓶的密膜片被刺破，二氧化碳气体进入筒体内，迫使清水从喷嘴喷出。此时应立即一只手提起灭火器，另一只手托住灭火器的底圈，将喷射的水流对准燃烧最猛烈处喷射。随着灭火器喷射距离的缩短，使用者应逐渐向燃烧物靠近，使水流始终喷射在燃烧处，直到将火扑灭。在喷射过程中，灭火器应始终与地面保持大致的垂直状态，切勿颠倒或横卧，否则会使加压气体泄出而导致灭火剂不能喷射。

3．二氧化碳灭火器

二氧化碳灭火器分为手提式和推车式两种。

（1）手提式二氧化碳灭火器

手提式二氧化碳灭火器由钢瓶、瓶头阀和喷射系统组成。使用时，压下压把，二氧化碳灭火器的密封将随之开启，液态的二氧化碳在其蒸气压力的作用下，经虹吸管和喷射连接管从喷嘴喷出。由于压力的突然降低，二氧化碳液体迅速汽化，但因汽化需要的热量外部供给不足，二氧化碳液体不得不吸收自身的热量，结果一部分二氧化碳温度下降至-78.5℃，凝结成雪花状固体。所以从灭火器喷出的是二氧化碳气体和固体的混合物。当雪花状的二氧化碳覆盖在燃烧物上时即刻汽化（升华），对燃烧物有一定的冷却作用。但此类灭火器在灭火过程中并不是主要利用这种冷却作用，而是主要依靠稀释空气的原理，把燃烧区空气中的氧浓度降低到维持物质燃烧的极限氧浓度以下，从而使燃烧窒息。

使用手提式灭火器时，可手提灭火器的提把，也可把灭火器扛在肩上，迅速赶到火场。在距起火点大约 5m 处，放下灭火器，一只手握住喇叭形喷筒根部的手柄，将喷筒对准火焰，另一只手压下压把，二氧化碳就喷射出来。当扑救流散流体火灾时，应使二氧化碳射流由近而远向火焰喷射。如果燃烧面积较大，操作者可左右摆动喷筒，直至把火扑灭。当扑救容器内火灾时，操作者应从容器上部的一侧向容器内喷射，但不要使二氧化碳直接冲击到液面上，以免将可燃物冲出容器而扩大火灾范围。

(2) 推车式二氧化碳灭火器

推车式二氧化碳灭火器一般由两人操作，使用方法同手提式一样。

4. 干粉灭火器

干粉灭火器主要适用于扑救易燃液体、可燃气体和电气设备的初起火灾，常用于加油站、汽车库、实验室、变配电室、煤气站、液化气站、油库、船舶、车辆、工矿企业及公共建筑等场所。

干粉灭火器按移动方式分为手提式、推车式和背负式三种。

(1) 手提式干粉灭火器

在室外使用手提式干粉灭火器时应注意要占据上风方向。使用前先把灭火器上下颠倒几次，使筒内干粉松动。如果使用的是内装式或贮压式干粉灭火器，应先拔下保险销，一只手握住喷嘴，另一只手用力按下压把，干粉便会从喷嘴喷射出来。如果使用的是外置式干粉灭火器，应一只手握住喷嘴，另一只手提起提环，握住提柄，干粉便会从喷嘴喷射出来。干粉灭火器在喷射灭火过程中应始终保持直立状态，不能横卧或颠倒使用，否则不能喷粉。

(2) 推车式干粉灭火器

推车式干粉灭火器使用时，一般应由两人操作。先把灭火器拉到或推到火场，在距起火点大约 10m 处停下。一人将灭火器放稳，然后迅速打开保险销，另一人取下喷枪，展开喷射软管，然后一手握住喷枪枪管，另一只手勾动扳机，将喷枪对准火焰根部，喷粉灭火。

(3) 背负式干粉灭火器

背负式干粉灭火器是由两个装干粉灭火器的筒体、二氧化碳储气瓶、输粉系统、干粉栓及开启机构组成。使用背负式干粉灭火器时，先撕去铝封，拉开保险销，然后背起灭火器，手持喷枪，迅速奔到燃烧现场，距燃烧处 5m 即可喷粉。当第一组灭火器筒体内干粉喷完后，快速将喷枪扳机左侧的凸出轴向右推动 8mm 左右即限位，然后再勾动扳机，第二组灭火器即可喷粉。

二、消火栓给水系统

消火栓给水系统由消防水泵、室内消火栓、消防水箱、消防水泵接合器和室外消火栓等组成。

(一) 消防水泵

消防水泵是保证室内给水管网压力和流量的机械设备。为了确保消防用水持续供应，消防水泵要符合下列要求：

（1）一组消防水泵至少应有两条吸水管。当其中一条发生故障时，其余的吸水管应仍能满足消防供水的要求。高压消防给水系统的每台消防水泵应有各自独立的吸水管。

（2）为便于检查和维修，消防水泵的吸水管和出水管一般应敷设在水泵房的地面上，其阀门应设在操作方便的地方，并需有明显的启闭标志。

（3）消防水泵的吸水管口径不应小于消防水泵进水口的直径。

（4）消防水泵宜采用自灌式引水，以保证及时供水。

（5）消防水泵与动力机械应直接连接，如有困难时，应采用不少于4条的三角胶带传动，以免打滑。

（6）固定消防水泵一般应设置备用泵，备用泵的工作能力不应小于主要泵。

（7）消防水泵的出水管上，应装设止回阀和供试验、检查用的放水阀。

消防水泵在高压给水系统中起着维持压力的作用。在正常运行中，应严格监视或巡回检查水泵机组是否有不正常的噪声或振动，轴承温度是否超过允许值（最高75℃），各种监视仪表是否正常等。备用水泵和临时高压给水系统的消防泵的灌水状况、动力设备等应保持良好的备战状态，保证在发生火情时可以立即启动。

（二）室内消火栓

室内消火栓是建筑物内的一种固定灭火供水设备，包括消火栓及消火栓箱。室内消火栓和消火栓箱通常设于楼梯间、走廊和室内的墙壁上。箱内有水带、水枪并与消火栓出口连接，消火栓则与建筑物内消防给水管线连接。室内消火栓由手轮、阀盖、阀杆、阀体、阀座和接口等组成。

需要使用室内消火栓箱时，根据箱门的开启方式，用钥匙开启箱门或击碎箱门玻璃，扭动锁头打开。如消火栓没有紧急按钮，应将其下的拉环向外拉出，再按顺时针方向转动旋钮，打开箱门后，取下水枪，按动水泵启动按钮，旋转消火栓手枪，即开启消火栓，铺设水带进行射水。

灭火后，要把水带洗净晾干，按盘卷或折叠方式放入箱内，再把水枪卡在枪夹内，装好箱锁，换好玻璃，关好箱门。

消防软管卷盘和室内消火栓一样，是建筑物内的固定水灭火设备。消防软管卷盘通常装在与室内消火栓供水管相连的供水支管上，主要由转动部分、支撑部分和导流部分组成。转动部分包括转盘、摆臂、轮壳支架，主要作用是将卷盘从墙箱内摆出，并能使输水管展开和收回。支撑部分包括底座和支持架，卷盘安装在上面。导流部分包括出水管、进水管、水密封套和连接件等，除了导流、喷射水的作用外，还可防止渗漏。

平时，应定期检查卷盘、水枪、水带是否损坏，阀门、卷盘转动是否灵活；检查消火栓箱门是否损坏，门锁开启是否灵活，拉环铅封是否损坏，水带转盘杠架是否完好，箱体是否锈蚀。发现问题后应及时检修。

(三) 消防水箱

消防水箱是在建筑物室外给水管网经常不能保证室内给水管道有足够水压时设置的。低层建筑室内消防水箱应储存10分钟的室内消防用水量。高层建筑消防水箱的储存量,一类建筑不应小于 $18m^3$,二类建筑和三类住宅建筑不应小于 $12m^3$,四类住宅建筑不应小于 $6m^3$。消防水箱的安装高度必须满足最不利点所设置室内消火栓的水压要求。

消防用水与其他用水合并使用同一水箱时,应有确保消防用水不被移作他用的技术措施。如将其他用水的出水口高出消防用水的水面,这时其储存的消防用水量,只能按该出水口水面以下部分计算。

如消防水箱不能满足最不利点消火栓的水压,可设置固定消防水泵或气压水罐局部加压。如采用气压水罐,应保证消防用水的水量和水压;如采用固定消防水泵,应在水压不足的消火栓处(包括超过6层的单元式住宅、超过5层的其他民用建筑和超过4层的库房内的每个消火栓处)设置远距离启动消防水泵的按钮,并且为了防止加压后的水倒流入水箱,还应在消防水箱的出水管上设置止回阀。

气压水罐是一种全自动式的局部增压供水装置,分为无隔膜式和隔膜式两种。由水泵、电机、控制柜、自动补气装置、空气过滤器、压力表及控制器等装置构成。其基本原理是在水泵和供水管网之间增设压力空气储能罐。

(四) 消防水泵接合器

消防水泵接合器是消防车向室内给水管网补水的接口设备。消防水泵接合器通常安装在消火栓箱内,与消防水带和水枪等器材配套使用。消防车通过该接合器的接口,向建筑物内的消防供水系统送水加压,使建筑物内部的室内消火栓或其他灭火装置得到充足的压力水源,用以扑灭不同楼层的火灾,从而解决高层建筑发生火灾后消防车灭火困难,或因建筑物内部的室内消防给水管道水压低、供水不足甚至无法供水等问题。

消防水泵接合器主要由弯管、本体、法兰接管、法兰弯管、接口、闸阀、止回阀、安全阀等零部件组成。闸阀在管路上作为开关使用,平时常开。止回阀的作用是防止水倒流。安全阀用来保证管路水压不大于1.06MPa,清除水锈破坏,以防意外。放水阀是供泄放管内余水之用,防止水冻腐蚀。底座支撑着整个接合器,并和管路相连。接合器不同部位应当按要求涂上不同油漆加以保护,外露地上部分涂大红醇酸磁漆,地下部分涂黑色沥青清漆,内表面涂红丹酚醛防锈漆。

(五) 室外消火栓

室外消火栓与城镇自来水管网相连接,既可供消防车取水,又可连接水带、水枪,直接出水灭火。室外消火栓有地上消火栓和地下消火栓两种。地上消火栓适用于气候温暖地区,而地下消火栓则适用于气候寒冷地区。

1. 地上消火栓

地上消火栓主要由弯座、阀座、排水阀、法兰接管启闭杆、本体和接口等组成。在使用地上消火栓时，用消火栓钥匙扳头套上启闭杆上端的轴心头之后，再按逆时针方向转动消火栓钥匙，阀门即可开启，水由出水口流出；按顺时针方向转动消火栓钥匙时，阀门便关闭，水不再从出水口流出。

2. 地下消火栓

地下消火栓和地上消火栓的作用相同，都是为消防车及水枪提供压力水。所不同的是，地下消火栓安装在地下。

地下消火栓安装在地面以下，不易冻结，也不易被损坏。地下消火栓必须设立明显标志。地下消火栓的使用可参照地上消火栓进行。使用时，首先打开消火栓井盖，拧开闷盖，接上消火栓与吸水管的连接口或接上水带，用专用扳手打开阀塞即可出水，用毕要恢复原状。

三、自动灭火系统

自动灭火系统现在已经有多种类型，下面只介绍常见的几类。

（一）自动喷水灭火设备

自动喷水灭火设备可分为喷雾水冷却设备、喷雾水灭火设备和喷洒水灭火设备。

喷雾水冷却设备和喷雾水灭火设备的射流水滴较小，而喷洒水灭火设备的射流水滴较大。喷雾型射流冷却设备的灭火性能优于喷洒水灭火设备，但喷雾型射流须有较高的喷射力。

1. 喷洒水灭火设备

喷洒水灭火设备分为自动喷水灭火设备和洒水灭火设备。

自动喷洒水灭火设备主要用于对设备进行冷却和扑救一般固体物质火灾，不适于扑救易燃、可燃液体火灾和气体火灾。

2. 自动喷雾水冷却设备和喷雾水灭火设备

自动喷雾水冷却设备和喷雾水灭火设备主要由自动喷水头、供水管道、报警阀、水泵和水源等组成。这种设备是利用压力供水装置或水泵，通过供水管道和报警阀，将带有一定压力的压力水输送到自动喷水头。自动喷水头开启后，使水雾化喷出。

由于自动喷雾水冷却设备和喷雾水灭火设备是利用喷雾水进行冷却和灭火，因而具备用水量少、冷却灭火效果好、水渍损失小的特点，是现阶段较为先进的灭火设备。

自动喷雾水冷却设备主要用于石油和化工企业采油、炼油和储油设备以及工业企业的易燃、可燃液体和气体容器。防止这些容器在火焰的辐射作用下，由于易燃、可燃液体汽化或可燃气体受热膨胀，使容器内的压力迅速升高，超过其机械强度而发生物理性爆炸，或者通过冲淡水冷却设备保护范围以内的可燃气体浓度，防止发生化学性爆炸。

自动喷雾水灭火设备可以有效地扑救固体物质火灾，对于汽车库、汽车修理间、油浸电力变压器、配电室等地发生的火灾，都有良好的灭火效果。自动喷雾水灭火设备还可以保护高层建筑的屋顶钢构件。由于喷雾水的粒径小，能在燃烧区内迅速汽化，具有良好的冷却和窒息作用，因而能迅速扑灭各种物质（除遇水燃烧、爆炸物质）的火灾。此外，由于喷雾水的电气绝缘性强，因而能较好地扑救电气设备的火灾。

（二）二氧化碳灭火设备

二氧化碳灭火是通过减少空气中氧的含量，使其达不到支持燃烧的浓度从而达到灭火的目的。二氧化碳在空气中含量达到 30%～35%时，能使一般物质的燃烧逐渐窒息；达到43.6%时，能抑制汽油蒸气及其他易燃气体的爆炸。喷洒二氧化碳进行灭火的设备称为二氧化碳灭火设备。二氧化碳灭火设备按其用途，分为局部应用设备和全充满灭火设备两类。

1. 局部应用设备

在保护空间（或机器设备）内设置固定的二氧化碳喷头（或采用移动式二氧化碳喷枪），并在要求的时间内，使起火部位达到二氧化碳灭火浓度的设备，称为局部应用设备。局部应用设备仅对保护对象的特定部分或特定设施，施放二氧化碳灭火剂。当被保护对象有较大的开口部分，而又无法密闭，用全充满设备又不能达到灭火效果，或者保护对象规模庞大，用全充满设备不仅二氧化碳用量很大，而且有可能造成人员生命危险的情况下，采用局部应用设备比较适宜。

局部应用设备由钢瓶、配管、喷头及灭火短管等组成，如图9-28 所示。

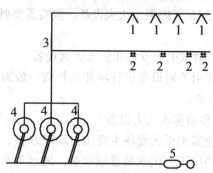

图 9-28 二氧化碳灭火系统（局部应用）
1—二氧化碳喷头 2—灭火短管 3—配管 4—钢瓶 5—手动开启设备

当保护部位发生火灾后，利用手动开启设备开启钢瓶，二氧化碳便会进入配管，从喷头或灭火短管中喷洒而出，进行灭火。

2. 全充满灭火设备

在房间内设置固定的二氧化碳喷头，起火后能在要求的时间内，使室内空间达到二氧化碳灭火浓度的要求，这种设备称为全充满灭火设备。全充满灭火设备由钢瓶、输气管、分配管、喷头以及报警启动设备组成。

当房间发生火灾时,首先是探测器发出火灾报警,然后启动器打开钢瓶的启动阀和相应的分配阀,使钢瓶内的二氧化碳进入输气管,经过分配阀进入起火房间,最后喷洒出二氧化碳,进行灭火。

该设备适用于保护容积不大且密封性较好的房间。灭火时,现场不能有人,以免中毒。

（三）干粉灭火系统

干粉灭火系统主要用于扑救可燃气体和可燃、易燃液体引起的火灾,也适用于扑救电气设备火灾。根据设置干粉灭火系统场所的要求不同,干粉灭火系统分为自动操作系统、半自动操作系统和手动系统（移动式）三种。

1. 自动干粉灭火系统

自动干粉灭火系统由干粉罐、动力气瓶、减压阀、输粉管、喷嘴以及火灾探测器、启动瓶和报警器等组成,如图9-29所示。当被保护对象着火后,温度上升到一定数值时,火灾探测器便发出信号,喇叭发出警报,同时,启动气瓶打开。这时,启动气瓶中的气体把先导动力气瓶打开,使先导动力气瓶中的高压气体进入集气管,管中的压力迅速上升,使其余动力气瓶同时打开。高压气体经减压后,即进入干粉罐。与此同时,集气管中的少量气体,一部分进入气动放大器,一部分进入定压发信器。

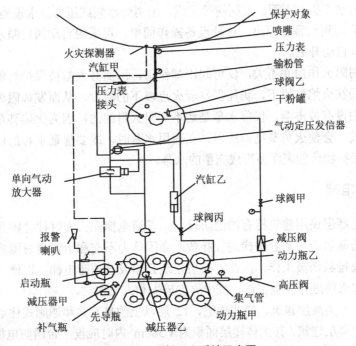

图9-29 干粉灭火系统示意图

当干粉罐压力升到规定压力时，定压发信器给出信号，使气动放大器动作，气体通过放大器推动汽缸把球阀打开，使干粉罐中的粉气混合流经过喷嘴喷洒到保护对象表面。

此外，还可采用手动方式，直接把动力气瓶打开，排出高压气体，向干粉罐充气充压，从而喷洒干粉。

大型干粉灭火设备的动力气瓶都采用氮气瓶，而小型灭火设备则采用二氧化碳瓶。例如，300升的干粉灭火设备使用7kg的二氧化碳钢瓶两只，而1 000升的干粉灭火设备，则使用8只40升的氮气瓶。

2．半自动干粉灭火设备

这种灭火设备与自动干粉灭火设备的组成基本相似，只是报警装置与灭火设备不联动。当保护对象着火时，需要由操作人员启动灭火设备的控制装置，进行灭火。

3．手动操作系统设备

手动操作系统的工作原理和操作与推车式干粉灭火器相同。

（四）水幕设备

水幕设备是能喷出幕帘状水流的管网设备。水幕设备的保护对象一般是门、窗以及舞台的垂幕等，一些大的立面、屋顶或成套设备也可采用。为了在其内部的各部分之间进行防火分割，大型建筑物和大型装置也可以利用水幕设备。

水幕设备由水幕头、支管、控制阀等组成，由消防水泵或压力供水设施送出的压力水，通过供水管网输送到水幕头喷出。这种设备操作简单，可采用自动阀门喷水，也可以由自动喷淋头控制阀自动开启。

水幕本身的阻火作用并不大，仅可起冷却作用，因而必须与被保护对象相配合，使被保护物体的表面在火焰作用下，仍能保持着火点以下的温度，从而发挥阻火的功能。如果被保护物体表面没有被淋湿，仅靠水幕是达不到阻火目的的，因为火焰甚至辐射热能从水幕的缝隙中通过，会使火势蔓延。所以，在使用水幕时，既要保证水幕的供给强度，又要使水流喷在被保护物体的表面而形成完整的水幕。

四、消防电梯

消防电梯是高层民用建筑特有的消防设施。普通电梯在火灾时往往因为切断电源而停止使用，而消防队员若靠攀登楼梯进行扑救，会因体力不支和运送器材困难而贻误战机，影响扑救火灾及抢救伤员工作。因此，高层建筑必须设置消防电梯，以便消防队员在火灾时能迅速到达起火层进行扑救工作，减少火灾损失和人员伤亡。

我国规定，一类高层建筑、塔式住宅、12层以上的单元式和通廊式住宅，以及高度在32m以上的二类高层建筑，其主体楼层面积为1 500m^{2}内时应设一台消防电梯，主体楼层面积为1 500~4 500m^{2}内应设两台，超过4 500m^{2}则设三台，且宜分别在不同的防火分区内设置。

当建筑起火后,全部电梯须召回首层。若火灾发生在首层则停于较近层,待人员撤离后即锁上停止使用,而消防电梯则由消防队员操纵投入灭火救援战斗。消防电梯还可在平时充分发挥其潜力,兼作服务电梯之用。

五、防火门

防火门是一种活动的防火分隔物。防火门是重要的防火设备,是有效阻隔火势蔓延,保证人员安全疏散的重要设施之一。通常在防火墙、前室、走道、楼梯间设置较高耐火极限的防火门。即使一栋建筑疏散楼梯的位置、形式、耐火能力等考虑十分周密完善,但是防火门耐火较差、启闭不灵或漏烟蹿火,也可能导致整个楼梯间彻底失去疏散的作用。

防火门按燃烧性能分为非燃烧体防火门和难燃烧体防火门;按开启方式分为平开门、推拉门、悬挂门(升降门)和卷帘门等。

我国将防火门分为甲、乙、丙三级:甲级须耐火1.2小时,其构造多为双面薄钢板中填硅酸钙板及陶瓷棉,主要用于防火分区的门洞口处;乙级须耐火0.9小时,其构造为厚木板单面或双面打石棉板及铁皮,有的将木料经防火浸料处理,主要设在楼梯间、前室及消防电梯前室门洞口处;丙级应耐火0.6小时,主要用作管道井的检修门。

第三节 消防系统的管理与维护

保护用户的生命和财产安全是物业服务企业的基本职责。在物业的安全管理中,消防安全处在首要位置。消防管理的基本目的是预防物业设施火灾的发生,在火灾发生之后,最大限度地减少火灾损失,为业主的生产和生活提供安全环境,保护其生命和财产的安全。消防工作在指导思想上,要把预防火灾放在首位,防患于未然,同时在人力、物力、技术等多方面做好充分的灭火准备,以便一旦发生火灾,能迅速将火扑灭,将火灾损失降到最低。

一、消防队伍的建设

要想做好消防工作,必须有一支素质过硬的消防队伍,同时做好消防宣传工作,建立人人防火的群防体系。

(一)消防人员的选择与培训

1. 消防人员的选择

消防人员的选择应考虑以下因素:

(1) 年轻力壮，身体素质好。
(2) 责任心强，勇于献身。
(3) 反应灵敏，行动迅速。
(4) 消防知识全面，文化水平高。

2. 消防队伍的培训

选定消防人员后，应对其进行思想品德和业务技能方面的教育与培训，使消防队伍人员既有较高的思想素质，又有较强的业务水平。消防队伍的培训内容包括以下几个方面：

(1) 国家有关消防的法律法规和制度。
(2) 消防专业知识。
(3) 各种消防设施设备的使用等。
(4) 消防监控中心的各种仪表、信号开关的性能和作用。

（二）消防队伍的具体业务

1. 普及防火知识，落实防火岗位责任制

消防人员要广泛地开展防火宣传工作，动员和组织员工与小区内群众积极地学习掌握防火知识。只有把群众发动起来，"防"才有基础，"消"才有力量。宣传可以采取专人上门、发通知、张贴广告、出墙报、利用闭路电视等方式。宣传的内容有防火的重要性，防火灭火的基本方法，各物业内消防设施及其功能与使用，安全疏散和人员抢救等。同时，还要制定各单位、各部门及重要部位的防火责任制，并负责检查落实。

2. 定期进行消防安全检查

进行消防安全检查，是预防火灾的一项基本措施。作为日常安全检查，专职消防人员须每天巡视大厦小区的每个角落，及时发现和消除火险隐患。对防火责任、防火岗位责任制执行情况的检查，一般可以每月进行1～2次。消防设备的硬件要定期检查，检查时要会同管理公司工程部门有关人员共同进行，以检验各种消防设施的维护与运作情况。在进行安全检查时，发现火险隐患，要记录在案，并向主管领导报告，通知有关部门限期整改。对消防设施方面的故障和不足，还要写出专门报告，经主管领导批准，由工程部门制定计划进行整修。

3. 负责消防监控报警中心的日常值班工作

消防监控报警中心是接受火灾报警，发出火灾信号和安全疏散指令，控制消防水泵，固定灭火、通风、空调系统和防烟排烟设施等，并能操纵电梯到达指定位置和保证消防电梯运行的中控室。消防值班人员应实行每日24小时监控，严格执行交接班制度，填好值班记录。消防监控报警中心是防火活动的管理中心，消防人员值班时应及时发现火灾并发出警告，在火灾发生时，引导疏散人群、指导扑灭初期火灾及其他事故的处理工作，协助公安消防人员了解大楼各种自动灭火系统的运作情况，对大楼的灭火救灾活动进行有效的指挥。

（三）消防队伍的训练和演习

要做到迅速、安全、彻底地扑灭火灾，消防人员必须坚持针对灭火工作的平时训练，发现自身存在的不足；找到适合自己的消防办法；掌握防火、灭火的措施和技术等。

平时训练还要和定期演习相结合。物业管理公司应根据自己的实际情况，最好每年进行一次消防演习，通过演习来检验小区（或商业大厦）防火、灭火的整体功能。例如，防火、灭火预定方案是否科学，指挥是否得当，专职消防队员是否称职，消防设施是否发挥作用等。另外，通过演习还能检验业主的心理承受能力。演习后，消防队伍要及时总结经验，找出不足，以便采取措施，改进以后的工作，提高物业管理公司防火、灭火以及自救的能力。进行消防演习宜请公安消防部门来人指导，帮助讲评和总结，并请他们提供改进的办法或途径。

（四）义务消防队的建立和培训

在健全专职和兼职消防队伍的同时，建立义务消防队伍，是消防组织网络中重要的一环。义务消防队员应从管理员工中选择年轻、身体素质好、工作负责的人员组成。保安部全体保安员都是义务消防员。定期对这支队伍进行业务培训，使其掌握消防技能对消防体系的建立有着重要的意义。至于培训，可请有经验的消防人员、有关专家、教授等来讲课，也可请公安消防部门代为培训。培训内容可以适当拓宽，使消防队员能适应复杂的、多变的消防情况。

二、消防设施设备管理的内容

（一）消防设施设备管理机构的职责

消防设施设备的管理主要是对消防设备的保养和维护。消防设施设备的维修需要专门的技术，特别是一些关键设备，一般应请政府认可的专业公司进行维护。作为管理公司，一般应做到如下方面：

（1）熟悉消防法规，了解各种消防设备的使用方法，制定大厦的消防制度。

（2）检查电器、电线、电掣、燃气管道等有无霉坏、锈坏、氧化、溶化、堵塞等情况，防止因电器短路或燃气爆炸引起火灾。

（3）定期检查消防设备的完好情况，对使用不当等情况应及时改正。

（4）禁止擅自更改消防设备。

（5）积极开展防火安全教育，提高全民防火意识。

（6）制止任何违反消防安全的行为。

（二）消防设施设备管理的内容

建筑物消防设备管理的内容主要包括：消防泵（喷淋泵及稳压泵）的检查；消防栓的检查；水泵接合器的检查；火灾探测器的检查；消防卷帘的检查；联动控制设备的检查；

集中报警控制器的检查；防火门的检查；紧急广播的检查；气体灭火系统的检查；防排烟系统的检查；消防电源的检查。

三、消防管理的制度

物业管理部门要结合建筑物的实际情况，建立严格的消防管理制度，并认真落实执行。

（一）消防监控中心管理制度

消防控制中心是建筑物消防系统的心脏，在建筑物的消防系统中有着极其重要的作用。消防控制室是火警预报、火警通信、火警广播和消防联动机构的高度集成。因此，要有严格的消防监控中心管理制度。

（二）防火责任制度

要建立各级领导负责的逐级防火岗位责任制，上至公司领导，下至消防员，都对消防负有一定责任。

（三）消防中心值班制度

消防中心值班室是火警预报、信息通信中心，消防控制中心要建立24小时值班制度，值班人员要具有消防基本知识，同时对建筑物内的消防设备有充分的了解，并懂得火灾事故处理程序。同时，消防值班员必须树立高度的责任感，有高度的警惕性，严肃认真地做好消防中心的值班监视工作。

（四）防火档案制度

物业管理部门要建立防火档案制度，对火灾隐患、消防设备状况（位置、功能、状态等）、重点消防部位、前期消防工作概况等要记录在案，以备随时查阅，还要根据档案记载的前期消防工作概况，定期进行研究，不断提高防火、灭火的水平和效率。

四、建筑灭火系统的养护与维修

（一）灭火器的保养与维护

（1）灭火器安放位置既应保持干燥、通风，防止筒体受潮，又应避免日光曝晒及强辐热，影响灭火器的正常使用。

（2）灭火器的存放环境温度应在4℃～45℃范围内。

（3）灭火器一经开启，喷出不多时，必须按规定要求进行再充装。再充装应由专业部门按制造厂规定的要求和方法进行。充装时，不得随便更换灭火剂品种、重量和驱动气体种类及压力。

（4）灭火器每次再充装前，其主要受压部件，如器头、筒体应按规定进行水压试验，合格后方可继续使用。水压试验不合格,不准私自用焊接等方法修复后继续使用。

（5）灭火器应按制造厂规定的要求和检查周期进行定期检查,且检查应由经过训练的专人进行。

（6）经维修部门修复的灭火器,应有消防监督部门的认可标记,并注上维修单位的名称和维修日期。

（二）消火栓给水系统的保养与维护

1. 消火栓的保养

维护保养消火栓应做到如下几点：

（1）定期检查室内消火栓是否完好,有无生锈、漏水现象。例如,每月或重大节日前,应对消火栓进行一次检查。

（2）检查接口垫圈是否完整无缺。

（3）清除启闭杆端部周围杂物。

（4）将专用消火栓钥匙套于杆头,检查是否合适,并转动启闭杆,加注润滑油。

（5）定期进行放水检查,要放净锈水后再关闭,并观察有无漏水现象,发现问题及时检修,以确保火灾发生时能及时打开放水。

2. 消防水泵结合器的安装使用和养护

消防水泵结合器的安装使用和养护管理应注意以下几点：

（1）要按照规定的要求进行安装。使用消防水泵接合器的消防给水管路,应与生活用水管道分开,以防污染生活用水（如无条件分开,也应保证在使用时断开）。各零部件的连接及与地下管道的连接均需密封,以防渗漏。安装好后,应保证管道水平,闸阀、放水阀等开启应灵活,并进行 1.6MPa 压力的水压试验。放水阀和安全阀溢水口,要和下水道其他水沟相通,以便用完后放出余水。

（2）操作时要先打开井盖,关闭放水阀；然后拧开外螺纹固定接口的闷盖,接上水带即可由消防车供水。用后,要开启放水阀盖好井盖,取下水带拧好固定接口的闷盖。

（3）消防水泵接合器必须由专人管理,定期保养,保证在使用时能正常工作。对已老化的密封件应及时更换。要防止任意埋压、圈占消防水泵接合器。

3. 消防水箱的维护

消防水箱应保持有 10 分钟室内消防用水量的储水量。水箱的设置高度应满足本区所需的消防压力。一般消防水箱不再独立设置,而是由生活水箱兼任,但物业管理公司应防止因消防储水部分长期不用而水质变坏。

消防水箱设置气压水罐增压,气压水罐会出现水泵启动后管内压力不增或水位不上升,或虽压力增高但水位上升不明显等现象；也会出现压力达到上限压力,但停机后管内压力迅速下降的故障。根据不同的故障可采取不同的检修措施：

(1) 及时检查入孔密封垫、管接口、压力调节管接头、阀门、补焊等部位。
(2) 及时检查修理止回阀、水锤消除器和气压调节器等部位。
(3) 调整水泵叶轮转向，疏通全部管路。

4. 消防泵的维护与管理

消防泵常见故障及排除方法如表 9-2 所示。

表 9-2　消防泵常见故障及排除方法

故障	产生原因	排除方法
水泵启动后罐内水位上升，但压力不增	(1) 压力水罐漏气； (2) 压力调节管漏气； (3) 压力表管、水位计处漏气； (4) 压力表失灵	(1) 检查入孔密封垫、管接口等部位； (2) 旋紧入孔螺栓、焊接管拉口等； (3) 检查压力调节管接头、阀门及水位计处，补焊； (4) 检查压力表管、水位计接口；更换压力表
水泵启动后罐内压力增高但水位升高不明显或不升高	(1) 罐内气体过多； (2) 气压调节器损坏	(1) 检查压力调节阀； (2) 检查压力调节器（单口排气阀压阀）
水泵启动后罐内压力达到上限压力，但停机后罐内压力迅速下降，罐内水位下降	(1) 气压罐止回阀损坏、失灵； (2) 水锤消除器失灵或损坏； (3) 气压调节器损坏	将压力罐内的水和气通过调压阀后修理止回阀、水锤消除器和气压调节器

（三）火灾自动报警系统的管理与维护

火灾自动报警系统用于尽早探测初起火灾并发出警报，以便采取相应的措施。

1. 火灾自动报警系统的维护

(1) 火灾自动报警系统应保持连续正常运行，不得随意中断。一旦中断，必须及时通报当地消防监督机构。

(2) 为了保证火灾自动报警系统的连续正常运行和可靠性，应根据建筑物的具体情况制定出具体的定期检查试验程序，并依照程序对系统进行定期的检查试验。在任何试验中，都要做好准备，以防出现不应有的损失。

(3) 由专人负责火灾自动报警系统的管理、操作和维护，无关人员不得随意触动。系统的操作维护人员应由经过专门培训，并经过消防监督机构组织考试合格的专门人员担任。值班人员应熟练掌握本系统的工作原理及操作规程，应清楚地了解建筑物报警区域和探测区域的划分以及火灾自动报警系统的报警部位号。

(4) 由于火灾自动探测报警设备线路复杂，技术要求较高，而且各生产厂家的产品结构、线路形式不大相同，故障类型也较多。所以除一般常见故障外，其维修应由专业维修人员进行。

2．消防检查内容

(1) 消防监控主机系统、消防泵、喷淋泵、烟感、温感、喷头、防火卷帘、防火门、送风机、排烟机、紧急广播、气体灭火系统等设备是否完好，启动是否正常。

(2) 消火栓内部件是否齐全，灭火器数量、压力和重量是否符合要求。

(3) 消防通道是否畅通，是否有易燃物堆积。

(4) 楼内是否有超负荷用电或不规则的电源走线现象。

(5) 餐饮、娱乐场所的防火安全隐患是否改正。

3．火灾自动报警系统的定期检查

(1) 日检

日检即对火灾报警控制器进行自检功能检查：

① 按主机复位键，检查主机系统是否有异常、故障的显示。

② 按消声键，消去控制器的声音。

③ 立即按复位键，或恢复机器报警前的正常状态。

(2) 月检

① 完成日检全部内容。

② 控制器主要工作电压测试。

③ 逐个检查楼内端子箱、箱门关闭及箱体情况是否良好，外观是否洁净完好，箱内接线是否良好。手动方式和自动方式的转换、交流电源和备用电源的转换是否正常。

④ 公共场所烟感、温感安装倾斜度不大于 45°，与底座接触是否良好，外观是否洁净完好。

⑤ 随机抽取不低于 5%的烟感器喷烟后查看报警是否正常。

⑥ 任选两点手动报警按钮进行模拟报警，测试报警功能是否正常。

⑦ 如在检查中发现问题，应立即修复。

⑧ 对不洁净烟感、温感进行清洁，对可能接触不良部位进行加固。

(3) 季度试验和检查

使用单位每季度对火灾自动报警系统的功能应做下列试验和检查：

① 按生产厂家说明书的要求，用专用加烟（或加温）等试验器分期分批试验探测器的动作是否正常。试验中发现有故障或失效的探测器应及时更换。

② 检验火灾报警装置的声、光显示是否正常。试验时，可一次全部进行试验，也可部分进行试验。试验前一定要妥善安排，以防造成不应有的恐慌或混乱。

③ 检查备用物品、专用工具及加烟、加温试验器等是否齐备，是否处于安全无损和适当保护状态。直观检查所有消防用电设备的动力线、控制线、报警信号传输线、接地线、接线盒及设备等是否处于安全无损的状态。

④ 巡视检查探测器、手动报警按钮和指示装置的位置是否准确，有无缺漏、脱落和丢失。

⑤ 有联动控制功能的系统，应采用自动或手动的方式检查消防控制设备的控制显示功能是否正常。

⑥ 对备用电源进行 1～2 次充放电试验，进行 1～3 次主电源和备用电源自动切换试验，检查其功能是否正常。具体试验方法是：切断主电源，看是否自动切换到备用电源供电。4 小时后，再恢复主电源供电，看是否自动由备用电源切换到主电源供电。同时检查备用电源是否正常充电。

（4）年度检查试验

① 查看设备、设施使用年限是否超期，特别是手提式、轻便的灭火器应及时更换。

② 进行抽查、模拟连动检查，是否需要完善、修正。

③ 对所有公共部位的烟感器和温感器进行外观检查，对有污染的进行清洁。

④ 以楼层内端子箱进行内部清扫、接线紧固。

（四）自动灭火系统及维护

1. 自动喷水灭火设备与水幕设备的维护与维修

为使自动喷水灭火设备和水幕设备经常处于完好状态，应加强检查与维护保养工作。要建立各种制度，加强检查和维护保养工作。

（1）喷头的检查与维护保养

① 定期检查喷头。如发现喷头有腐蚀、漏水、堵塞等现象，应对所有的喷头进行检查。对达不到要求的喷头，应进行更换。喷头使用超过 25 年后，要对全部喷头进行抽查，对不符合要求的，应进行更换。

② 保持喷头清洁。经常保持喷头的清洁，以免尘埃沉积而产生隔热作用，影响喷头的效能。对轻质粉尘，可用扫帚清除。对易形成不易清除的结垢尘埃，如喷漆雾粒、水泥粉等，只能分期分批拆换喷头，集中清理。清除尘埃和污物时，注意不要用酸或碱溶液洗刷，也不要用热水或热溶液洗刷。

③ 特殊场所的保护。对腐蚀性严重的场所，可采用涂蜡、镀铅或涂防腐蚀涂料，不论采用哪种办法，都要根据腐蚀性气体性质和使用温度的高低来决定。在采用镀铅和涂料时，绝不能涂在感温元件上，而只能涂在喷头的本体、悬壁和溅水盘上。

（2）管系的检查和维护

如发现管系有腐蚀现象，应对管系进行耐压试验。试验时，可用系统内的供水泵，也可采用移动式水泵，试验压力一般在 $5\sim6kg/cm^2$。

因管内生锈结垢或外来物而引起管系堵塞，必须及时进行清理。清理工作要从室外开始，选择管子末端的消火栓作为排水口，以便提高水的流量和流速，将室外管网内的沉积物冲洗排出。室内管路的清洗有两种办法：

① 顺洗法。先将支管末端的喷头拆下，装上合适的截止阀，再接上水带引入下水道或者室外，然后大量放水，将沉积物排出。

② 逆洗法。利用压缩空气或水的力量自支管末端引入，经过支管、干支管和总管，最后经总阀门上的排水管排入下水道。和顺洗法相比，逆洗法可避免沉积物堵塞支管。

为防止管系漏水，平时应做到：严禁将管子作其他各种支撑物用；拆装喷头时，必须按操作规定使用合适的工具，切忌直接钳住喷头悬壁进行旋紧或拧松。管子一般应上两层防腐漆，还应根据油漆被腐蚀的严重程度，每 1~5 年重新涂刷一次；采用镀锌钢管的管系，如发现有局部腐蚀，可先用热沥青涂刷，再用纱带缠绕包扎。

（3）报警阀的检查

报警阀应定期检查、试验。试验方法如下：通过开启警铃校验旋塞，测定其发出鸣响所需的时间。第一次试验可能所需时间较长，第二次试验一般应在 1 分钟以内。如警铃校验旋塞关闭后，仍继续发出鸣响，则可能是由以下三种故障引起：

① 校验旋塞未完全关紧，应加以关紧。

② 在报警阀座的环形水槽上积有障碍物，以致阀盘关闭不严，使水流继续通过环形水槽流入警铃输水管。对此，可将校验旋塞和放水阀开启，进行大量排放，冲掉障碍物。

③ 报警阀盘下的橡胶垫板老化或褶皱，不能密封水槽，应拆开检修并更换。

（4）供水设备的检查

① 蓄水池的检查：检查蓄水池是否有过多的沉淀物。

② 水泵的检查：水泵应定期启动，检查其工作状态和性能。对离心泵，还应检查引水设备。检查水泵时，应打开排水阀，防止水进入管系。

③ 水泵动力的检查：如采用电力作为水泵的动力，应检查是否有停电的应急措施；如采用内燃机为动力，应检查内燃机的工作状态和燃油储存情况，燃油应有供 3 小时运转所需的储备量。

2. 二氧化碳自动灭火系统的检查和保养

使用二氧化碳灭火设备，每周应作一次巡视检查。主要检查设备有无泄漏；管道系统有无损坏；全部控制开关调定位置是否妥善；所有元件自动和手动控制阀有无损坏、是否完整好用。

此外，用户与安装单位应签订定期维修合同。对于新安装的设备和安装后长期未作检查的设备，应进行各种功能试验，包括进行手动或自动喷射试验。灭火设备每年至少检修一次，自动探测和报警系统每年至少检查两次。在检查后的 30 天内，安装单位应把有关检查报告送交用户。

应指出的是，在年度检查中，要注意检查以下各项。

(1) 二氧化碳钢瓶

检查钢瓶有无腐蚀、涂层脱落现象；钢瓶数量是否符合规定数量；储存的二氧化碳容量是否符合要求。

(2) 瓶头阀

检查瓶头阀有无松动变形、损伤和锈蚀；先导阀、气动阀活塞杆和活塞是否能够上推至工作位置；闸刀阀的闸刀切口处有无弯折、缺损，各闸刀距膜片间的距离是否一致；拆下安全销，检查手动装置动作是否正常；电爆阀的雷管有无受潮（每4年应更换一次）；电磁阀有无损伤、锈蚀，特别是活动铁芯是否锈住卡死；电磁阀、电爆阀的导线有无损伤，端子有无松动或脱落；安全阀（片）放出口有无灰尘等造成的堵塞。

(3) 选择阀

检查阀体有无损伤和变形；操纵管连接是否可靠，有无裂纹；接线端子是否完全固定好，有无损伤和脱落。

(4) 喷头

检查喷头有无变形、损伤和锈蚀；喷头有无脱落、松动；喷嘴是否畅通，有无灰尘粘结；喷头上如装有密封垫，要检查其是否有损坏。

(5) 配管系统

检查配管及连接件有无变形、腐蚀和损伤；各螺纹连接部分有无松动、漏气；管道止回阀的设置位置和方向有无错误；安全阀的放出口是否畅通；安全阀及止回阀的安装是否牢固。

(6) 操纵控制器

检查操纵箱有无损坏；门的关闭是否顺利；涂漆是否脱落、生锈；操纵箱周围有无障碍物妨碍操作；操纵箱的安装高度是否在0.8~1.5m范围内；自动与手动转换装置操作是否灵活、可靠，转换时指示灯是否准确点亮；操纵箱门上有无表示机能特性的说明标记。

对新安装的设备和安装后长期未作检查的设备，还应进行下列内容的检查。

(1) 对管道用压缩空气或二氧化碳进行快速的短期喷气试验。

(2) 必要时，可做一次短促喷射试验，以测定灭火剂施放的时间、灭火剂达到的浓度、灭火剂的分布情况和保留时间等。但在进行此项试验前，必须做到以下四点：

① 要切断控制盘的电源。

② 装配好试验用二氧化碳钢瓶上的瓶头释放装置及操作管路。

③ 要拆下与试验钢瓶连接的其他不参加试验的钢瓶和其他无关的操作管路，把接头部分和管帽（封板）封死。

④ 在检查以上各项工作均符合试验要求后，接通控制盘的电源。

在喷嘴外应设保护罩，该罩在喷射时受压力后能自行脱落；当环境温度达到20℃时，喷嘴前的喷射压力应不低于 3kg。

3. 干粉自动灭火系统的维护与管理

干粉自动灭火系统的日常管理应做到如下几点：

（1）在装置区要设详细的操作说明，操作人员必须严格遵守操作规程，对各部件勤加检查，确保部件的完好无损。

（2）按规定的品种和数量灌装干粉灭火剂，不得任意变动。

（3）灌装干粉最好在晴天进行，尽量避免阴雨天操作，并应一次装完，立即密封，避免受潮，以延长使用期限。

（4）定期检查动力气瓶的压力是否在规定的范围内（130~150kg/cm^2），如低于规定值时，要找出漏气原因，并立即更换或修复。检查喷嘴的位置和方向是否正确；喷嘴上有无积存的污物；密封是否完好。经常检查阀门、减压器、压力表是否都处于正常状态。干粉灭火剂每隔 2~3 年要进行开罐取样检查，当发现结块时，应取出烘干、粉碎、重新灌装。

（5）日常管理工作必须做到严格认真、一丝不苟。因为干粉灭火系统的喷粉时间一般仅为 1 分钟左右，如某一部分一时的误动作，就会引起全套装置的误动作，造成不必要的损失。

4. 泡沫自动灭火器系统的维护与管理

对于泡沫灭火系统的维护和保养要注意以下几点：

（1）应经常开启和关闭阀门，以保证正常使用。

（2）在冬季，对管线和阀门等各部件应采取防冻措施。

（3）消防泵每周必须运转一次，以确保其正常运转。

（4）泡沫比例混合器和泡沫产生器应经常保持清洁、完好，发现损坏应及时维修或更换，每次使用后应用清水冲洗，并且每年涂刷一次防水油漆。

（5）应保证消防水源充足，补水设施良好。消防泵站应由熟悉全套设备操作的专门人员轮流值班，并形成制度，严格执行。

（五）消防电梯的维护与维修

消防电梯在安装使用和养护管理中应当注意以下几点：

（1）消防电梯的井道和机房应单独设置，其本身墙体以及与相邻普通电梯井、机房之间的隔墙均应为防火墙，隔墙上的门应为甲级防火门。井道底部应有排水措施，以防消防用水大量流入井底后影响正常运行。为了排除某种情况下窜入井道的烟热，其顶部应设通风孔洞。此外，井道内绝不允许敷设其他用途的电缆、使用可燃围护材料及涂料等。

（2）消防电梯轿厢大小应能容纳一副担架和数名人员，故承载能力不宜小于 7 500N，轿厢尺长不宜小于 1.5m×2.0m。完善的轿厢内还应配有通信联系、操作控制等多种设施，其内部装修须为不燃或难燃材料。此外，还应配备事故电源及紧急照明灯具。平时对上述这些设施要妥善保护，防止损坏或丢失，以免影响使用。

（3）为了防止烟火侵入井道及轿厢之中，消防电梯必须设前室保护。由于前室既是消防队开展灭火战斗的基地，又是被救护的伤残者的暂时避难地，兼有保护、基地及避难等三重作用。所以，为利于上述功能的实现，消防电梯的前室不得挪作他用或堆放杂物。

（4）专用的操纵按钮是消防电梯特有的装置，它设在首层电梯门边。要经常检查其是否时刻处于灵敏有效的状态。此外，通向消防电梯的走道要方便快捷，保持畅通无阻。

（六）保证联动控制系统的正常运行

联动控制系统对保护建筑物内设备的安全有着很重要的作用，因此对室内消火栓系统、自动喷水系统、电动防火门、防火卷帘、通风空调、防烟排烟设备及电动防火阀等的控制设备动作要保证运行正常，在检查时如果联动系统动作正常，信号就会反馈至消防控制室，若是没有信息反馈，说明设备发生故障，应及时采取措施加以排除。对卤代烷、二氧化碳、泡沫、干粉等固定灭火系统，则可通过模拟试验进行检查。此外，还应检查控制中心能否强制消防电梯停于首层。在试验火灾事故广播时，不论扬声器处于何种工作状态，都应能将其切换到火灾事故广播通道上。

检查所有切换开关，如电源转换开关、灭火转换开关、防排烟、防火门、防火卷帘等转换开关，警报转换开关，应急照明转换开关等是否动作。

对于在检查中发现的故障，工作人员应及时进行处理，以保证整个系统处于完好的状态。

（七）防火门的使用与养护

防火门在安装使用和养护管理中应当注意以下几点：

（1）由于火灾发生时不可能随手关门，故防火门必须能自动关闭，需设自动闭门器。目前，自动闭门器分油压式及弹簧式两类。前者有缓冲油泵可使门缓慢关闭。用于防火门者多为单向开启的油压式门顶弹簧及单管式弹簧合页。但是，不要误将这类自动闭门器装在靠走道（受火面）一边，以免在火灾发生时遭高温破坏。平时要保证其灵敏有效，一旦损坏要及时更换。

（2）专作疏散的楼梯间防火门平时为了防盗在使用中往往被锁上。为了解决既防火又防盗的问题，可采用电磁门锁。平时本楼人员用钥匙开启进入，火灾时由烟感器联动或消防控制室远距离控制而接通电路，锁舌则在磁力作用下缩回，门便可被推开。或者设置简便的机械式推杆门锁，任何时候在门内只要一推便开，人出去后门便回弹关上，由外面进入则需以钥匙开启，可防止作案者进入楼内。

（3）平时处于开启状态下的防火门，必须设固定装置，以便于通行。一般设有电磁释放开关或易熔合金把门固定在两边墙上，当火灾发生时断电失磁（或通电生磁而将锁舌吸开）或烧熔合金，门则在弹簧作用下自动关闭。值得注意的是，不能采用挂钩或门卡将门固定。火灾时人们由于惊慌，容易忽视把门关上而导致烟火窜入，从而使走道和楼梯间失去安全疏散的作用。

（4）防火门的门把手，如果设计为必须用手转动才能开启，则可能在火灾时因被烤烫而无法开门。为此宜用推杆式门锁，只需手推或身体挤压便可开启。

（5）有的双扇防火门有咬口以便密闭，如果关闭时前后颠倒则不能关严，因此须设置控制门扇关闭前后步骤的顺序器。

（6）要防止地毯或室内陈设物卡住防火门，以保证其在火灾情况下能够迅速开启和密闭。

（八）火灾事故照明和疏散指导标准

造成严重人员伤亡事故的建筑火灾的原因固然是多方面的，但往往与其没有事故照明和疏散指示标志有一定关系。一般而言，为防止触电和通过电气设备、线路扩大火势，需要在火灾发生时及时切断起火部位及其所在防火分区或整个建筑的电源。如无事故照明和疏散指示标志，人们在惊慌之中势必更加混乱，加上烟气作用，更易造成不必要的伤亡。实践表明，为保障安全疏散，事故照明和疏散指示标志是不可缺少的，尤其是高层建筑、人员集中的场所，引导安全疏散更为必要。

对事故照明和疏散指示标志有如下要求：

（1）除了在疏散楼梯、走道和消防电梯及其前室以及人员密集的场所等部位需设事故照明设施外，对火灾时不能停电、必须坚持工作的场所，如配电室、消防控制室、消防水泵房、自备发电机房等也应设事故照明设施。

（2）疏散指示标志应设于走道墙面及转角处、楼梯间门口的上方，以及环形走道中，其间距不宜大于 20m，距地 1.5～1.8m，应写有 EXIT 的字样，且颜色易透过烟火而被识别。

（3）在国外，一般采用蓄电池作火灾事故照明和疏散指示标志的电源。现阶段，我国统一要求采用蓄电池还有困难，所以允许使用城市电网供电，照明电压允许采用 220V 电压，也可自备发电或蓄电池供电，后者使用时间应在 30 分钟以上。目前还有其他两种事故照明方式：一是近年出现的手提式事故照明灯具，已被较广泛地用于建筑之中，它平时挂在墙上处于充电状态，一旦断电则发出光亮，并能取下以手提方式使用；二是荧光涂料，已初步用于实际，其色料为硫化锌，它能储存和释放光能，且荧光无放射性，目前已开始用作事故照明。这两种方式均不需配备事故电源，且使用简便、效果良好。

（4）供人员疏散用的事故照明，在主要通道上的最低照度不应低于 0.5lx（照度是指单位被照射面积上所接收的光通量，$1lx=1lm/m^2$）。消防控制室、消防水泵房、配电室和自备发电机房等部位的事故照明的最低照度应与该部位工作时正常照明的最低照度相同。

（5）为防止火灾时事故照明灯和疏散指示标志被迅速烧毁，影响安全疏散工作，在其外表面应加设保护措施。

（6）平时要经常检查、维护和保养上述灯具，灯泡不亮或损坏的要及时修理更换，使之时刻保持良好状态。

本 章 小 结

随着国民经济的快速发展，人们对消防安全的意识也在逐渐增强，对安装建筑消防设施非常重视，但往往忽视系统投入运行后的维护保养工作，系统投入运行时间增长，因此不可避免地出现设备、管网及线路的老化，如不能及时对系统进行维护，发生火灾时，由于消防系统不能正常运行所造成的损失将不可估量。因此，对建筑灭火系统的养护与维修就显得尤其重要，一方面，要设置好消防的各种设施设备并加强建筑灭火系统的日常维护工作；另一方面，通过对消防设施设备的维护，及时发现和处理事故隐患，确保建筑灭火系统处于完好状态，防患于未然。本章重点掌握建筑火灾自动报警系统、联动及灭火系统的构成及其管理与维护。

课 堂 实 训

通过本章的学习，同学们掌握了建筑火灾自动报警及联动灭火系统的管理与维护，讨论：都有哪些原因可引起建筑物发生火灾？灭火的基本方法和基本原理有哪些？

思 考 与 讨 论

1. 做好消防管理工作的重大意义有哪些？
2. 火灾报警系统由哪几部分组成？各有哪些作用？
3. 主要的建筑灭火设施设备有哪些？
4. 如何做好消火栓给水系统的维护与管理工作？
5. 火灾探测器的种类有哪些？应用最广泛的是哪一种？总线制火灾报警与联动控制系统目前最常用的是哪一种？如何做好火灾自动报警系统的维护与管理工作？
6. 自动灭火系统的维护与管理工作有哪些？
7. 简述湿式喷洒水灭火系统的灭火过程。
8. 消防联动有什么实际意义？
9. 手动报警按钮与消火栓按钮在使用功能上有何区别？
10. 火灾联动控制系统有哪些基本的联动控制要求？

第十章 建筑安防系统的管理与维护

学习目标

本章介绍了建筑安防系统的构成及其模式,重点阐述了构成建筑安防系统各子系统的构成及其主要设备,并强调了各系统的管理与维护工作。

学习要求

1. 了解建筑安防系统的构成及结构模式、防范系统的发展趋势。
2. 掌握闭路电视监控系统、防盗报警系统、出入口控制系统、访客对讲系统、停车场管理系统的构成、功能、形式及其主要设备的检修与维护。

第一节 建筑安防系统概述

智能建筑安防系统管理是随着城市中的智能建筑及智能化住宅小区的发展而发展的,是一个新兴的行业,近20年来,安全防范技术、安全防范系统、安全防范工程已开始面向社会步入民用领域。对于传统的安防而言,建筑物(构筑物)本身就是一种重要的物防设施,是安全防范的基础手段之一。各种电子信息产品或网络产品组成的安全技术防范系统(如入侵报警系统、视频安防监控系统、出入口控制系统、对讲系统),通常是以建筑物为载体的,但它在本质上又有别于传统的土木建筑(结构)工程,属于电子系统工程的范畴。它集成了自动控制、计算机控制、通信网络等现代技术,是一个多学科交叉与融合的系统。该系统中涉及的技术内容较多,本章仅从建筑安防系统的基本概念、系统构成以及发展历程等几方面予以叙述。

一、建筑安防系统的发展历程

随着我国经济的发展,人们的生活水平和生活质量明显提高。人们在改善自己生活条件的同时,对居住环境的安全问题也日益关注,加强智能建筑安全防范设施的建设和管理,提高安全防范功能，已成为当前城市建设和管理工作中的重要内容。

我国安全防范事业开始于 20 世纪 70 年代末期，1979 年公安部下发 77 号文件，明确要求各地公安机关建立专门机构抓技术防范工作，由此揭开了我国安全技术防范事业的序幕。20 世纪 80 年代初成立了全国社会公共安全行业管理委员会，我国安全防范行业得到了蓬勃的发展，80 年代中期，公安部科技司成立了安全技术防范处，之后，公安部安全技术防范工作领导小组正式成立，并下设公安部技术防范管理办公室（设在科技局），统一领导全国的技防工作。

公安部及安防科技的主管部门科技局非常重视安全技术防范工作，在组织机构方面做了全面部署，20 世纪 80 年代末期，分别组建了全国安防标准化机构和公安部的质检中心，同时组织制定了大量法规性文件和技术防范产品有关标准，规范了安防产品的生产、销售，加强了市场管理，对于提高安防产品质量、抑制伪劣产品进入市场起到了积极作用。特别是公安部和原国家质量技术监督局联合发布了《安全技术防范产品管理办法》（即 2000 年 12 号令），以政府法规手段加强安全技术防范产品的质量和市场准入制度的管理。为将我国的安防市场管理与国际接轨，经国家质量技术监督局批准，成立了中国安全技术防范认证委员会，并组建认证委员会的常设工作机构——中国安全技术防范认证中心，在安防行业内开展认证业务，强化安全防范产品监督，进而按国际惯例加强行业管理。安防行业得到了有力的政策支持，同时组织管理也进一步得到落实，这对于推动安防行业的发展具有非常重要的意义。

1992 年，经国家民政部批准，中国安全防范产品行业协会成立，协助政府主管部门对安防行业进行管理。近 20 年来，安全防范标准化技术委员会制定并经批准，发布了近百项安防产品、系统的技术标准。行业协会举办了多次大型的国际安防产品博览会，扩大了安防市场的开放程度，增进了国际间安防企业的交流，加强了国内同行业间的联系。目前，国内从事安防产品生产和安防系统工程设计、施工安装的企业数千家，从业人员达数十万人，从业单位遍及各个行业。

经行业协会领导的积极协调、组织，协会与寰岛集团所属的华夏公司合作，组建了中国安全防范行业网，注册了新的网站域名，开辟了近百个栏目，设计、制作了六百余页内容，整理、编辑网页资料数十万字。对行业内的政策法规以及协会的最新动态进行了全面报道。其中"会员之家"专栏收集了行业协会全部会员资料。现在，协会的网站已成为企业之间沟通的快捷途径，符合了当前行业管理网络化的时代潮流。

中国安防行业经历了 20 多年的发展，已由简单的安防产品生产发展到了集研发、生产、销售、服务为一体的安防产品生产体系，在行业内已经形成了一批具有自主创新的安防企业，在全球安防产品市场中占有重要地位。

纵观中国安防行业 20 几年的发展历史，不论是管理体制的变化，还是产品服务对象的延伸，进而到安防科技的发展，都清晰地说明了其与中国社会经济发展的关系，也为把握我国安防行业的未来带来了有益的启示。我国安防事业的发展正如日中天，方兴未艾。随着科技、经济的发展，这一体系将更加完善、发挥出更大的作用。

二、建筑安防系统的构成及结构模式

（一）安全防范的基本概念

所谓安全，就是没有危险、不受侵害、不出事故；所谓防范，就是防备、戒备，而防备是指做好准备以应付攻击或避免受害，戒备是指防备和保护。安全是目的，防范是手段，通过防范的手段达到或实现安全的目的，就是安全防范的基本内涵。

实际上，安全有两个层次的含义：一是指自然属性的安全——Safety，它主要是指发生自然灾害（水、火、震等）和准自然灾害（如产品设计不合理，环境、卫生要求不合格等）所产生的对设备的破坏，这类设备被破坏，主要不是由于人的有目的的参与而造成的；二是有明显人为属性的安全——Security，它主要是指由于人的有目的的参与（如盗窃、抢劫等）而引起的对安全的破坏。

对人类安全的威胁，大致可以分为三类：第一类是来自自然界或主要是自然因素引发的安全威胁，可以称之为自然属性（或准自然属性）的安全威胁；第二类是来自社会人文环境或主要是人为因素引发的安全威胁，可以称之为社会人文属性（或社会属性）的安全威胁；第三类是上述两种因素相互影响、综合作用而产生的对安全的威胁。

因此，建筑安全防范行业的工作应该包括 Safety 和 Security 两层含义，即将安全与防范连在一起使用，构成一个新的复合词"安全防范"，它不仅包括以防盗、防劫、防入侵、防破坏为主要内容的狭义的"安全防范"，而且包括防火安全、交通安全、通信安全、信息安全以及人体防护、医疗救助、防煤气泄漏等诸多内容，即综合性安全威胁（Safety/Security）。

安全防范系统是以维护社会公共安全和预防、制止重大治安事故为目的，综合运用技术防范产品和其他相关产品所组成的电子系统或网络。安全防范系统包括入侵报警系统、视频监控系统、门禁控制系统、电子巡更系统、停车场控制系统、对讲系统、消防控制系统等，或以系统为子系统组合或集成的电子系统或网络。

（二）安全防范的三种基本防范手段

在科学技术日新月异、智能型和技术型犯罪日趋增多、新的犯罪手段层出不穷的今天，安全防范成为社会公共安全科学技术的一部分，安全防范行业是社会公共安全行业的一个分支。

安全防范是包括人力防范（人防）、实体防范（物防）和技术防范（技防）三方面的综合防范体系。对于保护建筑目标来说，人力防范和实体防范是古已有之的传统防范手段，它们是安全防范的基础，具有一定的局限性，随着科学技术的不断进步，这些传统的防范手段也不断融入新科技的内容。人力防范是指执行安全防范任务的具有相应素质人员和/或人员群体的一种有组织的防范行为（包括人、组织和管理等），主要有保安站岗、人员巡更、报警按钮、有线和无线内部通信等；实体防范是指用于安全防范目的、能延迟风险事件发生的各种实体防护手段（包括建（构）筑物、屏障、器具、设备、系统等），主要是实体的防护，如周界的栅栏、围墙、入口门栏等；技术防范的概念是在近代科学技术（最初是电子报警技术）用于安全防范领域并逐渐形成的一种独立防范手段的过程中所产生的一种新的防范概念，它是指利用各种电子信息设备组成系统和/或网络以提高探测、延迟、反应能力和防护功能的安全防范手段，即是以各种现代科学技术、运用技防产品、实施技防工程为手段，以各种技术设备、集成系统和网络来构成安全保证的屏障。只有人防和物防与技防有机地结合，应用现代科学技术手段和设备，对需要进行安全防范的现场和部门进行有效的控制、管理、守卫，充分发挥技防和人防的综合作用，加强社会治安综合治理才是根本出路。

随着现代科学技术的不断发展和普及应用，技术防范的概念也越来越普及，越来越被社会公众所认可和接受，以致成为使用频率很高的一个新词汇，技术防范的内容也随着科学技术的进步而不断更新。在科学技术迅猛发展的当今时代，可以说几乎所有的高新技术都将或迟或早地移植、应用于安全防范工作中。因此，技术防范在安全防范技术中的地位和作用将越来越重要，它已经带来了安全防范的一次新的革命，而电子化安防将是大势所趋。

（三）安全防范的三个基本要素

安全防范的三个基本要素是探测、延迟与反应。探测（Detection）是指感知显性和隐性风险事件的发生并发出报警；延迟（Delay）是指延长和推延风险事件发生的进程；反应（Response）是指组织力量为制止风险事件的发生所采取的快速行动。在安全防范的三种基本手段中，要实现防范的最终目的，都要围绕探测、延迟、反应这三个基本防范要素开展工作、采取措施，以预防和阻止风险事件的发生。当然，三种防范手段在实施防范的过程中，所起的作用有所不同。

探测、延迟和反应三个基本要素之间是相互联系、缺一不可的关系。一方面，探测要准确无误，延迟时间长短要合适，反应要迅速；另一方面，反应的总时间应小于（至多等于）探测加延迟的总时间。

（四）建筑安防系统的构成及结构模式

安防系统（Security & Protection System，SPS）是以维护社会公共安全为目的，运用安全防范产品和其他相关产品所构成的入侵报警系统、视频监控系统、出入口控制系统、消防控制系统等，或由这些系统为子系统组合或集成的电子系统或网络。

1. 建筑安防系统的构成

安防的基本功能是设防、发现和处置，首先对防护区域和防护目标进行布防，利用防盗报警探测器、摄像机等物理设施来探测、监视罪犯作案，及时发现犯罪行为。采用自动化监控、报警等防范技术措施进行管理，再配以保安人员值班和巡逻，一旦有侵害，可及时发现，防患于未然，并可及时快速处理。建筑安防系统的构成如图10-1所示。

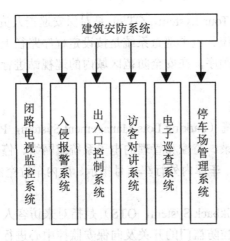

图 10-1　建筑安防系统的构成

（1）电视监控系统

电视监控系统又称视频监控系统（Video Surveillance & Control System，VSCS）是利用视频技术探测、监视设防区域并实时显示、记录现场图像的电子系统或网络。电视监控系统由前端设备、传输电缆、系统的终端设备等组成。电视监控系统的前端设备是各种类型的摄像机（或视频报警器）及其附属设备，传输方式可采用同轴电缆传输或光纤传输；系统的终端设备是显示、记录、控制、通信设备（包括多媒体技术设备）。

（2）入侵报警系统

入侵报警系统（Intruder Alarm System，IAS）是利用传感器技术和电子信息技术探测并指示非法进入或试图非法进入设防区域的行为、处理报警信息、发出报警信息的电子系统或网络。入侵报警系统一般由周界防护、建筑物内（外）区域/空间防护和实物目标防护等部分单独或组合构成。系统的前端设备为各种类型的入侵探测器（传感器）。传输方式可以采用有线传输或无线传输，有线传输又可采用专线传输、电话线传输等方式；系统的终端显示、控制、设备通信可采用报警控制器，也可设置报警中心控制台。系统设计时，入侵探测器的配置应使其探测范围有足够的覆盖面，应考虑使用各种不同探测原理的探测器。

（3）出入口控制系统

出入口控制系统（Access Control System，ACS）是利用自定义符识别或/和模式识别技术对出入口目标进行识别并控制出入口执行机构启闭的电子系统或网络。出入口控制系统一般由出入口对象（人、物）识别装置、出入口信息处理、控制、通信装置和出入口控制执行机构三部分组成。出入口控制系统应有防止一卡进多人或一卡出多人的防范措施，应有防止同类设备非法复制有效证件卡的密码系统，密码系统应能授权修改。

（4）电子巡查系统

电子巡查系统（Gard Tour System，GTS）是对保安巡查人员的巡查路线、方式及过程进行管理和控制的电子系统。电子巡查系统是按设定程序路径上的巡查开关或读卡器，使保安人员能够按照预定的顺序，在安全防范区域内的巡视站进行巡逻，可同时保障保安人员以及大楼的安全。

（5）停车场管理系统

停车库（场）管理系统（Parking Lots Management System，PLMS）是对进、出停车库（场）的车辆进行自动登录、监控和管理的电子系统或网络。停车场管理系统包括汽车出入口通道管理、停车计费、车库内外行车信号指示、库内车位空额显示诱导等。

（6）对讲系统

对讲系统（On-line Talkback System，OTS）是指对来访客人与主人之间提供双向通话或可视通话，并由主人遥控防盗门的开关及向保安监控中心进行紧急报警的一种安全防范系统。访客对讲系统适用于智能化住宅小区、高层住宅楼和单元式公寓。

以往出入口控制系统、入侵报警系统、闭路电视监控系统、访客对讲系统、电子巡查系统、停车场管理系统等是各自独立的系统，而目前，安防系统正在向综合化、智能化方向发展。先进的安防系统一般由计算机协调起来共同工作，构成集成化安全防范系统，可以对大面积范围、多部位地区进行实时、多功能地监控，并能对得到的信息进行及时分析与处理，以实现高度的安全防范的目的。

2. 建筑安防系统的结构模式

安防系统的结构模式是指管理控制结构模式，按其规模大小、复杂程度可分为分散式、组合式和集成式三种类型。

（1）分散式安全防范系统

① 相关子系统独立设置，独立运行。系统主机应设置在禁区内（值班室），系统应设置联动接口，以实现与其他子系统的联动。

② 各子系统应能单独对其运行状态进行监测和控制，并能提供可靠的监测数据和管理所需要的报警信息。

③ 各子系统应能对其运行状况和重要报警信息进行记录，并能向管理部门提供决策所需的主要信息。

④ 设置紧急报警装置，留有向接处警中心报警的通信接口。

（2）组合式安全防范系统

① 安全管理系统应设置在禁区内（监控中心）。通过统一的管理软件实现监控中心对各子系统的联动管理与控制。安全管理系统的故障应不影响各子系统的运行；某一子系统的故障应不影响其他子系统的运行。

② 能对各子系统的运行状态进行监测和控制，并能对系统运行状况和报警信息数据等进行记录和显示。可设置必要的数据库。

③ 能对信息传输系统进行检测，并能与所有重要部位进行有线或无线通信联络。

④ 设置紧急报警装置，留有向接处警中心联网的通信接口。

⑤ 留有多个数据输入、输出接口，应能连接各子系统的主机。

（3）集成式安全防范系统

集成式是最高标准模式，随着智能建筑的推广与普及，系统集成方式越来越多地应用在安全防范系统工程中，系统集成正向着开放型、网络化方向不断提高。

① 安全管理系统设置监控中心，通过统一的通信平台和管理软件将监控中心设备与各子系统设备联网，实现由监控中心对各子系统的自动化管理与监控。安全管理系统的故障应不影响各子系统的运行；某一子系统的故障应不影响其他子系统的运行。

② 能够对各子系统的运行状态进行监测和控制，并对系统运行状况和报警信息数据等进行记录和显示。应设置足够容量的数据库。

③ 建立以有线传输为主、无线传输为辅的信息传输系统。能够对信息传输系统进行检测，并能与所有重要部位进行有线或无线通信联络。

④ 设置紧急报警装置，留有向接处警中心联网的通信接口。

⑤ 留有多个数据输入、输出接口，能连接各子系统的主机，能连接上位管理计算机，以实现更大规模的系统集成。

三、安防系统的发展趋势

就像通信自动化技术的发展一样，安防技术也在随着科学技术的发展不断地向前发展，数字化、网络化、智能化、集成化、规范化将是安全防范技术的发展方向。

（一）数字化

21世纪是数字化的世纪，它是以信息技术为核心的通信自动化技术发展的必然，随着时代的发展，我们的生存环境将变得越来越数字化。目前，在安全防范技术中仍有许多技术沿用的是模拟技术，特别是音、视频传输技术。在系统布线时，采用的是专门的音、视频线路，若不对音、视频进行任何压缩与处理，将造成带宽资源的严重浪费。虽然现在有许多厂家都宣传自己利用了先进的音视频技术，但还没有完全应用于实际中，随着科技的进步，音、视频必将进行合理的压缩与处理，以便进行分析、传输和存储。在信号检测处理单元部分,将更多地利用无线技术,减少布线,特别是一些新的技术将会应用在这个领域中,如多媒体技术、流媒体技术、软交换技术、蓝牙(Blue Tooth)技术、Wi-Fi(Wireless Fidelity)无线高保真技术、ZigBee 技术等。

(二)网络化

目前,在每个安全防范系统中,都单独建有自己的专用网络,由于现在的安全防范技术中个别技术没有得到很好的应用,安全防范系统的网络化并没有真正地实现。安全防范系统实现网络化后,人们可以利用 Internet 随时随地地了解自己的安全状况,当有警情发生时,可以随时知道并第一时间通知相关部门进行及时处理,减少损失。而网络化又将使安全防范系统向着 IP 智能安防系统方向发展。

IP 智能安防系统与传统的安防系统最主要的区别在于,IP 智能安防系统构建在网络技术基础之上,从图像的采集、传输、存储,到图像的处理和识别,全部采用数字化技术和网络化技术。

IP 智能安防系统可以实现随时随地对对象进行监控和管理。例如,用户可以通过网络摄像机或无线终端随时随地监控大厦,也可以通过电话随时进行视频监控,因此可以随时随地看到监控的内容。同时,它还可以提供更高级的服务,如特征识别系统可以进行车辆管理,面部识别系统可以对进入大厦的人员进行识别。

(三)智能化

随着各种相关技术的不断发展,人们对安防系统提出了更高的要求,安防系统将进入智能化阶段。在安防系统智能化后,可以实现自动数据处理、信息共享、系统联动、自动诊断,并利用网络化的优势进行远程控制与维护。先进的语音识别技术、图像模糊处理技术将是安防系统智能化的具体表现。

(四)集成化

如前所述,目前安防系统在智能楼宇系统中是一项专门的系统,它是 5A 中的 1A,即 SAS(Safety Automation System)集成系统,使弱电电缆用量大量增加,而且种类繁多,难于管理,极不符合智能楼宇的整体发展,随着各种相关技术的不断发展,5A 集成在一起,是安防系统未来发展的必然趋势。

(五)规范化

目前,在安防系统中,世界各国都有自己的规范文件,但是对使用的技术却没有统一的技术规范,因此可能会使信息的通信、共享、管理混乱。为适应信息时代的要求,需要充分利用各种新技术,不断完善安全系统,造就一个和谐、安全的社会。

第二节　闭路电视监控系统

闭路电视监控系统是安防体系中防范能力极强的一个综合系统，也是楼宇自动化系统的重要组成部分。该系统的主要作用是辅助保安系统对于智能建筑或智能小区的周界防范系统及小区重要区域的现场实时监视。当保安系统发生报警时会联动开启摄像机并将该报警点所监视区域的画面切换到主监视器上，同时启动录像机记录现场实况。

闭路电视监控系统是现代监测、控制、管理的重要手段之一。它通过摄像机及其辅助设备（如镜头、云台等）直接观看被监视场所的实际情况，同时可以把监视现场的情况进行同步录像，也可以与防盗报警系统联动，是一种防范能力较强的综合系统。同时，物业管理中心工作人员根据警报来源能够控制云台进行跟踪监视，并可采取相应处理措施。

一、视频监控系统的发展

视频监控系统通过 20 多年的发展，已实现了从模拟监控到数字监控的转化，正在向网络视频监控发展。

（一）第一代视频监控：模拟闭路视监控系统（CCTV）

它主要依赖摄像机、缆、录像机和监视器等专用设备。例如，摄像机通过专用同轴缆输出视频信号，缆连接到专用模拟视频设备，如视频画面分割器、矩阵、切换器、卡带式录像机（VCR）及视频监视器等。模拟监控系统存在大量局限：

（1）有限的监控能力只支持本地监控，受到模拟视频缆传输长度和缆放大器的限制。

（2）有限的可扩展性。系统通常受到视频画面分割器、矩阵和切换器输入容量的限制。

（3）录像负载重用户必须从录像机中取出或更换新录像带保存，且录像带易丢失、被盗或无意中被擦除。另外，录像质量不高是主要限制因素，且随复制数量的增加而降低。

（二）第二代视频监控："模拟-数字"监控系统（DVR）

"模拟-数字"监控系统是以数字硬盘录像机 DVR 为核心的半模拟-半数字方案，从摄像机到 DVR 仍采用同轴缆输出视频信号，通过 DVR 同时支持录像和回放，并可支持有限 IP 网络访问。由于 DVR 产品种类繁多，且没有统一的标准，所以这一代系统是非标准封闭系统。DVR 系统仍存在大量局限：

（1）复杂布线。"模拟-数字"方案仍需要在每个摄像机上安装单独视频缆，导致布线复杂性。

（2）有限的可扩展性。DVR 的典型限制是一次最多只能扩展 16 个摄像机。

（3）有限的可管理性。用户需要外部服务器和管理软件来控制多个 DVR 或监控点。

（4）有限的远程监视/控制能力。用户不能从任意客户机访问任意摄像机，只能通过

DVR 间接访问摄像机。

（5）磁盘发生故障风险大。与 RAID 冗余和磁带相比，"模拟-数字"方案的录像没有保护，易于丢失。

（三）第三代视频监控：全 IP 视频监控系统（IPVS）

全 IP 视频监控系统与前面两种方案相比存在显著区别。该系统的优势是摄像机内置 Web 服务器，并直接提供以太网端口。这些摄像机生成 JPEG 或 MPEG4 数据文件，可供任何经授权客户机从网络中任何位置访问、监视、记录并打印，而不是生成连续模拟视频信号形式图像。全 IP 视频监控系统的巨大优势包括以下几个方面：

（1）简便性。所有摄像机都通过经济、高效、有线或者无线的以太网简单地连接到网络，使用户能够利用现有的局域网基础设施并可使用 5 类网络缆或无线网络方式传输摄像机输出图像以及水平、垂直、变倍（PTZ）控制命令（甚至可以直接通过以太网传输）。

（2）强大的控制中心。只要一台工业标准服务器和一套控制管理应用软件即可运行整个监控系统。

（3）易于升级与全面的可扩展性——能轻松添加多台摄像机。中心服务器将来能够方便升级到更快速的处理器、更大容量的磁盘驱动器以及更大带宽等。

（4）全面远程监视。任何经授权客户机都可直接访问任意摄像机，也可通过中央服务器访问监视图像。

（5）坚固冗余存储器。它可同时利用 SCSI、RAID 以及磁带备份存储技术永久保护监视图像不受硬盘驱动器故障的影响。

二、闭路电视监控系统的组成及功能

（一）闭路电视监控系统的组成

闭路电视监视系统一般用于对建筑物内的主要公共场所和重要部位进行实时监视、录像和报警时的图像复核。典型的闭路电视监控系统主要由前端设备、传输设备、处理/控制设备和记录/显示设备四大部分组成。系统的前端设备是各种类型的摄像机（或视频报警器）及其附属设备；传输方式一般采用同轴电缆或光缆传输；系统的终端设备是显示/记录/控制设备，如图 10-2 所示。

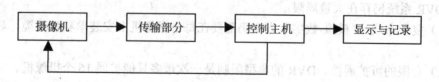

图 10-2　闭路电视监控系统

（二）闭路电视监控系统的功能

闭路电视监控系统在智能建筑的主要通道、重要公共建筑以及周界设置前端摄像机，通过遥控摄像机及其辅助设备（电动镜头及云台等），在监控中心就可直接观察被监控场所的各种情况，以便及时发现和处理异常情况。闭路电视监控系统的主要功能如下：

（1）对小区或公共建筑物的主要出入口、主干道、周界围墙、停车场出入口以及其他重要区域进行记录。

（2）监控中心监视系统应采用多媒体视像显示技术，由计算机控制、管理及进行图像记录。

（3）系统可与防盗报警系统联动进行图像跟踪及记录。

（4）视频失落及设备故障报警。

（5）图像自动/手动切换、云台及镜头的遥控。

三、闭路电视监控系统的组成形式

根据对监视对象的监视方式不同，闭路电视监控系统的组成方式一般有四种类型。

（一）单头单尾方式

这是最简单的组成方式，如图 10-3（a）所示。头指摄像机，尾指监视器。由一台摄像机和一台监视器组成，用在一处连续监视一个目标或一个区域的场合。

如图 10-3（b）所示增加了控制器件，可实现某些控制功能，如遥控电动云台左右、上下旋转，调节摄像机镜头的焦距长短、光圈大小、远近焦距等。摄像机加上专用外罩即可在特殊的环境条件下工作。这些功能的调节都是靠控制器完成的。

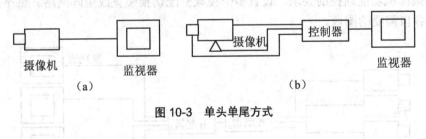

图 10-3　单头单尾方式

（二）单头多尾方式

单头多尾监控系统如图 10-4 所示，它是由一台摄像机向许多监视点输送图像信号，由各个点上的监视器同时观看图像。这种方式用在多处监视同一个目标或一个区域的场所。

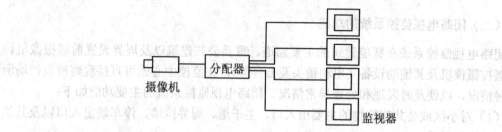

图 10-4 单头多尾方式

(三) 多头单尾方式

如图 10-5 所示为多头单尾系统,用在一处集中监视多个目标的场合。除了控制功能外,它还具有切换信号的功能。如果系统中设有动作控制的要求,那么它就是一个视频信号选切器。

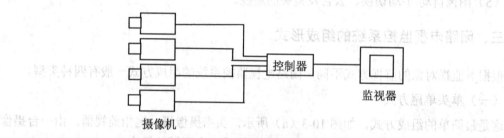

图 10-5 多头单尾方式

(四) 多头多尾方式

如图 10-6 所示为多头多尾任意切换方式的系统,用于多处监视多个目标的场合。此时宜结合对摄像机功能遥控的要求,设置多个视频分配切换装置或矩阵网络。每个监视器都可以选切各自需要的图像。

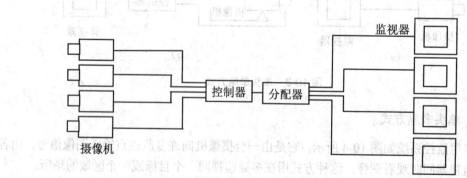

图 10-6 多头多尾方式

四、闭路电视监控系统的主要设备

(一) 摄像机部分

摄像部分是电视监控系统的前端，是整个系统的"眼睛"，其作用是将所监视目标的光信号变为电信号。它布置在监视场所的某一位置上，使其视场角能覆盖整个监视的各个部位。有时，监视场所面积较大，为了减少摄像机数量、简化传输系统及控制与显示系统，可在摄像机上加装电动的（可遥控的）可变焦距（变倍）镜头，使摄像机所能观察的距离更远、视物更清楚；有时还把摄像机安装在电动云台上，通过控制台的控制，可以使云台带动摄像机进行水平和垂直方向的转动，从而使摄像机能覆盖的角度、面积更大。总之，摄像机就像整个系统的眼睛一样，把它监视的内容变为图像信号，传送给控制中心的监视器。由于摄像部分是系统的最前端，并且被监视场所的情况是通过它变成图像信号传送到控制中心的监视器，所以从整个系统来讲，摄像部分是系统的原始信号源。因此，摄像部分的好坏以及它产生的图像信号的质量将影响着整个系统的质量。认真选择和处理摄像部分是至关重要的。

1. 摄像机的类型

摄像机处于闭路电视监控系统的前端，它将被摄物体的光图像转变为电信号——视频信号，为系统提供信号源，因此它是该系统中最重要的设备之一。

摄像机按摄像器件类型分为电真空摄像管的摄像机和 CCD（固体摄像器件）摄像机，目前一般都采用 CCD 摄像机。

(1) 按颜色划分

按颜色划分有黑白摄像机和彩色摄像机，其特性比较如表 10-1 所示。

表 10-1 黑白与彩色摄像机特性对比

项 目	黑白摄像机	彩色摄像机	项 目	黑白摄像机	彩色摄像机
灵敏度	高	低	图像观察感觉	只有黑白	有色彩、真实
分辨率	高	低	价格	低	高
尺寸及重量	小	大			

因此，从图像监视角度来说，CCTV 系统一般宜采用黑白摄像机，只有当对监视区有颜色识别要求时才采用彩色摄像机。

(2) 按图像信号处理方式划分

① 数字视频（DV）格式的全数字式摄像机。

② 带数字信号处理（DSP）功能的摄像机。

③ 模拟式摄像机。

(3) 按摄像机结构划分

① 普通单机形：镜头需另配。

② 机板形（Board Type）：摄像机部件和镜头全部在一块印制电路板上。

③ 针孔形（Pinhole Type）：带针孔镜头的微型化摄像机。

④ 球形（Dome Type）：将摄像机、镜头、防护罩或者还包括云台和解码器组合在一起的球形或半球形摄像前端系统，使用方便。

(4) 按摄像机分辨率划分

① 摄像像素在 25 万像素（Pixel）左右、彩色分辨率为 330 线、黑白分辨率 400 线左右的低档型。

② 摄像像素在 25～38 万之间、彩色分辨率为 420 线、黑白分辨率 500 线上下的中档型。

③ 摄像像素在 38 万点以上、彩色分辨率大于或等于 480 线、黑白分辨率 600 线以上的高档型。

(5) 按摄像机灵敏度划分

① 普通型：正常工作所需要照度为 1～3lx。

② 月光型：正常工作所需要照度为 0.1lx 左右。

③ 星光型：正常工作所需要照度为 0.01lx 以下。

④ 红外照明型：原则上可以为零照度，采用红外光源成像。

(6) 按摄像元件的 CCD 靶面大小划分

按摄像元件的 CCD 靶面大小划分为 1in、2/3in、1/2in、1/3in、1/4in 等几种。目前，在使用中 1/2in 摄像机所占比例急剧下降，1/3in 摄像机占据主导地位，1/4in 摄像机将会迅速上升。各种英寸靶面的高、宽尺寸如表 10-2 所示。

表 10-2　CCD 摄像机靶面像场的 a、b 值

摄像机管径/in 像场尺寸/mm	1 (25.4)	2/3 (17)	1/2 (13)	1/3 (8.5)	1/4 (6.5)
像场高度 a（高）/mm	9.6	6.6	4.6	3.6	2.4
像场宽度 b（宽）/mm	12.8	8.8	6.4	4.8	3.2

在选用摄像机时除应注意以上列举的参数外，还有信噪比、电源、功耗、镜头接口、外形尺寸、重量等，彩色摄像机还有白平衡、黑平衡、制式等。其中，摄像机的扫描制式有 NTSC 制和 PAL 制等，我国一般都采用 PAL 制式。

2. 摄像机的镜头

镜头是摄像机的眼睛，起着收集光线的作用，正确选择镜头以及良好的安装与调整是

清晰成像的第一步。

1）按摄像机镜头的分类，其有 1in、2/3in、1/2in、1/3in、1/4in 等规格，镜头规格应与 CCD 靶面尺寸相对应，即摄像机靶面大小为 1/3in 时，镜头同样应选 1/3in 的。为 1in 摄像机设计的镜头可被用于 1/2in 和 2/3in 的摄像机，只是缩小了视场角，但反之则不然，因为 1/2in 和 2/3in 摄像机的镜头无法产生需采用 1in 镜筒才能获得的图像。

2）按镜头安装分为 C 安装座和 CS 安装（特种 C 安装）座。两者之螺纹相同，但两者到感光表面的距离不同，前者从镜头安装基准面到焦点的距离为 17.526mm，后者为 12.5mm。

3）按镜头光圈分为手动光圈和自动光圈。自动光圈镜头有两类：视频输入型——将视频信号及电源从摄像机输送到镜头来控制光圈；DC 输入型——利用摄像机上直流电压直接控制光圈。

4）按镜头的视场大小分。

（1）标准镜头：视角 30°左右，在 1/2inCCD 摄像机中，标准镜头焦距定为 12mm；在 1/3inCCD 摄像机中，标准镜头焦距定为 8mm。

（2）广角镜头：视角 90°以上，可提供较宽广的视景。1/2in 和 1/3inCCD 摄像机的广角镜头标准焦距分别为 6mm 和 4mm。

（3）远摄镜头：视角在 20°以内，此镜头可在远距离情况下将拍摄的物体影像放大，但使观察范围变小。1/2in 和 1/3inCCD 摄像机远摄镜头焦距分别为大于 12mm 和大于 8mm。

（4）变焦镜头（Zoom Lens）：也称为伸缩镜头，有手动变焦镜头（Manual Zoom Lens）和电动变焦镜头（Motorized Zoom Lens）两类。由于在一个镜头内能够使镜头焦距在一定范围内变化，因此可以使被监控的目标放大或缩小。典型的光学放大规格有诸如 6~20 倍等不同档次，并以电动伸缩镜头应用最普遍。按变焦镜头参数可调整的项目划分有以下三种。

① 三可变镜头：光圈、聚焦、焦距均需人为调节。

② 二可变镜头：通常是自动光圈镜头，而聚焦和焦距需人为调节。

③ 单可变镜头：一般是自动光圈和自动聚焦的镜头，而焦距需人为调节。

（5）针孔镜头：镜头端头直径几毫米，可隐蔽安装。

3．云台

摄像机云台是一种安装在摄像机支撑物上的工作台，用于摄像机与支撑物之间的连接，云台具有水平和垂直回转的功能。

云台与摄像机配合使用能达到扩大监视范围的作用，提高了摄像机的使用价值。

云台的种类很多，可按不同方式分为以下几类。

（1）按安装部分

室内云台和室外云台（全天候云台）。室外云台对防雨和抗风力的要求高，而其仰角一般较小，以保护摄像机镜头。

（2）按运动方式分

有固定支架云台和电动云台。电动云台按运动方向又分水平旋转云台（转台）和全方位云台两类。表10-3所示为几种常用电动云台的特性。

表10-3 几种常用电动云台的特性

性能项目	种类		室内限位旋转式	室外限位旋转式	室外连续旋转式	室外自动反转式
水平旋转速度			6°/s	3.2°/s	—	6°/s
垂直旋转速度			3°/s	3°/s	3°/s	—
水平旋转角			0°~350°	0°~350°	0°~360°	0°~350°
垂直旋转角	仰		45°	15°	30°	30°
	俯		45°	60°	60°	60°
抗风力			—	60m/s	60m/s	60m/s

（3）按承受负载能力分

① 转载云台：最大负重90.8N（20lbf）。

② 中载云台：最大负重227N（50lbf）。

③ 重载云台：最大负重454N（100lbf）。

④ 防爆云台：用于危险环境，可负重100lbf。

（4）按旋转速度分

① 恒速云台：只有一挡速度，一般水平转速最小值为6°/s~12°/s，垂直俯仰速度为3°/s~3.5°/s。

② 可变速云台：水平转速为0°/s~400°/s，垂直倾斜速度多为0°/s~120°/s，最高可达400°/s。

4. 防护罩

摄像机作为电子设备，其使用范围受元器件的使用环境条件的限制。为了使摄像机能在各种条件下应用，就要使用防护罩。

摄像机防护罩按其功能和使用环境可分为室内型防护罩、室外型防护罩和特殊型防护罩。室内型防护罩的要求比较简单，其主要功能是保证摄像机在室内更好地使用，有防灰尘、隐蔽作用，使监视更具隐蔽性。为使被监视场合和对象不易察觉，可采用针孔镜头，并带有装饰性的隐蔽防护外罩，隐蔽方式多样。例如，带有半球型玻璃防护罩的CCD摄像机。外形类似一般家用照明灯具，安装在室内天花板或墙上，可对室内进行窥摄，具有隐蔽性强、监视范围大等特点。对室内防护罩还要求外形美观、简单，安装也要求简单实用等。不过，有些使用环境条件良好，也可省去室内防护罩，直接将摄像机安装在支架上进行现场监视。

室外防护罩要比室内防护罩复杂得多，其主要功能有防晒、防雨、防尘、防冻、防结露。气温 35℃以上时，要有冷却装置，在低于 0℃时要有加热装置。一般室外防护罩设有温度继电器，在温度高时自动打开风扇冷却，低时自动加热。下雨时可以人为控制雨刷器刷雨。有些室外防护罩的玻璃可以加热，如果防护罩有结霜，可以加热除霜。我国幅员辽阔，气候复杂，南方高温、潮湿、北方干燥、寒冷，在选择防护罩时应注意使用的地理环境。例如，南方最低气温在 0℃左右，不需要带加热功能的防护罩，而在北方，则需要有此功能。室外防护罩的功能选择对摄像机在室外应用非常重要，在设计时不可忽视。

摄像机防护罩的设备包括刮水器、清洁器、防霜器、加热器和风扇等，在选择防护罩时应根据摄像机安装环境条件适当配备上述部分附属设备。

刮水器用于防止雨雪附着在摄像机镜头上，一般都安装于机头朝上的摄像机罩上。防霜器实际上是把防护罩前的窗玻璃改为导电玻璃，并用约 10W 功率的电源加热，即可避免霜雾。加热器用于温度在 10℃以下的环境，使机罩内的温度保持在 0℃以上。风扇则用于温度比较高的环境，采用风冷方式以保证摄像机正常工作的温度。

5. 一体化摄像机

一体化摄像机现在专指可自动聚焦、镜头内建的摄像机，其技术从家用摄像机技术发展而来。与传统摄像机相比，一体化摄像机体积小巧、美观、安装、使用方便，监控范围广、性价比高，在成功应用于教育行业视频展示台之后，正对安防行业监控系统形成新一轮的冲击。

（1）一体化摄像机的定义。对一体化摄像机一直以来有几种不同的理解，主要理解为半球型一体机、快速球型一体机、结合云台的一体化摄像机和镜头内建的一体机几种。严格来说，快速球型摄像机、半球型摄像机与一般的一体机不是一个概念，但所用摄像机技术是一样的，因而一般也会将其归为一体化范畴。现在通常所说的一体化摄像机应专指镜头内建、可自动聚焦的一体化摄像机。

（2）一体化摄像机的特点。与传统摄像机相比，一体机体积小巧、美观，在安装时比较方便，其电源、视频、控制信号均有直接插口，不像传统摄像机有麻烦的连线。一体机成像系统（镜头）、CCD、DSP 技术专利均被国际知名大厂所掌握，相对传统摄像机来说，一体机质量可以得到较好的控制。同时，一体化摄像机监控范围广、性价比高。传统摄像机定位系统不够灵活，多需要手动对焦，而一体化摄像机最大的优点就是具有自动聚焦功能。

良好的防水功能也是一体化摄像机的特色之一，一体化摄像机外型都具有防水功能，而传统摄像机需和云台、防护罩配合使用才可以达到防水的功能。

(3) 一体化摄像机的类型。一体化摄像机种类繁多，不一而足，目前的市场主体可分为彩色高解型和日夜转换型，以 16 倍、18 倍、20 倍、22 倍变倍最多，其他 6 倍、10 倍应用较少。总体来说，一体机的趋势是照度越来越低，倍数越来越高。例如，samsung 最新推出的 SCC-C4203P 型一体化摄像机，具有日夜彩色自动转黑白功能，内置 22 倍光学变焦及 10 倍电子变焦镜头，彩色最低照度为 0.02lx，黑白最低照度为 0.002lx，samsung 款机型可以说代表了摄像机技术上的新潮流。

(4) 一体化摄像机的发展及前景。一体化摄像机技术发展方向可从以下几个方面看：

① 成像技术——镜头倍数更高，拍摄距离更广、更远。

② 像素数更高——提高图像清晰度。

③ 实用性——开发商的思路和对市场的理解，决定其产品是否具有实用价值。

一体化摄像机的技术有日夜自动转换、图像遮盖、图像翻滚、图像报警等功能。与普通摄像机一样，一体化摄像机在数字化及网络功能上也有新的进展，主要是数字化处理技术、在一体机内部嵌入 IP 处理模块、具备网络功能，另外还具有目标锁定、自动跟踪功能。理论上来说，自动跟踪功能可以很好地实现，可是实际应用中一体机在多目标跟踪时只能自动选择最大的目标进行锁定。网络功能与自动跟踪功能也是未来摄像机（包括一体化摄像机和普通摄像机）发展的方向。

一体化摄像机市场应用呈快速增长之势，而价格则呈不断下降之势。早期普遍认为一体化摄像机价格太高，影响了一体化摄像机的市场开拓，而最近几年人们理性地看到，从综合性价比及实用性来说，一体化摄像机以其独特的魅力，正在成为 CCTV 监控系统的新宠，一般应用领域的传统彩色摄像机则面临来自一体机的强烈冲击，市场的均衡正在被一步步打破，可以预见，几年以后，市场格局将与今天完全不同。

（二）传输部分

传输部分的任务是把现场摄像机发出的信号传送到控制中心。它一般包括线缆调制解调设备、线路驱动设备等。

监视现场和控制中心之间有两种信号需要传输：一种是摄像机得到的图像信号要传到控制中心；一种是控制中心的控制信号要传送到现场，控制现场设备。

视频信号的传输可以是直接控制，即控制中心把控制量直接送入被控设备，如云台和变焦距镜头所需的电源、电流信号等。这种方式适用于现场控制设备较少的情况。当控制云台、镜头数量很多时，需要大量的控制线缆，线路也复杂，需采用多线编码的间接控制。这种方式中，控制中心直接把控制命令编成二进制或其他方式的并行码，由多线传输到现场的控制设备，再将它转换成控制量，对现场设备进行控制。这种方式比上一种方式用线少，在近距离控制时常采用。

另外，控制信号还可采用通信编码间接控制。这种方式采用串行通信编码控制方式，用单根线可以控制多路控制信号，到现场后再进行解码。这种方式可以传送 1 000m 以上，能够大大节约线路费用。

除上述方式外，还有一种控制信号和视频信号复用一条电缆的同轴视控传输方式。这种方式不需要另行铺设控制电缆。其实现方法有两种：一种是频率分割，即把控制信号调制在与视频信号不同的频率范围内，然后同视频信号一起传送，到现场后把它们分解开；另一种是利用视频信号场消隐期间传送控制信号。同轴视控在短距离传送时较其他方法有明显的优点，但目前此类设备价格比较昂贵，设计时可综合考虑。

（三）控制部分

控制部分是整个安防系统的"心脏"和"大脑"，是实现整个系统功能的指挥中心。控制部分主要由总控制台（有些系统还设有副控制台）组成。总控制台中主要的功能有：视频信号放大与分配、图像信号的校正与补偿、图像信号的切换、图像信号（或包括声音信号）的记录、摄像机及其辅助部件（如镜头、云台、防护罩等）的控制（遥控）等。在上述各部分中，对图像质量影响最大的是放大与分配、校正与补偿、图像信号的切换三部分。总控制台的另一个重要方面是能对摄像机、镜头、云台、防护罩等进行遥控，以完成对被监视的场所全面、详细地监视或跟踪监视。总控制台上的录像机，可以随时把发生情况的被监视场所的图像记录下来，以便事后备查或作为重要依据。还有的总控制台上设有多画面分割器，如4画面、9画面、16画面等，也就是说，通过这个设备，可以在一台监视器上同时显示出4个、9个、16个摄像机送来的各个被监视场所的图像画面，并用一台常规录像机或长延时录像机进行记录。上述这些功能的设置，要根据系统的要求而定。

总控制台对摄像机及其辅助设备（如镜头、云台、防护罩等）的控制一般采用总线方式，把控制信号送给各摄像机附近的"终端解码箱"，在终端解码箱上将总控制台送来的编码控制信号解出，成为控制动作的命令信号，再去控制摄像机及其辅助设备的各种动作（如镜头的变倍、云台的转动等）。在某些摄像机距离控制中心很近的情况下，为节省开支，也可采用由控制台直接送出控制动作的命令信号——即"开、关"信号。总之，根据系统构成的情况及要求，可以综合考虑，以完成对总控制台的设计要求或订购要求。

1．视（音）频切换器

视（音）频切换器是一种将多路摄像机的输出视频信号和音频信号有选择地切换到一台或几台显示器和录像机上进行显示和记录的开关切换设备。

在闭路电视监控系统中，一般有几个、几十个、几百个乃至上千个摄像机安装在安全防范现场，它们传送回来的视频图像在闭路电视监控系统中一般没有必要实行一对一显示，以减少显示器的数量。通常情况下，大多采用4∶1、6∶1、8∶1或12∶1的方式进行手动切换或自动顺序切换即可满足安全防范工作的需要。

视（音）频切换器具有手动切换选择、自动顺序切换选择、同步显示和监听一组摄像机图像和声音的功能。具有报警功能的视频切换器带有与视频输入相同输入路数的报警输入端子,可以同时响应报警输入信号,进行报警联动摄像机图像的切换显示。

目前常用的切换器有视(音)频切换器和报警输入视频切换器等。

2. 视频矩阵切换控制主机

视频矩阵切换控制主机的功能是将多台摄像机的视频图像按需要向各个视频输出装置作交叉传送,即可以选择任意一台摄像机的图像在任一指定的监视器上输出显示,犹如 m 台摄像机和 n 台监视器构成的 $m×n$ 矩阵一般,视应用需要和装置中模板数量的多少,矩阵切换系统可大可小,最小系统可以是 $4×1$,大型系统可以达到 $1\,024×256$ 或更大,如图 10-7 所示。

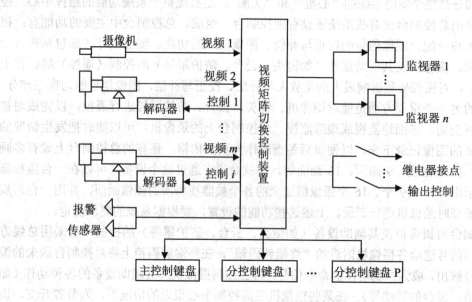

图 10-7 视频矩阵切换控制主机

视频切换控制主机是闭路电视监控系统的核心,多为插卡式箱体,内除有相关装置外,还插有一块含微处理器的 CPU 板、数量不等的视频输入板、视频输出板、报警接口板等,有众多的视频 BNC 接插座、控制连线插座及操作键盘插座等。

(1) 矩阵切换主机的分类

① 按系统的连接方式可分为并联连接方式矩阵切换主机和星形连接方式矩阵切换主机两种。

并联连接方式指电视监控系统中的所有控制设备(如矩阵切换主机、操作键盘、解码器、多媒体计算机控制平台、报警接口箱等)之间是通过一根通信总线相连接的,各控制设备之间的数据交换都是在这根通信总线上传输的。这根通信总线一般采用 RS-485 接口。在中小型电视监控系统中经常采用，具有施工简单、便于维护、便于扩展、节省材料等特点。

星形连接方式指电视监控系统中的所有控制设备（如矩阵切换主机、操作键盘、解码器、多媒体计算机控制平台、报警接口箱等）之间是通过矩阵切换主机相连接的，各控制设备之间的数据交换都要通过矩阵切换主机进行转发。这种连接方式在大中型监控系统中经常采用，具有施工简单、便于维护、便于扩展、便于管理等特点。

② 按系统的容量大小可分为小规模矩阵切换主机和大规模矩阵切换主机两种。

小规模矩阵切换主机亦可称为固定容量矩阵切换主机。这类矩阵切换主机的规模一般都不是很大，且在产品出厂前，其矩阵规模已经固定，在以后的使用中不能随意扩展。例如，常见的32×16（32路视频输入、16路视频输出）、16×8（16路视频输入、8路视频输出）、8×4（8路视频输入、4路视频输出）矩阵切换主机均属于小规模矩阵切换主机，其特点是产品体积较小、成本低。

大规模矩阵切换主机亦可称为可变容量矩阵切换主机。这类矩阵切换主机的规模一般都较大，且在产品设计时，充分考虑了其矩阵规模的可扩展性。在以后的使用中，用户根据不同时期的需要可随意扩展。例如，常见的128×32（128路视频输入、32路视频输出）、1 024×64（1 024路视频输入、64路视频输出）矩阵切换主机均属于大规模矩阵切换主机，其特点是产品体积较大、成本相对较高、系统扩展非常方便。

（2）矩阵切换主机具备的主要功能

① 接收各种视频装置的图像输入，并根据操作键盘的控制将它们有序地切换到相应的监视器上供显示或记录，完成视频矩阵切换功能。通常是以电子开关器件实现。

② 接收操作键盘的指令，通过解码器完成对摄像机云台、镜头、防护罩的动作控制。

③ 键盘有口令输入功能，可防止未授权者非法使用本系统，多个键盘之间有优先等级安排。

④ 对系统运行步骤可以进行编程，有数量不等的编程程序可供使用，可以按时间顺序来触发运行所需程序。

⑤ 有一定数量的报警输入和继电器接点输出端，可接收报警信号输入和端接控制信号输出。

⑥ 有字符发生器，可在屏幕上生成日期、时间、场所、摄像机号等信息。

（3）解码器

按解码器所接收代码形式的不同，通常有三种类型的解码器：第一种是直接接收由切换控制主机发送来的曼彻斯特码的解码器；第二种是由切换控制主机将曼彻斯特码转换后接收的RS-232或RS-422输入型解码器，即该类解码器在距离较近时由RS-232方式控制，在距离较远时用RS-422方式进行控制；第三种是经同轴电缆传送代码的同轴视控型解码器。因此，与不同解码器配合使用的云台存在着彼此是否兼容的选择。

在以视频矩阵切换与控制主机为核心的系统中，每台摄像机的图像需经过单独的同轴电缆传送到切换与控制主机。对云台与镜头的控制，除近距离和小系统采用多芯电缆作直接控制外，一般是由主机经由双绞线等先送至解码器，由解码器先对传送来的信号进行译码，即确定对哪台摄像单元执行何种控制动作，再经固态继电器做功率放大，驱动指定的云台或镜头完成以下控制动作：

① 前端摄像机电源的开关控制。

② 对来自主机的控制命令进行译码，控制对应云台与镜头的运动。目前各厂家所用控制代码不具开放性，已成为阻碍各厂家产品可互换的关键因素。采用的控制代码主要有曼彻斯特码（Manchester）、SEC RS-422 码、Sensor Net 码等。指令解码器完成的动作包括：云台的左右旋转运动；云台的上下俯仰运动；云台的扫描旋转（定速或变速）；云台预置位的快速定位；镜头光圈大小的改变；镜头聚焦的调整；镜头变焦变倍的增减；镜头预置位的定位；摄像机防护罩雨刷的开关；某些摄像机防护罩降温风扇的开关（大多数采用温度控制自动开关方式）；某些摄像机防护罩除霜加热器的开关（大多数采用低温时自动加电，至指定温度时自动关闭方式）。

③ 通过固态继电器提高对执行动作的驱动能力。

④ 与切换控制主机间信息的传输控制。

解码器的不同设计是造成目前监控系统不能相互兼容的根源，未来，解码器将必须具有开放式的结构。

（四）显示和记录部分

显示部分一般由几台或多台监视器组成，它的功能是将传送过来的图像一一显示出来。在电视监控系统中，除了特别重要的部位，一般都不是一台监视器对应一台摄像机进行显示，而是几台摄像机的图像信号用一台监视器轮流切换显示。这样做一是可以节省设备，减少空间的占用；二是因为被监视场所不可能同时都发生意外情况，所以平时只要隔一定的时间（如几秒）显示一下即可。当某个被监视的场所发生情况时，可以通过切换器将这一路信号切换到某一台监视器上一直显示，并通过控制台对其遥控跟踪记录，所以，在一般的系统中通常都按 4∶1，甚至 8∶1 的摄像机与监视器的比例数设置监视器的数量。目前，常用的摄像机与监视器的比例数为 4∶1，即 4 台摄像机对应一台监视器进行轮流显示，当摄像机的台数很多时，再采用 8∶1。另外，由于画面分割器的应用，在有些摄像机台数很多的系统中，用画面分割器把几台摄像机送来的图像信号同时显示在一台监视器上，也就是在一台较大屏幕的监视器上，把屏幕分成几个面积相等的小画面，每个画面显示一个摄像机送来的画面。这样可以大大减少监视器，并且操作人员观看起来也比较方便。但是这种方案不宜在一台监视器上同时显示太多的分割画面，否则会使某些细节难以看清楚，影响监控的效果，一般以 4 分割或 9 分割较为合适。

为了节省开支，对于非特殊要求的电视监控系统，监视器可采用有视频输入端子的普通电视机，而不必采用造价较高的专用监视器。监视器（或电视机）的屏幕尺寸在14～18in（1in=25.4mm）之间的，如果采用了画面分割器，可选用较大屏幕的监视器。

放置监视器的位置应避免让监视器屏幕对着阳光旋转，放置监视器的位置应适合操作者观看的距离、角度和高度。一般是在总控制台的后方，放置专用的监视器架子，监视器摆放在架子上。此外，监视器的选择，应满足系统总的功能和技术指标的要求，特别是应满足长时间连续工作的要求。

1. 视频监视器

视频监视器是监看图像的显示装置，系统前端中所有摄像机的图像信号以及记录后的回放图像信号都将通过监视器显示出来。电视监控系统的整体质量和技术指标，与监视器本身的质量和技术指标关系极大。也就是说，即使整个系统的前端、传输系统以及中心控制室的设备都很好，但如果监视器质量较差，那么整个系统的综合质量也不高。所以，选择质量好、技术指标能与整个系统设备的技术指标相匹配的监视器是非常重要的。

（1）监视器的分类

① 从使用功能上分，有黑白监视器与彩色监视器、带音频与不带音频的监视器、有专用监视器与收/监两用监视器（接收机），以及有显像管式监视器与投影式监视器等。

② 从监视器的屏幕尺寸上分，有9in、14in、17in、18in、20in、21in、25in、29in、34in等显像管式监视器，还有34in、72in等投影式监视器。此外，还有便携式微型监视器及超大屏幕投影式、电视墙式组合监视器等。

③ 从性能及质量级别上分，有广播级监视器、专业级监视器和普通级监视器。其中以广播级监视器的性能质量为最高。

（2）监视器的主要技术指标

① 清晰度（分辨率）。这是衡量监视器性能质量的一个非常重要的技术指标，给出的指标常以"中心水平清晰度（或分辨率）"为多见。按我国及国际上规定的标准及目前电视制式的标准，最高清晰度以800线为上限。在电视监控系统中，根据《民用闭路监视电视系统工程技术规范》（GB 50198-1994）的标准，对清晰度（分辨率）的最低要求是：黑白监视器水平清晰度应大于等于400线，彩色监视器大于等于270线。

② 灰度等级。这是衡量监视器分辨亮暗层次的一个技术指标，最高为9级，一般要求大于等于8级。

③ 通频带（通带宽度）。这是衡量监视器信号通道频率特性的技术指标。因为视频信号的频带范围是6MHz，所以要求监视器的通频带应大于等于6MHz。

2. 多画面处理器

多画面处理器是在一台显示器上或一台录像机上同时显示或记录多个摄像机图像的设备。它一般用在需要多个画面同时显示和记录的场合。根据输入摄像机视频信号的通道数和在一台监视器上能同时显示的画面数量，通常分为 4 画面、6 画面、双 4 画面、8 画面、9 画面和 16 画面等多种产品。

（1）画面分割器。画面分割器是较简单的画面处理设备，以 4 画面分割器较多。它把 4 个摄像机的视频图像压缩显示在一台监视器屏幕上的 4 个部分，可以全屏显示和切换显示每个摄像机的输入图像。它具有字符显示功能，可以在屏幕上同时显示识别字符和日期时间等，而且具有报警输入和输出功能。有些机型具有两个视频输出端子，可以连接两台监视器，一台监视器固定显示 4 个分割画面图像，另一台监视器用于全屏或切换显示画面。由于其价格相对较低，可以满足一些需要的场合，因而使用较多。

（2）多画面处理器。多画面处理器是随着数字处理技术发展起来的画面处理设备。它是以数字处理、动态时间分割（DTD）、并行视频处理（PVP）技术和计算机技术相结合发展起来的视频分割显示处理设备。一般具有以下功能和特点：

① 屏幕菜单编程、功能菜单设定、菜单快速设置。

② 双工或单工操作。双工操作时可用一台录像机实时录像，另一台录像机回放。在一台多画面处理器内同时进行，互不影响。

③ 采用数字图像处理技术，可以由编程者任意设定画面在屏幕上显示的位置。点触式冻结画面。

④ 现场满屏、顺序切换、电子变倍放大（ZOOM）、画中画（PIP）、2×2（3×3 或 4×4）等多种画面显示。

⑤ 视频信号丢失检测报警、报警输入、视频运动报警检测、联动报警输出、受控报警录像、报警事件记录。

⑥ 自动安装检测，包括自动终端检测、自动彩色和黑白图像检测、自动摄像机检测、自动增益控制。

⑦ RS-232 遥控和编程，分控键盘，级联多画面处理器。

⑧ 动态检测，VEXT 自动化录像机录像速度同步。

⑨ 控制云台镜头。

⑩ 屏幕字符、日期、时间显示。

除了以上介绍的功能外，不同画面处理器还有其独特的功能，采用画面处理器即可组成一套独特的小型闭路监控系统用于一些特殊场合。

3. 录像机

录像机是监控系统的记录和重放装置。目前，录像机可分为磁带录像机和数字硬盘录像机两种。

（1）模拟式长时间录像机

长时间录像机是记录监控图像的有效途径，有模拟式记录和数字式记录两大类。利用它可以减少不断更换与储存录像带的麻烦。模拟式录像机又分为时滞式（Time Lapse）和实时式（Real Time Video Cassette Recorder）录像机。

模拟式长时间录像机最基本的特征是由伺服电动机（Servo Motor 或 Stepping Motor）直接驱动磁头，使其逐格转动，每记录一幅图像，磁头就转动一格。长时间录像机的类别有以下三种。

① 24h 实时型录像机

24h 实时型录像机回放时画面动作连续可观，技术上采用 4 磁头结构来抑制出现噪声，其分辨率已能达到黑白 350 线左右，彩色 250～300 线。使用一盘 E-240 录像带，它可以 16.7 帧/s 的速度作 24h 连续录像，也可以 50 帧/s 图像作 8h 的连续录像。该录像机在与之相连的外部报警传感器被触发时，会从 16.7 帧/s 方式自动转换成 50 帧/s 记录方式，以完整地捕捉该报警事件。为了适应某些部门每周工作 5 天、每天工作 8h 的需要，出现了 40h 连续录像机。

② 24h 时滞式录像机

24h 时滞式录像机有 0.02～0.2s 的时间间隔，即从 50 帧/s 到 5 帧/s，因此在回放 5 帧/s 的录像带时，影像会有不连续感，将给人以动画的效果，典型产品有 3h、6h、12h 和 24h 4 种时间记录方式；其水平分辨率在 3h 记录方式时黑白图像为 320 线，彩色图像为 240 线或 300 线，信噪比为 46dB，有一道声音信号。

而可作 24 小时高密度录像的机型，其带速为 3.9mm/s，每秒钟可记录 8.33 帧画面，提高了录像密度，该类长时间录像机均带有报警功能，如表 10-4 所示。

表 10-4　24 小时高密度录像机

记录类型	磁带类型 可记录时间（h）						录像间隔（s）	声音记录	带速（mm/s）
	E240	E180	E120	E90	E60	E30			
8h	8	6	4	3	2	1	连续	有	11.7（连续）
24h	24	18	12	9	6	3	0.06	有	3.9（连续）

③ 最长 960h 的时滞式长时间录像机

时滞式长时间录像机工作时的时间间隔是可以由用户选择的，用户可从每盒 E-180 录像带 3h 连续记录到间隔长达数秒钟记录一幅图像的范围选择。长时间录像机中录像的最长时间为 960h，其录像模式有 3h、12h、24h、36h、48h、72h、84h、120h、168h、240h、480h、720h、960h，并带有报警功能；其他长时间录像机还有 168h、720h 等几种。一般选择时间间隔以 5s 以内为好，彩色分辨率以 240 线为标准，但不少产品的分辨率已达到彩色 300 线，若要达到 500 线左右的水平分辨率，则需要采用 S-VHS 系统的长时间录像机。

(2) 数字硬盘录像机

硬盘录像机是将视频图像以数字方式记录保存在计算机的硬磁盘中，故也称为数字视频录像机 DVR（Digital Video Recorder，DVR）或数码录像机。现 DVR 产品的结构主要有两大类：一类是采用工业奔腾 PC 和 Windows 操作系统作平台，在计算机中插入图像采集压缩处理卡，再配上专门开发的操作控制软件，以此构成基本的硬盘录像系统，即基于 PC 的 DVR 系统（PC-Based DVR），其在市场中占主要地位；另一类是非 PC 类的嵌入式数码录像机（Stand alone DVR），随着今后对系统可靠性要求的提高，此类机型将会占有更多的市场份额。

DVR 除了能记录视频图像外，还能在一个屏幕上以多画面方式实时显示多个视频输入图像，集图像的记录、分割、VGA 显示功能于一身。在记录视频图像的同时，还能对已记录的图像作回放显示或者作备份，成为一机多工系统。

硬磁盘录像机由于是以数字方式记录视频图像，为此对图像需要采用 Motion JPEG、MPEG4 等各种有效的压缩方式进行数字化，而在回放时则需解压缩。这种数字化图像既是实现数字化监控系统的一大进步，又因能通过网络进行图像的远程传输而具有众多的优越性，非常符合未来信息网络化的发展方向。

某产品 DVR 处理流程如图 10-8 所示。

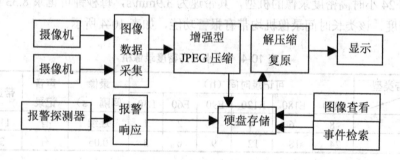

图 10-8　某产品 DVR 处理流程

其主要特点如下：

（1）可同时输入最多 16 台摄像机的图像进行数字化记录，并可同时观看，即在 S-VGA 主监视器可看到最多 16 画面分割的图像，同时在副监视器上可看到所录制的复合视频图像。

（2）可将最多 16 路视频图像经压缩后保存在内置的数据硬盘中，1GB 容量可存储 1.5～4h 的图像。

（3）在发生报警时，可自动增加记录视频图像的数量至最高 30～45 帧/s，从而实现智能搜索与智能捕获，并完整地记录报警事件。

五、闭路电视监控系统的管理与维护

（一）闭路电视监控系统的管理

闭路电视监控设备在使用过程中应注意以下问题：

（1）请勿尝试自行维修组成系统的所有器材，严格按照操作手册进行系统的使用和维护。

（2）请保持所有器材的通风畅顺，否则可能会导致器材内部组件短路而引起火灾或触电事故，甚至可能会因此造成整个系统的崩溃。

（3）为了避免可能发生的电击事件，请勿在雷雨天期间连接或断开系统的任何电缆，也不要尝试对系统的器材进行带电维修和安装。

（4）断开所有电缆连接时，请针对不同的电缆连接头方式，捂紧连接器进行拔插，请勿使用蛮力强拉电缆。连接电缆之前，请确认两个连接头的朝向正确并对齐。

（5）系统或器材在关闭之后，请勿尝试即时重启，重启间隔时间建议不少于3分钟。

（6）保持电子系统运行的基本清洁环境，做到无烟雾、无灰尘，因为烟雾和灰尘对所有电子器材的损害较大。

（二）监控设备的维护方法

为了做好监控设备的维护工作，维修中心需配备相应的人力、物力（工具、通信设备等），负责对监控系统日常的监测、维护、服务、管理工作，承担起设备的维护服务工作，以保障监控系统长期、可靠、有效地运行。要做到勤修设备，就必须配置常用的维修工具及检修仪器，如各种钳子、螺丝刀、测电笔、电烙铁、胶布、万用表、示波器等，维护管理工作具体如下：

（1）每季度进行一次设备的除尘、清理工作，扫净监控设备显露的尘土，对摄像机、防护罩等部件要卸下彻底吹风除尘，之后用无水酒精棉将各个镜头擦干净，调整清晰度，防止由于机器运转、静电等因素将尘土吸入监控设备机体内，确保机器正常运行。同时检查监控机房通风、散热、净尘、供电等设施。室外温度应在-20℃～60℃，相对湿度应在10%～100%；室内温度应控制在5℃～35℃，相对湿度应控制在10%～80%，保证机房监控设备有一个良好的运行环境。

（2）根据监控系统各部分设备的使用说明，每月检测其各项技术参数及监控系统传输线路质量，及时消除故障隐患，协助监控主管设定使用级别等各种数据，确保各部分设备各项功能良好，能够正常运行。

（3）对容易老化的监控设备部件每月进行一次全面检查，一旦发现老化现象应及时更换、维修，如视频头等。

（4）对易吸尘部分每季度定期清理一次，如监视器暴露在空气中，由于屏幕的静电作用，会有许多灰尘被吸附在监视器表面，影响画面的清晰度，要定期擦拭监视器，校对监视器的颜色及亮度。

（5）对长时间工作的监控设备每月定期维护一次，如硬盘录像机长时间工作会产生较多的热量，一旦其电风扇有故障，会影响排热，以免硬盘录像机工作不正常。

（6）对监控系统及设备的运行情况进行监控，分析运行情况，及时发现并排除故障，如网络设备、服务器系统、监控终端及各种终端外设，桌面系统的运行检查，网络及桌面系统的病毒防御。

（7）每月定期对监控系统和设备进行优化：合理安排监控中心的监控网络需求，如带宽、IP 地址等限制。每月进行一次监控系统网络性能检测，内容包括网络的连通性、稳定性及带宽的利用率等；实时检测所有可能影响监控网络设备的外来网络攻击；实时监控各服务器运行状态、流量及入侵监控等。对异常情况进行核查，并进行相关的处理。根据用户需要进行监控网络的规划、优化；协助处理服务器软、硬件故障及进行相关硬件、软件的拆装工作等。

（8）每月提供一次定期信息服务：每月第一个工作日，将上月抢修、维修、维护、保养记录表以电子文档的形式报送监控中心负责人。

（三）闭路监控系统常见的故障现象及其解决方法

在一个监控系统进入调试阶段、试运行阶段以及交付使用后，都有可能出现这样那样的故障现象，如设备不能正常运行，或是系统达不到设计要求的技术指标，整体性能和质量不理想，亦即一些"软毛病"。这些问题对于一个监控工程项目来说，特别是对于一个复杂的、大型的监控工程项目来说，是在所难免的。设法解决这些问题，是工程技术人员的义务和责任。

监控系统中的问题多出现在调试和试运行阶段。已经通过试运行并验收交付使用的系统，一般来说，短时期内不应该出现问题。即使投入使用的系统出现了问题，往往也是发生在设备质量或施工质量（特别是传输部分的施工质量）方面。下面就一些较为常见的故障原因及其解决方法提供给读者作为参考。

（1）电源不正确引发的设备故障。电源不正确大致有如下几种可能：供电线路或供电电压不正确，功率不够或某一路供电线路的线径不够、降压过大等，供电系统的传输线路出现短路、断路、瞬间过压等现象，特别是因供电错误或瞬间过压导致设备损坏的情况时有发生。

（2）由于某些线路，特别是与设备相接的线路处理不好，产生断路、短路、线间绝缘不良、误接线等导致设备（或部件）的损坏、性能下降或设备本身并未因此损坏，但反映出的现象是出在设备或部件身上。由于某些设备（如带三可变镜头的摄像机及云台）的连线有很多条，往往处理不好，就会出现上述问题。特别是某些接插件的质量不良，连线的工艺不好，更是出现问题的常见原因。在这种情况下，应根据故障现象冷静地进行分析，判断在若干条线路上是由于哪些线路的连接有问题才产生这种故障现象。这样就会把出现问题的范围缩小。例如，一台带三可变镜头的摄像机图像信号是正常的，但镜头无法控制，就不必再检查视频输出线，而只要检查镜头控制线即可。另外，接插件方面，特别是 BNC 型接头，对焊接工艺、视频线的连接安装工艺要求都非常高，如处理不当，即使调试和试运行阶段没有出现问题，但运行一段时间后就会出现问题。特别值得指出的是，带云台的摄像机由于全方位的运动，时间长了，导致连线脱落、挣断是常见的，因此，要特别注意这种情况，设备与各种线路的连接应符合长时间运转的要求。

（3）设备或部件本身的质量问题。一般来说，经过认真选择的已商品化的设备或部件是不应该出现质量问题的。即使出现问题，也往往发生在系统已交付使用并运行了相当长时间之后。除了上面所说的产品本身的质量问题外，最常见的是由于对设备调整不当产生的问题。例如，摄像机后截距的调整是个要求非常细致、精确的工作，如不认真调整，就会出现聚焦不好或在三可变镜头的各种操作时发生散焦等问题。另外，摄像机上一些开关和调整旋钮的位置是否正确、是否符合系统的技术要求，解码器编码开关或其他可调部位设置得正确与否都会直接影响设备本身的正常使用甚至整个系统的正常性能。

（4）视频传输过程中，最常见的故障现象表现在监视器的画面上出现一条黑杠或白杠，并且向上或向下慢慢滚动。在分析这类故障现象时，要分清产生故障的两种不同原因，即是电源的问题还是地环路的问题，一种简易的方法是，在控制主机上，就近接入一台电源没有问题的摄像机输出信号，如果在监视器上没有出现上述的干扰现象，则说明控制主机无问题。接下来可用一台便携式监视器就近接在前端摄像机的视频输出端，并逐个检查每台摄像机，如有问题，则进行处理，如无上述现象，则干扰就是由地环路等其他原因造成的。

（5）监视器上出现木纹状的干扰。这种干扰的出现，轻微时不会淹没正常图像，但严重时图像就无法观看了（甚至破坏同步）。这种故障现象产生的原因较多也较复杂。大致有如下几种原因：

① 视频传输线的质量不好，特别是屏蔽性能差（屏蔽网不是质量很好的铜线网，或屏蔽网过稀而起不到屏蔽作用）。与此同时，这类视频线的电阻过大，因而造成信号产生较大衰减也是加重故障的原因。此外，这类视频线的特性阻抗不是 75Ω 以及参数超出规定也是产生故障的原因之一。由于产生上述干扰现象不一定就是视频线不良而产生的故障，因此对这种故障的原因在判断时要准确和慎重，只有当排除了其他可能后，才能从视频线不良的角度去考虑。若真是电缆质量问题，最好的办法当然是把这种电缆全部换成符合要求的电缆。

② 由于供电系统的电源不"洁净"而引起的故障。这里所指的电源不"洁净"，是指在正常的电源（50 周的正弦波）上叠加有干扰信号。这种电源上的干扰信号，多来自本电

网中使用可控硅的设备,特别是大电流、高电压的可控硅设备,对电网的污染非常严重,导致了同一电网中的电源不"洁净"。例如,本电网中有大功率可控硅调频调速装置、可控硅整流装置、可控硅交直流变换装置等,都会对电源产生污染。这种问题的解决方法比较简单,只要对整个系统采用净化电源或不间断 UPS 供电即可。

③ 系统附近有很强的干扰源。这种情况可以通过调查和了解而加以判断。如果属于这种原因,解决的办法是加强摄像机的屏蔽,以及对视频电缆线的管道进行接地处理等。

(6) 由于视频电缆线的芯线与屏蔽网短路、断路造成的故障。这种故障的表现形式是在监视器上产生较深较乱的大面积网纹干扰,以致图像全部被破坏,形不成图像和同步信号。这种情况多出现在 BNC 接头或其他类型的视频接头上。这种故障现象出现时,往往不会是整个系统的各路信号均出现问题,而仅仅出现在那些接头不好的路线上。只要认真逐个检查这些接头,就可以解决。

(7) 由于传输线的特性阻抗不匹配引起的故障现象。这种现象的表现形式是在监视器的画面上产生若干条间距相等的竖条干扰,干扰信号的频率基本上是行频的整数倍。这是由于视频传输线的特性阻抗不是 75Ω 而导致阻抗失配造成的。也可以说,产生这种干扰现象是由于视频电缆的特性阻抗和分布参数都不符合要求综合引起的。解决的方法一般靠始端串接电阻或终端并接电阻去解决。另外,值得注意的是,在视频传输距离很短时(一般为 150m 以内),使用上述阻抗失配和分布参数过大的视频电缆不一定会出现上述的干扰现象。解决上述问题的根本办法是在选购视频电缆时,一定要重视其质量,必要时应对电缆进行抽样检测。

(8) 由传输线引入的空间辐射干扰。这种干扰现象的产生,多数是因为在传输系统、系统前端或中心控制室附近有较强的、频率较高的空间辐射源。这种情况的解决办法一个是在系统建立时,应对周边环境有所了解,尽量设法避开或远离辐射源;另一个办法是当无法避开辐射源时,对前端及中心设备加强屏蔽,对传输线的管路采用钢管并良好接地。

(9) 云台的故障。一个云台在使用后不久就运转不灵或根本不能转动,是云台常见的故障。这种情况的出现除去产品质量的因素外,一般是以下各种原因造成的:

① 只允许将摄像机正装的云台,在使用时采用了吊装的方式。在这种情况下,吊装方式导致了云台运转负荷加大,故使用不久就会导致云台的转动机构损坏,甚至烧毁电机。

② 摄像机及其防护罩等总重量超过云台的承重。特别是室外使用的云台,往往会因防护罩的重量过大,出现云台转不动(特别是垂直方向转不动)的问题。

③ 室外云台因环境温度过高、过低、防水、防冻措施不良而出现故障甚至损坏。

④ 距离过远时,操作键盘无法通过解码器对摄像机(包括镜头)和云台进行遥控。这主要是因为距离过远时,控制信号衰减太大,解码器接收到的控制信号太弱引起的。这时应该在一定的距离上加装中继盒以放大整形控制信号。

（10）操作键盘失灵。检查键盘接线是否正确，在检查连线无问题时，基本上可确定为操作键盘死机造成的。键盘的操作使用说明上，一般都有解决死机的方法，如整机复位等方式，可用此方法解决。否则可能是键盘本身损坏了。

（11）监视器的图像对比度太小，图像淡。这种现象如不是控制主机及监视器本身的问题，就是传输距离过远或视频传输线衰减太大。在这种情况下，应加入线路放大和补偿的装置。

（12）图像清晰度不高、细节部分丢失、严重时会出现彩色信号丢失或色饱和度过小，这是由于图像信号的高频端损失过大，3MHz 以上频率的信号基本丢失造成的。这种情况或因传输距离过远，而中间又无放大补偿装置；或因视频传输电缆分布电容过大；或因传输环节中在传输线的芯线与屏蔽线间出现了集中分布的等效电容造成的。

（13）色调失真。这是在远距离的视频基带传输方式下容易出现的故障现象。主要原因是由传输线引起的信号高频段相移过大而造成的。这种情况应加相位补偿器。

（14）主机对图像的切换不干净。这种故障现象的表现是在选切后的画面上，叠加有其他画面的干扰，或有其他图像的同步信号的干扰。这是因为主机制矩阵切换开关质量不良，达不到图像之间隔离度的要求所造成的。

（15）如果采用的是射频传输系统，也可能是系统的交扰调制和相互调制过大而造成的。

第三节　入侵报警系统

入侵报警系统是利用传感器技术和电子信息技术探测并指示非法进入或试图非法进入设防区域（包括主观判断面临被劫持或遭抢劫或其他危急情况时，故意触发紧急报警装置）的行为、处理报警信息、发出报警信息的电子系统或网络。

入侵报警系统一般分为周界防护、建筑物内区域/空间防护和对实物目标的防护。报警系统可以是独立的系统，还可以与闭路电视监控系统进行联动，一旦发现有报警或其他突发事件，自动启动电视监控系统，对现场进行实时录像，以协助管理机构尽快找到事件发生的原因。

一、入侵报警系统的组成及功能

（一）入侵报警系统的组成

入侵报警系统的组成框图如图 10-9 所示。

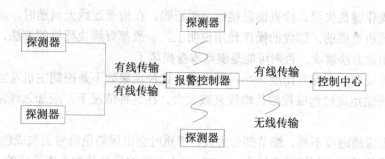

图 10-9 入侵报警系统的组成框图

1. 探测器

探测器是用来探测非法入侵者移动或其他动作的电子和机械部件所组成的装置。探测器通常由传感器和信号处理器组成，也有的探测器只有传感器而没有信号处理器。

根据安全防范的具体要求，被保护区域划分为一个个防区，每个防区可以连接一定数量的报警探测器，负责监视保护区域现场的任何入侵活动。常用的探头有微波式、线红外式、面红外式、空间红外式、开关式、超声波式、振动式、射频移动式、玻璃破碎等。这些探测器一般由传感器和信号处理器组成，以探测目标处的各物理量变化（光、声、压力、频率、温度、振动等）作为探测对象，并将变化的物理量转变为控制器处理要求的电信号。

2. 信道

信道是探测电信号传送的通道。信道的种类较多，通常分有线信道和无线信道。

3. 报警控制器

报警控制器由信号处理器和报警装置组成。报警处理器是对信道中传来的探测信号进行处理，判断出探测电信号中"有"或"无"的情况，并输出相应的判断信号。

4. 控制中心（报警中心）

控制中心是安防监控系统的中心设备。它包含微型计算机，并配有专用控制键盘、大屏幕彩色显示器、录像机、打印机、电话机、UPS（不间断电源）、声光报警，以及与现场控制器的通信等装置。

（二）入侵报警系统的功能

入侵报警器采用无线/有线传输方式，技术先进、性能可靠、使用非常方便，主要功能有以下几个方面。

（1）防盗：若有非法入室盗窃者，立刻现场报警，同时向外发送报警信号。

（2）防窃：若遭遇坏人入室抢劫，可即时发送报警信号。

（3）防火：通过烟感探测器及时探测室内烟雾，发出失火警报。

（4）防可燃气体中毒：能够探测到煤气、液化石油气、天然气等气体的泄露，及时报警。

（5）求助：可用于家中老人、小孩意外事故和急病呼救报警。

二、常用入侵探测器

入侵探测器由传感器、放大处理电路、输出电路组成。各类探测器分别介绍如下。

（一）磁控开关

磁控开关由带金属触点的两个簧片封装在充有惰性气体的玻璃管（称干簧管）和一块磁铁组成，如图10-10所示。

当磁铁靠近干簧管时，管中带金属触点的两个簧片，在磁场作用下被吸合，a、b接通；磁铁远离干簧管达一定距离时干簧管附近磁场消失或减弱，簧片靠自身弹性作用恢复到原位置，a、b断开。

使用时，一般是把磁铁安装在被防范物体（如门、窗等）的活动部位（门扇、窗扇），如图10-11所示，干簧管装在固定部位（如门框、窗框）。磁铁与干簧管的位置需保持适当距离，以保证门、窗关闭时磁铁与干簧管接近，在磁场作用下，干簧管触点闭合，形成通路。当门、窗打开时，磁铁与干簧管远离，干簧管附近磁场消失，其触点断开，控制器产生断路报警信号。

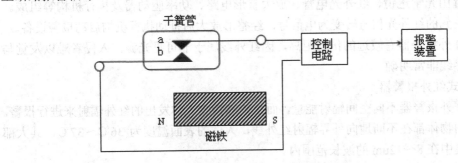

图 10-10 磁控开关报警示意图

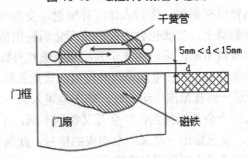

图 10-11 磁控开关安装示意图

（二）红外报警探测器

红外报警器是利用红外线的辐射和接收技术构成的报警装置。根据其工作原理，可分为主动式和被动式两种类型。

1. 主动式红外报警器

主动式红外报警器由收、发装置两部分组成。对射被阻断报警。发射装置向装在几米甚至几百米远的接收装置辐射一束红外线，当被遮断时，接收装置即发出报警信号，因此，它也是阻挡式报警器，或称对射式报警器，如图10-12所示。

图10-12　主动式红外入侵探测器原理图

通常，发射装置由多谐振荡器、波形变换电路、红外发光管及光学透镜等组成。振荡器产生脉冲信号，经波形变换及放大后控制红外发光管产生红外脉冲光线，通过聚焦透镜将红外光变为较细的红外光束，射向接收端。

接收装置由光学透镜、红外光电管、放大整形电路、功率驱动器及执行机构等组成。光电管将接收到的红外光信号转变为电信号，经整形放大后推动执行机构启动报警设备。

主动式红外报警器有较远的传输距离，因红外线属于非可见光源，入侵者难以发觉与躲避，防御界线非常明确。

2. 被动式红外报警器

被动式红外报警器不向空间辐射能量，而是依靠接收人体发出的红外辐射来进行报警。任何有温度的物体都在不断地向外界辐射红外线，人体的表面温度为36℃～37℃，其大部分辐射能量集中在8～12um的波长范围内。

被动式红外报警器在结构上可分为红外探测器（红外探头）和报警控制部分。红外探测器目前用得最多的是热释电探测器，作为人体红外辐射转变为电量的传感器。如果把人的红外辐射直接照射在探测器上，当然也会引起温度变化而输出信号，但这样做，探测距离有限。为了加长探测器探测距离，须附加光学系统来收集红外辐射，通常采用塑镀金属的光学反射系统，或塑料做的菲涅耳透镜作为红外辐射的聚焦系统。

当人体（入侵者）在这一监视范围中运动时，顺次地进入某一视场，又走出这一视场，热释电传感器对运动的人体一会儿探测到，一会儿又探测不到，于是人体的红外线辐射不断地改变热释电体的温度，使它输出一个又一个相应的信号，此信号就是报警信号。

被动式红外报警器的主要特点有以下几个方面：

(1) 由于它是被动式的，不主动发射红外线，因此其功耗非常小。

(2) 安装方便。

(3) 与微波报警器相比，红外波长不能穿越砖头水泥等一般建筑物，在室内使用时，不必担心由于室外的运动目标会造成误报。

(4) 在较大面积的室内安装多个被动红外报警器时，因为它是被动的，所以不会产生系统互扰的问题。

(5) 工作不受声音的影响，即声音不会使它产生误报。

（三）微波探测器

利用微波能量辐射及探测技术构成的探测器称为微波探测器。上述红外探测器报警装置存在着红外线受气候条件（如温度等）变化的影响较大的缺点，影响了其安全性，而微波探测报警器可以克服这些缺点。发射微波，应用目标的多普勒效应探测移动目标。且微波能穿透非金属物质，故可安装在隐蔽处或外加装饰物，不易被人发觉而加以破坏，安全性很高。

（四）超声波报警探测器

超声波报警探测器的工作方式与上述微波报警器类似，只是使用的不是微波而是超声波。因此，多普勒式超声波报警器也是利用多普勒效应，超声发射器发射 $25\sim40kHz$ 的超声波充满室内空间，超声接收器接收从墙壁、天花板、地板及室内其他物体反射回来的超声能量，并不断与发射波的频率加以比较。当室内没有移动物体时，反射波与发射波的频率相同，不报警；当入侵者在探测区内移动时，超声反射波会产生大约 $\pm100Hz$ 的多普勒频率，接收器检测出发射波与反射波之间的频率差异后，即发出报警信号。

超声波报警器在密封性较好的房间（没有过多的门窗）效果好，成本较低，而且没有探测死角，即不受物体遮蔽等影响而产生死角。但容易受风和空气流动的影响，因此安装超声波收发器时不要靠近排风扇和暖气设备，也不要对着玻璃和门窗。

（五）双鉴探测器

双鉴探测器又称被动红外/微波入侵报警探测器，是微波/红外双技术完善的结合，双重鉴定，可靠性高。它是被动红外探测再加上微波同时探测，以提高抗干扰的能力，进一步减少误报现象的发生。

被动红外/微波入侵报警探测器主动向外发射微波，微波在遇到的物体上反射回来，如果物体是静止不动的，则反射的微波频率不产生变化。如果物体是运动的，则反射的微波频率将产生变化。

被动红外/微波入侵报警探测器只有当检测到红外与微波都产生触发信号时才产生报警信号输出。在使用环境较恶劣的场所，如过道、仓库等，流动空气容易触发红外线报警，但流动的空气不反射微波,因此,被动红外/微波入侵报警探测器使用在这种环境中,不会产生误报。需注意的是,微波具有一定的穿透能力,它能穿透一定厚度的墙壁,探测到墙外的行人;水管内流动的液体也能使微波频率发生变化,因此,在这种环境中使用时应予以考虑。

(六)三鉴探测器

三鉴探测器是微波/红外/人工智能处理三技术完善的结合,由微处理器对探测的信号进行思考、分析后,作出判断,捕获性能更加可靠。

各类型报警器功能比较如表 10-5 所示。

表 10-5 报警器功能比较表

报警器名称		警戒功能	工作场所	主要特点	适于工作的环境和条件	不适于工作的环境及条件
微波	多普勒式	空间	室内	隐蔽,功耗小,穿透力强	可在热源、光源、流动空气的环境中正常工作	机械振动,有抖动摇摆物体、电磁反射物、电磁干扰
	阻挡式	点线	室内室外	与运动物体速度无关	室外全天候工作适于远距离直线周界警式	收发之间视线内有障碍物或运动、摆动物体
红外线	被动式	空间	室内	隐蔽,昼夜可用,功耗低	静态背景	收发间视线内有障碍物,地形起伏、周界不规则、大雾、大雪恶劣气候
	阻挡式	点线	室内室外	隐蔽,便于伪装,寿命长	在室外与围栏配合使用做周界报警	背景有红外辐射变化,即有热源、振动、冷热气流、阳光直射、背景与目标温度接近、有强电磁干扰
超声波		空间	室内	无死角,不受电磁干扰	隔声性能好的密闭房间	振动热源、噪声源、多门窗的房间,温湿度及气流变化大的场合
激光		线	室内室外	隐蔽性好,价高,调整困难	长距离直线周界警戒	(同阻挡式红外报警器)
声控		空间	室内	有自我复核能力	无噪声干扰的安静场所与其他类型报警器配合做报警复核用	有噪声干扰的热闹场合
监控电视CCTV		空间面	室内室外	报警与摄像复核相结合	静态景物及照度缓慢变化的场合	背景有动态景物及照度快速变化的场合
双技术报警器		空间	室内	误报极小	其他类型报警器不适用的环境均可	强电磁干扰

三、入侵报警系统的管理和维护

（一）探测器的调试与操作

红外探测器的调试与操作，即在设防后，对红外探测器进行的调试操作，通过身体在红外探测器前走动或手在红外探测器前摆动，触发红外探测器发出报警信号。然后观察报警主机、操作键盘的动作。

红外对射探测器的调试与操作，即在设防后，在红外对射探测器的发射端与接收端之间插入一物体，触发报警，观察及键盘的动作。

其他探测器如振动探测器、门磁报警器等操作类似。

（二）入侵报警系统故障的检测和处理

1. 在撤防状态下，系统中某个设备发生故障，使系统不能进行正常的布防时，可用仪器（如万用表）测量前端设备工作电压是否正确。另外还可以从编程键盘上看提示信息，也可找到故障点位置。找出故障点后，检查故障设备的接线，以及测量两端的工作电压，进行故障排除。

2. 报警信号无法撤防。

产生这一现象时需检查如下情况：

（1）线尾电阻是否接好，接法是否正确。

（2）输入线有没有处于短路（开路）状态。

（3）探头工作是否正常。

3. 无报警。

产生这一现象时需检查如下情况：

（1）是否有布防。

（2）布防编程是否正确。

（3）能否听到探头或报警主机中继电器动作声响。

第四节 出入口控制系统

管理建筑物内人员出入门的系统被称为出入口控制系统。出入口控制系统又称为门禁管理系统，是安全防范系统中应用非常普遍的管理系统，是确保智能建筑的安全、实现智能化管理时简便有效的措施。

出入口控制系统是安全防范自动化系统的主要子系统。它对建筑物正常的出入通道进行管理，控制人员出入、控制人员在楼内或相关区域的行动。过去此项任务由保安人员、门锁和围墙来完成，但是人有疏忽的时候，另外还有感情成分，钥匙会丢失、被盗和复制，与之相比电子出入口控制系统具有安全、可靠等优点。

出入口控制系统（Access Control System，ACS）是利用自定义符识别或/和模式识别技术对出入口目标进行识别并控制出入口执行机构启闭的电子系统或网络。

一、出入口控制系统的组成、分类及功能

（一）出入口控制系统的组成

出入口控制系统的结构如图 10-13 所示，它包括三个层次的设备。底层是直接与人打交道的设备，有读卡机、电控门锁、出门按钮、报警传感器、门传感器和报警扬声器等。它们用来接收人员的输入信息，再将其转换成电信号送至控制器中，同时根据来自控制器的信号完成开锁、闭锁工作。中间层是控制器，控制器接收底层设备发来的有关人员的信息，同自己存储的信息相比较以作出判断，然后再发出处理信息。上层是监控计算机和打印机及其他输出设备，管理整个防区的出入口，对防区内所有的控制器产生的信息进行分析、处理和管理，并作为局域网的一部分与其他子系统联网。

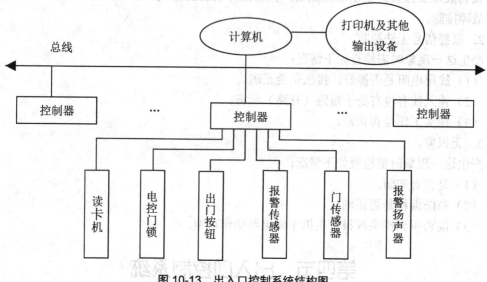

图 10-13　出入口控制系统结构图

单个控制器就可以组成一个简单的门禁系统，用来管理一个或几个门。多个控制器通过通信网络同计算机连接起来就组成了整个建筑的门禁系统。计算机装有门禁系统的管理软件，它管理着系统中所有的控制器，向它们发送控制命令，对它们进行设置，接收其发来的信息，完成系统中所有信息的分析与处理工作。

出入口控制系统的组成框图如图 10-14 所示，主要由识读部分、传输部分、管理/控制部分和执行部分等几部分组成。

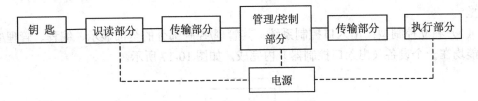

图 10-14 出入口控制系统的组成框图

（二）出入口控制系统的分类

1. 出入口控制系统按其硬件构成模式划分为一体型和分体型两种

（1）一体型：出入口控制系统的各个组成部分通过内部连接、组合或集成在一起，实现出入口控制的所有功能，如图 10-15 所示。

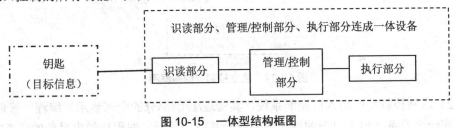

图 10-15 一体型结构框图

（2）分体型：出入口控制系统的各个组成部分，在结构上有分开的部分，也有通过不同方式组合的部分。分开部分与组合部分之间通过电子、机电等手段连成为一个系统，实现出入口控制的所有功能，如图 10-16 所示。

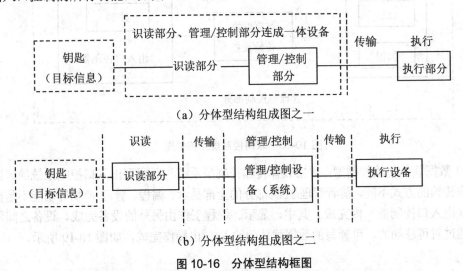

（a）分体型结构组成图之一

（b）分体型结构组成图之二

图 10-16 分体型结构框图

2. 出入口控制系统按其管理/控制方式划分为独立控制型、联网控制型和数据载体传输

控制型

（1）独立控制型：出入口控制系统，其管理/控制部分的全部显示、编程、管理/控制等功能均在一个设备（出入口控制器）内完成，如图 10-17 所示。

图 10-17　独立控制型结构框图

（2）联网控制型：出入口控制系统，其管理/控制部分的全部显示、编程、管理/控制功能不在一个设备（出入口控制器）内完成。其中，显示、编程功能由另外的设备完成。设备之间的数据传输通过有线和/或无线数据通道及网络设备实现，如图 10-18 所示。

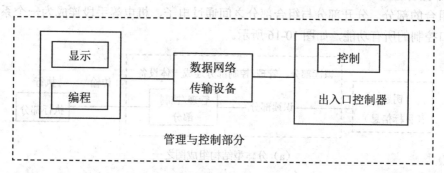

图 10-18　联网控制型结构框图

（3）数据载体传输控制型：数据载体传输控制型系统与联网型出入口控制系统的区别仅在于数据传输的方式不同，前者管理/控制部分的全部显示、编程、管理/控制等功能不是在一个设备（出入口控制器）内完成。其中，显示、编程工作由另外的设备完成。设备之间的数据传输通过对可移动的、可读写的数据载体的输入/导出操作完成，如图 10-19 所示。

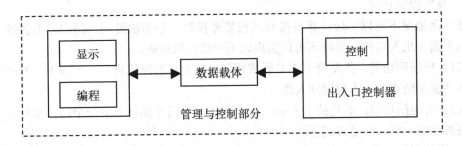

图 10-19　数据载体传输控制型结构框图

出入口控制系统是一种典型的集散控制系统。系统采用集中管理、分散控制的方式。管理中心主要负责对系统的集中管理，分布在现场的控制设备负责对出入口目标的识别和设备的控制。现场设备能脱离系统独立工作。门禁管理系统可与入侵报警系统、视频监控系统联动。

出入口控制系统的适用范围，理论上来说，一切需要控制出入的门都可安装门禁系统，主要是对重要的通行口、出入口、电梯进行出入控制，一般常用于银行、金融机构、重要办公楼和办公室、住宅单元门、酒店客房门、电梯厅、军事基地、厂矿企业、各类停车场等。在受控门上安装门磁开关、电子门锁或读卡机等控制装置，由中央控制室监控，上班时间被控门的开和关无须向管理中心报警和记录，下班时间被控门的开和关则向管理中心报警和记录。

（三）出入口控制系统的功能

1．对通道进出权限的管理

（1）进出通道的权限就是对每个通道设置哪些人可以进出，哪些人不能进出。

（2）进出通道的方式就是对可以进出该通道的人进行进出方式的授权，进出方式通常有密码、读卡（生物识别）、读卡加密码三种方式。

（3）进出通道的时段就是设置通过该通道的人在什么时间范围内可以进出。

2．实时监控功能

系统管理人员可以通过微机实时查看每个门区人员的进出情况（同时有照片显示）、每个门区的状态（包括门的开关、各种非正常状态报警等），也可以在紧急状态打开或关闭有关的门。

3．出入记录检查功能

系统可储存所有的进出记录、状态记录，并可按不同的查询条件查询，配备相应考勤软件可实现考勤、门禁一卡通。

4. 异常报警功能

在异常情况下可以实现计算机报警或报警器报警，如非法侵入、门超时未关等。根据系统的不同，出入口控制系统还可以实现以下一些特殊功能。

（1）反潜回功能：就是持卡人必须依照预先设定好的路线进出，否则下一通道刷卡无效。本功能是防止持卡人尾随别人进入。

（2）防尾随功能：就是持卡人必须关上刚进入的门才能打开下一个门，本功能与反潜回实现的功能一样，只是方式不同。

5. 消防报警监控联动功能

在出现火警时门禁系统可以自动打开所有电控锁让里面的人随时逃生。监控联动通常是指监控系统自动录下有人刷卡时（有效/无效）的情况，同时也将门禁系统出现警报时的情况记录下来。

6. 网络设置管理监控功能

大多数门禁系统只能用一台计算机管理，而技术先进的系统则可以在网络上任何一个授权的位置对整个系统设置监控查询管理，也可以通过 Internet 在网上进行异地设置管理监控查询。

7. 逻辑开门功能

逻辑开门功能简单地说就是同一个门需要几个人同时刷卡（或其他方式）才能打开电控门锁。

二、出入口控制系统的主要设备

出入口控制系统是安全防范自动化系统的主要子系统。它是根据建筑物安全技术防范管理的需要，对需要控制的各类出入口，按各种不同的通行对象及其准入级别，对其进出时间、通行位置等实施实时控制与管理，并具有报警功能。

系统应有防止一卡进多人或一卡出多人的防范措施，应有防止同类设备非法复制有效证件卡的密码系统，密码系统应能授权修改。

（一）识别装置

1. 个人身份识别码技术（密码识别）

个人身份识别码（PIN）是指每个有权出入的人所对应的一组代码，作为身份识别的依据，这个代码被存储到出入口控制系统中。当用户想进入时，必须在键盘上输入他的身份识别码。系统将输入的号码与系统所存储的代码相比较，如结果一致，将允许该人通过，反之则禁止出入。

为了增加保密功能，经常将密码输入与卡片控制方式同时使用。在这种情况下，通常是要求用户首先插卡，系统将根据卡中信息，调出该用户的有关资料，然后要求用户通过键盘输入他的个人识别代码，并将该代码与个人资料中所存储的代码相比较，结果一致时才允许通过。这组代码可以由用户选择，也可以由系统来指定。通常使用 4～6 位数字。这种方式也有它的弱点：个人身份识别码及出入凭证可以由用户提供给一个无权出入的人，也可以通过强制手段得到。

在个人身份识别码出入口控制系统中，代码的输入要通过键盘完成，常用的有两种不同工作方式的键盘：固定式与乱序式。固定式键盘像电话机键盘一样，0～9 10 个数字在键盘上的位置是固定不变的，使用这种键盘的缺点在于当用户输入密码时，容易被他人记住、仿冒，安全性不高，所以现行应用中一般都与卡片机配套使用。而乱序式键盘上有 0～9 共 10 个数字键，在显示键盘上的位置、排列方式不是固定的，而是随机的，每次使用时显示数字的顺序都不一样，这样就避免了被别人将密码窃取、冒用，从而提高了系统的安全性。当然，乱序键盘输入密码与刷卡两者并用，则是最为理想的。通过检验输入的密码是否正确来识别进出权限，通常每三个月更换一次密码。

2. 卡片式出入口控制技术

卡片式出入口控制技术是早已获得广泛使用的传统的出入口控制技术。该系统是以各类卡片经读出装置识别后再决定是否允许出入。系统可在每次有出入请求时查验出入权限记录，并且按要求对每次出入的时间、出入的位置、身份识别号码进行记录，并列表显示。

可对证件进行编码的技术是多种多样的，依其工作方式可分为两大类：接触式和感应式。

（1）接触式卡片识别技术

接触式 IC 卡就是集成电路卡（Integrated Circuit Card）的简称，是一种随着半导体技术的发展和社会对信息安全性等要求的日益提高应运而生的，具有大规模集成电路芯片嵌装于塑料等基片上制成的卡片，其外形与磁卡相似。芯片一般采用不易挥发性的存储器（ROM、EEPROM）、保护逻辑电路，甚至带微处理器 CPU。

IC 卡的应用最早出现于 20 世纪 70 年代，由法国首创。IC 卡的核心是集成电路芯片，具有数据的写入和存储能力。IC 卡存储器中的内容根据需要可以有条件地供外部读取，或供内部信息处理和校验用。根据卡中集成电路的不同，IC 卡可分为存储器卡、逻辑加密卡和智能卡三类。

① 存储器卡：此类卡中的集成电路为 EEPROM（电可擦除可编程只读存储器），它仅有数据存储能力，没有数据处理功能。

② 逻辑加密卡：此类卡中的集成电路具有加密逻辑和 EEPROM。对卡中的数据进行操作前，必须验证每个卡的操作密码。密码的验证由卡中的芯片完成，而不是由读卡终端完成。卡中有一个错误计数器，如果连续三次验证密码失败，则卡中数据被自动锁死，该卡不能再使用。

③ 智能卡：即带有 CPU 的 IC 卡，也称为灵巧卡。卡中的集成电路包括 CPU（中央

处理器)、EEPROM、RAM（随机存储器）以及固化在 ROM（只读存储器）中的 COS（片内操作系统)，此类卡不仅具有数据存储功能，而且具有命令处理和数据安全保护等功能，分为通用型和专用型两种。专用型智能卡其中 CPU 为专用且保密的，与通用型的主要差别在于其有很好的物理保护措施。智能卡的发展方向是保密的专用型。

IC 卡采用了当今最先进的半导体制造技术和信息安全技术，与其他种类的卡相比具有以下四大特点：

① 有 RAM、ROM、EEPROM 等存储器，存储容量可以从几字节到几兆字节，且卡中可以存储文字、声音、图形、图像等各种信息。

② 体积小、重量轻、抗干扰能力强、便于携带、易于使用。

③ 安全性高。IC 卡从硬件和软件等几个方面实施其安全策略，可以控制卡内不同区域的存储特性。

④ 对网络要求不高。IC 卡的安全可靠性使其在应用中对计算机网络的实时性、敏感性要求降低，十分符合当前国情，有利于在网络质量不高的环境中应用。

正是由于上述特点，使得 IC 卡的应用得到迅速的普及，不仅应用于保安及出入口控制系统，也广泛用于金融、电信、智能大厦等领域。

(2) 感应式卡片识别技术（射频卡）

感应卡（简称 RF 卡）使用了射频感应识别技术，是一种以无线方式传送数据的集成电路卡片，被非常耐用的塑料外套保护着，可防水防污，且具有数据处理及安全认证等功能。

RF 卡在读写时处于非接触操作状态，避免了由于接触不良所造成的读写错误等误操作，同时避免了灰尘、油污等外部恶劣环境对读写卡的影响。

RF 卡采取无线通信方式，操作简单、快捷，使用时无方向要求，所以使用起来十分方便。

RF 卡中有多个分区，每个分区又有各自的密码，所以可将不同的分区用于不同的场合，实现一卡多用。且 RF 卡中存有快速防冲突机制，能防止卡片之间出现数据干扰，因此终端可以同时处理多张卡片，便于一卡多用。

射频卡的优点：卡片无接触，开门方便安全；寿命长，理论数据显示能至少使用于 10 年；安全性高，可连计算机，有开门记录；可以实现双向控制；卡片很难被复制。缺点：成本较高。

射频卡与接触式 IC 卡相比具有以下优点：

① 可靠性高。射频卡与读写器之间无机械接触，避免了由于接触读写而产生的各种故障。特别在一些条件恶劣、干扰很大的环境里，射频卡完全封闭的封装方式，不仅可以防止由于粗暴插卡、非卡外物插入、灰尘、油污等导致的接触不良，而且具有防水汽、防静电、防振动和防电磁干扰的优良特性。而且射频卡表面无裸露的芯片，无须担心芯片脱落、静电击穿、弯曲损坏等问题。

② 操作方便、快捷。由于非接触通信，射频卡读写器在 1~30cm 范围内就可以对卡片

操作,所以不必像 IC 卡那样进行插拔工作。非接触卡使用时没有方向性,卡片可以从任意方向掠过读写器表面,且完成一次操作仅需 0.1s,可大大提高每次使用的速度。射频系统一个很大的优点是具有隔墙感应特性,因此,读卡机及发射接收天线能被隐蔽安装在墙的建筑结构内,因而不容易遭到破坏。

③ 防冲突、抗干扰性好,可同时处理多张卡。射频卡中有快速防冲突机制,能防止卡片之间出现数据干扰,在多卡同时进入读写范围内时,读写设备可一一对卡进行处理。这提高了应用的并行性,也无形中提高了系统的工作速度。

④ 应用范围广。射频卡存储器的结构特点是能一卡多用,并可应用于不同的系统,用户可根据不同的情况设定不同的密码和访问条件。

⑤ 加密性能好。射频卡的序列号是唯一的,制造厂家在产品出厂前已将此序列号固化,不可再更改。射频卡与读写器之间采用双向验证机制,即读写器验证射频卡的合法性,同时射频卡也验证读写器的合法性;处理前,射频卡要与读写器进行三次相互认证,而且在通信过程中所有的数据都加密。此外,卡中各个扇区都有自己的操作密码和访问条件。

系统的工作原理:读卡机发射出射频电磁波 RF,在一个范围内产生磁场,当有卡进入该区域范围时,识别卡中的射频电路被磁场激发,从而发出射频电波将该卡的识别码传回读卡机。读卡机将收到的信号送至解码器,经解码后送至主机,进行核查此编码是否正确,完成感应识别功能。接触式感应卡工作原理如图 10-20 所示。

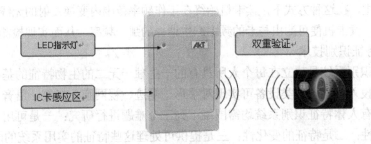

图 10-20 接触式感应卡工作原理

感应卡可以按多种不同的方式来划分:根据卡的能量来源,分为主动式感应卡和被动式感应卡;根据卡的工作频率范围,分为低频卡和高频卡;根据卡的编码分为只读或可擦写式。

主动式感应卡中的电路依靠与卡片封装在一起的长寿电池供电。一类为只有卡进入检测区后,电池才供电,另外一类则为全天始终供电,一直发射信号,但只有进入检测区后才能被读卡机天线收到。而被动式感应卡的供电则是由进入检测区后收到的读卡机发射出的射频信号来提供能量。

读卡机和卡的工作频率对不同的系统来说各有不同。低频卡工作在 33~500kHz 之间。

高频卡则工作在 2.5MHz～10GHz 之间。随着工作频率的增加，阅读范围和卡与读卡机之间的通信速度将增加。同样，系统的成本也将随之增加。

感应卡常采用的工作方式是发射和接收频率不同的方式。一般接收频率皆为发射频率的一半。在应用中感应卡一进入检测范围马上发射返回信号，此时返回信号与激发电磁场同时存在，且两组电磁场频率偏差量可保证在一定的范围内，从而保证无论在何种环境中都能正常工作。

只读感应卡的编码通常是在制造时就确定的一组特定的编码，是无法更改的。而可擦写式感应卡的数据区一般比只读卡大，并且可根据系统管理人员的需要编程。感应式读卡机工作时是非接触性的，即使是频繁的读、写或移动，也不必担心接触不良或数据被损坏。由于感应式卡或出入口控制系统具有保密性强、环境适应性强、工作可靠和稳定、使用方便等特点，在国内外已经得到了广泛的应用，如韩国、巴西、加拿大的公交和地铁收费系统。我国香港、北京、上海、广州、珠海、太原等大多数城市也已发行了公交卡，还有公路收费、停车场收费、门禁系统、考勤系统以及购物收费系统，感应式卡已经广泛地应用到了我们生活的每一部分。

目前，还有其他几种正在应用的能产生唯一编码的技术：声表面波技术（SAW）——这种技术是利用压电介质晶体表面所感应到的无线电信号来产生表面波，然后通过金属换能器转换后，传输至读卡器识别；电子调谐电路——这种编码技术通过卡中的一个具有特定谐振频率的调谐电路来产生，在这种方式下，读卡机始终在工作频率范围内变换发射的无线电频率，当卡靠近读卡机时，读卡机便可滤出与卡的频率产生谐振的那个频率，从而实现检测功能。

3. 人体特征识别技术

人体特征识别系统是建立在每个人所具有的一些独一无二的生物特征的基础上的识别技术。目前已经投入使用的这类设备可实现对手形、笔迹、视网膜、指纹、语音和其他许多特征的识别。所有人体特征识别系统均需围绕下列三个难题进行研究：一是可用于识别人体特征的唯一独特性；二是特征的变化性；三是提供可处理这些特征的实用系统的困难性。

（1）指纹识别技术

指纹识别技术的应用已有一百多年的历史，而且至今仍然被认为是几种最可靠的识别方法之一。指纹是每个人所特有的东西，在不受损伤的条件下，一生都不会发生变化。近些年来，由于自动化技术的发展，指纹识别系统也有了很大的提高。指纹识别通常采用特征点法，抽出指纹上凸状曲线的分歧点或指纹中切断的部分（端点）等特征来识别。为了提高可靠性，系统对手指的摆放位置及指纹分析与比较的精度要求很高。

这类系统通常用于登记注册有 2 000 枚指纹左右的情况下，辨识时间一般在 1s 左右。错误拒绝发生率小于 1%，错误接受发生率小于 0.000 1%。因此，可以说指纹识别系统识别的正确率是非常高的，对其应用的范围将会更加广泛。

（2）面部识别技术

面部识别系统通过分析不同人的面部形状和特征对其进行识别。这些特征包括眼、鼻、口、眉、脸的轮廓、形状和位置关系。因亮度及脸的角度和面部表情各不相同，使得面部识别非常复杂。目前已投入实际应用的系统需要人站在摄像机前面对摄像机，还有一些更先进的系统，能在人运动时识别出来。

人体特征识别技术的优点：从识别角度来说安全性极好；无须携带卡片。缺点：成本很高；识别率不高；对环境要求高；对使用者要求高（如指纹不能划伤，脸上不能有伤，或胡子的多少等）；使用不方便（如虹膜型的和面部识别型的，安装高度位置是固定的，但使用者的身高却各不相同）。

4. 各种识别方法的优缺点比较

各种识别方法的优缺点比较如表 10-6 所示。

表 10-6 各种识别方法的优缺点比较

类 型		原 理	优 点	缺 点	备 注
密码		输入预先登记的密码进行确认	无携带物品	不能识别个人身份，会泄密或遗忘	要定期更改密码
卡片	磁卡	对磁卡上的磁条存储的个人数据进行读取与识别	价廉、有效	防伪更改较容易，会忘带或丢失	为防止丢失和伪造可与密码法并用
	IC 卡	对存储在 IC 卡中的个人数据进行读取与识别	伪造难，存储容量大，用途广泛	会忘带卡或丢失	使用最多
	非接触式 IC 卡	对存储在 IC 卡中的个人数据进行读取与识别	伪造难，操作方便，耐用	会忘带卡或丢失	广泛使用
人体特征识别	指纹	输入指纹与预先存储的指纹进行比对与识别	无携带问题，安全性极高，装置易小型化	对无指纹者或指纹受伤者不能识别	效果好
	掌纹	输入掌纹与预先存储的掌纹进行比对与识别	无携带问题，安全性极高	精确度比指纹法略低	使用较少
	视网膜	用摄像机输入视网膜与存储的视网膜进行比对与识别	无携带问题，安全性最高	对弱视或视网膜充血以及视网膜病变者无法对比识别	注意摄像光源强度不适对眼睛的伤害

（二）出入口信息处理/控制、通信装置和控制执行机构

1. 出入口信息处理/控制、通信装置和控制执行机构的基本功能

（1）应根据安全防范管理的需要，在楼内（外）通行门、出入口、通道、重要办公室门等处设置出入口控制装置。系统应对受控区域的位置、通行对象及通行时间等进行实时控制并设定多级程序控制。系统应有报警功能。

(2) 系统的信息处理装置应能对系统中的有关信息自动记录、打印、存储，并有防篡改和防销毁等措施。应有防止同类设备非法复制的密码系统，密码系统应能在授权的情况下修改。

(3) 系统的识别装置和执行机构应保证操作的有效性和可靠性，且应有防尾随措施。

(4) 系统应能独立运行。应能与电子巡查系统、入侵报警系统、视频安防监控系统等联动。集成式安全防范系统的出入口控制系统应能与安全防范系统的安全管理系统联网，实现安全管理系统对出入口控制系统的自动化管理与控制。组合式安全防范系统的出入口控制系统应能与安全防范系统的安全管理系统连接，实现安全管理系统对出入口控制系统的联动管理与控制。分散式安全防范系统的出入口控制系统，应能向管理部门提供决策所需的主要信息。

(5) 系统必须满足紧急逃生时人员疏散的相关要求。疏散出口的门均应设为向疏散方向开启。人员集中场所应采用平推外开门，配有门锁的出入口，在紧急逃生时，应不需要钥匙或其他工具，亦不需要专门的知识或费力便可从建筑物内开启。其他应急疏散门，可采用内推闩加声光报警模式。

2. 出入口信息处理/控制、通信装置和控制执行机构的主要设备

(1) 阴极锁（断电关门送电开门）。正常闭门情形下，锁体并未通电，而呈现锁门状态，经由外接的控制系统（如刷卡机、读卡机）对锁进行通电时，内部的机体会动作，从而完成开门的状态。

阴极锁适用于金库等一些财产保险性较高的门禁场合，此时可以用电子机械锁和阴极锁一起搭配使用，一旦人员有危险时，还可以使用旋钮或钥匙开门。

(2) 阳极锁（断电开门送电关门）。正常闭门情形下，锁体持续通电，而呈现锁门状态，经由外接的控制系统（如刷卡机、读卡机）对锁进行断电时，内部的机体会起动作，而完成开门的状态，如磁力锁。

阳极锁适用于消防法规，大多火灾发生的原因都是电线走火，火灾现场的热度可以使五金门锁的机件熔化而无法开门逃生，使许多人在火场中因门锁无法打开逃生而葬生火海。断电开门的好处是：一旦电线走火而引发停电时，通道的防烟门将会动作，阻绝烟雾扩散，人也可以较容易地开门逃生。

（三）一卡通门禁系统

随着科学技术的发展、生活水平的提高以及现代都市生活节奏的加快，无论在工作上还是生活上，人们都越来越追求更方便、更实用、更快捷的方式。各式各样的智能卡，正在替代一些传统的现金、钥匙、票证、纸卡等。这些智能卡的出现确实大大地方便了人们的工作和生活。作为现代化的智能办公大厦、小区、企业更加需要功能齐全、使用方便、安全性好的智能卡来配合整体智能化的实现。

各种卡类的出现,都有赖于现代信息识别技术的发展。自条码识别技术诞生以来,先后出现了磁条读写技术、接触式 IC 卡读写技术、光电技术、读写技术等,也出现了相对应的卡片类型。但是它们都存在或多或少的不可克服的局限性,不能实现一卡通管理,没有真正达到安全、方便、快捷、舒适、智能的效果。而近几年出现的感应卡 IC 卡一卡通技术,可以有效地解决这些问题。感应卡 IC 卡以其独有的无接触卡方式、较强的环境适应能力、大容量的读写空间、优良的电气和机械特性、极高的安全性,受到各界用户的青睐。

感应卡 IC 卡一卡通技术正广泛应用于社会的各个领域,在智能化建筑领域也不例外。该技术扩展了智能化系统集成的应用范围,增强了整个建筑物的总体功能,不但可以实现一卡通系统内部各分系统之间的信息交换、共享和统一管理,而且可以实现一卡通系统与建筑物各子系统之间的信息交换,进行统一管理和联动控制。

"一卡通"是基于目前最先进的非接触式智能卡技术、计算机技术、网络通信技术相结合的产物。这一技术使得生活在特定区域的人们及访客,在工作和生活中只需随身携带一张卡,即能轻松解决所有问题。这张卡既可以用来作为上班时的工作卡,又可以作为停车场的停车证明,还可以在住宅小区的会所进行消费购物或到公司的食堂消费等,这不仅大大方便了用户的需要,改变了过去用户在不同场合需携带多张卡的繁琐现象,同时也提高了该社团内部管理水平及工作效率。一卡通由于其极强的便利性,现在已越来越广泛地被用户所接受,多应用在政府机关、商业大楼、智能小区、校园、大型企业、高速公路收费系统等领域。例如,对停车场、巡更、考勤、消费等各子系统的联合使用提出的智能管理一卡通系统。一卡通系统的组成如图 10-21 所示。

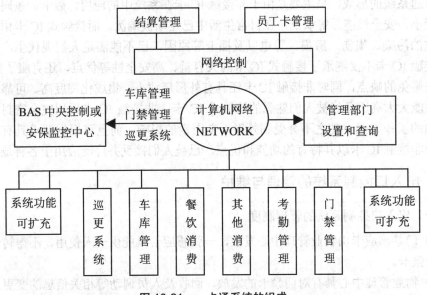

图 10-21　一卡通系统的组成

一卡通系统的特点如下。

1. 方便快捷性

由于选用的非接触式 IC 卡采用非接触无源通信方式，读写器在 10cm 内就对卡操作，不用插拔卡，同时无方向性，大大提高了使用速度。

2. 安全稳定性

IC 卡一卡通通过各种智能化终端的读写权限设置和数据的准确记录，杜绝了伪造和欺骗行为，并且智能化终端不会因为环境的变化而影响正常运行，能准确有效地实现企业对人、财、物资源的管理。

3. 灵活性

由于一卡通系统具有前端功能响应的独立性和其他相关业务的职能管理系统共容性，既可单独使用，又可支持网络环境，即可在任意的网络结构下实现，从而便于系统的扩展和充分利用。

4. 一卡多用性

由于非接触式卡具有 16 个独立的应用区，每个应用区又有独立的密码体系和访问条件，因此一张卡不仅作为企业职工的出入证和身份标识，还可以储存大量的数据以便于查询，同时具有电子货币的功能，如食堂售饭、停车场收费管理等。

5. 内部管理自动化

在一卡通系统中，采用计算机网络将内部所有数据进行统一规范管理，这样可大大减少工作量，节约综合管理费用，提高工作效率。

一卡通系统的形成，最主要是由于非接触 IC 卡在系统中的应用。磁卡、条码卡由于其存储容量小、安全性能差等缺点，在日常生活中已逐渐被淘汰。而接触式 IC 卡由于芯片外露而导致的污染、损伤、磨损、静电以及插卡等原因，已不能满足人们现代生产生活的要求。非接触 IC 卡不仅继承了接触式 IC 卡的大容量、高安全性等优点，还克服了接触式 IC 卡所无法避免的缺点，同时非接触 IC 卡还具有外形尺寸小、集成化程度高、可靠性强等优点，其性能大大高于已经被人们熟悉的接触式 IC 卡。非接触 IC 卡采用完全密封的形式和不需接触的工作方式，使之不会受到外界不良因素的影响，而且可根据要求具有不同的感应距离。非接触 IC 卡以其特有的功能和优点，已被人们接受并广泛应用于各种场所。

三、出入口控制系统的管理与维护

（一）出入口控制系统的管理制度

（1）门禁感应卡由物业管理中心发放，一张感应卡只能供一人使用，不得转让或几个人共用一张卡。

（2）物业管理中心具有对门禁卡的发放、回收及人员调动等相关信息的变更及数据查询的权利。持卡人若离职或调动，需将感应卡收回或重新设定使用权限。

（3）物业管理中心操作人员需掌握进入门禁系统开机密码，进行修改与感应卡对应的信息并确保密码的安全性和保密性。离职或调动时，做好移交登记记录工作。

（4）门禁感应卡的持卡人有责任保管好自己的感应卡。若有遗失，需立即通知物业管理中心禁止该丢失卡的使用权限。

（5）持卡人在使用中发现问题应立即通知物业管理中心联系供应商上门维修。物业管理中心每月应对门禁系统的使用、运行情况进行检查，如门的锁定功能是否完好，门禁卡的使用、发放情况是否正常等。如有问题，必须立即通知供应商上门维修。

（6）因设备的供应商掌握门禁系统的高级密码，因此，门禁系统必须由固定的供应商进行维护保养。维护保养协议中必须要有追究供应商泄密责任的条款。

（7）在物业管理中心存有一张应急门禁感应卡，能打开所有办公区域的门禁，领用时必须详细登记并说明情况。

（8）新员工申请办理门禁卡或者其他员工因遗失申请补办门禁卡时，须首先填写《门禁卡办理申请审批表》。

（二）门禁卡及门禁系统管理流程

1. 新员工办理门禁卡流程

（1）填写《门禁卡办理申请审批表》，并填写个人基本信息。

（2）主管同意并签字。

（3）携《门禁卡办理申请审批表》至总经办办理。

2. 门禁卡挂失补办流程

（1）员工发现门禁卡丢失，应立即通知物业管理中心相关管理员。

（2）物业管理中心相关管理员接到员工挂失后，应立即在门禁管理系统中做禁止该卡权限处理。

（3）申请人填写《门禁卡办理申请审批表》，并填写个人基本信息。

（4）主管同意并签字。

（5）携《门禁卡办理申请审批表》至财务部缴纳补卡成本费，财务部相关人员签字。

（6）携《门禁卡办理申请审批表》至物业管理中心办理。

3. 员工离职门禁卡收回流程

（1）员工至物业管理中心办理离职手续。

（2）将门禁卡同时交给相关人员，并经相关人员签字确认后方可继续办理离职手续。

（三）门禁系统常见故障及排除方法

门禁系统的常见故障及排除方法如表10-7所示。

表 10-7　门禁系统的常见故障及排除方法

故障	产生原因	排除方法
电源指示灯不亮	无电或电压不足； (1) 读卡器接线短路或有故障； (2) 控制器处于过流保护状态	检查主电源电路保护器 (1) 确认控制器电源板上外接电源输入端接触良好； (2) 测量供电电压，确保供电电源电压在 220V±10% 之间； (3) 拔掉读卡器接线端子，看指示灯是否正常
刷卡，其读卡器LED灯不闪或蜂鸣器不响	读卡器连线接触不良	确认控制器内读卡器接线端子接触良好、确认接线盒内读卡器连接良好
	读卡器供电电压不足	(1) 检查给读卡器供电的 12V 电压是否连接正常； (2) 检查电缆长度是否超过 150m 的最长距离
读卡器读卡距离太短	在读卡器附近有强电磁干扰场	换一个读卡器的安装位置或移走发出强电磁场的设备
	读卡器电缆没有屏蔽或放在电磁场附近	改用屏蔽电缆确保读卡器电缆不和电源线电缆平行铺设
	读卡器安装在金属表面	(1) 把读卡器安装在非金属表面上； (2) 加装辅助底座； (3) 改用可以安装在金属表面的读卡器
在通电时，读卡器不断发出声音	(1) 控制器和读卡器之间的电缆连接不正确； (2) 电源线虚接	检查电缆连接是否正确
控制器不能和计算机正常通信	(1) 有源的 485 转换器； (2) 无源的 485 转换器； (3) 主控板上 RS-232/485 选择跳线与接线方式不符； (4) 计算机的串口不正常或被其他程序占用； (5) 控制器的地址有冲突或没有设置地址； (6) 通信线是否用屏蔽线缆； (7) 通信线路结构是否为星形	(1) 检查转换器的电源接线；检查转换器的 485 信号线正、负是否接反； (2) 检查转换器的 485 信号线正、负是否接反； (3) 检查选择的是 232 通信还是 485 通信； (4) 更换串口或关闭其他程序； (5) 重新设置地址； (6) 更换屏蔽线缆； (7) 重新布线或增加 485 集线器或 485 中断器
在软件上显示的卡号和卡上的卡号不符	(1) 读卡器上的数据线接反； (2) 线路干扰	(1) 将读卡器的数据线 D0、D1 线序对调； (2) 检查线路
电插锁的锁舌乱跳	锁的供电功率不足	(1) 更换更粗的锁线； (2) 若使用的是辅助电源，更换大功率的开关电源
授权卡打不开门	(1) 控制器与电锁之间的连接不正确； (2) 电控锁锁舌与门磁锁孔机械卡死	(1) 检查线路； (2) 检查锁孔与门磁的位置

第五节　访客对讲系统

对讲系统是智能小区安全防范系统中不可缺少的部分，从最初的单门型普通对讲系统到小区联网型可视对讲系统，发展到现在大量应用的对讲、家庭防盗报警与门禁系统的融合系统，以及信息发布系统，对讲系统已经日趋成熟并渗透到了智能小区安全防范系统的各个角落。

对讲系统是指在来访客人与住户之间提供双向通话或可视通话，并由住户遥控防盗门的开关及向保安管理中心进行紧急报警的一种安全防范系统。它适用于单元式公寓、高层住宅楼和居住小区等。

一、对讲系统功能

对讲控制系统是在各单元入口安装防盗门和对讲装置，以实现访客与住户对讲/可视对讲。住户可以遥控开启防盗门，有效防止非法人员进入住宅楼内。其主要功能如下：

（1）可实现住户、访客语言/图像传输。
（2）通过室内分机可以遥控开启防盗门电锁。
（3）门口主机可以利用密码、钥匙或感应卡等开启防盗门。
（4）管理主机可以接收到小区任一联网用户的报警信息。
（5）管理中心可以通过此系统向联网用户发布信息。

二、对讲系统的组成

对讲控制系统是住宅小区自动化系统的最低要求，对讲系统有普通对讲和可视对讲两种系统，目前，可视化对讲防盗门控制系统开始逐渐成为住宅小区自动化的标准要求。对讲/可视对讲控制系统一般由管理主机、单元门口主机、室内分机和电控门锁组成。

（一）普通对讲系统

在住宅楼的每个单元首层大门处设有一个电子密码锁，每个住户使用自己家的密码开锁。来访者需进入时，按动大门上室外机面板上对应房号，被访者家室内机就发出振铃声，主人摘机与来访者通话确认身份后，按动室内机上遥控大门电锁开关，打开门允许来访者进入，进入后闭门器使大门自动关闭。此系统还具有报警和求助功能，当住户遇到突发事情，可通过对讲系统与保安人员取得联系。

（二）可视对讲系统

在普通对讲系统上安装摄像机，就能实现可视对讲。可视对讲系统安装在入口处，当有客人来访时，按压室外机按钮，室内机的电视屏幕上即会显示出来访者和室外情况。可视对讲门口主机采用红外线照明设计,使白天黑夜均清晰可见。

(三)对讲系统的线制结构

对讲系统可分为多线制、总线多线制、总线制,如图10-22所示。三种系统的性能对比如表10-8所示。

(1)多线制系统:通话线、开门线、电源线共用,每户再增加一条门铃线。

(2)总线多线制:采用数字编码技术,一般每层有一个解码器(4~8个用户),解码器与解码器之间以总线连接,解码器与用户室内机呈星形连接,系统功能多而强。

(3)总线制:将数字编码移至用户室内机中,从而省去解码器,构成完全总线连接,故系统连接更灵活,适应性更强,但若某用户发生短路,会造成整个系统不正常。

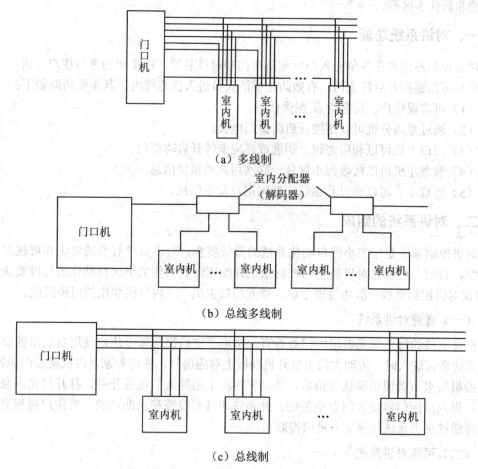

图10-22 三种访客对讲系统结构图

表 10-8　三种系统的性能对比

性　能	多　线　制	总线多线制	总　线　制
设备价格	低	高	较高
施工难易程度	难	较易	容易
系统容量	小	大	大
系统灵活性	小	较大	大
系统功能	弱	强	强
系统扩充	难扩充	易扩充	易扩充
系统故障排除	难	容易	较易
日常维护	难	容易	容易
线材耗用	多	较多	少

三、对讲系统的主要设备

目前，国内外生产对讲系统设备的厂家很多，无论是设备还是设备间的通信协议都没有一个统一标准，但整体上实现的功能基本上一样，该系统所包含的主要设备一般有以下几种。

（一）室内分机

室内分机安装于住户室内，分可视和非可视两种，其主要功能如下：

（1）当室内分机响铃响时，用户摘机与来访者实现通话或可视通话，按开锁键实现开锁。

（2）可以双向呼叫小区内任一联网室内分机或管理主机并与之通话。

（3）可随时监视单元门口情况。

（4）可以任意设置本机密码（唯一）以供在门口主机上实现密码开锁。

（5）可以配接 8 个报警防区，实现家庭防盗报警功能，可设置 24h 防区和可撤防防区，可配接布/撤防开关。

（6）利用门口主机刷卡或密码操作可撤防室内分机的可撤防防区。

（7）对于可视分机，可以配接短信接收功能，接收由管理中心发送的短信。

（8）可并接副分机。

（二）单元门口主机

单元门口主机安装于单元门口，分可视和非可视两种，其主要功能如下。

（1）呼叫本单元内任一室内分机或管理主机，与之通话或可视通话，接收其开锁信号。

（2）可以通过密码开锁，同时撤防室内分机的可撤防防区。

（3）可以配装读卡器，通过刷卡开锁，同时撤防室内分机的可撤防防区。

（4）内置红外发光管，保证夜间摄取高清晰图像。

（三）小区门口主机

随着人们安全防范意识的增强，现在许多小区除了在每个单元安装单元门口主机外，在小区的人行主入口处又安装了小区门口主机，以限制非小区业主随意进入小区。小区门口主机主要功能如下：

（1）呼叫本小区内任一联网的室内分机或管理主机，与之通话或可视通话，接收其开锁信号。

（2）可以配装读卡器，通过刷卡开锁。

（3）内置红外发光管，保证夜间摄取高清晰图像。

（四）管理主机

管理主机安装在小区物业中心，分可视和非可视两种，其主要功能如下：

（1）可以双向呼叫小区内任一联网室内分机并与之通话。

（2）接收小区内任一联网的单元门口主机或小区门口主机的呼叫，与之通话或可视通话，遥控开锁。

（3）在任何状态下均可接收各种报警信号并实时显示报警类型、时间、日期。

（4）可对小区内联网的室内分机设置呼叫转移，以防用户被打扰。

（5）采用 RS-232 接口与计算机联机，配合小区管理软件可实现多路报警功能，并实时接收及打印报警信息；实时显示室内分机的布/撤防状态；实现感应卡的注册和删除；实时记录和显示用户每次刷卡开锁的信息；可以随意将文字、图像信息群发或有针对性地单发到任一联网的室内分机上。

（五）电控门锁

电控门锁安装在小区各个单元门口处和小区人行主入口处，配合单元门口主机和小区门口主机使用，实现其对门的控制。

（六）开关电源

开关电源供电给本系统的所有用电设备，一般安装在小区的各个单元门口处、小区人行主入口处、管理中心等处。

（七）户户/编码隔离器

户户/编码隔离器起着信号放大、故障隔离的作用，防止因个别分机损坏而导致整个系统瘫痪，一般安装在单元电气管井内。

四、访客对讲系统的管理与维护

楼宇可视对讲系统中常见的故障、可能原因及处理方法。

1. 整个系统不工作

可能原因：查电源两个指示灯是否亮；连接到主机或视频分配器上的电源是否接错，或是否有短路情况。

处理方法：电源两灯不亮是未通电，正确接好电源线；或接在 220V 输入线上的保险管烧坏，需更换。

2. 可呼叫对讲，但无视频

可能原因：查电源到室内机的 18V 可视电源经过电路有无接错。

处理方法：正确接好电源—视频分配器—室内机电源线。

3. 不可呼叫对讲，视频能开启但无图像

可能原因：查电源有无 12V 输出，门口机上是否有 12V 对讲电源输入。

处理方法：如无 12V 输出，更换电源控制板上的保险管，或更换电源；正确接好电源至门口机间的电源线。

4. 呼叫无振铃声，但有视频图像，可对讲

可能原因：查门口机至分机的 1 号线路是否接好，及分机本身是否正常，听筒是否挂好。

处理方法：更换一台好的分机，看是否正常；若不正常，检查接线是否正确；

5. 输入某住户楼层号、房号后，主机有回铃声，但相应分机不响铃，可视分机无光栅无图像

可能原因：解码器楼层号未编好；解码器上各端子与相应的房号不对应。

处理方法：按说明书编好解码器楼层号，并区分好解码器上各端子所代表的房号；将连接线正确插上。

6. 全部用户分机不能对讲

可能原因：查门口机至解码器及解码器至用户分机音频线（3 号线、5 号线）是否接错及接好。

处理方法：按接线图正确接好传输线。

7. 某个用户分机不能对讲

可能原因：解码器输出端口至用户分机音频线（3 号线、5 号线）是否接错；查门口机至解码器及解码器至用户分机音频线（3 号线、5 号线）是否接错及接好。

处理方法：按接线图正确接好传输线。

8. 对讲有电流声

可能原因：查系统是否有干扰源，音频线是否接好。

处理方法：正确接线，或更换一台电源试试。

9. 所有用户均不能开锁

可能原因：查门口机至电源、门口机至电锁接线是否接好；查开锁线路是否接好（直按式系统 2 号线，数码式 3 号线）。

处理方法：按接线图正确接好传输线可使用密码开锁方式开锁，若能打开电锁，证明门口机至电锁通道没问题，要查主线至解码器线路；否则判断为数字控制器异常，需更换控制器芯片。

10. 部分用户不能开锁

可能原因：查开锁线有无接错或接触不良（数码式系统——分机至解码器的 3 号线；直按式——查分机至门口机 2 号线）及分机本身是否正常。

处理方法：用替换方式换一台好机，看是否正常，若不正常，检查接线是否接错；系统的硬件是否出现器件功能性损坏，如果损坏则需更换按键开关、电磁阀等配件。

11. 有雪花点

可能原因：查是否错将 18V 可视电源接到门口机上，导致摄像头过热。

处理方法：正确接线。

12. 图像不满屏，有暗角

可能原因：查加到分机上的可视电源是否为 18±1V。

处理方法：分机至电源距离是否太远，电源线是否标准。

第六节　停车场管理系统

随着社会经济的快速发展以及城市化、机动化进程的加快，小轿车拥有量迅速增长，停放车场的需求量也随之增加。传统的停车场人工管理已不能满足使用者和管理者对停车场效率、安全、性能以及管理上的需要。因此，停车场自动管理系统就成为驾车者与管理者的理想选择。

停车场自动管理，是利用高度自动化的机电设备对停车场进行安全、快捷、有效的管理。由于减少了人工的参与，从而最大限度地减少人员费用以及人为失误造成的损失，极大地提高了停车场的使用效率。

停车场管理系统是对进、出停车场的车辆进行自动登录、监控和管理的电子系统或网络。

一、停车场的分类

随着国民经济的发展，人们的生活水平不断提高，生活方式也发生了很大的变化，越来越多的人将私人汽车作为主要交通工具，停车场也随之成为一种重要的商业资源。停车场的设置多种多样，不同的停车场其管理和使用方式也存在很大的差别，下面主要从几个方面对停车场进行分类。

（一）根据停车场和周围建筑的关系分类

（1）建筑附属停车场。建筑附属停车场附属于某一建筑或建筑群，主要为本建筑或建筑群业主服务，在满足对内需求的情况下也可以对外服务。建筑附属停车场可以设置在建筑物内，也可在建筑物周边设置，如大型建筑地下室停车场、住宅小区建筑周边设置的露天停车场或小区绿化覆盖停车场等。

（2）独立式停车场。独立式停车场作为一个独立的使用空间，与周围建筑并不存在直接关系，主要设置在原有车位不能满足使用要求的商业区和写字楼群附近。这种停车场主要作为商业空间使用，以商业服务的方式运行。

（二）根据停车场的服务对象分类

（1）固定服务对象停车场。固定服务对象是指服务对象在一定时间内是固定不变的，并非永久性固定。例如，住宅小区停车场主要是为本区域内的业主服务，业主一般购买或按年、季度长期租用停车位，这类停车场的服务对象相对固定。

（2）非固定服务对象停车场。非固定服务对象停车场的服务对象是流动的，车位也可自由使用，独立式停车场多为这种情况。

（3）混合服务对象停车场。混合服务对象停车场同时对固定对象和非固定对象提供服务，一般情况下采用分区管理的办法，固定服务对象拥有自己固定的停车位，非固定服务对象随机使用流动车位。

（三）根据收费方式分类

（1）免费停车场。免费停车场有两种：一种是对特定用户实行免费，如住宅小区免费提供或由业主购买停车位、停车场，所有单位内部免费使用车位等停车场；另一种是商业场所或其他服务性场所为顾客提供的免费停车场。

（2）单次收费停车场。对外服务性停车场如果只提供流动服务，则每次使用停车场都需要缴纳一次性使用费，计费方式可以每次固定收费或按使用时间收费。

（3）定时收费停车场。定时收费停车场为长期租用车位的固定用户提供服务，停车位租用费用可按月、季度或年征收。

二、停车场管理系统的功能

不同性质的停车场需要的管理内容是不同的，因此管理系统的功能配备也就存在很大区别，总体来说停车场管理系统的功能主要包括以下几个方面：

（一）停车位信息管理

停车场的车位使用方式有临时出租、长期出租或出售使用权等，为了管理方便应该将停车场进行区域划分。停车位信息管理可以记录、更改、查询车位的使用方式以及对停车场进行区域划分，同时对长期租用人和车位使用权人进行信息管理和发放出入凭证。

（二）停车场当前状态显示

在停车场入口处和管理中心显示当前车位占用情况和运行状态，一方面为需要使用者提供能否提供服务的信息，另一方面是管理者可以对停车场状态进行查询和监管。

（三）车辆识别

车辆识别工作是通过车牌识别器完成的，可以由人工按图像识别，也可以完全由计算机进行操作。车辆识别一方面可以对长期租用车位者或车位使用权人的车辆不需票卡读取直接升起电动栏杆放入，从而方便顾客使用；另一方面可以在停车场出口根据票卡对照车辆进入时保存的相应资料，以防止车辆被盗事件的发生。

（四）车辆防盗

车辆防盗应该属于安全防范系统范畴，也可以在管理系统中设置车辆防盗功能。其一可以通过车辆识别器在车辆出场时进行校对；其二可以使用闭路电视系统对停车场内进行监控和信息储存、查询；其三可以在停车位使用红外或微波等电子锁。

（五）电动栏杆控制

停车场进出口处的电动栏杆具有阻拦车辆的作用，在车辆取得进出场权限后电动栏杆可以直接升起。当车辆强行出入撞击电动栏杆时，电动栏杆则会发出报警信号。

（六）计价收费

在车辆离开停车场时，自动收费系统可以根据票卡信息或车辆进出场时间信息进行计价和收费，可以自动收费也可以由人工根据显示信息收费。

（七）停车场运行信息管理

停车场管理系统的管理中心可以对停车场的运行情况进行保存和分析，为管理人员提供管理参考信息。

三、停车场管理系统的组成

（一）停车场（库）管理系统

停车场（库）管理系统的组成包括停车场入口设备、出口设备、收费设备、图像识别设备、中央管理站等。

（1）停车场（库）入口设备包括车位显示屏、感应线圈或光电收发装置、读卡器、出票（卡）机、栅栏门等。

（2）停车场（库）出口设备包括感应线圈或光电收发装置、读卡器、验票（卡）机、栅栏门等。

（3）停车场（库）收费设备。根据停车场（库）的管理方式，停车场（库）收费设备可分为中央收费设备和出口处的收款机。

（4）中央管理站包括计算机、打印机、UPS电源等。

（二）分布式的集散控制系统

停车场管理系统实际是一个分布式的集散控制系统，一般可分为以下几部分：

（1）车辆入场的监测和控制。车辆入口处应该设置车位占用情况显示牌、车辆感应装置、车辆信息录入和识别器、票卡的发放和监测器件等。

（2）车辆出场的监测和控制。车辆出口处应该设置读卡器、车辆信息识别器、计价收费器和报警装置。

（3）管理中心。管理中心主要由管理主机、打印机和显示器等输出设备组成，实现对车位、票卡的管理以及处理一些紧急情况。

四、停车场管理系统的工作流程

停车场的运行包括后台工作和前台工作两部分，后台工作主要是在管理中心对车位和票卡管理，包括车位的分配与区域划分，长期票卡及使用权人票卡的发放、回收、信息更改及收费等；前台工作即现场设备和管理中心的实施工作。

停车场管理系统中，持有效卡的车主在出入停车场时，将卡放在出入口控制机读卡感应区内感应，控制机读卡后自己或通过计算机判断卡的有效性。对于有效卡，有摄像机时计算机会抓拍该车的图像，道闸的闸杆自动升起，中文电子显示屏显示礼貌用语提示，同时发出礼貌语音提示，车辆通过，系统将相应的数据存入数据库中；若为无效卡或进出图像不符等异常情况时，则不放行。

下面从车辆进入停车场和车辆离开停车场两个过程以及特殊情况的处理来介绍停车场工作流程。

（一）车辆进入停车场过程

（1）永久用户车辆驶入停车场时，读卡器自动检测到车辆进入，并判断所持卡的合法性。如合法，道闸开启，车辆驶入停车场，摄像头抓拍下该车辆的照片，并存在计算机中，控制器记录下该车辆进入的时间，联机时传入计算机。

（2）临时用户车辆驶入停车场时，从出票机中领取临时卡，读卡器自动检测到车辆进入,并判断所持卡的合法性。如合法,道闸开启,车辆驶入停车场,摄像头抓拍下该车辆的照片,并存在计算机中,控制器记录下该车辆进入的时间,联机时传入计算机。

车辆进入停车场流程图如图 10-23 所示。

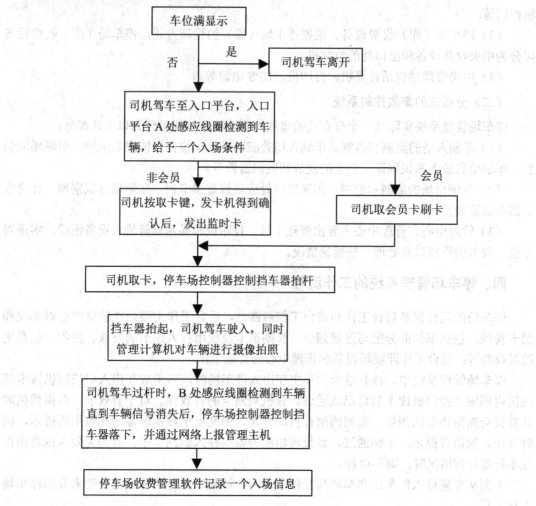

图 10-23　车辆进入停车场流程图

（二）车辆离开停车场过程

（1）永久用户车辆离开停车场时,读卡器自动检测到车辆离开,并判断所持卡的合法性。如合法,道闸开启,车辆离开停车场,有摄像头时会抓拍下该车辆的照片,并存在计算机中,控制器记录下该车辆离开的时间,联机时传入计算机。

（2）临时用户车辆离开停车场时,控制器能自动检测到临时卡,提示司机必须交费,临时车必须将临时卡交还保安,并需交一定的费用,经保安确认后方能离开。车辆驶出停车场,若有摄像头时会抓拍下该车辆的照片,并存在计算机中,控制器记录下该车辆离开的时间,联机时传入计算机。

车辆驶出停车场流程图如图 10-24 所示。

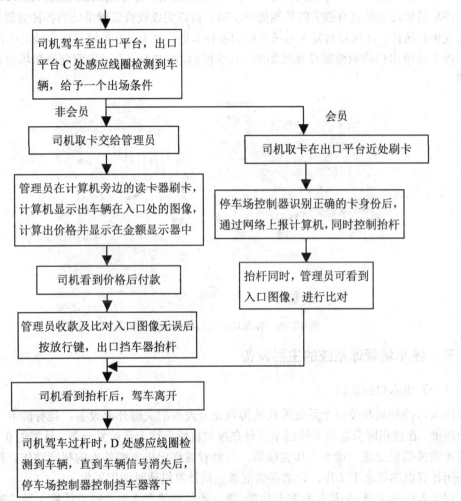

图 10-24　车辆驶出停车场流程图

大部分停车场都提供长期出租车位服务或出售车位使用权,为了方便这一部分顾客的使用,停车场应该划属专用区域固定使用车位并发放对应票卡,不应进行临时出租使用。一个车位的使用者可能会在不同时间停放不同的车辆,所以一个车位可以向一个使用者发放多张票卡,每张票卡可以对应多部车辆信息,但一个车位的所有对应票卡的信息必须一致。由于这一部分车辆可以免读卡直接进入停车场,所以当一个车位已经被该车位注册车辆中的一辆占用时,其他车辆即使凭票卡也无权直接进入停车场,只能按临时付费使用。当持卡人驾驶一部未被注册的车辆欲使用该卡对应的未被占用的车位时,可以在入口读卡器读卡并获得免费使用该车位的资格,同时识别器按临时停车记录该车辆信息。

停车场管理系统具有强大的数据处理功能,可以完成收费管理系统的各种参数设置、数据的收集和统计,还可以对发卡系统发行的各种卡进行挂失,并能够打印有效的统计报表。

停车场进出口感应线圈设置图如图 10-25 所示,图中为一入一出双向停车场设备定位示意图。

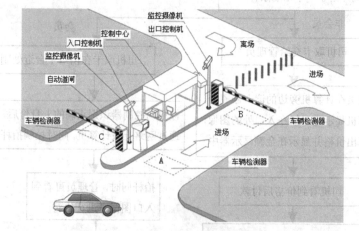

图 10-25 停车场进出口感应线圈设置图

五、停车场管理系统的主要设备

(一)出入口控制机

出入口控制机是使整个系统的功效得以充分发挥的关键外部设备,是智能卡与系统沟通的桥梁。在使用时只需将卡伸出车窗外在控制机感应读卡器前晃一下,只需约 0.1 秒的时间即可完成信息交流。读卡工作完成后,其他设备作出进入或外出的相应动作。控制机可在关闭计算机的状态下工作,自动存储信息,供计算机适时调用采集。

对于入口读卡器,如果具有发卡功能,则在给临时停车人发卡时直接将入场的时间(年、月、日、时、分)打入票卡,同时将票卡的类别、编号及允许停车位置等信息储存在读卡器中并输入管理中心;如果发卡和验卡是独立进行的,则只辨别驾驶人员票卡是否有效,票卡有效则将入场的时间(年、月、日、时、分)打入票据卡,同时将票卡的类别、编号及允许停车位置等信息储存在读卡器中并输入管理中心,无效则拒绝放行并报警。长期租用停车位人和停车位租用权人的车辆在车牌识别器识别成功时可免除读卡直接放行;在无车牌识别器或识别失败时可在读卡器上读卡，读卡成功则直接放行，读卡失败则拒绝放行并报警。读卡器或车牌识别器允许车辆通过时电动栏杆升起放行，车辆驶过入口感应线圈后，栏杆放下，阻止下一辆车进场。

对于出口读卡器，所有车辆必须验卡，有车牌识别器的出口还可以根据票卡上的信息核对车辆与凭该卡驶入的车辆是否一致，长期租用停车位人和停车位租用权人的车辆在验证无误后直接放行。对于临时停车卡，如果读卡器具有收银功能，则根据票卡信息计算停车费用，同时显示入场和出场时间及所需交纳金额，使用者结清费用后放行，同时回收停车卡；如果不具有收银功能，则将出场的时间（年、月、日、时、分）打入票卡，同时计算停车费用，持卡人在收银处结清停车费用后放行。车辆获得驶出资格后电动栏杆升起放行，车辆驶过出口感应线圈后，栏杆放下，阻止下一辆车出场。如果票卡无效或票卡存储信息与驶入车辆的牌照不符以及未结清停车费用强行撞击电动栏杆逃逸时，电动栏杆立即发出报警信号。

（二）感应式 IC 卡

由于停车场使用者分为临时停车人、长期租用停车位人和停车位租用权人三种情况，因而对停车人持有的票据卡上的信息要作相应的区分，票卡的发放与使用方式也不同。临时停车人在出入口领卡和退卡；长期租用停车位人和停车位租用权人可在管理中心的营业窗口办理使用卡，在票卡有效期内不需退卡。

票卡的发放（回收）与信息读取可以由一台具有发卡（回收）功能的读卡器完成，也可以单独设置发卡（回收）器和读卡器。

停车场的票据卡有条形码卡、磁卡与 IC 卡三种类型，因此，出入口读卡器的停车信息阅读方式可以有条形码卡、磁卡读写和 IC 卡读写三类。无论采用哪种票据卡，读卡器的功能都是相似的。

（三）电动栏杆

入口电动栏杆由读卡器或车辆识别器控制，出口电动栏杆由读卡器或自动收银机控制。电动栏杆收到放行指令后自动升起；如果栏杆遇到冲撞立即发出报警信号并自动落下，不会损坏电动栏杆机与栏杆。一个电动栏杆机可以控制一根栏杆，也可以控制双侧两根栏杆。栏杆可以由合金或橡胶制成，一般长度为 2.5m。在停车场入口高度有限时，可以将栏杆制造成折线状或伸缩型，以减小升起时的高度。

当车辆处于电动栏杆的正下方时，地感线圈检测到车辆存在，电动栏杆将不会落下，直至车辆全部驶离其正下方。

（四）自动计价收银机

自动计价收银机可以直接由出口读卡器提供信息，也可根据停车票卡上的信息或管理中心提供的信息自动计价，向停车人显示进出场时间以及应交纳的停车费用并提交单据。停车人则按显示价格投入钱币或信用卡，支付停车费。停车费结清后，自动收银机可直接控制电动栏杆放行或将停车费收讫的信息打入票卡上。

（五）车牌图像识别器

车牌识别器有两个功能：一个是在入口可以识别长期租用停车位人和停车位租用权人的车辆，省略读卡过程，方便顾客使用；另一个是在出口处识别票卡与车辆是否对应，防止偷车事故的发生。

长期租用停车位人和停车位租用权人的车辆信息在办理票卡时将被保存到数据库中。当车辆驶入停车场入口时，摄像机将车辆外形、色彩与车牌信号送入计算机与长期租用停车位人和停车位租用权人的车辆数据库进行比较，如果辨别为属于该范围车辆则可控制电动栏杆放行，如果不属于则将信息保存在计算机内。有些系统还可将车牌图像识别为数据。车辆出场前，摄像机再次将车辆外形、色彩与车牌信号送入计算机，与该票卡记录的车辆信息相比，若两者相符合即可放行。车辆信息识别的工作可由人工按图像来识别，也可使用特别的操作软件完全由计算机来完成。

（六）管理中心

管理中心主要由功能完善的 PC、显示器、打印机等外围设备组成。管理中心可以对停车场进行区域划分，为长期租用车位人和车位使用权人发放票卡、确定车位、变更信息以及收缴费用；确定收费方法和计费单位，并且设置密码阻止非授权者侵入管理程序。管理中心也可作为一台服务器通过总线与下属设备连接，实时交换运行数据，对停车场营运的数据作自动统计、档案保存，对停车收费账目进行管理并打印收费报表；管理中心的 CRT 具有很强的图形显示功能，能把停车场平面图、泊车位的实时占用、出入口开闭状态以及通道封锁等情况在屏幕上显示出来，便于停车场的管理与调度；停车场管理系统的车牌识别与泊位调度的功能，也可以在管理中心的计算机上实现。

六、停车场管理系统的管理与维护

（一）停车场的管理

停车场、车库如果没有健全的管理制度，就不能把车辆管好。

1. 停车场管理规定

（1）停车场必须有专职保管人员 24 小时值班，建立健全各项管理制度和岗位职责，管理制度、岗位责任人姓名和照片、保管站负责人、营业执照、收费标准悬挂在停车场（库）的出入口明显位置。

（2）停车场（库）内按消防要求设置消防栓，配备灭火器，由管理处消防负责人定期检查，由车管员负责管理使用。

（3）在停车场（库）和小区车行道路须做好行车线、停车位（分固定和临时）、禁停、转弯、减速、消防通道等标识，并在主要车行道转弯处安装凸面镜。

（4）在停车场（库）出入口处设置垃圾桶（箱），在小区必要位置设路障和防护栏。

（5）机动车进场（库）时应服从车管员指挥，遵守停车场（库）管理规定，履行机动车进出车场（库）有关手续，按规定缴纳保管费。

（6）集装箱车、2.5t 以上的货车（搬家车除外）、40 个座位以上的客车、拖拉机、工程车，以及运载易燃、易爆、有毒等危险物品的车辆不准进入小区（大厦）。

（7）不损坏停车场（库）消防、通信、电器、供水等场地设施。

（8）保持场（库）内清洁，不得将车上的杂物和垃圾丢在地上，有漏油、漏水时，车主应立即处理。

（9）禁止在停车场（库）内洗车（固定洗车台除外）、修车、试车、练车。

2．车辆管理负责人职责

（1）依法循章对住宅区（大厦）、交通、车辆进行管理。

（2）负责按物价部门收费规定收取车辆保管费。

（3）熟悉掌握住宅区（大厦）车辆流通情况、车位情况，合理部署安排，优先保证业主使用车位。

（4）负责监督和落实员工岗位职责，对员工进行日考核，填写《员工日考核表》。

（5）负责每日工作检查，并填写《车辆管理日检表》。

（6）负责对外协调与联系，处理车辆管理方面的问题和客户投诉。

（7）负责对员工进行法制教育和职业道德教育，不断提高服务质量。

（8）负责对员工进行岗位培训，并做好培训记录。

（9）定时向管理处汇报工作。

（二）故障诊断与维护

1．将卡片靠近读卡机，可以听到"嘀嘀"的叫声，但不能开启道闸，中文显示屏显示"无效卡"时，发生此故障的原因可能如下：

（1）所持卡为无效卡（没有发行、授权的卡）。

（2）道闸与读卡机之间的起闸控制线连接不正确或没有连接。

（3）读卡机已处于计算机控制状态（控制开关已经短接），停车场监控没打开。

2．将卡片靠近读卡机，蜂鸣器鸣叫，中文显示屏没有反应，在软件监控界面中看不到读到的卡号（读卡机与计算机通信异常）时，发生此故障的原因可能如下：

（1）控制器与计算机之间的连线不正确。

（2）软件中所设串口与实际使用串口不相符。

3. 单击监控界面中开闸按钮,道闸不开启,但用手动按钮可以开闸时,发生此故障的原因可能如下:

(1) 读卡机内"控制开关"没有短接(出厂时均为断开的,处于脱机工作状态,与计算机联网控制时,须短接处于联机状态)。

(2) 计算机与读卡机不能正常通信,控制器接收不到开闸命令(此时应检查计算机串口的连接是否正常,参数设置是否正确)。

4. 车过不下闸时的原因可能如下:

(1) 地感线圈埋设不正确或线圈损坏、折断。

(2) 车辆检测器电源功率不足(Max250mA)或感应灵敏度调节不当(过高或太低)。

(3) 地感检测器的 COM 端与道闸控制器的 GND 公共地端断开或接触不良。

5. 带图像对比功能,但进入停车场监控界面看不到图像时的原因可能如下:

(1) 视频卡安装不正确(如驱动程序安装不正确)。

(2) 摄像机没有通电或摄像机与视频卡的连线不正确。

(3) 停车场软件参数设置不正确(如出入口选择了不摄像)。

6. 自动出卡机不能出卡(检测到车辆并按下"取卡"按钮后,出卡机没反应或出卡机有动作但不能出卡)时的原因可能如下:

(1) 若按下"取卡"按钮后,出卡机没反应,可能是出卡机中还没有放入卡片或出卡机没有加电(电源插头脱落)。

(2) 若按下"取卡"按钮后,出卡机有动作但不能出卡,可能是出卡机卡槽间隙过小,卡片被卡住而不能吐出。

7. 中文显示屏不显示时的原因可能如下:

(1) 中文显示屏电源接触不良。

(2) 显示屏供电电源损坏。

8. 在出、入口读卡机上读卡,传输到计算机的卡号有时正确(可以开闸),有时不能开闸,发生此故障的原因可能如下:

(1) 线路遇到强烈干扰(如将通信线与交流电源线共管敷设)。

(2) 线路过长,超出有效通信距离(200m),信号严重衰减。

(3) 读卡机控制主板接地端(信号地)与交流电源地(电源地)短路,造成通信干扰。

9. 在停车场进出口监控界面中点击"校时",首先出现"校时成功",接着又提示"通信错误/失败"(经检查各硬件设备都完好)时,发生此故障的原因可能如下:

(1) 线路遇到强烈干扰(如将通信线与交流电源线共管敷设)。

(2) 网络扩展器损坏,输入/输出信号畸变。

(3) 软件设置中,通信延时设置过低(一般最低为 200m/s),引起通信失败。

10. 入口控制机的故障排除

当入口控制机发生异常现象时，应先检查外部是否有虚接或错接，控制板上的开关是否正确。当排除外部故障后，可以配合万用表检查内部故障。

（1）控制系统板上的工作指示灯全部不亮。

① 用万用表检查电源出入端，如果没有 220V 电压时，原因可能为供电线路损坏，此时应检查供电线路。

② 用万用表检查电源输出端无 12V/24V 电压时，原因可能为供电系统中 AC-DC 电源转换器损坏，此时应更换电源转换器。

③ 电源正常，原因可能为控制电路板损坏，此时应及时与厂家联系返修。

（2）控制系统板上工作指示灯亮而模块中有工作指示灯不亮时，原因可能为模块无供电或功能模块出现异常，应及时返修。

（3）控制系统板工作指示灯亮（红），但控制系统板上通信指示灯不亮（绿）时，原因可能为通信线路出现断路或接错，此时应检查系统通信线路。

本 章 小 结

本章介绍了建筑智能安防系统的组成及安防技术的相关概念，分别阐述了构成建筑安防系统的监控系统、防盗系统、门禁系统、对讲系统、停车场管理系统、电梯设备的组成和功能及其各系统的主要设备，并强调安防系统中各子系统的管理与维护。

课 堂 实 训

通过本章的学习，同学们掌握了建筑安防系统各子系统的组成及其主要设备，各子系统的管理与维护，讨论：实际工程设计时哪几个系统可联动？如何才能获得出入口控制系统的权限？可视对讲系统可实现哪几方通话？

思 考 与 讨 论

1．安全防范的目的是什么？
2．智能建筑与传统建筑的区别是什么？
3．什么是高层建筑？

4. 出入口控制卡有哪几种？智能卡的主要特点是什么？
5. 简述出入口控制系统的主要任务。
6. 闭路电视控制系统由哪几部分组成？传输媒体的选用原则是什么？
7. 可视对讲系统由哪几部分组成？对摄像机和镜头有哪些特殊要求？
8. 停车场管理系统有哪些主要设备？
9. 讨论闭路电视监控系统和防盗报警系统的工作原理。

第十一章 高层建筑设施设备的管理

学习目标

本章介绍了高层建筑设施设备管理的特点和内容,重点阐述了高层给排水系统、高层采暖系统、高层建筑的空调、高层民用建筑的供配电、高层建筑消防给水系统管理内容。

学习要求

1. 了解高层建筑设施设备管理的特点。
2. 熟悉高层建筑设施设备管理的内容。
3. 了解高层建筑设施设备管理的发展。

第一节 高层建筑设施设备管理的意义和特点

随着城市用地紧张局面的加重和现代建筑科技的发展,高层建筑迅速崛起,人类生存空间实现了空前的拓展。高层建筑的价值不仅取决于它的坐落位置、建筑结构、空间布局和室内外装潢,而且在很大程度上取决于它的物业设施设备的品质性能、系统结构和运行状况。高层建筑设施设备是一个多专业工程技术系统的组合,其内在设备功能配置系统日臻优化和完善,并向高科技化、高智能化、高效能发展。本章将讨论高层建筑物业设施设备管理的独特性和高层建筑物业设施设备管理的内容及未来发展。

一、高层建筑设施设备管理的意义

高层建筑的机电等设施设备在整幢大楼中处于非常重要的地位,它是物业服务企业运作的物质和技术基础,是高层建筑的重要组成部分,也是物业服务企业进行全面管理不可缺少的重要组成部分。高层建筑内所有的设备不但在设计、选型、配套时要注意考虑其功能特性满足其各种运作需求,同时在安装、调试过程中也要有严格的施工监理和验收措施,保证物业的正常运行和使用。在日常的运行使用中,要采用科学合理的管理手段使所有设备一直处于完好的运行状态,良好的设施设备管理还可以减少设备的维修和运行费用,是物业服务企业降低管理成本、合理利用资金的重要手段。此外,高层设施设备管理的好坏对企业的社会声誉和市场竞争能力也具有重要的意义。

二、高层建筑设备管理的特点

一栋高度智能化的高层楼宇,其具体的功能可能千变万化,但一般都具有设备的先进性、信息的开放性、环境的安全性、费用的经济性和人力资源的高效性以及由此带来的现代高效率等特点。

(一)设备的先进性

高层智能建筑是现代建筑技术与高科技的完美结合,其设备具有众多高科技含量。以1999年建造于上海的智慧广场为例,其结构化布线采用美国Siemon公司的产品,平均每5~6m^2有一个信息点。其VSAT系统是新一代卫星通信系统,通过一个中心站和许多远端小站集成通信网。VSAT系统能够实时接收上海和深圳的证券信息、国内外财政经济信息、期货信息等,同时还可以和远端网站进行交互及多媒体通信。

(二)信息的开放性

传统的物业管理信息交流缓慢,如以往的工程管理需要通过众多报表逐级统计,而现在通过信息平台系统,可以在网上根据不同权限了解有关维修、保养和故障情况,信息的流通速率以秒计算。另外,传统的物业管理很大程度上靠人来实施停车收费,现在通过IC卡直接与管理处财务计算机连接,任何人都没有办法作弊,增加了透明度。

(三)环境的安全性

高层智能建筑的安全设施是比较完善的,其中包括防盗系统(SA)、防火系统(FA)和其他各种安全防范系统和事故处理系统,改变了传统物业管理的方式。通过监控和设备来控制事故及防范各类灾害,使人的眼、耳、鼻借助设备有了超视距、超嗅觉、超听力的功能,同时也使技术人员摆脱了恶劣的工作环境,极大提高了物业管理的安全性。

(四)工作的舒适性

高层智能建筑应当提供舒适宜人的室内环境,几乎所有的电气设备都可以自动设置或远程控制。如智慧广场的公共区域照明用电、送新风的时间安排、泛光照明等均可以由BA(楼宇自动系统)设定,污水处理机房、水泵房等均由计算机监控。传统的初级工作由工程师在计算机中设定来完成。显而易见,高层智能建筑的物业管理的舒适性要高于普通商业楼宇,物业管理人员由"蓝领"变成"白领"。

(五)功能的多样性

同样以上海智慧广场为例,目前其服务功能有接收沪深证券、国内外财政经济信息、期货信息以及与远端网站进行多媒体通信、接收卫星电视和闭路电视、通过ISDN综合数字业务网进行多方可视会议、背景音乐控制切换。BA采用直接分散控制、集中管理的系统，在物业管理内部形成局域网，大楼图纸、资料、使用说明、设备清单均输入计算机，做到无纸化办公。上述设施的功能又增加了物业设施设备管理的服务内容，展现在我们面前的是个全方位的物业设施设备管理和服务的世界。

（六）费用的经济性

传统的物业管理费用中人力资源和能耗占据很大比例，谁能降低上述费用谁就能获得成功。这是由物业管理的特性所决定的。如今，使用了智能化系统的物业管理使人力需求数量极大地下降。例如，智慧广场目前工程人员仅有15人，却担任24小时运行工作。虽然工资比传统的管理有所提高，但总量还是大幅度下调。另外，能源的控制是卓有成效的，如空调变风量的控制、电力功率因数的调整、空调主机的模糊控制技术的运用，使电力得到有效的控制，从而使物业管理的总体费用下降。目前智慧广场的管理费用比同类楼盘低20%～30%。

（七）人力资源趋于"白领化"

物业管理一直属于第三产业中吸收过剩劳动力的行业，除极少数专业人员外，大部分工种均不需要专业人士担任，而智能化楼宇需要的管理人员既要懂计算机，又要懂管理。智慧广场的四名高级管理人员及所有的工程师均受过高等教育。培训的内容主要是如何使用设备，而不是简单地传授经验。普通的保安、车库管理员也在计算机面前工作，所以"白领化"的趋势日趋明显。

综上所述，高层智能建筑给物业设施设备管理所带来的是工作效率的革命：第一时间处理问题，第一时间获得信息，第一时间降低成本，第一时间营造服务。

第二节 高层建筑设施设备管理的内容

高层建筑设施设备与一般建筑设施设备管理内容基本相同，包括给排水系统、空调系统、供暖系统、消防系统、电器系统、弱电系统、燃气系统等。只是高层建筑由于建筑高度高、层数多、面积大、设备完善、功能复杂、使用人数多、耗能高等特点，使其各专业设施设备的维护与管理方式均有自己的特色。

一、高层建筑给排水

我国《高层民用建筑设计防火规范》指出，一般10层以上或高度在24m以上的建筑物被称为高层建筑。现在高层住宅建筑越来越多，同时商务大楼、办公大楼、旅游宾馆等也都向高层化发展。高层给排水管线长、设备多、标准高、使用人也多，所以，建筑物内的给排水要求也不同。

（一）高层建筑给水的特点

（1）使用人数多、耗水量大，且一旦发生给水故障或排水管道堵塞等事故，影响范围大，排除时间长，所以一定要选择适当的给水水源，同时所选用的给水泵、给水管道及其配件均要保证供水的安全可靠。

（2）由于层多楼高，为避免其底层管道中静水压力过大，造成管道和阀门漏水甚至损坏，启闭龙头时产生较大的噪声，底层水龙头出现流量过大以致浪费水等弊端，其给水系统一般应采用竖向分区的给水方式。

（3）高层建筑建成后，会有一定的沉降量，而且其主楼及群房因高度差异而引起沉降量不同，所以横穿给水管道一定考虑伸缩缝和沉降缝。一般水泵的进出口均应安装橡胶软接头，设在梯层上的水泵，应加装减振台，在水泵出口处安装消声止回阀等。

（4）根据功能不同，给水种类分市政自来水、饮用水、热水、消防喷淋用水、冷却水、软水及其他特殊功能用水。

（二）高层建筑给水方式

高层建筑供水应垂直分区。如果分区过多，会使供水系统过于复杂，供水设备、管道、水箱等也要相应增加，投资费用大。如分区太少，又不能满足高层的需要。因此一般每区高度在 40m 左右比较适宜。高层建筑分区一般为高区、中区、低区三个给水区。给水的方式有串联供水方式、减压水箱供水方式和气压水泵并列供水方式。

1. 串联供水方式

各水泵分别设置在楼层上，低区水箱兼作中区的蓄水池，中区水箱兼作高区的蓄水池。各区域的用水设备仍由这些水箱各自供水。

采用此种供水方式水泵扬程低、管线短、投资少、运行费用较少。但如果下区发生故障，会影响上区的供水，供水可靠性差。同时要求水箱比并列供水方式所用水箱稍大，对管线结构的要求也高。

2. 减压水箱供水方式

由地下室的水泵将全部给水抽送至高区水箱，再由高区水箱分送到中区及低区水箱。中区及低区水箱就起到减压作用，所以称减压水箱。

采用此种供水方式水泵扬程大、管线长、运行费用高。屋顶高区水箱容积大，如分区过多，下水减压水箱中浮球阀等承压太高，易漏水，供水可靠性差，一旦高区发生故障，将导致全部停水。

3. 气压水泵并列供水方式

气压水泵由水泵加气压水罐组成。气压水罐内保持一定压力，以保证送至各区内设备用水。

采用此种供水方式不需设各区水箱，节省建筑面积，但运行费用高，水泵启动频繁，易损坏，管网内的压力变化幅度大。

（三）高层建筑排水

（1）对于高层建筑，由于立管长且卫生器具数量多，可能同时排水的机会多，更易使管道内压力产生波动而将卫生器具水封破坏。故在高层建筑中，除了伸顶通气管外，还应设专用通气管。每隔两层将专用通气管与排水立管用共轭管相连接。

（2）在高层建筑中，为防止底层卫生器具因受立管底部出现过大的正压等原因而造成污水外溢现象，底层的污水管道应采取单独排出方式。

（3）高层建筑的排水立管高度大，管中流速大，冲刷能力强，应采用比普通排水管强度高的管材。对高度很大的排水立管应考虑采用消能措施。由于高层建筑层间位变较大，立管接口应采用弹性较好的柔性材料连接，以适应变形要求。

二、高层采暖系统

高层建筑由于高度较高，供暖系统有其特殊性。

（一）高层建筑供暖特点

（1）随着高度的增加，室内外温差变大，热压和风压的影响更明显，因此在设计散热量时，要考虑热压和风压综合作用的影响。

（2）由于高层建筑供暖系统的水静压力较大，应根据散热器的承压能力、外网的压力状况等因素来确定系统形式及其连接方式。

（3）楼层高加剧了供暖系统垂直失调等问题。

（二）高层建筑供暖系统的主要形式

目前国内高层建筑供暖系统主要有以下几种形式：

1. 换热器隔绝分层式系统

高层建筑供热系统，在垂直方向分成两个或两个以上的系统称为分区式供热系统。低层部分通常与室外网路直接连接。它的高度主要取决于室外网路的压力状况和散热器的承压能力。高层部分与外网采用隔绝式连接，如图 11-1 所示。利用换热器使上层系统的压力与室外网路的压力状况隔绝，以免相互影响。当高层建筑物中采用的散热器承压能力较低时（如一般的铸铁散热器），这种隔绝式连接方法是比较常用的一种形式。

2. 双水箱隔绝分层式系统

双水箱隔绝分层式系统如图 11-2 所示，该系统为直接连接，适用与热网或热用户的设计水温相同的场合。

3. 阀门隔绝分层式系统

阀门隔绝分层式系统如图 11-3 所示，该系统用户高区与外网的隔绝由供、回水管上设置的阀门来实现。一般在供、回水管加止回阀，回水隔绝则采用阀前压力调节器或有关闭性能的减压阀，还可以采用循环连锁的自动关闭阀门等。

4. 分层式水平串联系统

分层式水平串联系统如图 11-4 所示，该系统在每层楼的串联环路上都安装了调节阀用以改善垂直失调。但由于系统没有隔绝措施，所以高层水静压力的影响仍然存在。

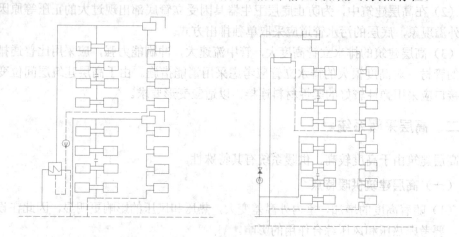

图 11-1 换热器隔绝分层式系统　　图 11-2 双水箱隔绝分层式系统

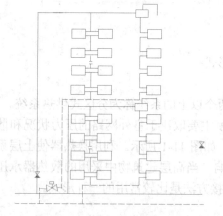 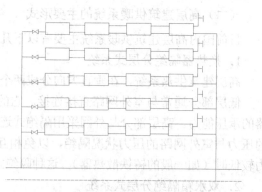

图 11-3 阀门隔绝分层式系统　　图 11-4 分层式水平串联系统

三、高层建筑的空调

（一）高层建筑的空调特点

高层建筑的空调设计除了具备一般低层建筑空调设计的特点外，还有因其高层而产生的不同点。高层建筑一般四面无其他建筑物摒挡，自身采用轻型墙体结构——钢筋砼框筒、钢结构承重，用质轻壁薄的幕墙和大玻璃窗围护、分隔，为了减少大气污染和噪声影响多数采用密闭窗（不能开启）等，从而对空调技术和设备、消防的防排烟又提出许多新的要求。

1. 外风速达

室外风速随建筑高度增加而增大，其换热系统也比低层建筑大得多。

2. 烟囱效应

冬季，建筑物内热外冷，像个烟囱，冷空气经过大门和底层的其他开孔进入，经过电梯竖井、楼梯间等竖直通道上升，通过高处的各种开口排出。高度越大，抽力就越大，经底层进入的冷空气量也就越大。为避免门厅部分温度过低，高层建筑的大门要做成双重门、旋转门，在门厅部分采用供暖措施等。夏季，建筑物内冷外热，其反向烟囱作用并不太严重，可不必考虑。

3. 室内负荷

总的来说，高层建筑室内负荷的特点是变化大且不均匀，具体表现为以下几点：

（1）高层建筑更易受室外气温及太阳辐射的影响。

（2）竖向的室内负荷存在差异。

（3）同一层中，周边区和内部区的差异很大。

（4）周边区内的房间，因朝向的不同，受太阳辐射和风的影响差异也很大。

（5）由于采用密闭窗，过渡季（春、秋季）也不能开窗通风，仍需向室内供冷或供暖。

4. 空调分区

根据建筑物朝向、使用性质、时间等分成若干区，分别设置不同的空调机和风道，称为分区。一般空调分区的方法是：竖向大约第10层有一条分区线，平面分为内部区、周边区，周边区按东、南、西、北朝向又分为四个或四个以上的分区，高层建筑的核心部分一般设置电梯、楼梯、厕所、服务间、配电室、管道井及空调机房等。

5. 技术层

所谓技术层，是指建筑物的某层把大部分有效面积作为空调、给排水设备、电、气、电梯等的机房和设备间的楼层。

在高层建筑中，考虑给水设备及管道内的静水压力及管道和风道用竖井空间的节约，有必要在中间层设置设备层，一般认为，在第10～20层设置技术层为好，即使水压不超过

600kPa。

一般将制冷机、锅炉、泵、空调处理室、热交换器等易产生振动、自动控制、产生热量多的设备放在最下层;将隔断上下压力联系的设备及分区用的设备(如水箱、泵、空调处理室、热交换器等)放在中间层,将造成重力差和容积大、散热量大、进行换气的设备(如储水箱、制冷机、冷却塔、热交换器、送风机等)放在最上层。

6. 运转费

由于高层建筑规模大、空调运行时间长、费用大,电力和燃料费占运行费用的70%,空调用电量可达整个建筑用电量的1/3,因而必须十分注意运行费用的节约问题。

7. 风道系统

风道系统中的竖风道要考虑自然抽力的影响,特别要注意防火问题。进风口位置如选在100m以上时要考虑高空大气污染的影响和风向。在地震区的高层建筑中,要考虑管道系统的配件和固定方式(如弹性支承和软接头等)。

(二)高层建筑的空调系统方式

根据高层建筑的性质、用途和使用特点,空调负荷特点以及初投资和运行费、维护管理费用的实际情况,同时考虑对空调机房面积和位置的要求,可以采用的空调系统有如下几种形式。

1. 单风道定风量系统

这是一种最基本、最常用的全空气集中空调方式,其优点是送风量充足、卫生条件好,若设置回风机,则可利用新风供冷,同时系统简单、维护管理方便。该系统适用房间较大、层数较高、室内人数较多的旅馆、办公楼、医院的公共部分和大型商场的空气调节。

2. 变风量方式

变风量空调系统最主要的优点是节能。除此之外,它还具备设备容量和风道尺寸较小的特点。在过渡季,可利用新风自然冷量而停用制冷机。该系统的缺点是:风量过小时,新风量和室内气流组织受到一定影响,当散湿量较大时,保持一定的相对湿度比较困难。

3. 各层机组方式

在每一楼层设置空调机房,空调器设在屋顶,新风经过空调器过滤、预冷或预热、加湿,再由竖直风道分别送到各层空调机房。有些工程中不设屋顶空调器,而从竖井取新风。这种形式的优点是节省建筑空间,各层独立运行,调节方便。其缺点是过渡季不能采用全新风运行,在各层内无法进行分区。

4. 风机盘管加新风系统

该系统是空气—水系统半集中式空调系统方式,是目前应用最广的一种形式。在旅馆、办公楼、医院、商场、餐厅、别墅等建筑中大多采用这种方式。其优点是布置灵活、各个房间可单独调节温度,而且节约建筑空间,机组定型化,便于安装。其缺点是机组分散,管理不便，过渡季不能用全新风。

四、高层民用建筑的供配电

高层民用建筑与一般民用建筑相比，在供配电方面有自己的特点。

（一）用电负荷

首先，高层民用建筑中增设了特殊用电设备：在生活方面，有生活电梯、水泵和空调机组；在消防方面，有消防用水泵、电梯、排烟风机、火灾报警系统；在照明方面，增设了事故照明和疏散标志灯；在弱电方面，有独立的天线系统和电话系统等。

其次，高层民用建筑的用电量大而集中，不仅因为用电设备增多，而且用电时间明显增加。除电梯、水泵、空调设备外，其余的用电设备和照明设备都是按全部运行计算的。更重要的是，高层民用建筑对用电可靠性的要求很高，消防用电设备一般为一级负荷或二级负荷，生活电梯、载货电梯、生活水泵等属于二级负荷，事故照明、疏散标志灯、楼梯照明相应为一级负荷或二级负荷。

（二）供电电源

高层民用建筑的供电，必须按照负荷的重要性和负荷的集中性这两个特点来设计。为保证高层建筑供电的可靠性，一般采用 6～10kV 的高压电源供电。如果当地供电部门只能提供一个高压电源时，必须在高层建筑的内部设置柴油发电机组作为备用电源。目前新建的一些重要的高层建筑，也有采用三个电源供电，其中两个是市网供电，再加上一套自备柴油发电机组。在电网发生事故时，备用电源至少应能保证生活电梯、消防电梯、消防水泵、安全照明以及通信系统等继续供电，这是高层民用建筑安全措施的一个重要方面。

（三）变电所的设置

由于高层民用建筑采用高压供电，所以必须在建筑物内部设置降压变电所。这种变电所可设在高层建筑的主体内，也可以设在建筑物的裙房内。一般尽可能设在裙房内，以便高压进线和变压器运输，同时对主体建筑的防火也有利。如果变电所设在主体建筑物内，由于第一楼层往往用作大厅或商场，因此只能放在地下室内，因此必须做好地下室的防火、通风措施。由于油浸式电力变压器的油在事故引起的电弧和高温作用下会迅速分解，产生可燃气体而燃烧或爆炸，所以地下室变电所中较少采用油浸式电力变压器，较多采用干式变压器或非燃性变压器。

五、高层建筑消防给水系统

（一）高层建筑消防的重要性

高层建筑中有三多：

1. 人员设备多

高层建筑容积大，建筑面积大，人员和设备必然多，人员进出频繁而杂乱，烟蒂余星、漏电、装修及检修时电焊或气焊的火花极易引起火灾。

2. 易燃物多

高层建筑装修标准高，具有大量的易燃物质，如木门窗、木隔断、家具、窗帘、地毯、床上用品等均容易发生火灾。

3. 通风竖井多

高层建筑内，管道井、电梯井、楼梯井、垃圾井、通风井等竖井增多，发生火灾时，这些通风竖井有风助火势的作用，使火灾很快蔓延。

高层建筑一旦发生火灾，由于火势大、蔓延快、扑救难、人员疏散满、一氧化碳剧增，高层建筑中的人员在烟雾弥漫中逃生困难，所以极易造成人员伤亡事故和严重的经济损失。因此，相关人员必须重视消防问题，要有强烈的火灾自救意识，一旦火灾发生，要迅速向消防部门报警，同时要用物业的消防系统及设备迅速扑灭大火。在消防运行管理中，职能部门要健全各种规章制度，严格防止各种火灾隐患，并且要定期检查、测试各种消防设备，对全体员工做好消防宣传工作，并进行消防演习、训练，有备无患，做好消防预防工作。

同时，职能部门对消防工程的各系统、各设备应实行正常的技术管理工作，以确保消防设备的正常使用。

（二）高层、低层建筑物消防给水系统的划分

高层、低层建筑物消防给水系统的划分主要取决于城市消防队的灭火能力。消防车能利用室外给水管网，从室外消火栓取水，直接有效地扑救建筑物室内任何地点的火灾，则该建筑物的消防给水系统称为低层建筑物消防给水系统。建筑物高度超过消防车有效的灭火高度时，主要靠室内消防给水设备扑救火灾的消防给水系统，称为高层建筑物消防给水系统。高层建筑消防给水系统要立足于"室内自救"。

例如，50m 以下的建筑可得到消防云梯车的辅助灭火。但当建筑高度超过 50m 时，一般消防车和云梯车不具备辅助灭火能力，因此，必须提高消防标准以保证室内消防系统的自救能力。

（三）高层建筑室内消火栓给水系统

1. 室内消火栓

高层建筑室内消火栓同样应设在明显易于取用的地方，严禁伪装消火栓，消防电梯前室应设消火栓。消火栓的布置应保证任何部位着火时，有至少两股消火栓水柱能同时到达灭火。消火栓的间距不应大于 30m，每一消火栓应设启动消防水泵的远距离启动按钮，建筑物的顶层还应设供消防部门检验用的消火栓。

2. 自救式小口径胶管消火栓（又称水喉）

当高层建筑发生火灾，而消防队员又尚未赶到时，大楼内的人员可先借助自救式小口径胶管消火栓扑救，它的优点是轻便、出口水压小、容易操作、使用时不会打折，没有受过消防训练的人员也能使用。它可以与普通消火栓合用栓箱。如图 11-5 所示，小口径胶管消火栓主要由卷盘摇臂、底座支架以及胶管和水枪组成。为了能有效地扑救初期火灾，高层建筑应在消火栓处配备小口径胶管消火栓。

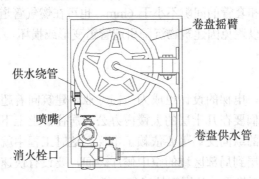

图 11-5 小口径胶管消火栓

由于自动喷水灭火系统具有良好的灭火效果，对于重要的高层民用建筑和高度超过 50m 的其他民用建筑，除应设置消火栓给水系统外，还应增设自动喷水灭火设备。

3. 室内消防给水管网

为保证消防给水系统的安全供水，高层建筑的室内消防给水管网必须与生活给水管网分开设置，管网的进水管不应少于两条，并宜从建筑物的不同方向引入。消防给水管道在竖向布置成环状，在水平向也应布置成环状。

当高层建筑发生火灾，而室内消防水泵又因故障不能工作时，或室内消防用水量不足，为保证仍能供给消防管网足够的水量，应设置水泵接合器，使消防车从室外消火栓或消防水池、天然水源取水，然后连接消防车上的水泵（简称车泵）与水泵接合器，将水送入室内消防给水管网。水泵接合器的数量按室内消防用水量确定，一般不少于两个。水泵接合器有墙壁式、地上式和地下式三种安装形式。

同样，高层建筑消防给水管网也有一次给水系统和分区给水系统。

对于建筑高度不超过 50m 的高层建筑，可采用一次消防给水系统，对于高度超过 50m 的高层建筑，宜采用分区给水消防系统。

六、燃气系统

高层建筑中的燃气系统，除了把较大的燃气表（>34m³/h）布置在独立的燃气表房之外，一般与居民用的低压燃气系统是相同的。

对于高层建筑，燃气管道可在室外从地下直接穿过建筑物设备层的外墙引入，也可以从室外的地下穿过基础引入室内。不论是哪种敷设方式均应考虑建筑物沉降的影响。引入管在穿墙、基础时，可在墙或基础上预留管洞，管洞与燃气管顶的间隙不小于建筑物的最大沉降量，管洞与燃气管之间填满砂子或用沥青填塞，两端用木框或砖块固定，并做好防水处理。也可采用加大套管（套管直径是引入管直径的 3 倍）的办法，将燃气管置于套管的下侧，但要保持管底和套管的间隙不小于 6mm。也可在燃气管道穿过基础、外墙时加补偿器或其他柔性接头，以避免因建筑物沉降引起管道变形或损坏。

七、电梯

在建设高层建筑时，电梯的设计也成为一门专业。建筑向着超高层大厦发展，电梯的作用就显得更重要。人们要在几十层的大楼内办公和居住，上上下下，都要靠电梯实现垂直运输。超高层大厦内的纵向交通更要依赖于电梯，这时工程中就要把几百米长的井道做分段处理，从地面始发层到局部区域的空中候厅之间，要设有快速往返的直达电梯。乘客到达空中候梯厅之后将再换乘其他区间的运行电梯。

高层建筑中电梯井道所占用的面积相对于大楼使用面积而言所占比例较大，如果设计中稍有疏忽，就容易降低建筑物的使用效率，也可能造成垂直交通的拥挤。所以高层建筑在电梯设计时，应该对大楼仔细进行交通分析，依靠计算的结果，确定所选用电梯的形式、数量、配置方式等，最终保证大楼的垂直交通处于最佳状态。

第三节　高层建筑设施设备管理的发展

随着房地产建设的高速发展和各种高新技术、设备的运用，高层建筑对现代化设备的需求和依赖程度越来越高，设备的作用也越来越突出。高层建筑中的科技含量在迅速上升，网络技术的运用和建筑智能化建设的推进，信息化的现代建筑设备更快地进入各种高层建筑，使物业管理范围内的设施设备形成庞大而复杂的系统。

高层建筑的发展及客户要求的不断提高，设备管理也从传统的设备管理发展成现代化的设备管理，并逐步同国际接轨。

下面简单介绍国外高层设备管理的一些先进经验。

美国早在 1925 年左右就提出了"预防维修"的概念，预防维修的具体做法是在组织编制、维修方针、人员培训、备件库存等准备前提下对各类设备定期检查维修，及时发现各种可能导致停机故障的因素，或者故障尚处于萌芽状态时加以调整和采取修复措施，避免突然发生故障。预防维修的优点大致如下：

（1）采取预防维修的措施，可以大大减少计划外的停机损失。

（2）设备的完好率及有效利用率得到保证，延长设备使用寿命。

（3）改善备品配件管理工作，可以做到计划采购、合理储备，减少资金占用积压量，提高备件的有效利用率。

（4）设备管理工作有条理，有秩序，改善计划及组织工作，避免临时加班和打乱作业计划，减少无效工时，节约维修费用。

（5）促进全面提高企业的综合管理水平。

预防维修作为一种管理体制，可以满足现代化生产的管理要求，取得比较满意的经济效益。现在，预防维修的管理办法已普遍在西方国家中得到应用及推广。

苏联推广应用的是类似的计划预修制度。在计划预修制度中，各类设备按类型、工作性能及工作环境来划分等级，再根据设备等级来确定设备的修理间隔期、修理周期和修理周期结构。其中，修理间隔期是指该设备在相邻两次计划修理（大修、中修、小修）之间的工作时间。在每一修理间隔期内，按规定的程序对设备进行清洗、检查等工作。修理周期是指该设备相邻两次大修理之间的时间。在修理周期内设备按规定顺序循环进行各种修理（中修、小修情况等）。修理周期结构是指一个修理周期之内应当采取的各种修理方式、修理次序及其程序。修理周期结构主要取决于该设备的复杂程度和在生产中的重要地位。

计划预修制度将修理工作纳入计划的轨道。计划只有切合实际，才能取得较好的经济效益。近年来，随着国际上设备管理的科学发展，苏联的计划预修制度也在不断改变和完善。

1970年，英国首创设备综合工程学。作为对高层设备实行全面综合管理的学科，它是一种新的管理技术，主要是对设备的整个寿命周期建立广义的设备管理，即对设备在技术管理及经济管理上的实际业务进行综合研究，使整个设备寿命周期费用最经济。设备的选型购置、安装调试、验收接管、运行管理、维护检修、更新改造以及安全管理、经济管理等方面都属于高层设备综合管理的内容，并在设备制造厂、维修公司和使用企业之间建立设备综合管理系统。由于采用了这种综合管理方法，英国高层建筑维修费用减少了50%，故障率大为降低，取得了较好的经济效果，现已在世界各国得到广泛的发展和推广。

日本在20世纪70年代开展了"TPM"活动，即"全员参加的生产维修"，其中，T代表全体人员，PM代表生产维修。所谓全员参加，是指凡是涉及设备的规划、设计、制造、采购、安装、调试、使用、维修、更新改造等工作的所有部门和有关人员均应参加设备管理活动。尤其是设备的使用及维修管理，更要改变人员严格分工和截然分开的不合理局面。操作人员负责日常的维修保养工作，也相应提高了操作的责任性，而设备检修及管理人员可以把主要精力用于掌握较高层次的维修保养技术和规划全面的工作中去。

总之，生产维修是实施预防维修并吸收新兴管理科学的综合性体制，生产维修以设备的使用寿命周期为管理对象，从一开始就给予预防性的管理，在使用过程中，实行以日常检查和维修为基本内容的预防维修。而对故障产生频率高的设备，则采取改善维修来防止故障的重复发生，并且在设备的采购、使用、维修、更新改造等各个阶段力求减少设备本身的投资费用、运行费用、检修费用以及由于故障造成的一切损失，从而提高企业的经济效益。

全员参加的生产维修施行之后，获得了较大的成功。以最少的资金、人力、设备、材料，取得了产量高、质量好、成本低的效果，并且大大改善了工作环境和安全生产环境，工作人员精力充沛、情绪饱满，也使企业的设备管理水平达到了一个新的管理层次。

我国的设备管理在现有的计划检修的基础上应该引进和吸收国外先进经验，并结合国内实际情况，开创出新的适合我国国情的设备管理的技术和方法。

随着社会的进步，设备的维修和管理应向专业化、社会化、集中化、规范化的方向发展。对一些关键设备、安全性设备及技术难度高的设备，可以由专业制造厂商负责保养和定期检修。例如，锅炉、电话设备、电梯、制冷机组、污水处理装置等，由于实行专业保养，设备使用显得更加安全可靠。除此以外，还应该从无到有、从少到多地建立各种形式的技术中心、保养中心、维修中心、备件中心及管理中心等服务性行业。这些服务中心应 24 小时接待服务，有良好的专业技术和服务规范，并逐渐形成服务网络。由此可以改变各企业"麻雀虽小，五脏俱全"的局面，而只需少数的设备管理和维修人员。如果发生较大的故障，只需同有关的服务中心联系，服务中心立即派相关人员赶赴故障现场处理，故障就会准确、及时地得到解决。

人员培训向复合型的方向发展。作为一个现代企业的设备管理人员或操作维修人员，如果只局限于一个专业，而对其他专业一窍不通，一定会被社会淘汰。社会的竞争机制需要一专多能的复合型人才，需要他们对本企业所拥有的各类设备及设备系统，如给排水、空调、消防、动力、强电、弱电等各专业都应具有基本的专业知识。除此以外，相关人员还应取得相应的操作资格证书。这类复合型人才是现代化设备管理的需要，是目前市场上最受欢迎的人才。

本 章 小 结

高层民用建筑是指新建、扩建和改建的高层建筑及其裙房：10 层及 10 层以上的居住建筑（包括首层设置商业服务网点的住宅），或建筑高度超过 24m 的公共建筑。当前，高层建筑越来越多地投入使用，高层设施设备管理也因此越来越受到物业服务企业的重视。本章介绍了高层设施设备管理的特点和主要内容，并阐述了高层设施设备管理的发展。

课堂实训

通过本章的学习,同学们掌握了高层建筑设备管理的独特性及其内容,讨论:高层建筑设施设备管理的难点是什么?

思考与讨论

1. 高层建筑设施设备管理的特点是什么?
2. 高层建筑给排水设备管理的特点是什么?
3. 高层建筑供暖设备管理的内容有哪些?
4. 高层建筑消防管理的特点有哪些?如何做好高层消防管理工作?
5. 高层建筑电梯管理的特点有哪些?
6. 高层建筑空调系统管理的特点及方式有哪些?

第十二章 突发、意外事件的处理

> **学习目标**

本章重点介绍物业管理中设施设备突发事件的紧急处理程序。

> **学习要求**

1. 了解突发事件的应急管理制度，熟悉电梯停电解困应急救援处理程序，掌握电梯突发情况的处理方法。
2. 了解水浸、停电和电力故障或燃气泄漏的处理方法。

第一节 电梯突发事件与火灾火警的应急管理

在物业管理中有时会发生电梯困人以及火灾或火警等紧急情况，物业设施设备管理人员应做好类似的突发、意外事件的处理工作。

一、电梯突发事件的应急管理

电梯属于特种设备、危险性较大的机电类产品。电梯在使用过程中会出现故障，发生电梯困人等现象，新版《特种设备安全监察条例》明确规定：电梯困人两个小时以上属于一般事故。因此，电梯使用单位、电梯维修保养单位必须加强管理，做好防范工作，减少电梯使用故障率，确保电梯运行安全。

（一）电梯突发事件的应急管理制度

在做好内部管理工作的过程中，使用单位必须建立各种完善的管理制度和安全技术档案。

1. 管理制度

管理制度主要包括以下几个方面：

（1）安全使用承诺和内部安全责任状签订制度。

（2）相关责任人员的职责。

（3）安全操作规程（含故障状态救援操作规程）。

（4）现场安全管理制度（含日常检查制度、维护保养制度、交接班制度、电梯钥匙使用保管制度等）。

（5）使用登记、定期报检和配合现场检验制度。

（6）接受安全检查制度。

（7）事故报告处理制度。

（8）作业人员培训考核制度。

（9）意外事件或事故的应急救援预案及定期演习制度。

（10）安全技术档案管理制度。

2．安全技术档案

安全技术档案至少包含以下内容：

（1）特种设备使用登记表，以及停用、过户、变更、启用等相关手续。

（2）设备及其零部件、安全附件的出厂设计文件、产品质量证明文件、使用维护说明等随机文件。

（3）安装、改造、重大维修的有关资料、报告等。

（4）日常使用状况、维修保养和日常检查记录。

（5）安装、改造、重大维修监督检验报告与定期检验报告。

（6）设备运行故障与事故的记录。

（二）电梯停电解困应急救援

1．接警处理

（1）在接到电梯困人报修电话时，初步了解困人情况和电梯轿厢停靠的层站，并设法安慰被困乘客。

（2）救援人员（至少两人）赶到现场，在指定地方取出电梯控制柜钥匙以及救援专用三角钥匙。

2．初步判断轿厢位置

救援人员首先在一楼将层门打开根据对重位置或轿厢位置判断电梯在哪一层。然后，救援人员迅速赶到电梯适当楼层，使用三角钥匙打开厅门，观察轿厢是否在此位置，如不在此位置则慢慢打开厅门，观察轿厢所处位置。根据目测，初步判断电梯轿厢所处楼层及位置（注意报出轿厢所在位置）。

开启厅门前，先确认厅门口地面是否平整清洁，防止打滑摔倒，注意身体保持平衡，不要向前倾。使用三角钥匙时，必须严格按照"一慢、二看、三操作"（"一慢"：用三角钥匙开门时动作必须缓慢，开启的宽度不能太大，以10cm左右为准；"二看"：轿厢是否停在本层；"三操作"：当明确轿厢在本层时方可全部开启厅门，在使用三角钥匙时用力必须均匀，不得用力过猛，防止将厅门三角锁损坏。

3. 判断轿厢位置

(1) 救援人员迅速赶到电梯控制柜楼层，打开控制柜，用对讲机告诉轿厢内被困乘客不要惊慌。救援人员施救时不要靠近轿门，电梯移动时不要惊慌，不要强行撬门，等平层后再开门救助。

(2) 切断电梯主电源，上电源锁并挂告示牌。

(3) 根据电梯控制柜内门区绿色指示灯，判断电梯是否平层。若指示灯亮，说明电梯已平层；若指示灯未亮，则需要手动平层。

4. 手动平层操作

(1) 使用抱闸释放手柄打开抱闸。注意间接松闸，尽量减少冲击，使轿厢保持平稳，避免轿厢内乘客惊慌，观察电梯轿厢是否移动。

(2) 注意门区绿色指示灯，灯亮时，表示轿厢已平层。

(3) 电梯平层后，确认松闸扳手复位且电梯轿厢可靠停止（注意报出轿厢所在楼层）。

(4) 用对讲机通知轿厢内被困乘客马上将开门营救，锁闭控制柜；人员离开并挂告示牌。

5. 开门救援

(1) 救援人员前往轿厢所处楼层，到达后在厅门外向被困人员喊话，以确认轿厢已到达该层，并再次告诫被困人员不要将身体靠在轿门上。

(2) 正确使用三角钥匙开启厅门。开启厅门前，先确认厅门口地面是否平整清洁，防止打滑摔倒，注意保持身体平稳，不要向前倾。使用三角钥匙时，必须严格遵守"一慢、二看、三操作"。

(3) 协助乘客离开轿厢，当人员全部离开后，关闭轿门和厅门。

注：按《特种设备安全监察条例》的要求，从乘客被困到成功救出全部被困乘客的时间应控制在两个小时之内。

6. 后续处理

(1) 做好相关过程记录。

(2) 通知保养单位对电梯进行全面检查，确认正常后方可继续使用电梯。

(三) 电梯突发情况的处理方法

1. 突然停电时电梯的处理方法

(1) 迅速检查电梯中是否困人。

(2) 如果困人，迅速启动电梯困人应急救援程序。

(3) 在完成检查或救人后，要在电梯厅门口设置告示牌。

(4) 在电梯厅门口布置人员，协助乘客处理有关事宜。

2. 电梯突然停止时的处理方法
 (1) 通知电梯维修人员。
 (2) 迅速检查电梯中是否困人。
 (3) 如果困人,迅速启动电梯困人应急救援程序。
 (4) 在完成检查或救人后,在电梯厅门口布置人员,协助乘客处理有关事宜。
3. 电梯进水的处理方法(分两种情况)
 (1) 电梯已经进水,且停在某层不动
 ① 迅速检查电梯是否困人,同时通知维修人员。
 ② 如果困人,迅速启动电梯困人应急救援程序。
 ③ 到机房关闭电源。
 ④ 将电梯通过手动的方式升到比进水层高的地方。
 ⑤ 阻止水继续进入电梯,清洁厅门口的积水。
 ⑥ 在电梯厅门口设置告示牌,等待修理。
 ⑦ 在电梯厅门口布置人员,协助乘客处理有关事宜。
 (2) 电梯刚进水,还能运行
 ① 迅速将电梯开至电梯使用最高层楼,并关掉急停开关。
 ② 到机房切断电源,通知维修人员。
 ③ 阻止水继续进入电梯,切断水源。
 ④ 在电梯厅门口设置告示牌,等待维修人员检查或修理。
 ⑤ 在电梯厅门口布置人员,协助乘客处理有关事宜。
4. 台风、暴雨季节电梯的管理
 (1) 检查楼梯口所有的窗户是否完好、关闭。
 (2) 将多余的电梯开到顶层,停止使用,并关闭电源。
 (3) 检查机房门窗及顶层是否渗水,如果有的话,要迅速通知房屋维修人员。
 (4) 如果只有一台电梯的情况下,安全管理人员要加强巡逻次数,如果发现有某处渗水,可能会影响电梯的正常使用,要将此电梯停止使用,并关闭电源。
5. 火灾情况下的电梯管理
 (1) 按下 1F 电梯厅门口的消防按钮,电梯会自动停到 1F,打开门并停止使用。
 (2) 如果发现电梯消防按钮失灵,则用钥匙将 1F 的电梯电源锁从 ON 的位置调到 OFF 的位置,电梯也会自动停到 1F,打开操纵箱盖,按下"停止"按钮。
 (3) 告诫乘客,发生火灾时不要使用电梯。
6. 地震情况下的电梯管理
 (1) 如果有预报,提前将电梯停止在 1F。

（2）如果没有预报，发生地震时，就近将电梯停止使用。
（3）告诫乘客发生地震时不要使用电梯。

二、火灾火警的应急管理

（一）火警应急处理

物业服务企业应时刻以预防火灾为己任，一旦发生火灾或火警时应积极应对，以便把损失降低到最小程度。

火灾紧急情况下的应急处理流程如图12-1所示。

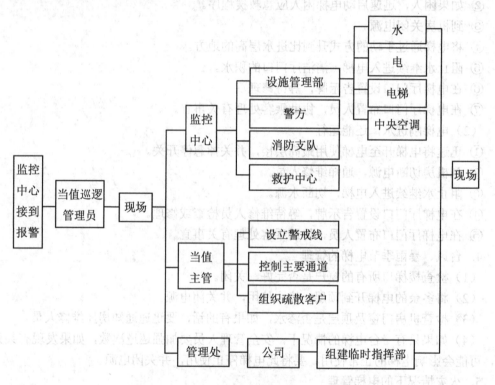

图12-1　火灾紧急情况下的应急处理程序

（1）当监控中心接收到消防设备报警或管理员当值报警时，立即通知当值巡逻管理员赶至现场核实。

（2）管理员到达现场后及时将火灾情况反馈给监控中心，报清：单元、机房、公共走道、设备夹层、燃烧物、火势大小及伤员情况等，并仔细、全面地检查现场。若火警成立，立即通知当值主管及监控中心并使用该楼层的灭火器材先投入灭火工作，并帮助火灾现场人员做好自救工作。

（3）监控中心视情况通知各方采取紧急措施。报警时应报清：小区名称、门牌号码、所处路口、燃烧物性质及面积、电话号码、报警人姓名；外岗人员负责指导消防队由最近通道进场并根据其需要介绍小区、火警情况，配合做好灭火工作。

（4）当值主管接报后调配人手赶赴现场增援并做好如下工作：

① 设立警戒线，做好火场警戒工作，严禁业主及无关人员进入小区。

② 若某区域着火，保留监控中心和大堂、大门人员，其余岗位人员立即到达现场，由主管带领，选用针对性灭火器材，运用已掌握的消防技能投入扑救工作。

③ 通知业主可使用对讲系统通报，让其他人员从消防通道疏散（行动不便者管理员做登记，统一使用消防电梯疏散）；疏散路线上设立岗位，引导和护送客人快速、有序地离开；同时，派有关人员检查疏散情况，查看楼层中是否仍有人员逗留，必须逐层检查，确认无人后方可离开。

（5）接警后，立即通知管理处及公司并成立临时救火指挥部，配合消防人员进行救火工作；各部须严格执行各项命令（如迫降电梯、启动和开关各类消防设施设备等）；灭火器材若无法控制火势，应接装消防栓、水枪，通知总控制室人员启动消防泵进行扑救。

（6）设施管理部接报后，应做好如下工作：

① 派电工切断电源。

② 派管道工控制水泵房。

③ 派人至电梯机房控制电梯。

④ 派人对大堂空调机视情况控制或关闭。

（7）后续处理

① 火灾扑灭后做好现场保护工作并配合调查失火原因，统计火灾损失，并做好书面报告逐级上报。

② 将扑救情况、结果和善后处理情况做好书面报告逐级上报。

（二）消防警钟鸣号时的处理

当消防警钟鸣号时，相关人员应立即到消防控制处检查下列各控制板：

1. 消防喉辘

如属消防喉辘，火警钟玻璃按手警钟会使消防显示板显示所属该层的固定消防泵开动，离火场最近的工作人员接到通知后应立即到该层楼查看是否有火警。如属意外打破火警钟玻璃按手，则应到消防控制室把控制钥匙插上，使警钟停止，再到消防泵房关上电掣电源，另外通知工程部更换损坏的玻璃。

2. 感应烟雾头

如属感应烟雾头警钟，须立即到现场检查是否发生火警。如确系发生火警，则报告当班同事火警地点、位置，当班同事须在物业出口等待消防车抵达，带领消防员到火情发生现场。

如属感应烟雾头因其他原因引起误鸣的，须立即通知警钟控制中心，及时将警钟停止，但不要还原灯号，留待消防车到场检查收队后才能还原。若灯号不能还原，需要更换时，须致电警钟控制中心挂牌，待换妥还原后才能除牌。

3．消防洒水管路系统

如属消防洒水自动喷淋系统，须立即到现场检查是否发生火警。如确系发生火警，则报告当班同事火警地点、位置，当班同事须在物业出口等待消防车抵达，带领消防员到火情发生现场。

如属其他原因引起误鸣的，须立即通知控制中心，及时将警报停止。

（三）高层建筑火灾的扑救

高层建筑具有楼高层多、人员密度大、出口相对较小等特点，给火灾的营救工作带来一定困难。为此，物业管理人员应掌握一些针对高层建筑火灾的救助方法。

扑救高层建筑火灾、抢救和疏散人员是一项重要而艰巨的任务，消防人员要针对不同情况采取不同方法，及时进行疏散抢救，以减少甚至避免人员伤亡及财产损失。

1．利用建筑物内已有的设施进行疏散

要尽量利用建筑物内已有的设施进行安全疏散，这是争取疏散时间、提高疏散效率的重要方法。例如，利用消防电梯进行疏散；利用室内的防烟楼梯、普通楼梯、封闭楼梯进行疏散；利用室内的疏散阳台、疏散通廊、室内设置的缓降器、救生袋等进行疏散；利用擦窗工作机疏散。

2．因情而异，采取不同的疏散方法

针对不同部位、不同情况，应采取不同的人员疏散方法：

（1）当某一楼层某一部位起火，且燃烧范围不大时，应先通知着火楼层及其上一层和下一层的人员疏散。若火势已经开始蔓延，则应适时地用广播通知着火层以上各楼层。不应一有火警就通知全楼，以防造成楼内人员惊慌混乱、对撞拥挤，影响疏散。

（2）当某一防火分区着火，着火楼层的大火已将楼梯间封住，致使着火层的人员无法由楼梯向下疏散时，可先将人员疏散到屋顶，从相邻未着火楼梯向地面疏散。

（3）当某一房间内起火，且门已被封住，室内人员不能疏散时，若该房间有阳台或室外走廊，则房内人员可从阳台或室外走廊转移到相邻未起火的房间，再绕道到疏散楼梯间疏散。如不能疏散，则用沾湿的棉被封住门，在窗口发出救助信号，等待消防人员救助。

（4）当建筑物内设有避难层时，人员可向避难层疏散。特别是老人、幼童等应先疏散到避难层，再转移到安全地点。

（5）当被困人员较多时，应调集民用或军用直升飞机营救。直升飞机在没有坪的建筑物上可以通过施放软梯营救屋顶被困人员，或将消防人员用软梯运送到屋顶参与救援，或将绳索、救生袋、缓降器、防护装具等运送到屋顶以便抢救被困人员。

(6) 当高层建筑发生火灾，楼内住有不同民族、不同国籍、使用不同语言的人员时，应分别使用相应的语言广播，告诉大家哪一层楼的哪一个部位着火，以及安全疏散的路线、方法等。播音员在广播时，语调要镇静，内容简明扼要，以免楼内人员惊慌失措，导致跳楼事故的发生。

3．疏散和保护物资

火场上除了抢救人员之外，疏散和保护物资也是一项急迫的工作。抢救物资要根据物资的重要程度和具体情况采取有针对性的措施。

疏散物资的工作应由火场指挥部或火场指挥员组织、指挥，并请失火单位的工程技术人员参加，以确定疏散物资的方法、先后顺序、疏散路线及疏散出来的物资存放地点。将参与疏散物资的人员编成组、队，确定负责人，确保物资安全疏散工作顺利进行。

对处于楼层内的贵重物资，当电梯、楼梯等出入口失去疏散能力时，可采用安全绳疏散。具体操作方法是将绳子一端拴在楼内牢固的部位上，另一端由楼下的人员牵拉成斜线后把捆扎好的物资挂在安全绳上，让其自动下滑到地面。

需要疏散的物资因火势迅猛，来不及全部疏散到安全地带时，可先将物资放在靠近未失火处的区域内，如邻近的房间、走廊、通道等，然后再往安全地带疏散，以节约遣散物资的时间。

对于难以疏散的物资要采取以下措施加以保护：

(1) 对于易燃液体，可喷射泡沫予以覆盖。

(2) 对于固定的大型机器设备，用喷射雾状水流、设置水幕等方法冷却以防止着火；不能用水冷却的，可用不燃或难燃材料予以遮盖。

(3) 对于忌水渍、烟熏、灰尘污染的物资，如香烟、粮食、书籍、家用电器等应用篷布等进行遮盖。

第二节 其他情况的应急处理

在物业管理的日常过程中，有时会遇到水浸、停电和电力故障或燃气泄漏的事故。做好类似的突发事件准备工作，建立完善的工作程序，才能在突发事件发生时及时加以解决。

一、水浸的应急处理程序

如发现物业有漏水现象，物业管理人员必须立即赶赴现场了解情况，并采取以下措施：

(1) 检查漏水的准确位置及所属水质，如冲厕水、工业用水或排水等，并在能力允许的情况下，立即设法制止漏水，如关上水掣等。若不能制止时，应立即通知工程人员、管理处经理及中央控制中心，寻求支援。在支援人员到达前须尽量控制水漏，防止其范围扩散。

（2）观察四周环境，看漏水是否影响各种设备，如电力变压器、升降机、电线槽等。

（3）利用沙包及其他可用的物件堆箱，防止漏水渗入升降机等设备，并须将升降机立即升上最高楼层，以免被水浸湿而使机件受损。

（4）利用现有设备工具，设法清理现场。

（5）如漏水可能影响日常操作、保养及申报保险金等问题，须拍照以作日后存档及证明。

（6）通知清洁部清理现场积水，检查受影响范围，通知受影响住户。

（7）做好水浸处理记录，以备查阅。

物业管理人员日常巡查时，应留意渠道是否有淤泥、杂物或塑料袋，一旦发现应及时加以清理，以免堵塞。如该地区或建筑物曾经有水浸记录，平日必须准备足够的沙包，以备在雨季或出现较大的漏水时使用。

二、停电和电力故障的处理

（一）计划停电

计划停电的处理流程如图12-2所示。

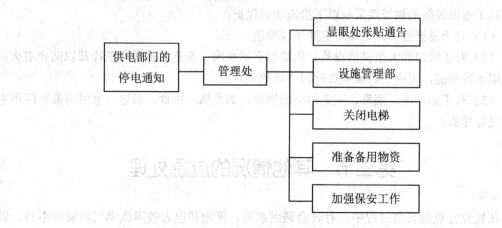

图12-2　计划停电的处理流程图

（1）管理处在收到供电部门发出的停电通知后，应在停电日前3天在显眼处张贴通告，通知住户。通知应详细写明：停电日期、恢复供电日期、是否暂停电梯及暂停时间，通知各住户停电期间将所有电器关闭等。

（2）管理处通知设施管理部准备做好突发故障的应对措施并配合设施管理部进行设备

养护工作。

(3) 管理处安排员工在停电前将电梯升上顶层后关闭,以免停电时困人。

(4) 管理处准备备用物资,如电筒,但切勿点燃蜡烛,并在停电日前检修通道应急照明灯是否完好。

(5) 停电期间加强保安工作,以免不法分子有机可乘;电力恢复时,检查小区各设备是否正常运作;停电时应将所有电器插座拔掉(若电梯困人,按该预案处理)。

(二) 住户投诉其单元停电

住户投诉其单元停电的流程如图 12-3 所示。

图 12-3　住户投诉其单元停电流程图

(1) 管理处接报后至现场查看,向业主解释其单元停电并非在项目供电出现问题。

(2) 通知设施管理部至现场检查故障原因,排除一般问题。

(3) 若原因杂难,设施管理部不能修理时,应立即聘用专业水电公司处理,尽力为住户解决问题。

(三) 电力突然中断

电力突然中断流程如图 12-4 所示。

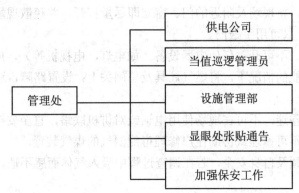

图 12-4　电力突然中断流程图

(1) 管理处接报后立即致电供电公司,查询是否供电局出问题,如是则应按计划停电流程处理。

(2) 通知当值巡逻管理员,到停电现场查看正确位置,及时反馈给监控中心。

（3）通知设施管理部查看停电区域停电原因并进行抢修；在电力恢复后，到现场检查受影响的公共电器、设备是否已恢复正常，同时详细巡楼一次，确保各项设备已恢复正常。

（4）接报后在显眼处张贴停电通知，告知住户，以安定住户。

（5）接报后，加强保安工作。

① 检查客货升降机内是否困人。

② 派管理员前往停电现场巡逻及查看各项公共电器是否受停电影响，避免住户及房客受惊恐及发生意外，同时避免不法之徒乘虚而入，使住户/业主财物受损。

③ 事后查明有关停电原因，以书面报告公司上级。

三、煤气、燃气泄露事故的处理

煤气、燃气一旦泄漏有可能引起严重后果，所以，煤气、燃气的泄漏事故应谨慎处理。

煤气、燃气泄露事故的处理流程如下：

（1）立即通知当值巡逻管理员（不少于两名）前往事发现场了解情况。

（2）立即通知管理处，上报主管部门。

（3）前往、到达事发现场后应注意以下事项。

① 调查人员关闭随身一切电器（如手机、对讲机等），如需电筒照明应在到达现场前打开，且调查时严禁吸烟或点火。

② 如需乘电梯应将电梯停在距现场两层的位置，然后步行前往现场。

③ 到达现场后，将现场及附近的门、窗立即尽量打开，并疏散现场人士。如需进房内检查，不可按门铃，只可用手敲门。

④ 到达现场后，不可开关任何电器设备（如电灯、电视机等），应先打开门窗。

⑤ 在安全及可能的情况下，将燃气灶具及总闸关上；设置路障，避免闲杂人等进入事发现场。

⑥ 若发现有人昏迷，不可在现场使用电话或对讲机联络，直至安全处方可使用。

⑦ 调查人员切不可修理或协助住户修理可能漏气的煤气装置。

⑧ 调查人员应顾及自身安全，若在调查过程中吸入气体而感不适，应立即离开现场并求助。

⑨ 若未发现任何气味，应立即通知主管和管理处进行核实。

⑩ 若未能进入现场而不能确定是否有气体泄漏，应立即通知管理处采取相应救急措施。若未能进入现场但能确定气体泄漏，应立即向警方求助，并疏散附近的住户。

本 章 小 结

现代建筑的高层化、大型化以及功能的多样化，对物业服务公司处理突发、意外事件的能力提出了更高的要求。一旦建筑中发生电梯困人、火灾、水浸、停电和电力故障、煤（燃）气泄漏等突发、意外事件，就需要物业设施设备管理人员迅速作出反应，在第一时间内采取必要和正确的处理措施，避免事故的进一步恶化，将损失降低到最小程度。因此，物业设施设备管理人员掌握处理突发、意外事件的基本方法和相关知识是十分必要的。

课 堂 实 训

通过本章的学习，同学们掌握了各种突发事件的处理方法，讨论：住宅小区会发生哪些紧急情况？如何处理？

思 考 与 讨 论

1．遇到电梯困人时物业服务人员应如何处理？
2．遇到火警，物业服务企业应如何处理？
3．发生水浸事件，物业服务企业应如何处理？
4．遇到停电、电力故障，物业服务企业应如何应对？
5．简述发生煤气泄漏后的处理对策。

参考文献

1. 丁云飞. 物业设备管理. 广州：华南理工大学出版社，2002
2. 鲁宁. 设施管理篇. 广州：广东经济出版社，2002
3. 姜保平，俞启元. 物业维修管理. 南京：东南大学出版社，2000
4. 过荣南. 高层建筑设备维修管理手册. 北京：中国建筑工业出版社，1999
5. 付婉霞. 物业设备与设施. 北京：机械工业出版社，2004
6. 盛承懋. 物业设备管理. 南京：东南大学出版社，2003
7. 陈鹏志. 现代物业管理范例精解与运营策略. 延吉：延边人民出版社，2000
8. 陈明绍. 除尘基础理论与应用. 北京：中国建筑工业出版社，1980
9. 付小平. 中央空调系统运行管理. 北京：清华大学出版社，2001
10. 何伟. 简明水暖工手册. 北京：中国建筑工业出版社，1987
11. 吴耀伟. 供热通风及建筑给排水工程施工技术. 哈尔滨：哈尔滨工业大学出版社，2001
12. 杜茂安，盛晓文. 现代建筑设备工程. 哈尔滨：黑龙江科技出版社，1997
13. 孙一坚. 工业通风. 北京：中国建筑工业出版社，1994
14. 建设部房地产司. 中国物业管理从业人员岗位培训指定教材. 北京：中国物价出版社，1996
15. 沈瑞珠，刘默玲. 物业智能管理技术. 北京：中国轻工业出版社，2001
16. 陆伟良，诸建华. 智能建筑物业管理. 北京：电子工业出版社，2002
17. 沈瑞珠，杨连武. 物业智能化管理. 上海：同济大学出版社，2004
18. 胡建军. 物业规范管理经理手册. 呼和浩特：内蒙古文化出版社，2000
19. 龙惟定，成大章. 智能化大楼的建筑设备. 北京：中国建筑工业出版社，2000
20. 潘蜀健. 物业管理手册. 北京：中国建筑工业出版社，1999
21. 吴芳. 物业设备管理. 南京：东南大学出版社，2003
22. 劳动和社会保障部. 助理物业管理师. 北京：中央广播电视大学出版社，2004
23. 梁华，梁晨. 简明建筑智能化工程设计手册. 北京：机械工业出版社，2005
24. 李英姿. 住宅弱电系统设计教程. 北京：机械工业出版社，2006
25. 董春桥，袁昌立. 建筑设备自动化. 北京：中国建筑工业出版社，2006
26. 陈龙. 智能小区及智能大楼的系统设计. 北京：中国建筑工业出版社，2001

27. 徐超汉．住宅小区智能化系统．北京：电子工业出版社，2002
28. 王可崇，乔世军．建筑设备自动化系统．北京：人民交通出版社，2003
29. 杨志，邓仁明，周齐国．建筑智能化系统及工程应用．北京：化学工业出版社，2002
30. 李玉云．建筑设备自动化．北京：机械工业出版社，2007
31. 沈晔．楼宇自动化技术与工程．北京：机械工业出版社，2008
32. 张振昭．楼宇智能化技术．北京：机械工业出版社，2002
33. 黎连业．智能大厦与智能小区安全防范系统的设计与实施．北京：清华大学出版社，2008
34. 中国建筑标准设计研究院．06SX503 安全防范系统技术设计与安装．北京：中国计划出版社，2006
35. 中国建筑标准设计研究院．全国民用建筑工程设计技术措施（2009 版）电气．北京：中国计划出版社，2003
36. 孙萍，张淑敏．建筑消防与安防．北京：人民交通出版社，2007
37. 周遐．安防系统工程．北京：机械工业出版社，2007
38. 李英姿．建筑智能化施工技术．北京：机械工业出版社，2004
39. 孙景芝．电气消防．北京：中国建筑工业出版，2006
40. 李红俊，韩冀皖．数字图像处理技术及其应用．计算机测量与控制，2002，10（9）：620～622
41. 李道远等．基于小波变换的数字水印综述．计算机应用与工程，2003，23（10）：65～67
42. 杨枝灵，王开．Visual C++ 数字图像获取处理及实践应用．北京：人民邮电出版社，2003
43. 聂颖，刘榴娣．数字信号处理器在可视电话中的应用．光电工程，1997，24（3）：67～70
44. 侯遵泽，杨文采．小波分析应用研究．物探化探计算技术，1995，17（3）：1～9
45. 柳涌．智能建筑设计与施工系列图集．6 安全防护系统．北京：中国建筑工业出版社，2004
46. 陈志新，张少军．建筑智能化技术综合实训教程．北京：机械工业出版社，2007
47. 深圳奥凯特科技有限公司产品样本
48. 陈龙，李仲男等．智能建筑安全防范系统及应用．北京：中国建筑工业出版社，2007
49. 黎连业，黎恒浩．智能大厦智能小区物业管理维护教程．北京：中国建筑工业出

版社，2008

50．江文，许慧中．供配电技术．北京：机械工业出版社，2005
51．孙萍，王立光，魏立明．建筑智能安全系统．北京：机械工业出版社，2009
52．刘金言．给排水、暖通、空调百问．北京：中国建筑工业出版社，2002
53．赵钦新．工业锅炉安全经济运行．北京：中国标准出版社，2003
54．李德英．供热工程．北京：中国建筑工业出版社，2005
55．周皞．中央空调施工与运行管理．北京：化学工业出版社，2007
56．李援瑛．中央空调运行与管理读本．北京：机械工业出版社，2007
57．刘东辉，韩莹，陈宝全．建筑水暖电施工技术与实例．北京：化学工业出版社，2009
58．孙长玉，袁军．供热运行管理与节能技术．北京：机械工业出版社，2008
59．郑国明．管工常用技术手册．上海：上海科学技术出版社，2008
60．白莉．建筑环境与设备概论．长春：吉林大学出版社，2008
61．贺平，孙刚．供热工程．北京：中国建筑工业出版社，1996
62．夏红民．空调器维修速成图解．南京：江苏科学技术出版社，2008